Gabriele Göbel
Die Mystikerin

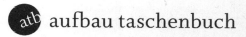
aufbau taschenbuch

GABRIELE GÖBEL lebt in Bonn. Sie hat neben Hörspielen zahlreiche Kinderbücher und Romane geschrieben.

Keine Frau des Mittelalters hat einen solchen Ruf erlangt wie Hildegard von Bingen. Ihre Visionen, sorgsam von ihr oder ihren Helfern festgehalten, sind einzigartig in ihrer Farbigkeit und Tiefgründigkeit. Und ihre medizinischen Anwendungen, die sie in ihrem Kloster Ratsuchenden empfahl, werden auch heute noch, neunhundert Jahre später, mit großem Erfolg durchgeführt. Doch Hildegard war mehr als nur eine heilkundige, gottesfürchtige Frau. Sie trat mit vielen der Großen ihrer Zeit in Kontakt, sie unternahm Reisen, mischte sich ein und mußte sich stets gegen den – männlichen – Klerus zur Wehr setzen, der ihr Tun argwöhnisch verfolgte.

Gabriele Göbel hat dieser einzigartigen Frau nachgespürt und einen unvergleichlichen Roman über sie geschrieben.

Gabriele Göbel

Die Mystikerin Hildegard von Bingen

Roman

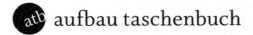 aufbau taschenbuch

ISBN 978-3-7466-2523-2

Aufbau Taschenbuch ist eine Marke der Aufbau Verlag GmbH & Co. KG

7. Auflage 2010
© Aufbau Verlag GmbH & Co. KG, Berlin
© 1998 by Gabriele Göbel
Die deutsche Erstausgabe erschien 1998 im Econ TB-Verlag
Umschlaggestaltung Mediabureau Di Stefano, Berlin
unter Verwendung eines Motivs von Bridgeman Art Library
Druck und Binden AALEXX Buchproduktion GmbH, Großburgwedel
Printed in Germany

www.aufbau-verlag.de

Inhalt

Erster Teil
Disibodenberg (1106–1150)

1. Von der Stille, dem Wort und der Antwort 11
2. Die Klause, das Fenster, der Saphirblaue 18
3. Ein verschlossener Garten ist meine Freundin ... 29
4. Wo das Fragen im Menschen nicht ist 38
5. Sprich mir vom Licht 53
6. Gefährtin der Engel 69
7. Die Harfe, die ein anderer schlägt 80
8. Goldtopas und Grünspechtsalbe 92
9. Petrus Abaelardus und das Zungenreden 102
10. Von der Kraft des Karfunkels, dem Luchsstein und dem Schlangenfeuer 113

Visionsschrift I: Der Weg 131

11. Das Licht scheint in der Finsternis 144
12. Vom Adler, der in die Sonne blickt 151
13. Gemalte Theologie 167
14. Ein Fremdling im Land der Lebenden 174

Zweiter Teil
Rupertsberg (1150–1165)

15. Spiel der Kräfte 197
16. Opfer und Ekstase 210
17. Ein Ritter in weibischer Zeit 224
18. Sturmwolken 237
19. Von der Weiblichkeit Gottes 258

Visionsschrift II: Die Wahrheit 270

20. Laß deine Quellen nach draußen strömen 288
21. Befreite Seelen 313
22. Von des Kaisers Bart, dem Gegenpapst und dem Antichristen 334

Dritter Teil
Eibingen (1165–1179)

23. Lingua ignota und Exorzismus 345
Visionsschrift III: Das Leben 361
24. Der Geist wird des menschlichen Wissens überdrüssig 378
25. Gefangene des Lichts 392
26. Er ordnete in mir die Liebe 404
27. Wenn ihr aus zweien eins macht 418

Dingellady oder Athletin Gottes 441

Meinem Lehrer
in Liebe und Dankbarkeit gewidmet

1. Teil

Disibodenberg
(1106–1150)

*Die Schöpfung schaut auf ihren Schöpfer
wie die Geliebte auf den Geliebten.*

I

Von der Stille, dem Wort und der Antwort

In einer weißen Winternacht aus Mondlicht und Schnee hatten die Schwestern ihre Meisterin in den Tod gesungen, Strophe um Strophe, wie aus einem Munde, Stunde um Stunde, bis sich am frühen Morgen eine Schar schwarzer Vögel vor dem Fenster der Sterbezelle versammelte, um die befreite Seele in ein anderes Leben zu begleiten.

Die Schwestern, schweigegewohnt, warfen einander vielsagende Blicke zu.

Nie zuvor hatten sie mitten im Winter, zwei Tage vor der Geburt des Herrn, die Amseln singen gehört, so vielstimmig und mit solcher Intensität, in Tonfolgen, die dem Ohr des Menschen fremd waren. Ineinander verschlungene Melodiebögen ohne Anfang und Ende. Die Hände der Schwestern lösten sich aus den Ärmeln der Kutten, eiskalte Fingerspitzen berührten einander.

Wundersüchtig sind sie, immer noch und immer wieder, mußte Hildegard denken, obwohl ihr die Trauer den Geist trübte. Süchtig nach Wundern, als wäre das bloße Dasein nicht wunders genug.

Noch vor wenigen Tagen hatten zwei von ihnen die Magistra Jutta über Wasser gehen sehen, trockenen Fußes von einem Ufer des Flusses zum anderen; sie hätte auch Brunnenwasser in Wein verwandeln können, sagten sie, und mehr als einmal mit heilenden Händen Schmerzen genommen.

Wunder, wie sie in der Bibel standen. Und wer sie sah, glaubte sie noch lange nicht, ob auf Wasser wandeln oder Amselchoräle zur Weihnachtszeit.

Auch zu dieser Stunde nützte Augenreiben nichts. Das Winterweiß auf den Wegen und Beeten draußen im Garten blieb dunkelgefleckt von Vogelleibern. Mit einemmal verstummten sie, als hätte ein Peitschenhieb die Luft zerschnitten. Doch es war nur der Klang der Totenglocke. Welcher der Brüder im Kloster drüben schlug sie so, daß sie schrie, wo sie doch gedämpft hätte klingen sollen? Die Hände der Schwestern verschwanden wieder in den Kutten, suchten Halt an den eigenen Ellenbögen.

Hildegard schaute den Vögeln nach, wie sie die Ränder des zerfetzten Himmels mit ihren Flügeln glätteten. Seelenführer, Gesandte der Engel. Nur langsam löste die Vogelwolke sich auf, verklang auch das Totengeläut. Feierliche Stille, tiefer als sonst, senkte sich über den Disibodenberg.

Im Anfang, bevor Gott das Wort gesprochen hatte, dachte Hildegard, war alles Schweigen. Dann ertönte das Wort, und sein Klang erweckte Mensch und Welt ...

Die Totenwache für Jutta von Sponheim, die ihr Mutter gewesen war und Magistra, Freundin und Vertraute, hielt Hildegard allein. Die vier anderen schickte sie zu Bett.

»Ihr seid jetzt seit gestern früh auf den Beinen«, sagte sie, »das hat euer Mark verdünnt und geschwächt.«

Sie legte die linke Hand auf Clementias Schulter und die rechte der kleinen Jacoba in den Nacken, bevor sie weitersprach: »Die Kräfte der Seele haben eurem Mark einen sehr angenehmen milden Hauch genommen, der die Gefäße des Halses und Nackens, ja des ganzen Kopfes durchzieht ...«, sanft massierten ihre Fingerspitzen Jacobas Hinterkopf, »... und bis hinauf zu den Schläfen steigt.«

»Wirklich?« Jacoba, die noch nicht lange bei ihnen war, blickte Hildegard aus rotumränderten Augen fragend an.

»Ja. Im Schlaf aber sammelt deine Seele Kräfte, und sie läßt dein Nervenmark wieder wachsen und stark werden.«

»So wie der Mond beim Zunehmen wächst und beim Abnehmen schwindet«, half Clementia der Kleinen zu verstehen.

»Denn wie der Mond das Licht der Nacht ist, so ist die Seele das Licht des schlafenden Körpers«, ergänzte Hildegard und lächelte, weil sie es liebte, die Dinge in dieser Weise miteinander zu verknüpfen.

Jacoba, viel zu verstört, sich im Angesicht des Todes irgend etwas anderes als ewigen Schlaf vorzustellen, machte immer noch ein törichtes Gesicht.

Morgen werde ich es ihr erklären, sagte sich Hildegard. Oder übermorgen. Jetzt ist wohl nicht der rechte Augenblick. Doch trotz der eigenen Müdigkeit hätte sie der Schülerin gern ausführlicher beschrieben, wie die Seele das Nervenmark des schlafenden Menschen wachsen läßt, wie sie nicht nur seine Knochen stärkt und für die Blutbildung sorgt, sondern auch Weisheit und Wissen mehrt, während der Mensch besinnungslos daliegt, als hätte er keine Gewalt über seinen Körper. Was im Schlaf mit des Menschen Leib und Seele geschah, hatte Hildegard immer schon interessiert.

Sie drückte Jacoba einen Kuß auf die noch kindlich gewölbte Stirn und schob sie mit den Worten: »Die Terz kannst du heut' lassen«, zur Pforte hinaus in den Klostergarten, den die Schwestern überqueren mußten, um in ihre Zellen zu gelangen. Mit hochgezogenen Schultern und angehaltenem Atem huschte das Mädchen durch die schneidende Morgenluft.

Am liebsten wäre Hildegard hinterhergeeilt, um es ganz in ihre eigene wollene Kukulle einzuhüllen, die ihr vom Fasten und Wachen der vergangenen Tage weit wie ein Zelt geworden war. Ein luftiges Zelt, das sie selbst kaum schützte vor Kälte und Wind.

Jacoba hatte ungeachtet ihrer Tränen in der letzten Nacht tapfer gesungen, ganz allein: »*Ave generosa et intacta puella ...*«

Von allen Liedern, die Hildegard bis zum heutigen Tag gedichtet hatte, war dieses der toten Magistra Jutta das liebste gewesen.

Intacta puella ... Die kleine Jacoba sollte in der kommenden Nacht weder frieren noch sich fürchten. Heute abend gleich nach der Komplet werde ich ihr mein Bärenfell bringen, beschloß Hildegard. Der Abt von Echternach hatte es ihr vor Jahren geschenkt, und keine Decke wärmte des Nachts in der ungeheizten Klause besser als dieses dichte schwarzbraune Zottelfell. Überdies half es, die Ängstlichkeit zu vertreiben, wenn man es sich auf die Brust legte.

Mechthild und Anna zwängten sich nun ebenfalls an Hildegard vorbei ins Freie.

»Mach doch bitte die Tür zu!« rief Clementia, die über die Magistra gebeugt stand und sich an deren Gebände zu schaffen machte. Noch ein wenig enger sollte es das Kinn der Toten umspannen. Stramme Bandagen wurden gebraucht, wie bei einem Wickelkind. Man schnüre es nur recht fest, auf daß es einen geraden Leib bekomme. Der Leib als Kerker der Seele, das Gewand als Kerker des Leibes. Von der Geburt bis über den Tod hinaus nichts als Fesseln.

»Als wir so alt waren wie Jacoba, haben wir zur Winterszeit Engel in den Schnee gedrückt, weißt du noch?« fragte Hildegard und zog nun selbst die niedrige Holztür zu. »Wir haben uns auf den Rücken gelegt und mit Armen und Beinen gerudert, bis ein Engel mit Flügeln im Schnee zu sehen war.«

»In Jacobas Alter warst du schon lange nicht mehr bei uns zu Hause in Bermersheim«, widersprach Clementia, die nicht nur im Kloster die Schwester Hildegards war, und wunderte sich über den Groll in ihrer Stimme. Sollten nach so langer Zeit irgendwo tief im Inneren ihres Herzens immer noch Spuren der alten Eifersucht auf die jüngste Schwester verborgen sein, die sich so sehr von den anderen Kindern unterschied, daß die Eltern sie schon als Achtjährige der schönen Klausnerin anvertrauten?

Das stets kränkelnde, viel zu zarte zehnte Kind wollten sie Gott weihen, nicht aber das robuste siebte. Ausgerechnet Clementia sollte heiraten, mochte aber nicht, schon gar nicht diesen kreuzzugbegeisterten Ritter Ruodlieb, der sich insgeheim nach dem Schwertdienst am Heiligen Grab sehnte so wie Clementia sich nach dem Minnedienst an Christus. Sie hatte sich schon als Christi Braut gefühlt, bevor Hildegard überhaupt wissen konnte, was das bedeutete.

Was hatte Clementia sich nicht alles einfallen lassen, um die Heiratspläne ihrer Eltern zu vereiteln! Verweigerung, Krankheit, Flucht ... Und kein gütiger Gott, der zu ihren Gunsten seine Stimme erhob. Schließlich hatte sie sogar mit dem Gedanken gespielt – und ihn einstweilen verworfen –, es der befreundeten Oda von Nellenburg gleichzutun, die sich ihr hübsches Gesicht mit Tonscherben zerschnitten hatte, um einer unerwünschten Vermählung zu entgehen. Von Narben schrecklich entstellt, verschwand Oda für immer hinter Klostermauern.

»Verringert meine Mitgift, übertragt meinen Erbanspruch irgendeiner Abtei«, hatte Clementia gefleht, jedoch nur Kopfschütteln geerntet.

Die Bermersheimer gehörten dem fränkischen Hochadel an. Vater Hildebert war Edelfreier und Landesgutverwalter beim Hochstift von Speyer und begütert genug, so daß finanzielle Erwägungen ihm fernlagen. Vielmehr erfüllte es ihn mit Stolz, auch für seine fünfte noch lebende Tochter einen Heiratskandidaten gefunden zu haben, zumal der Männermangel seit dem Ende des ersten Kreuzzugs größer war denn je.

Dann kam der denkwürdige Tag, an dem die sechzehnjährige Hildegard ihre ewigen Gelübde als Benediktinerin ablegen sollte: Heinrich V., deutscher Kaiser, hatte den für das Kloster zuständigen Mainzer Erzbischof gerade wegen dessen Papsttreue in den Kerker von Burg Trifels werfen lassen, und so geschah es, daß die ganze Familie von Bermersheim Zeuge war, wie die jüngste Tochter den einzigen Brautschleier, den auch ihre Schwester begehrte, aus den Händen des heiligmäßigen Bischofs Otto von Bamberg empfing.

Clementias Schluchzen füllte die Pausen zwischen Gebeten und Gesängen.

»*Suscipe me Domine* ... Nimm mich hin, o Herr, auch mich, nicht nur sie.« In der Nacht saß die verschmähte Braut Christi auf der Aussteuertruhe. Ihre Hand umschloß eine scharfkantige Tonscherbe, und niemand konnte sie bewegen, die Scherbe loszulassen. Das endlich stimmte ihre Eltern um.

Seit fünfundzwanzig Jahren lebte Clementia nun schon mit ihrer jüngeren Schwester auf dem Disibodenberg im Hügelland über Nahe und Glan, einen Tagesritt von Bermersheim und Mainz entfernt.

»Du hast recht«, sagte Hildegard unvermittelt. »Es kommt mir immer so vor, als wären wir nie getrennt gewesen. – Jetzt geh aber schlafen.«

»Damit dein Mark wieder weiß und kräftig wird«, ergänzte Clementia. »Ja, gewiß doch!« Und holte ein Päckchen aus der Tiefe ihrer Ordenstracht.

»Was ist das?«

»Weihrauchplätzchen. Nach deinen Rezepten gebacken. Iß! *Es klärt die Augen und reinigt das Gehirn*, behauptet die Klügste von uns allen.«

Daß schon der Geruch dieser Plätzchen einen Ausscheidungsprozeß von Stinksäften hervorrief, erwähnte sie lieber nicht. Es würde zu dieser Stunde und an diesem Ort allzu pietätlos klingen.

Doch Hildegard schien wieder einmal Gedanken zu lesen.

»Ach, Clemma!« Sie lächelte nachsichtig. »Es genügt, am Weihrauchgebäck zu riechen! Schon sein Duft wirkt stärkend. Aber ich danke dir! – Zur Sext kannst du mich hier ablösen – oder nein, schicke mir lieber Elsa, die wird inzwischen ausgeruht sein!«

Nachdem Clementia ein letztes Totengebet gesprochen und die Klause verlassen hatte, kostete Hildegard doch eines der Plätzchen. Und während sie auf und ab ging, vier Schritte vor und vier zurück, damit ihr die Glieder nicht vom Frost des Wintermorgens ebenso steif würden wie die der Magistra von der Kälte des Todes, hielt sie endlich wieder Zwiesprache mit dem Licht, das ihr das Herz wärmte und den Geist erleuchtete und sie niemals verließ. Denn der Mensch war das Gespräch mit Gott. Wann aber hatte diese Kommunikation begonnen? Sag es mir noch einmal, Herr, wie das zu verstehen ist, mit der Stille, dem Wort und der Antwort, jenem kosmischen Dreiklang ...

Am Anfang war alles Schweigen. Dann ertönte das Wort und führte die Geschöpfe ans Licht. Und sein Schall erweckte alles zum Leben. Als das Wort erklang, erschien es in jedem Geschöpf, und jedes einzelne antwortete auf diesen Laut, denn dieser Laut war das Leben.

Daraus ergibt sich, so folgerte Hildegard, daß am Anfang nicht eigentlich das Wort war, sondern sein Klang, entstanden durch den Hauch des Atems. Das *Es werde!* wollte gesprochen sein; der Klang erst bewirkte, daß es sein Ziel erreichte.

Die Schöpfung vollzog sich im Klang.

So gesehen, ist ja unser Gesang, erkannte Hildegard voller Staunen, die höchste Form der Musik, denn er ist die Wiedergabe des göttlichen Klangwortes. Wenn wir singen, lassen wir, einem Echo gleich, die Töne der himmlischen Sphäre erklingen.

Nebenan in der Klausenkapelle hatten sich unterdessen die übrigen neun Schwestern versammelt, die sich nicht von durchwachten Nächten erholen mußten. Ihre geschulten Stimmen begleiteten die Psalmen der Mönche in der angrenzenden Klosterkirche und riefen einen solch betörenden Wohlklang hervor, daß Hildegard sich in ihrer eben gewonnenen Erkenntnis auf das schönste bestätigt fühlte. Und obwohl der Schmerz, den sie dabei empfand, nicht einmal bitter schmeckte, sondern eher süß, trieb er ihr Tränen in die Augen. Gebot ihr, zu Füßen der Meisterin niederzuknien, mit kalten Lippen noch kältere Zehen zu berühren. Nie zuvor hatte sie eines Menschen Füße geküßt, in dieser Demutsgeste, einer Form der Verehrung, wie sie wohl nur einer Heiligen oder Gott selbst zukam.

Genau dreißig Jahre war Hildegard tagnächtlich an Juttas Seite gewesen und hatte sie bis auf den Grund ihrer Seele schauen lassen; nicht einmal ihrer leiblichen Mutter hätte sie so viel Nähe erlaubt. Und doch waren sie einander zuletzt fremd geworden, die gütige Magistra und ihre Lieblingsschülerin.

2

Die Klause, das Fenster, der Saphirblaue

Wenn Hildegard die Lider schloß, konnte sie die Bilder vor ihrem inneren Auge durch die Zeit in die Vergangenheit bewegen, zurück bis zu dem folgenschweren ersten Tag, der mit einer Prozession den Disibodenberg hinauf begann.

Es war schon Herbst, doch selten schienen dem Kind die Wälder so bunt gewesen zu sein wie an jenem Allerheiligentag des Jahres 1106, durchglüht von den Farben des Sommers. Zwei kleine Mädchen und die zweiundzwanzigjährige Grafentochter Jutta zogen miteinander den Klosterberg hinauf, in weißen Kleidern alle drei und mit Blütenkränzen im Haar, gefolgt von einem Troß Verwandter und Freunde, zu Fuß oder zu Pferd, denen sich auch eine Anzahl Schaulustiger angeschlossen hatte. Ein gesellschaftliches Ereignis wie dieses mochte sich niemand entgehen lassen.

Hildegard, das ohnehin kränkliche Kind, das zerbrechliche Zehnte, konnte sich an jenem Tag vor Erregung kaum auf den Beinen halten. Immer wieder rutschte sie aus auf dem feuchten Laub, weil sie rechts und links im dichten Gebüsch die Augen eines Luchses oder Bären erspäht hatte; sie drohte zu fallen und die gleichaltrige Jutta-Marie mitzureißen, die ihr die Hand fest umklammert hielt und, leise vor sich hinweinend, den Verlust einer *pflaumenblauen Feenpuppe* beklagte. Kein Haustier, kein Spielzeug durfte sie in die Einsiedelei begleiten.

Abschiednehmen von der Welt hieß, sich um einer größeren Liebe willen von allem zu trennen, was einem lieb geworden, hatte man die Kinder gelehrt. Und Hildegard war es nur recht.

»Nicht weinen. Wir machen dir eine noch schönere Puppe«, flüsterte sie der kleinen Jutta ins Ohr, und als das nicht half: »Disiboden ist doch ein so lustiger Name! Disi-Disi-Disiboden ... Wir werden uns ein Lied dazu ausdenken.«

Kein Wort verlor sie darüber, was ihr zu Hause die Magd Hrotrud erzählt hatte: Dieser Berg nämlich sei ein magischer Ort, den die Germanen einst ihrem Gott Wotan geweiht hatten, lange bevor irische Mönche die Gegend besiedelten. Ein heidnischer Kultplatz also ...

Hildegard schwieg, wußte sie doch bereits, daß man vieles für sich behalten mußte, wollte man seine Mitmenschen nicht beunruhigen. Sie hatte keine Feenpuppe zu betrauern; am meisten würde sie wohl die Gesellschaft der älteren Geschwister vermissen, ihre gemeinsamen Streifzüge durch die Natur auf dem Landgut der Bermersheimer. Doch allzu schlimm würde das auch nicht sein. Hildegard kannte schon damals ihr inneres Licht, das ihr Trost zusprach, das niemand ihr nehmen konnte und das sie selbst im Schlaf spürte. Was aber mochte mit ihrer neuen Spielgefährtin geschehen sein, daß sie so sehr um eine Puppe weinte? Sah sie denn nicht auch dieses Licht, oder hatte sie es gar verloren?

Sie konnte Jutta-Marie nicht mehr fragen, denn nun betraten sie die Klosterkirche, und die Mönche begannen zu singen: *Hier ist meine Ruhe in Ewigkeit, hier die Wohnstätte, die ich mir erwählt ...*

Gesänge wie zur Grablegung, in einer ebenso düsteren Kirche. Mit einemmal fühlte auch Hildegard sich beklommen. Keine Blumen, kein Weihrauchduft, nicht eine Kerze mehr als nötig. Dies schien wohl doch kein Tag zum Jubeln zu sein, eher ein Trauerfest.

Auch was der Vater nun mit lauter Stimme sprach, klang

wie ein Bußgebet. Hatte sie etwa gesündigt, ohne es zu wissen, in Gedanken oder Taten? Warum sonst wurden ihre Arme in ein Stück Stoff gehüllt, nachdem man ihr ein Päckchen und ein Pergament in die Hand gedrückt hatte? Hilfesuchend sah das Kind sich nach seiner Mutter um, doch deren Augen hingen an den Lippen des Vaters; und auch Hildegard hörte genau zu. Jedes Wort seiner Gebetsformel blieb ihr für immer im Gedächtnis, und jedesmal, wenn sie später daran dachte, würde sie sich schuldig fühlen, ohne den Grund dafür zu wissen.

»Ich halte es für recht und billig, daß wir dem Schöpfer auch von unserer Frucht geben«, gelobte Hildebert von Bermersheim. »Deshalb will ich diese unsere Tochter namens Hildegard, welche die Opfergabe und die Bitturkunde in der Hand hält und deren Hand in das Altartuch gewickelt ist, im Namen der Heiligen, deren Reliquien hier sind, und im Beisein des Abtes und vor Zeugen hiermit übergeben, daß sie der Regel gemäß hier bleibe. Von diesem Tag an darf sie ihren Nacken nicht mehr dem Joch der Regel entziehen ...«

Für Jutta, die erwachsene Christusbraut, schienen es genau die Worte zu sein, die sie hören wollte; ihr schönes Gesicht strahlte vor Glückseligkeit. Barfuß, wie dreißig Jahre später zur Stunde ihrer Heimkehr, hatte sie damals vor dem Altar gestanden und die Fragen des Pontifex beantwortet: Ja, es war ihr freier Wille, bis zu ihrem Tod als Klausnerin zu leben und den Kampf gegen das Satanische auf sich zu nehmen. Mehrmals mußte sie ihren Entschluß bekräftigen, vor dem Tod zu sterben, sich mit Christus begraben zu lassen, um dereinst mit ihm zur Unsterblichkeit aufzusteigen. Dann legte man ihr ein großes Kreuz auf die Schulter, das sie als ihren einzigen Besitz zur Klause trug. Gern hätte Hildegard ihr dabei geholfen, doch sie durfte es nicht. Sie durfte Jutta nur im Hochzeitszug folgen, so wie alle anderen Gäste.

Auf der Schwelle legte Jutta sich zu Boden, und die Kinder erschraken; denn sie glaubten, die soeben Vermählte wäre unter der Last des Kreuzes zusammengebrochen, so wie der Herr Jesus am Karfreitag, doch offenbar hatte Jutta sich nur zu Boden geworfen, damit die Mönche ihre Gebete über sie sprechen konnten.

Die beiden kleinen Mädchen, allein durch das Wort ihrer Väter gebunden, noch nicht aber durch eigene Gelübde, waren nur »Vorschloßnerinnen«, Schülerinnen der Magistra, doch die Mönche segneten auch sie, und auch ihnen wurde die Tür nach draußen mit Holzbalken und Ziegelsteinen versperrt. Gar nicht dick genug konnte die Mauer werden, welche sie von den Dingen der Welt trennte, auf daß nichts zwischen der Klausnerin und ihrem himmlischen Bräutigam stand. Das Hämmern und Sägen wollte schier kein Ende nehmen, und während Hildegards kleiner Körper unter den Schlägen erbebte, sah sie voller Entsetzen die vertrauten Gestalten der Eltern und Geschwister hinter der wachsenden Wand verschwinden. Zum Schluß grüßte nur noch der wehende Schleier vom Hut der Mutter.

Schluchzend legte Jutta-Marie die Hände vor die Augen, als das letzte Stückchen blauer Himmel von den Schlußsteinen ausgesperrt wurde. Hildegard mußte den Atem anhalten, damit die Gefühle sie nicht überwältigten. Eingemauerte waren sie, mit acht Jahren lebendig begraben.

»Pflege das Leben bis zum äußersten«, murmelte Hildegard nun, als sie an jenen längst vergangenen Tag dachte, und ließ den Blick über die grob verputzten Zellenwände mit den unregelmäßigen Strukturen schweifen. Als Kinder hatten sie Phantasielandschaften darauf angesiedelt, Dörfer und Städte in fernen Ländern. Wie groß ihnen damals alles erschienen war! So auch der heidnisch-heilige Berg ihrer Kindheit: In Wirklichkeit war er nur eine weit ins Tal vorgeschobene Anhöhe, wenngleich besonders schön, von Nahe und Glan umspült.

Vor fünfhundert Jahren hatte der irische Wandermönch Disibod dort seinen Stab nahe einer Quelle in die Erde gesteckt und staunend beobachtet, wie das dürre Holz Blüten trieb. Ob Legende oder *primum miraculum* an diesem Ort des Wunderbaren – Disibod nahm es als Zeichen, sich hier eine Einsiedelei zu bauen, seine letzte Unterkunft. Er lebte noch einige Jahre darin, predigte und wirkte Wunder.

Zur Jahrtausendwende kamen dann Benediktinermönche aus Mainz herauf, um über dem Grab Disibods ein Kloster zu errichten, dem hundertdreißig Jahre später die Frauenklause der Jutta von Sponheim angegliedert wurde.

Seither hatte es kaum mehr eine Pause in der Bautätigkeit gegeben, und schon bald sollte eine weitläufige Klosteranlage, eine wahre Gottesstadt, den Disibodenberg krönen.

Viel Wasser war seit jenen Anfängen die Nahe und Glan heruntergeflossen, und so manches hatte man von Grund auf verändert, nicht aber die erste Klause: Zwölf Fuß in der Länge maß sie und zwölf in der Breite, damals wie heute.

Hildegards Blick blieb noch den vergangenen Tagen zugewandt.

Die zweigeteilte Pforte zum Klausengarten, dem Paradiesgärtchen ihrer Kindheit, das sie gleich im Frühjahr anlegten, hatte es im ersten Winter noch nicht gegeben, wohl aber eine Klappe zur Klosteranlage hin, durch die ihnen täglich alles Lebensnotwendige gereicht wurde, und – kaum weniger geschätzt – das vergitterte Sprechfenster zur Außenwelt.

Bereits wenige Wochen nach dem Einzug der adeligen Jungfrauen hatten sich die ersten Kranken dort eingefunden, und von nun an sollte der Strom der Ratsuchenden nie mehr abreißen. Für die Kinder war es zunächst nur ein undeutliches und fernes Gemurmel gewesen, dem sie lauschten wie im Frühjahr dem Rauschen der Flüsse drunten im Tal oder dem Wind des Nachts in den Bäumen.

Erst im Laufe der Zeit wurde das Geraune zu Worten, und die Kinder begannen zu verstehen, was die Menschen draußen im Lande bewegte. Vor allem die empfindsame Hildegard, die durch Krankheiten oft tagelang an ihr Lager gleich unter dem Klausenfenster gefesselt war, nahm mit allen Sinnen in sich auf, was sie dort erfuhr.

Da versammelten sich die Bauern der Umgegend und klagten über Hungersnöte durch Unwetter und Ernteschäden. Da tauschten die Kräuterweiber und Hebammen geheimnisvolle Wurzeln und uralte, seltsame Volksweisheiten aus, die unerschöpflich zu sein schienen. Von Körpervorgängen und Verwandlungen hörte man sie munkeln, von Mondphasen und Jahresrhythmen. Aber auch die mißhandelten Ehefrauen sprachen vor, die geschändeten Mägde und die ausgepeitschten Hörigen mit ihren eiternden Wunden und rachsüchtigen Herzen.

Jutta wußte für jeden einen liebevollen Rat, ein Heilmittel, ein tröstendes Wort, und auch die Kinder wurden angehalten, die Notleidenden in ihre Gebete mit einzuschließen, wobei sie allenfalls ahnen konnten, worum es ging. Am meisten freuten sie sich über die Besucher von zu Hause mit all ihren Familiengeschichten und den Nachrichten aus der weiten Welt.

Zu der Zeit, als Hildegard gerade den Schleier nahm, war es vor allem das Schicksal Adalberts, des kaiserlichen Kanzlers und Erzbischofs von Mainz, welches die Gemüter bewegte. Heinrich V. hatte ihn in den Kerker werfen und beinah zu Tode hungern und foltern lassen, weil Adalbert dem Kaiser seine Unterstützung im Kampf gegen Papst Paschalis II. versagte.

Die Mainzer liebten diesen Erzbischof ganz besonders und rasten vor Zorn über die Schmach, die man ihm antat. Des Kaisers glanzvolle Hochzeitsfeier mit einer englischen Königstochter im Jahre 1114 ließen sie sich noch zähneknirschend gefallen, wenngleich sie es schon reichlich unverfroren fanden, daß ausgerechnet ihre Stadt Schauplatz des Spektakels sein sollte. Doch als der Kaiser ein Jahr darauf immer noch keine Anstalten gemacht hatte, Adalbert wenigstens Hafterleichterungen zu gewähren, die ihm als Kirchenfürsten zustanden, und statt dessen unter völliger

Mißachtung der allgemeinen Stimmung einen Reichstag zu Mainz vorbereitete, entlud sich der Volkszorn.

Mitten in der Nacht, erzählte Hildegards Lieblingsbruder, der Kirchenmusiker Hugo, der selbst in der Nähe des Mainzer Domes wohnte, mitten in der Nacht hätten Bürger und auch Ritter den Palast angegriffen und damit gedroht, ihn mitsamt dem Kaiser zu verbrennen, wenn dieser ihnen nicht endlich ihren Erzbischof herausgäbe. So hartnäckig waren sie, daß Heinrich letztendlich einlenken mußte. Er verlangte jedoch, daß der Erzbischof sich in aller Form mit ihm versöhnte, gewissermaßen einen Friedensvertrag zu des Kaisers Bedingungen mit ihm schlösse, und daß sich Männer aus angesehenen Familien für ihn verbürgten. Ohne zu zögern, bot sich eine Gruppe mutiger Mainzer freiwillig als Geiseln an, und bereits am nächsten Tag wurde der Erzbischof freigelassen. Unter dem Jubel der Menschen hielt er wieder Einzug in seine Stadt.

»Ihr hättet ihn sehen sollen«, erzählte Hugo. »Von Folterwunden entstellt war Adalbert, von Hunger und Entbehrungen schwer gezeichnet und abgemagert zum Skelett.«

Doch auch die Geiseln mußten ihren Einsatz teuer bezahlen. Die wenigen, die zurückkehrten, waren grausam gefoltert und verstümmelt worden, alle anderen hatte man ermordet.

Die Fehde zwischen dem Kaiser und seinem Kanzler sollte sich noch jahrelang hinziehen. 1119 wurde Heinrich V. in Reims vom Papst gebannt, und demonstrativ erschien der Erzbischof mit einem Gefolge von hundert Rittern, um Zeuge dieser Demütigung zu sein. Als Adalbert sich zwei Jahre später in Sachsen aufhielt, rächte sich wiederum der Kaiser mit einem Angriff auf Mainz. Seine Soldaten verwüsteten Stadt und Umland, wüteten, schändeten und mordeten, bis Adalbert ein Heer aufstellte und dem Treiben ein Ende machte.

Dann kehrte endlich Ruhe ein, zumal der fränkische

Heinrich V. vier Jahre später kinderlos starb und Lothar von Sachsen sein Nachfolger wurde.

Es floß viel Blut in jener Zeit. Gewalt erzeugte Gegengewalt, und die erhitzten Gemüter scheuten sich nicht, auch frommen Einsiedlerinnen die Greueltaten der Menschheit kundzutun. Manche Giftmischerin gab durch das Sprechfenster ihre tödlichen Mixturen preis, und nicht selten erschien ein brüllender, blutüberströmter Vagabund, dem man die Augen ausgestochen oder die diebische Hand abgehackt hatte. So nahm es nicht wunder, daß außerhalb der Klöster auch Schadenszauber und Magie zu den Instrumenten der Volksheilkunde zählten. Und als der Vatikan den Ordensleuten fünfundzwanzig Jahre später die Anwendung sämtlicher überlieferter Praktiken und fragwürdiger Heilverfahren untersagte, da sie mit dem Leben in klösterlicher Abgeschiedenheit nicht zu vereinbaren seien, waren sie den ehemaligen Klausnerinnen längst kein Geheimnis mehr.

Durch das Sprechfenster erhielten die Kinder eine Lebensschulung, wie sie sich ihnen daheim auf ihren Herrensitzen niemals geboten hätte. Und je länger sie daran teilhatten, desto mehr wuchs ihre Gewißheit, daß dort draußen, nur eine Armeslänge von ihnen entfernt und doch an einem ganz anderen Ort, eine Welt existierte, die vollkommen aus den Fugen geraten sein mußte.

Hildegard schluckte; ihr war, als hätte sie grobkörnigen Sand in Augen und Kehle. Sie erhob sich, um einen Schluck Wasser zu trinken, spritzte sich auch eine Handvoll ins Gesicht. Sie hatten viel Wasser verbraucht in der letzten Nacht, die irdene Schale war beinah leer. Auch die heruntergebrannten Kerzen, deren unruhiges Flackerlicht bizarre Schatten auf die Wangen der Toten zeichnete, mußten ersetzt werden. Jutta hatte die Fünfzig bereits überschritten, doch ihr Gesicht war immer noch glatt und schön und nicht von den Spuren des Alters gezeichnet, und die Haut schimmerte wie Elfenbein.

Tu candidum lilium ... Ach nein, nun gab es keine Lieder mehr für Jutta. Die Bilder der Vergangenheit, die Hildegard selbst heraufbeschworen hatte, schnürten ihr die Kehle zu. Wieder füllten sich ihre Augen mit Tränen und spülten nun wenigstens den Sand heraus.

»Tränen, die der Traurigkeit entsprungen sind, steigen wie mit einem bitteren Rauch zu den Augen auf«, murmelte sie, »dörren das Blut aus und schädigen das Gewebe, wobei sie dem Menschen wie eine verdorbene Mahlzeit zusetzen können.«

Hildegard hätte nicht einmal zu sagen gewußt, ob es der Verlust der mütterlichen Freundin war, der sie zum Weinen brachte, oder der übermächtige Wunsch, ihr dahin zu folgen, wo sie jetzt weilte, diese um Christus minnende Seele, die endlich heimgefunden hatte.

Viel zu fest gebunden hatte Schwester Clementia die Haube um Juttas Gesicht. Die Fesseln der Kleidung, das Gefängnis des Leibes, die Mauern der Klause – all dies hatte die befreite Seele hinter sich lassen dürfen. Hildegard lockerte das Gebände um Stirn und Kinn der Magistra. Zu gern hätte sie die lästige Haube jetzt ganz entfernt, um Juttas schulterlanges Haar, das nur von wenigen Silberfäden durchwirkt war, wie einen Fächer um ihren Kopf zu legen und später die ersten blühenden Christrosen darüberzustreuen. Weder den himmlischen Bräutigam noch die Benediktusregel würde sie damit verletzen, allenfalls das strenge Empfinden der Brüder drüben im Kloster, denen verständlicherweise der Sinn für die Schönheit jungfräulicher Weiblichkeit fehlte. Überdies mußten sie sich jetzt, nach dem Tod der Magistra, besonders gut mit den Mönchen stellen.

Ein wenig Schmuck, eine letzte Gabe, mußte dennoch sein. Hildegard tastete unter ihrem Gewand nach dem Stein, den sie von Kindheit an als Abschiedsgeschenk der Mutter an einem Kettchen um den Hals trug. Sie löste es und legte es Jutta um die Stirn. Der blaue Saphir in der

Farbe des Himmels leuchtete wie ein drittes Auge; allein dieses blieb der Welt geöffnet, und das Licht der Wintermorgensonne, gefiltert durch das Gitter des Sprechfensters, sammelte sich darin.

Auch Jutta hatte Edelsteine geliebt, diese Himmelssterne, diese Tränen der Sonne. Oft hatten sie sich darüber unterhalten.

Sprich mir von den Steinen!

Der Saphir, Jutta, macht den Geist frei und tröstet das betrübte Herz, denn er wächst um die Mittagszeit, wenn die Sonne in ihrer Glut so stark brennt, daß die Luftbewegung eingeschränkt ist. Der Saphir, Jutta, ist eher feurig als luftig oder wäßrig. Er bezeichnet die vollkommene Liebe zur Weisheit und wird daher auch gern der *Stein der Weisen* genannt.

Wer so dumm ist, daß ihm jedes Verständnis fehlt, und doch gern klug wäre, der lecke auf nüchternen Magen an dem Saphir, weil dessen Wärme und Kraft in Verbindung mit dem warmen, feuchten Speichel die schädlichen Kräfte vertreibt, welche die geistigen Fähigkeiten des Menschen unterdrücken.

Und nicht nur das! Wenn jemand rote Augen hat und sie ihm weh tun oder wenn er nicht klar sieht, so nehme er den Saphir auf nüchternen Magen in den Mund und befeuchte ihn mit Speichel. Dann nehme er mit dem Finger ein wenig von dem Speichel und bestreiche damit die Augen, und zwar von außen nach innen, und sie werden wieder gesund und klar.

Woher ich das wissen will?

Hast du vergessen, Jutta? Mit meinem sechzehnten Jahr war ich keine Klausnerin mehr; ich durfte in den Wald und über die Felder zum Fluß hinunterlaufen, zur Glan mit ihren schönen sandigen Ufern. Dort habe ich beobachtet und studiert, wie sie beschaffen sind, die Steine. In der Natur und in der Vision; denn nicht allein die Steine wurden mir gezeigt.

Das strahlende Licht und darin die saphirblaue Menschengestalt, brennend im sanften Rot funkelnder Lohe ...
Du erinnerst dich?
Das helle Licht überstrahlte ganz das rötliche Feuer und das rötliche Feuer ganz das helle Licht und das rötliche Feuer die saphirblaue Menschengestalt, so daß sie ein einziges Licht von derselben Stärke und Leuchtkraft bildeten. – Ja!
Hildegard und ihre Visionen ... Die Magistra war der einzige Mensch, den sie – selten genug – ins Vertrauen gezogen hatte. Womöglich hätte sie selbst Jutta gegenüber striktes Schweigen bewahren sollen, es sei denn, das Licht hätte es anders gewünscht. Die Seligkeit des Schauens mußte ja nicht unbedingt in der Redseligkeit ihren Ausdruck finden. Was für eine Kunst es doch war, sein Bewußtsein in den Willen Gottes einzuschwingen!
»O weh, mein Anderssein!« seufzte Hildegard. Es war ihr Lust und Last zugleich.
Immer schon.
Vom Dunklen führe uns zum Licht, flehten die Lebenden und die Toten. Es wurde nun Zeit, das Abschiednehmen zu beenden.
Requiem aeternam et lux perpetuum.
Die Gesänge der Terz waren verklungen; der Arbeitstag im Kloster konnte beginnen, wenn auch in gedämpfter Lautstärke. Zumindest würde der leidige Baulärm eine Zeitlang schweigen. Welch tröstlicher Gedanke!
Bald würden zwei oder drei Brüder zum Frauenkonvent herüberkommen. Sie würden den Leichnam durch den Klausengarten tragen, um ihn im Kapitelsaal der Mönche aufzubahren, und schon in wenigen Stunden würden Scharen von Menschen daran vorbeiziehen. Die Edelleute der Umgebung, die benachbarten Äbte, die Priester und Schülerinnen – sie alle würden kommen, um der verehrten Meisterin ein letztes Mal zu huldigen.
Dabei ist die Verwandlung bereits vollzogen, dachte

Hildegard, und der Leib Jutta von Sponheims nur mehr eine leere Hülle. Das Wesen der Metamorphose aber bleibt den Menschen ein Geheimnis, denn was es damit auf sich hat, daß die Seele nicht stirbt, vermag kein Mensch zu begreifen.

3
Ein verschlossener Garten ist meine Freundin

Auch der Mönch Volmar erlebte das Duftphänomen.

Ja, er roch es auch, das Wölkchen, welches der Gruft Jutta von Sponheims entwich. Ein blumiger Duft nach Lavendel, fand Volmar. Andere erinnerte es an Hyazinthen oder reife Äpfel. So verschieden empfanden die Sinne der Brüder. Wahrhaftig, der Mensch war Mitschöpfer seiner Welt, ganz so, wie Hildegard es ihre Zöglinge lehrte.

Schon bei der rituellen Fußwaschung am ersten Samstag nach der Beisetzung unter dem Kapitelsaal hatten die Mönche jenen aromatischen Wohlgeruch wahrgenommen, der sie entzückte und erschauern ließ und der seither immer wieder entstanden war. Man könne seinen sündigen menschlichen Körper nicht durch solch himmlischen Duft bewegen, sagten sie; mancher Fuß sträubte sich gar, über die Grabplatte hinwegzugehen. Zu Mariä Lichtmeß sollte die Heilige nun zum Marienaltar an die Südseite der Kirche umgebettet werden.

Doch noch ein anderer Gedanke beschäftigte Volmar.

Wenn er nur diese Pergamentrolle nicht verloren hätte! In der Schreibstube hatte er sie vergebens gesucht und auch in der Bibliothek, wo sie leicht zwischen die anderen Schriften hätte geraten sein können. Er mußte seine Aufzeichnungen unbedingt wiederfinden, bevor sie womöglich unter den Brüdern kursierten, denn wer sie las, würde wissen, daß Volmar, der Propst, heimlich an einer Vita arbeitete, in die er mehr Zeit und Gefühl investierte als in die

Zusammenstellung der Klosterannalen, mit der er eigentlich beauftragt war.

Nun gut, er würde noch ein zweites Mal im Lesegang nachsehen; das war seine letzte Hoffnung. Schon eilte er die abgetretenen Stufen hinunter, verfing sich beinah in seiner Kutte. Was er dann sah, trieb ihm die Röte ins Gesicht.

Die Brüder Arnold und Lothar saßen auf der Sitzbank, die vor kurzem noch Volmar eingenommen hatte, und lasen einander abwechselnd aus seinem Manuskript vor. Lothar zitierte soeben das beschämende Spottlied, mit dem die Kreuzritter im Jahre 1099 die Eroberung Jerusalems gefeiert haben sollten, als sie bis zu den Knöcheln im Blut ihrer Gegner wateten, wie die Legende prahlte.

Stoßt sie in Feuersgluten!
Oh, jauchzet auf, ihr Guten,
dieweil die Bösen bluten –
Jerusalem, frohlocke!

Bruder Arnold hörte kaum hin, nickte nur zerstreut, denn er ließ sich gerade genüßlich die ersten Sätze aus Volmars *Vita Hildegardis* auf der Zunge zergehen.

»Ein Kind des Sommers ist sie, eine Sonnengeborene des Jahres 1098 im Aranmonat, dem Monat der Fülle, der Ernte und des warmen Windes, ein federleichtes Kind, in zartester Jugend bereits dem Herrn als Zehnt dargebracht ...«

Er übersprang ein paar Zeilen und fügte dann mit seiner Diskantstimme hinzu:

»Ihr Name bedeutet *Ort des Kampfes*.«

»Dunkelblau ist die Farbe ihrer Augen, aschblond ihr Haar und edel gewölbt die hohe Stirn ...«

Volmar stand immer noch wie erstarrt im Halbdunkel am Treppenabsatz. Wie sollte er sich verhalten? Er durfte nicht zulassen, daß die beiden seine heiligsten Texte entweihten. Unruhestifter waren sie, einer wie der andere!

Was würde sie an seiner Stelle tun? Volmar wußte es nicht; ihr Humor ging ihm ab. Allenfalls konnte er es mit

Hildegards Stoßgebet versuchen, mit ihrer magischen Formel, die sie ständig in ihrem Herzen trug, wie sie sagte.

»Herr, wie es dir gefällt«, flüsterte Volmar mehrmals hintereinander.

Arnold zitierte derweil Textstellen aus dem *Hohen Lied*, die Volmar hier und da mit eingestreut hatte, da er die Poesie dieser Verse bewunderte.

»Ein verschlossener Garten ist meine Freundin, ein versiegelter Quell! – Hört! Hört!« mokierte sich der Bruder.

Herr wie es dir gefällt ...

Augenblicke später rief die Glocke zur Non. Arnold rollte die Pergamente zusammen und wollte sie gerade im Ärmel seiner Kutte verschwinden lassen, als Volmar auf ihn zustürzte und sie ihm mit den Worten aus den Händen riß:

»Genug! Hätte ich Wert auf euer Lektorat gelegt, hätte ich's euch wissen lassen!«

»Demnach bist du der Verfasser dieser aufschlußreichen Betrachtungen?« erkundigte Arnold sich ebenso erstaunt wie scheinheilig. »Ob Abt Kuno weiß, was sein Propst außer den *Annales Sancti Disibodi* sonst noch so verzapft?«

»Sei beruhigt. Morgen früh nach der Prim werde ich mich seinem Urteil und der Diskussion stellen.«

Liebevoll glättete Volmar sein Manuskript; nicht weniger liebevoll blies er über die Seiten hinweg, als könnte er mit seinem Atem die Spuren fremder Finger und dreister Blicke tilgen. Dann ging er rasch davon.

In der Nacht, zwischen Wachen und Beten, rekapitulierte er, was er in den letzten beiden Tagen aus den Lektionen Hildegards an ihre Zöglinge behalten hatte. Als ihr Seelsorger und Ratgeber konnte Volmar im Frauenkonvent ein und aus gehen, wie es ihm beliebte, und er sehnte sich nach der Nähe dieser jungen Meisterin, wenn sie ihr Wissen weitergab, das sie außer ihrer eigenen Beobachtungsgabe offenbar göttlicher Eingebung verdankte.

Was hatte sie noch gleich über den Schlaf gesagt, den

auch Volmar in dieser Nacht nicht finden würde, ja nicht einmal suchte, weil ihm so vielerlei durch den Kopf ging?

»Oft geschieht es, daß der Mensch wach liegt und nicht einschlafen kann, weil sein Geist mit zerstreuenden Gedanken, mit Problemen und Widersprüchen beschäftigt ist oder auch von zu großer Freude erfüllt wird. Im Zustand der Trauer, Furcht oder Angst aber, im Zorn oder ähnlichen Erregungszuständen, wird das Blut oftmals in Unruhe gebracht ...«

Ferner hatte Hildegard über die Gefäße gesprochen, die sich in dem Fall zusammenzögen, so daß sie den vitalisierenden Luft- oder Lebenshauch gehemmt weiterleiteten. Auch bei übergroßer Freude reagierten die Gefäße auf diese Weise, und der Mensch liege so lange wach, bis er wieder einen ausgewogenen Gemütszustand erreicht habe ...

Es wäre gut, sagte sich Volmar, jetzt gleich aufzuschreiben, was du behalten hast. Doch es war klüger, still liegen zu bleiben. Im Dormitorium der Mönche brannte zwar die ganze Nacht ein Licht, damit niemand sich unbeobachtet fühlte und sich womöglich geheimen Lastern hingab, auch war Volmar es gewöhnt, selbst im Halbdunkel zu lesen oder zu schreiben, doch mochte er nicht schon wieder mit seiner Schreiberei Aufsehen erregen. Vor seinem Tod, der hoffentlich noch lange auf sich warten ließ, brauchte niemand Einblick in die *Vita Hildegardis* zu nehmen, mit der er nur deshalb so zeitig begonnen hatte, weil sich ihm immer deutlicher zeigte, daß seine einstige Schülerin zu etwas ganz Außerordentlichem berufen sein mußte.

Obwohl Volmar jünger war als Hildegard, war er ihr Lehrer geworden, nachdem sie jahrelang von der Magistra Jutta unterrichtet worden war. Doch während sie bei der Magistra lediglich in der Heiligen Schrift, der Benediktusregel, dem Jungfrauenspiegel und dem Psalmengesang unterwiesen worden war, las Volmar mit ihr die Texte der Kirchenväter auf lateinisch und darüber hinaus alles, was die umfangreiche Klosterbibliothek von Disiboden zu bieten hatte, einschließlich einiger Werke über arabische Medizin, die heimgekehrte Ritter und heilkundige Mönche dem Kloster von ihren Kreuzzügen mitgebracht hatten.

Auf einen wissenschaftlichen Unterricht, wie er den Mönchen in den großen Abteien geboten wurde, mußte Hildegard als Frau jedoch verzichten. Das Studium der *Sieben Künste* – von der Arithmetik und Astronomie über die Dialektik, Geometrie und Grammatik bis zur Musik und Rhetorik – blieb der Männerwelt vorbehalten.

Hildegard bedauerte dies gelegentlich, doch ihr Magister sah keinen Grund dafür. Denn diese junge Frau wußte vom Menschen und seiner kosmischen Eingebundenheit mehr, als man auf dieser Erde lernen konnte. Die Jahre in der Klause hatten ihrem Geist Flügel wachsen lassen, und längst waren die Rollen vertauscht: Nun war Volmar Schüler, Hildegard seine Magistra. Ihr Denken und Sprechen in Bildern, ihre Gabe, die verschiedenen Phänomene der Wirklichkeit miteinander in Beziehung zu setzen und dahinter ein bewußtes Ordnungssystem erkennbar zu machen, begeisterte ihn immer wieder aufs neue.

Alles ist mit allem verbunden, lautete Hildegards Lehre.

Erst vorgestern hatte Volmar beinah andächtig gelauscht, als Hildegard den ersten Monat im Jahreszyklus mit der frühen Kindheit in Verbindung brachte:

»Im ersten Monat erhebt die Sonne sich wieder. Doch zeigt er sich kalt und feucht und voller Widerspruch, denn er schwitzt das in weißen Schnee verwandelte Wasser wieder aus. Seine Eigenschaften gleichen denen des Gehirns. Auch dieses ist kalt und feucht; es reinigt sich, indem es die schädlichen Säfte durch Augen, Ohren und Nase auswirft. Ebenso rein wirkt die Seele in der Kindheit des Menschen, jener Zeitspanne, die weder Arglist kennt noch Fleischeslust spürt. Voller Freude ist die Seele, denn sie wird noch nicht gedrängt, wider die eigene Natur zu handeln. In der Kinderzeit mit ihren einfältigen und unschuldigen Wünschen zeigt die Seele sich in ihrer ganzen Kraft. Doch bald schon wird sie der reinen Freude kindlicher Unschuld beraubt, und einem aus seiner Heimat vertriebenen Fremdling gleich, wird sie in große Traurigkeit gestürzt ...«

Obwohl Volmar sich nicht mehr an jedes einzelne Wort erinnerte, tastete er nun doch nach der Wachstafel, die er nachts griffbereit unter seiner Schlafstatt aufbewahrte. Die schüttere Strohfüllung knisterte und raschelte bei jeder Bewegung, und auch sonst war es keineswegs still im Schlafsaal der Mönche. Zu seiner Rechten lag Bruder Trutwin in lautem Schlaf, während zur Linken Bruder Helenger immer wieder vor Schmerzen stöhnte, weil er sich Anfang der Woche so heftig gegeißelt hatte, daß sein geschundener Rücken ihm seither die ohnehin kurze Nachtruhe vergällte.

Gerade hatte Volmar sich aufgesetzt und die Tafel auseinandergeklappt, als Arnold schlaftrunken an den Betten vorüber in Richtung Latrine taumelte. Rasch ließ Volmar sich wieder auf sein Lager sinken. Er wünschte sich von Herzen, daß auch auf dem Disibodenberg jeder Mönch seine eigene Zelle hätte wie in anderen, größeren Klöstern. So aber mußte er vor Arnold auf der Hut sein.

Vielleicht, überlegte Volmar, sollte er für seine *Vita* eine Geheimsprache entwickeln, ähnlich der, die Hildegard schon seit dem Heilverbot des Vatikans vor sechs Jahren benutzte, um ihre medizinischen Rezepte an befreundete Klöster weiterzugeben.

»Wir können die Kranken, die bei uns an die Pforte klopfen, nicht einfach abweisen und ihrem Schicksal überlassen«, rechtfertigte sie ihren Ungehorsam und suchte nach einer *lingua ignota* für bekannte Begriffe. Früchte wie *Cririscha* und *Briunz* gab es in ihrem Vokabular, Tiere wie *Asgriz* und *Balbunz*; den Lindenbaum hatte sie *Tilia* getauft und die Eiche *Quercu*. Ihre Himmelssprache, wie sie es nannte, war ein amüsantes Spiel, aber noch fehlte ihm jede Systematik.

Volmar dagegen hatte in jahrelanger Forschung herausgefunden, daß die Bibel ein arithmetisches Wunderwerk war. Jedes Wort, jeder Abschnitt der hebräischen und griechischen Urtexte besaß einen genau berechneten Zahlenwert. Von besonderer Bedeutung schien dabei die Zahl Sieben zu sein, da sie sehr viel häufiger als andere auftrat. Gleich im ersten Vers der hebräischen Bibel, der aus sieben Worten bestand, hatten die drei wichtigsten Begriffe, nämlich *Gott*, *Himmel* und *Erde*, zusammen den Zahlenwert siebenhundertsiebenundsiebzig. Und so ging es immer weiter. Volmar war fasziniert von seiner Entdeckung und spielte mit dem Gedanken, einen vergleichbaren Zahlenschlüssel für seine eigene Geheimschrift auszuarbeiten.

Zuvor aber wollte er mit Hildegard darüber sprechen. Sie, die ihm Freundin und Schwester der Weisheit war, sollte eingeweiht sein.

Und während er allmählich nun doch schläfrig wurde, dachte Volmar, was er in wachem Zustand niemals zu denken gewagt hätte: daß er Hildegard über die Schwester und Freundin der Weisheit hinaus so liebte, wie man die Braut eines anderen liebte, ohne sie ihm jedoch zu neiden. Denn dieser andere – Volmar atmete jetzt schon tief und im Einklang mit seinen schlafenden Brüdern –, dieser andere existierte jenseits der begrenzenden Vorstellungen des Menschen.

Tags darauf begab sich der Propst mit recht gemischten Gefühlen in den Kapitelsaal, den jeder Mönch – sofern ihm nicht eine Bußübung auferlegt war – nach der Frühmesse und der Morgenmahlzeit aufsuchte, um ein Kapitel aus der Ordensregel zu hören, weltliche Arbeiten zu besprechen und nicht zuletzt, um öffentlich Selbstkritik zu üben. Wobei es immer wieder geschah, daß die Mitbrüder dem Einsichtigen zuvorkamen und ihn mit jenen Fehlern konfrontierten, zu denen er sich gerade bekennen wollte.

So widerfuhr es auch Volmar.

Abt Kuno hatte seinen letzten Satz über den Fortgang der Bauarbeiten und die Erweiterung des Seitenchores kaum beendet, als Lothar und Arnold sich gleichzeitig zu Wort meldeten und die besorgte Frage stellten, ob nicht ein Bruder, der private Schriften neben den ihm vom Kloster aufgetragenen verfaßte, gegen das Gehorsamkeitsgebot verstoße.

Abt Kuno, der oft recht schnell mit seinem Urteil bei der Hand war, was nicht wenige Brüder störte, schwieg diesmal eine ganze Weile und reagierte dann anders als erwartet. Mehr als der Inhalt der erwähnten Schriften interessierte es ihn zu erfahren, wie denn die beiden Mönche zu ihrem Einblick in dieselben gekommen wären.

Eine Pergamentrolle habe unter der Sitzbank des beschuldigten Bruders gelegen und sei dort von ihnen entdeckt worden, lautete die Antwort.

Demnach hätten sie gewußt, wem die Manuskripte gehörten?

»Ja«, sagte Lothar.

»Nein, erst nachdem wir …«, erklärte Arnold.

»Also doch!« unterbrach ihn verärgert der Abt und bezeichnete es als einen Akt der Gewalt, diese Papiere gelesen zu haben; denn wer sich ungebeten und ohne Notwendigkeit in die Aufzeichnungen eines anderen vertiefe, begehe Diebstahl an dessen geistigem Eigentum.

Die anderen Mönche stimmten zu, worauf die beiden Ankläger zu ihrer Läuterung für zwei Wochen von den gemeinsamen Mahlzeiten ausgeschlossen wurden; außerdem sollten sie die ganze Zeit mit verhülltem Kopf umhergehen.

Beim Verlassen des Kapitelsaales wandte Arnold sich auf der Türschwelle noch einmal um und warf dem Propst einen Zornesblick zu. Volmar begegnete ihm mit Gleichmut, befürchtete jedoch, daß Arnold ihm die heutige Schmach nicht so bald vergessen und möglicherweise irgendwann heimzahlen würde.

Auch Abt Kuno, der noch auf seinem etwas erhöhten Platz in der Mitte des Saales thronte, hatte den Blick bemerkt.

»Er ist noch sehr jung«, sagte er entschuldigend, »da

schießt man leicht über das Ziel hinaus. Alle unsere Oblaten haben in den ersten Jahren ihre Schwierigkeiten. Das liegt leider in der Natur der Sache. Von ihren Eltern schon in frühester Jugend einer Mönchsgemeinde zugeführt, hatten sie ja niemals eine andere Wahl.«

Dann winkte er Volmar, näherzutreten. Mit den für ihn typischen, ein wenig verschwommenen Redewendungen gab Kuno seinem Propst zu verstehen, daß er sich sehr wohl denken könne, wer der Verfasser der erwähnten Aufzeichnungen sei und womit sie sich befaßten. Doch könne er darin, wie gesagt, keinen Verstoß gegen die Regeln erkennen, solange Volmar in seiner Darstellung nicht übertreibe. In der Tat wirke es sich sogar befruchtend auf den Ruf eines Männerklosters aus, wenn sich ihm fromme oder gar heilige Frauen anschlössen, je zahlreicher, desto besser. Und wenn der seligen Jungfrau Jutta demnächst eine begabte Meisterin Hildegard folgen sollte, so spreche dies nur für die Weitsicht des Chronisten, daß er es beizeiten im Interesse der Nachwelt niederschrieb.

Volmar schüttelte den Kopf, wo er hätte nicken sollen; er wunderte sich nicht wenig über das plötzliche Einfühlungsvermögen des Abtes. Erst als er den wahren Grund für so viel Leutseligkeit erfuhr, begann er zu begreifen: Die Schwestern hatten Hildegard schon vor Tagen einstimmig zur Nachfolgerin der Magistra Jutta gewählt, doch Hildegard – zutiefst erschrocken – habe um Bedenkzeit gebeten.

Abt Kuno hatte sie persönlich aufgesucht und sie ermutigt, die ihr angebotene Aufgabe zu übernehmen; auch hatte er, um diesbezügliche Besorgnisse von vornherein zu zerstreuen, darauf hingewiesen, wie begütert der Nonnenkonvent durch großzügige Schenkungen geworden sei. Auch Hildegard selbst besäße ja dank der Familie von Bernversheim einen beträchtlichen Land- und Becheranteil. Hildegard hätte ihn zwar geduldig angehört, so der Abt, sich bisher aber noch zu keiner Entscheidung durchgerungen. Er wisse nicht, was in ihr vorgehe.

»Ich bin erst seit wenigen Monaten in diesem Kloster, Volmar. Du aber bist Hildegards Seelsorger und kennst sie so gut, daß du dich sogar schon schriftlich über sie äußern kannst. Sprich du mit ihr, damit sie nicht länger zögert und uns alle in Ungewißheit hält!«

Volmar atmete auf. Diesen Wunsch würde er gern erfüllen. Auch bot er dem Abt an, ihm seine vorläufigen Aufzeichnungen der *Vita Hildegardis* zur Prüfung zu überlassen, obgleich ihm nicht ganz wohl war bei dem Gedanken, daß Kuno dann auf so schwärmerische Sätze stoßen würde wie: *Wo immer sie hingeht, wachsen Blumen unter ihren Füßen.*

Doch Kuno winkte nur ab und sprach dem Propst noch einmal sein Vertrauen aus. Nachdem sie die Kerzen im Leuchter neben dem Sessel des Abtes gelöscht hatten, verließen die beiden einträchtig den Kapitelsaal, um rechtzeitig zur Terz ihre Plätze im Mönchschor einzunehmen.

4

Wo das Fragen im Menschen nicht ist

Seltsam, daß die meisten Menschen den Anblick des Blutes scheuen wie der Teufel im Sprichwort das Weihwasser. Während sich stets genügend Schwestern fanden, die Hildegard in der Salbenküche oder in ihrem neuen kleinen Laboratorium zur Hand gingen, ließ man sie im Aderlaßraum meistens allein.

Qui bene purgat, bene curat – wer gut reinigt, heilt gut – hatte Hildegard in schönen, leuchtend roten Lettern über die Tür gemalt, doch war es ihr kaum gelungen, die Prozedur damit anziehender zu machen.

Auch heute hatte nur die kleine Jacoba sie begleiten mögen, die ihr niemals von der Seite wich, es sei denn, sie wurde ausdrücklich darum gebeten.

Drei ältere Kranke erwarteten Hildegard bereits auf der Patientenbank im ungeheizten Aderlaßraum, zitternd vor Kälte und bangen Gedanken. Einen der drei mußte die Schwester Medica gleich wieder nach Hause schicken, weil ihr sein wiederholtes Niesen einen Schnupfen anzukündigen schien. Außerdem klebten ihm Reste von Zuckerrübenkraut im Bart; somit war er, ihren Anweisungen zum Trotz, nicht nüchtern zum Aderlaß erschienen – oder hatte sich seit gestern nicht gewaschen.

»Hast du Kopfweh?« fragte sie den Mann mit dem kupferroten Gesicht, der unten im Nahegau eine Mühle betrieb.

»Das will ich meinen«, antwortete der. »Mir ist, als würd' mir der Schädel platzen.«

»Halb so schlimm«, sagte Hildegard tröstend. »Du bekommst nur einen kräftigen Schnupfen. Ich gebe dir ein Päckchen von einem Pulver aus angelsächsischem *Geranium*. Rieche mehrmals am Tag kräftig daran, und streue dir zwei bis drei Prisen davon mit etwas Salz aufs Brot.«

Sie nahm ein Säckchen aus dem Korb, den Jacoba im Arm hielt, und drückte es dem Kranken in die Hand.

»Du mußt ein andermal wiederkommen. Wenn du erkältet bist, kann ich dich nicht zur Ader lassen.«

»Ich hab' doch nur ein bißchen geniest«, sagte der Mann kleinlaut. »Das kommt bestimmt vom Mehlstaub.«

Hildegard schüttelte lächelnd den Kopf. »Und gefrühstückt hast du auch. Komm einen Tag nach dem nächsten Vollmond wieder. Aber nüchtern, mit leerem Magen! Bis dahin mußt du deine juckenden Ekzeme leider noch ertragen.«

Als hätte er nur auf das Stichwort gewartet, begann der Müller sich heftig an Brust und Hals zu kratzen.

»Das ist aber noch lange hin. Wir hatten doch gerade erst Vollmond«, sagte er enttäuscht.

Hildegard legte ihre auffallend kleinen Hände auf die breiten des Mannes, um ihn davon abzuhalten, seine bereits blutig gekratzte Haut weiter zu malträtieren.

»Ich weiß, Juckreiz kann eine wahre Folter sein«, sagte sie voller Mitgefühl. »Übrigens sollte ein kräftiges Mannsbild wie du möglichst im dritten Monat des Jahres zur Ader gelassen werden, und zwar spätestens bis zum fünften oder sechsten Tag des abnehmenden Mondes. Später ist es weniger günstig, und bei zunehmendem Mond ist ein Aderlaß sogar schädlich, weil die faulige Flüssigkeit sich dann nur schwer vom Blut trennen läßt, mit dem sie vermischt ist, denn die schädlichen Säfte und das Blut fließen dann nur noch mäßig schnell durch die Adern.«

»Ich dachte«, sagte der Müller, »Blut ist Blut und fließt immer gleich.«

»Nein, guter Mann, so einfach ist das nicht. Alles unterliegt dem Einfluß des wechselhaften Mondes, den Jahreszeiten mit ihren Regen- und Trockenperioden und dem Flüssigkeitshaushalt des menschlichen Körpers. Es ist der Mond, der alles lenkt.«

Hildegard suchte nach einem passenden Bild und freute sich, als sie es plötzlich vor sich sah: »Es ist so ähnlich wie bei deinem Mühlbach. Bei Niedrigwasser oder mäßiger Strömung bleibt er brav in seinem Bett, bei einer Überschwemmung aber – vergleichbar mit dem stärkeren Strömen des Blutes bei abnehmendem Mond – bildet er Schaum und läßt uns stinkende Abfälle und allerlei Verfaultes im Wasser erblicken.«

»Ja, gewiß!« Das leuchtete dem Müller ein, und er bedankte sich höflich bei der verehrten Schwester Medica dafür, daß sie sich die Zeit genommen hatte, einem ungebildeten Mann wie ihm all diese Zusammenhänge zu erklären. Trotz seiner immer noch juckenden Haut, für die er nun einen Tiegel frisch bereiteter Schwanenfettsalbe bekam, trat er zufrieden den Heimweg an.

»Alle weisen Frauen richten sich nach dem Mond, nicht wahr? Und so ist es auch gewiß kein Zufall, daß wir gerade an einem Mond-Tag hier heraufgekommen sind«, versuchte die ältere der beiden noch wartenden Aderlaßpatientinnen das Gespräch mit Hildegard fortzusetzen, denn was diese heilkundige Klosterfrau zu erzählen wußte, hörte man nicht alle Tage. Das sagte jeder, der einmal mit ihr zu tun gehabt hatte.

»Nichts ist ohne Bedeutung und somit Zufall. Schon gar nicht, daß sich stets an jedem ersten Tag der Woche besonders viele Kranke den Disibodenberg hinaufbemühen«, bestätigte Hildegard. »Mir ist der Montag mit seiner Betriebsamkeit nach der schönen langen Sonntagsruhe besonders lieb. Für unsereins ist die Arbeit ja gleich Gebet und damit Gottesdienst.«

»Hat der Mond dem Montag eigentlich seinen Namen gegeben?«

»Ja!« sagte Hildegard. »Und der Mond ist wirklich ein besonderer Geselle, wißt ihr. Aus der Luft zum Beispiel nimmt er die unbrauchbaren, giftigen Stoffe wie auch die Wärme und Reinheit, die das Grün hervorbringt. Beides sammelt der Mond in sich wie ein Mann, der Wein in einen Schlauch schüttet, ihn eine Weile aufbewahrt und dann austrinkt. Wenn der Mond zunimmt, sammelt er, wenn er abnimmt, trinkt er.«

Sie mußte über ihren Vergleich lachen, und die Frauen stießen einander vor Vergnügen in die Seiten.

»Dann gehört mein Mann trotz seiner Fettleibigkeit wohl eher zu den abnehmenden Monden«, sagte die eine kichernd.

»Zum Glück kann der Mensch die Zeichen der Natur lesen und sich mit ihnen besprechen«, schloß Hildegard, nun ernst geworden, während sie die Tücher und Schalen für den Aderlaß bereitstellte. »Das ist ein Geschenk des Schöpfers. Und so werden auch meine kleine Freundin und ich gleich in eurem Blut lesen und euch mitteilen, was es uns zu sagen hat.«

Die ältere der beiden Frauen litt an Schwindelanfällen, daher öffnete Hildegard ihr mit einem Spezialmesserchen die Kopfader oder *Vena cephalica* im Arm, um sie von den Giftstoffen in ihrem Blutkreislauf zu befreien, während sie die schlechten Säfte der zweiten, Asthmakranken, zur *Vena hepatica* herausfließen ließ, der Leberader.

»Mit der Kopfader«, erklärte Hildegard ihrer Gehilfin, »sind mehr Gefäße verbunden, die Flüssigkeit führen, als mit der Leberader. Deshalb entnehmen wir dort nicht mehr Blut, als ein kleines Hühnerei fassen würde, denn wenn wir zuviel nehmen, könnte es den Augen schaden.«

Sie beugte sich tiefer über den Arm der Frau und beobachtete genau, was geschah.

»Was du herausfließen siehst, hat verschiedene Farben, weil es aus Blut und Fäulnisstoffen besteht. Sobald die austretende Flüssigkeit die richtige Röte angenommen hat, stehen Blut und Saft im gleichen Verhältnis zueinander. Dann ist das Blut rein, und wir beenden den Aderlaß, um den Körper nicht zu schwächen. Auf das rechte Maß kommt es an – überall, so auch hier. Ein wohldosierter Aderlaß beseitigt die schädlichen Säfte und heilt den Körper, wie ein gemäßigter Regen die Erde bewässert und Früchte gedeihen läßt.«

Jacoba schrak nicht zurück vor dem, was sie sah, auch nicht vor dem Blut der Asthmakranken, das eine trübe und wächserne Farbe besaß, gottlob aber keine unheilvollen schwarzen Flecken aufwies. Doch sie fragte auch nichts.

Wenn sie doch nur halb so wißbegierig wie anhänglich wäre! dachte Hildegard. Denn wo das Fragen im Menschen nicht war, da war auch nicht die Antwort des Heiligen Geistes. Sie selbst hatte schon in viel jüngeren Jahren von jedem Stein und jedem Metall, jeder Pflanze und jedem Tier erfahren wollen, welche Heilkraft Gott ihm eingegeben hatte. Die kleine Jacoba aber war von anderer Art und schien sich niemals über irgend etwas zu verwundern.

Trotzdem erklärte Hildegard ihr in vorsichtigen Worten, damit die Patientinnen sich nicht beunruhigten, wie die Farbe und Beschaffenheit des Aderlaßblutes zu deuten waren. Man konnte nämlich darin lesen wie in einem Buch, konnte ihm wichtige Hinweise auf die Schwere und Dauer der Erkrankung entnehmen und darüber hinaus Ernährungsfehler und Störungen im Körperhaushalt erkennen.

Dann wandte sie sich an die beiden Frauen, die nach dem Aderlaß ein wenig geschwächt waren, und gab ihnen genaue Anweisungen für die nächsten Tage.

»Eure Augen werden jetzt besonders lichtempfindlich sein«, erklärte sie. »Also schaut nicht ins grelle Sonnenlicht oder ins Herdfeuer und auch nicht auf die gleißende Schneelandschaft da draußen. Bei der Ernährung müßt ihr ebenfalls achtgeben. Eßt zwei Tage lang nichts Gebratenes und nichts Rohes, statt dessen Dinkelsuppe oder Nudeln, so daß ihr richtig satt werdet. Meidet Käse, weil euer Blut gleich wieder verschleimen würde, und eßt auch keine Wurst oder fette, kräftig gewürzte Speisen. Trinkt keine Obstsäfte und keinen starken Wein, sondern nur reinen, lieblichen. Haltet euch für zwei bis drei Tage daran, solange sich euer verdünntes Blut noch im Zustand der Erregung befindet. Und kommt von nun an einmal im Jahr zum Aderlaß, dann kann euer Körper regelmäßig von den Giftstoffen befreit werden, die sich durch falsche Ernährung oder unmäßige Genüsse im Körper bilden.«

Die eine Patientin wollte der Medica dankbar die Fingerspitzen küssen, doch Hildegard ließ es nicht zu. Statt dessen nahm sie einen kleinen Leinensack aus Jacobas Körbchen und gab ihn der Frau.

»Darin sind Mandeln«, sagte sie. »Wer so bleich ist wie du, sollte häufig Mandeln essen, mindestens drei am Tag. Sie stärken das Hirn und geben dir die rechte Gesichtsfarbe.«

Alma, die Asthmakranke, atmete immer noch schwer und lechzte offenbar nach Zuwendung oder wollte wenigstens etwas Tröstliches hören. Ach ja, die Magie der Worte! Sie konnten verletzen oder heilen.

Die Medica klopfte Almas Brust ab und horchte. Dann legte sie ihr die Hände auf und gab Licht hinein, in den gesamten Brustraum und in das Sonnengeflecht, je zwei

Hände voll Licht. Asthma und Migräne waren die beiden Krankheiten, welche am schwierigsten zu behandeln waren. Auch Hildegard kannte seit Jahren kaum einen Tag, an dem sie nicht unter heftigen halbseitigen Kopfschmerzen litt, und wußte sich selbst kaum dagegen zu helfen.

»Trink täglich ein Glas Ziegenmilch, Alma. Das wird dir guttun.«

»Nicht so gut wie Eure Hände, Mutter.«

Sie brauchte noch mehr Licht. Hildegard hielt jetzt Almas Oberkörper, umfing sie, bis der Atem ruhiger wurde.

»Seit wann bekommst du so schwer Luft?«

»Von Kindheit an. Und jetzt bin ich alt, werde bald dreißig. – Sagt mir, verehrte Schwester Medica, warum hab' ich das? Diese Not, Luft zu bekommen, und diese Schmerzen beim Ausatmen?«

»Du fragst gut, Alma! – Sag du es ihr!« forderte Hildegard nach einem prüfenden Seitenblick ihre junge Helferin auf, die mit ihren Gedanken ganz woanders zu sein schien. »Wann werden die Menschen krank – Jacoba?«

»Wenn die vier Körpersäfte nicht im Gleichgewicht sind, Blut, Schleim, schwarze und rote Galle. Und wenn die vier Elemente mit den Eigenschaften heiß, trocken, feucht und kalt gestört sind.«

»Ja! Sehr gut!« So behielt Jacoba wenigstens, was sie gelehrt wurde, selbst wenn sie nicht ausdrücklich danach verlangte.

»Aber warum ist das alles bei mir im Ungleichgewicht?« beharrte Alma.

»Die Frage solltest du dem Heiland stellen. Er trägt diesen Namen ja nicht umsonst. Frag Ihn, was Er dir mit deiner Krankheit sagen will. Frage Ihn immer wieder, und du wirst Antwort bekommen und vielleicht gesund werden.«

Behutsam entließ Hildegard die Kranke aus ihrer Umarmung.

»Heilkunde ist Heilskunde. Mit jeder Krankheit will der Herr uns etwas sagen. Er allein ist das ganz heile Leben, nicht aus Steinen geschlagen, nicht aus Zweigen erblüht, nicht aus der Zeugungskraft des Mannes entstanden. Vielmehr hat alles Leben seine Wurzel in Ihm. Nur wenn die göttliche Ordnung verletzt wird, erkrankt der Mensch. Du magst es mir glauben oder nicht, aber die Gottvergessenheit ist die Ursache allen Unheils.«

»Gottvergessenheit?« wiederholte Alma, als hätte sie das Wort noch nie gehört.

»Ja, denn daraus erwachsen der Unglaube und alle weiteren Übel. Seit dem Sündenfall fehlt es uns an Zuversicht, Ruhe und Geduld. Wir haben vergessen, uns auf Gott zu besinnen.«

Alma hatte sich während Hildegards Vortrag erhoben, das Mieder zugeknöpft und ihr abgetragenes Schultertuch fest um die Brust gewickelt.

»Dann brauchten wir uns nur zu erinnern, um wieder gesund zu werden?« fragte sie zögernd.

»Ja, Liebe, ja! Genauso. Sich erinnern ist der Schlüssel und das Zauberwort. Sich erinnern ist der erste Schritt zurück.« Hildegard lächelte. »Jacoba wird dich nun in die Apothekenkammer begleiten, um dir noch eine Flasche Wacholderelixier zu geben. Trinke davon zwei oder drei Wochen lang ein paar Schlucke auf nüchternen Magen, bis du wieder gesund bist.«

Hildegard fühlte sich so beschwingt, daß sie auch Jacoba noch etwas schenken wollte: eine Stange Lakritz, echten Lakritz aus dem eingedickten Saft der Süßholzwurzel.

»Magst du einen Bissen Bärendreck?«

Mit wahrer Wonne verwandte sie die wenigen ausdrucksvollen Worte, die sie noch aus ihrer Kinderzeit unter der Obhut einer Amme hinübergerettet hatte, zumal sich das Bild vom Bären so schön mit der Vorstellung von Furchtlosigkeit und warmen Höhlen verbinden ließ. Und nicht nur das.

»Bärendreck macht eine klare Stimme und ein heiteres Gemüt«, sagte sie.

Jacoba bedankte sich mit einem tiefen Knicks, so wie man es sie wohl daheim auf dem Gut ihrer Eltern gelehrt hatte.

Wie reizend die Mädchen mit dreizehn sind, den einfältigen Wünschen der Kindheit noch ganz nah, dachte Hildegard gerührt.

Zu dritt verließen sie den Aderlaßraum und stießen auf Volmar, der vor der Tür stand.

»Du bist hier?« wunderte sich Hildegard.

»Ja.« Er blickte zum Himmel. »Sieh dir die Wolken an, wie schwer sie heute morgen sind! So nah kommt der Himmel unserer Erde nicht alle Tage. Hoch oben über den Wolken habe ich mir als Junge immer den Thron Gottes vorgestellt. In majestätischer Entrücktheit und weit weg von der Welt.«

»Aber so ist es nicht, Volmar. Gott ist den Menschen ganz nah und durchaus erkennbar in allen seinen Werken!«

Hildegard hielt ihren speichelfeuchten Zeigefinger in die Luft, roch daran, leckte ihn ab. »Wir werden sehr viel Schnee bekommen, heute nacht. *Hebe deinen Finger, und berühre die Wolken.* Was denn? Du vermagst es nicht? Ebensowenig kannst du erforschen, was du nicht wissen sollst. Das Gras kann den Boden nicht begreifen, aus dem es sprießt, denn es hat weder Einsicht noch Verstand und kennt weder sein eigenes Wesen noch die Wirkung seines Samens. Und doch umgibt es den Acker mit seinem lebensfrischen Grün.«

»Du bist schwer zu verstehen!«

»Nicht ich, Volmar. Höre: Auch Mücken und Ameisen können nicht über den Löwen oder andere große Tiere herrschen. So kannst auch du nicht erkennen, was in Gottes Plan enthalten ist. – Was hast du getan oder wo warst du, als Himmel und Erde erschaffen wurden? Der dies alles erschaffen hat, brauchte deine Hilfe nicht.«

Mit der Zungenspitze fing sie die ersten Schneeflocken auf, fühlte, wie sie zerschmolzen.

»Schneeflocken bestehen aus Wasser, aber ihr Wesen ist

Licht. Dadurch kann es uns auch im Winter niemals zu dunkel werden. So ist für alles gesorgt!«

In der viel zu niedrigen Salbenküche, der sich eine Vorratskammer und ein noch winzigeres Laboratorium anschlossen, dampfte es wie in einem Badehaus. Die stickige Luft roch durchdringend nach Holzkohle, heißem Schmalz und würzigen Kräutern.

»Oh, unsere verräucherte Hexenküche!« seufzte Hildegard und faßte sich an die Schläfe, hinter der es seit der Nacht wieder heftig pochte.

An die einstige Klause der Magistra Jutta waren in den letzten Jahren, als die Zahl ihrer Schülerinnen ständig wuchs, weitere Zellen angebaut worden, alle auf der zugigen Nordostseite des Disibodener Bergplateaus. Wie Bienenwaben klebten sie aneinander und boten nun neun Benediktinerinnen und drei jungen Oblatinnen Schlaf- und Arbeitsräume. Die Einsiedelei hatte sich zu einem richtigen Frauenkonvent gewandelt. Das, dachte Hildegard, hätten wir uns in den Anfangsjahren niemals träumen lassen.

Sie erschien gerade rechtzeitig, um den Siedevorgang der Schwanenfettsalbe zu beobachten.

»Hast du ebensoviel Beifuß wie Eichenrindenasche genommen, und ist die Pfanne auch heiß genug?« fragte sie die alte Mechthild, die ein wenig achtlos das Schmalz eines gemästeten Schwanes in der Pfanne zerlaufen ließ.

Mechthild nickte stumm.

»Nimm doppelt soviel Schmalz, und koch es noch einmal auf. Dann ist es gut!« befand Hildegard, bevor sie Margarita über die Schulter schaute, die lauwarmen Petersilienhonigwein durch ein Leinentuch filterte.

Wie er wohl diesmal schmecken mochte? Hildegard nahm einen Holzlöffel, probierte und ließ auch den Propst davon kosten, der wie so oft nur den Kopf zur Tür hereinsteckte, weil es für ihn keinen Platz zwischen den geschäftigen Schwestern gab.

»Wirklich nicht schlecht!« stellte er fest. »Ist das der berühmte Herzwein, dein Allheilmittel gegen Herzbeschwerden?«

»Allheilmittel? Leider nein. Es gibt sehr viele Krankheiten des Herzens, und erst gegen siebenundzwanzig dieser Leiden habe ich ein Mittel gefunden ...«

Mit dem Handrücken trocknete die Medica sich die Lippen.

»Hast du auch Petersilienwurzeln dazugegeben, Margarita?«

»Nein, nur Stengel, sieben an der Zahl.«

»Gut. Sonst entwässert es nämlich zu sehr.« Hildegard wandte sich an Volmar »Der Wein schmeckt ein bißchen säuerlich, findest du nicht?«

»Aber ich habe nur von dem Süßen genommen«, wehrte sich Margarita.

»Der Wein schmeckt gut«, erklärte Volmar und hoffte die Diskussion damit zu beenden.

Hildegard gab sich immer noch nicht zufrieden.

»Du hast zuviel Essig genommen, Margarita, oder zuwenig Honig. Oder das Gebräu wurde nicht lange genug durchgekocht.«

»Doch, doch. Zehn *Ave Maria* lang.«

»Dann hast du zu schnell gebetet!«

Aus den Augenwinkeln beobachtete Hildegard Margaritas Mienenspiel. Würde sie jetzt die Geduld verlieren oder empfindlich reagieren?

Doch die Schwester lachte nur. »Ein bißchen mehr oder weniger, was macht das schon. Hauptsache, die Petersilie ist frisch. Wir haben nämlich im Juli noch einmal gesät«, erklärte sie dem Propst. »Und im Spätherbst ein zweites Mal geerntet. Jetzt können wir täglich rohe Petersilie essen. Wir schlagen sie im Sand ein und bewahren sie im Keller auf.«

»Und was ist das Besondere daran?« Volmar trat von einem Fuß auf den anderen; er spürte seine Zehen kaum noch vor Kälte. Bald würde es zur Sext läuten, und er hatte immer noch nicht mit Hildegard über ihre Wahl zur Magistra sprechen können. Es würde wohl auch so bald nichts daraus werden, denn ihre flinken Hände waren nun damit beschäftigt, getrockneten Ysop im Mörser zu Pulver zu zerstampfen, während sie ihm die Heilkraft der Petersilie erklärte.

»Es geht um die Grünkraft oder *Viriditas*« – das Wort hatte Volmar schon oft von ihr gehört –, »das lebensfördernde und lebenserhaltende Energetikum, von dem frische Pflanzen verständlicherweise mehr besitzen als getrocknete. Gerade die Petersilie ist von kräftiger Natur und hat mehr Wärme als Kälte in sich. Sie wächst vom Wind und von der Feuchtigkeit. Roh gegessen, mildert sie Fieber ...«

Hildegard blickte hinauf an die rußgeschwärzte Decke über der Feuerstelle; dann fügte sie hinzu: »Im Geist des Menschen ruft sie eine ernste Stimmung hervor.«

»Eine ernste Stimmung?« wiederholte Volmar.

»So ist es.«

Hildegard hielt im Ysopstampfen inne und wischte sich die Hände an der Schürze ab, die noch rotgesprenkelt war vom Aderlaßblut.

»Unlängst hatten wir eine Gelähmte in der Infirmaria. Wir haben ihr eine Mischung aus zerstoßener Petersilie und Fenchel bereitet, zu gleichen Teilen, und etwas weniger Salbei. Dann rührten wir mit Rosenblüten angesetztes Olivenöl hinein und legten der Frau diesen Brei warm auf die kranke Seite. Wir wickelten ein Tuch darum, und schon nach wenigen Tagen war die Frau geheilt.«

»Nach wenigen Tagen – und nachdem unsere Schwester Medica ihr die Hände aufgelegt hat!« betonte Margarita. »Wie ist das eigentlich mit dem Ysop, Hildegard? Der wird ja schon in der Bibel erwähnt, aber ist er nun warm oder kalt? Und woran erkennst du das überhaupt?«

Margarita steckte die Nase tief in den Mörser, bevor sie das würzige Pulver in irdene Deckeldosen füllte.

»Margarita, ich bitte dich! – Verrate es ihr ein andermal, Hildegard, sei so gut!«

Volmars Stimme konnte seine Ungeduld kaum noch verhehlen. Die Medica dagegen schien alle Zeit der Welt zu haben – wie immer, wenn sie um eine Erklärung gebeten wurde.

»Von trockener Natur, ist der Ysop gemäßigt warm und von so großer Kraft, daß sogar der Stein ihm nicht widerstehen kann, der dort wächst, wo der Ysop gesät wird«, erläuterte sie. »In ihm stecken Kräfte, die den Menschen froh machen. Darum gebe ich Leberkranken, die ja oft an Trübsinn leiden, gern in Ysop gekochtes Hühnchen zu essen und Ysopwein zu trinken. Viele sind danach wie ausgewechselt. Die Traurigkeit durchlöchert ihre Leber nämlich wie einen Käse.«

Wie kommt sie bloß darauf? überlegte Volmar. Woher will sie wissen, wie eine Säuferleber aussieht? Wenn er es nicht besser wüßte, müßte er annehmen, daß die braven Nonnen auf dem Disibodenberg heimlich Leichen sezierten, um anatomische Studien zu betreiben.

Margarita, die gern lachte, amüsierte sich auch jetzt:

»Wer allzuviel Wein oder Klosterlikör trinkt, wird leberkrank, nicht wahr? Ist es da nicht bemerkenswert, daß die Nachfrage nach unserm Ysop gerade bei euch Brüdern am größten ist?« neckte sie den Propst. »Alle Tage braucht ihr mehr.«

Hildegard lachte. »Die Leber und das Gehör«, sagte sie, »stehen in einer Wechselbeziehung. Leberkranke sollten daher lieber viel singen, statt viel zu trinken. Das gilt übrigens auch für Mönche. Aber genug davon! Wir wollen unseren wartenden Freund da draußen ja nicht zu Eis erstarren lassen.«

Was sie aber keineswegs davon abhielt, in der angrenzenden Vorratskammer sämtliche dort aufbewahrten Tränke, Kräuter und Pulver zu inspizieren und die eine oder andere Lösung aufzuschütteln oder neu zu mischen.

Als Hildegard sich schließlich verabschiedete, fiel der stillen Mechthild noch ein, daß vom Walherzpulver nicht mehr allzuviel vorrätig sei.

»Es gibt ja nichts besseres als gepulvertes Walherz, aufgelöst in Wasser, wenn jemand seines schwachen Herzens wegen ohnmächtig zu werden droht«, behauptete sie.

Der Propst hatte dergleichen noch nie gehört.

»Sprecht ihr von einem richtigen Walfisch? Dem Riesenfisch, der einst Jona schluckte?«

Die Schwestern bejahten seine Frage.

»Herz heilt Herz«, verkündete die eine.

»Ein einziges Walfischherz wiegt soviel wie ein ganzer Mensch!« sagte die andere. »Hunderte von Kranken kann damit geholfen werden. Leider ist es nicht so leicht zu beschaffen.«

»Und woher habt ihr all diese Weisheiten?« wollte Volmar wissen. »Wenn ihr das Herz eines Hirschen, eines Reihers, eines Schwanes oder eines anderen heimischen Tieres zu Pulver zerstampft, um damit Kranke zu behandeln, so kann ich das noch verstehen. Wer aber, abgesehen von den Wikingern, könnte euch über die Heilkraft eines Walorgans aufgeklärt haben?«

»*Sie* hat es uns erklärt. Sie weiß alles«, sagten die Schwestern und meinten Hildegard.

Erst als sie beide draußen waren und durch den Kreuzgang hinüber zum eben fertiggestellten Laientrakt gingen, wo seit dem frühen Morgen noch jemand auf Hilfe wartete, beantwortete Hildegard die Frage des Propstes:

»In der ganzen Schöpfung, den Bäumen, Pflanzen, Tieren und Edelsteinen, liegen geheimnisvolle Kräfte verborgen, um die kein Mensch wissen kann, wenn sie ihm nicht von Gott selbst offenbart wurden«, sagte sie wie selbstverständlich.

Obwohl sie es eilig hatten und er immer noch fror, blieb Volmar abrupt stehen. Was sie da so beiläufig gesagt hatte, konnte er nicht fassen.

»Sprichst du etwa von deiner ... himmlischen Visionsquelle?« Er stammelte beinah vor Erregung. »Genau darüber hatte ich mit dir reden wollen!«

Doch Hildegard wich ihm aus.

»Nichts für ungut, Volmar, aber die Kranke, zu der ich nun unterwegs bin, wartet im neuen Pilgerhaus auf mich. Zwar ist sie im Obergeschoß über dem Backofen gottlob auch nicht die ganze Zeit der Kälte ausgesetzt gewesen, trotzdem sollte ich sie längst erlöst haben.«

»Was fehlt ihr denn?« Volmars Seufzer galt zwar seinen eigenen aufgeschobenen Wünschen, konnte aber gleichwohl als Mitgefühl verstanden werden.

»Sie wurde des Mordes an ihrem Ehemann angeklagt und dazu verurteilt, glühendes Eisen über neun Stufen zu tragen.«

Volmar schauderte.

»Verbrennt es ihre Hände, ist sie schuldig, bleibt sie aber unverletzt, hält man sie für unschuldig. Und obendrein nennen sie das Ganze dann noch *Gottesurteil*.«

Er verabscheute solche Grausamkeiten.

»Und was sollst du dabei tun, Hildegard?«

»Das Eisen vorher segnen.«

»Gütiger Himmel! Dann gehe ich jetzt doch lieber erst nachsehen, wie weit die Arbeit am Abwasserkanal zur anderen Seite der Neubauten gediehen ist.«

Hildegard warf ihm einen dankbaren Blick zu.

»Seitdem ihr Kuno zum Abt gewählt habt, geht die Bautätigkeit zum erstenmal wieder zügig voran«, sagte sie anerkennend. »Jahrelang hatte sie sich nur noch so dahingeschleppt. Bald werden wir sogar Platz für Herrgottsgäste haben, und das sind fürwahr die Ärmsten der Armen.«

Trotz dieses Lobes hielt sie sich die Ohren zu, da das Geschrei, das die Steinträger draußen beim Abladen der Abdeckplatten vom Ochsenkarren machten, ihren schmerzenden Kopf zusätzlich malträtierte.

»Komm zwischen Non und Vesper in mein Arbeitszimmer«, empfahl sie sich, bevor sie durch eine kleine Tür vom Kreuzgang aus das mittlere der neuen Gebäude betrat.

5
Sprich mir vom Licht

Gegen Mittag hatte es wieder zu schneien begonnen. Hildegard mußte den Schnee nach rechts und links schieben, um dem Propst den Weg zu ihrer Klause freizuräumen.

Damit die Zeit diesmal nicht wieder drängte, kam Volmar gleich nach der Non, und so saßen sie einander nun, unbehelligt von Klostergeschäften, in Hildegards Arbeitszimmerchen gegenüber, welches so klein war, daß es nicht einmal Raum für das sonst obligatorische Sprechgitter zwischen Mönch und Nonne bot.

Hildegard hatte bereits alle Argumente vorgebracht, die ihr gegen die Wahl zur Magistra zu sprechen schienen, doch Volmar hatte nicht eines gelten lassen. Hildegard aber blieb hartnäckig, wiederholte sich sogar einige Male.

Von Kindheit an habe sie unablässig Krankheiten zu ertragen, und über die Geduld, die man ihr nachsagte, verfüge sie gar nicht. Überdies sei sie im eigentlichen Sinne ungebildet und nicht geeignet, andere zu lehren, geschweige denn, in deren Herzen zu lesen. Sie liebe die Menschen und wolle ihnen mit Freuden dienen, fühle sich aber nicht der Verantwortung gewachsen, durch Lob und Tadel junge Seelen zu leiten, über die sie dem Herrn eines Tages Rechenschaft ablegen müsse.

»Rein körperlich habe ich die Kraft eines Kindes«, behauptete sie, »nicht einmal zum Glockenläuten reicht es bei mir. Ich weiß nichts, kann nichts, bin nichts. Wählt eine Tüchtigere!«

Der Propst lachte nur.

»Dein verqueres Selbstbild in Ehren, doch im Grunde bist du ja bereits Juttas Nachfolgerin. Jeden Tag lehrst du die Schwestern, die jungen wie die alten, denn aus jedem Wort, das du sagst, sprechen Weisheit und Erfahrung. Du wirst es kaum verhindern können, daß sie dich Magistra nennen, Schwester Medica gar ... Sie alle lieben dich und haben dich einstimmig gewählt, ob es dir nun gefällt oder nicht. Es kann nicht Gottes Wille sein, daß du dich uns deiner vermeintlichen Schwächen wegen entziehst.«

Hildegard wußte dem nichts mehr entgegenzusetzen. Bedrückt schaute sie zu der einzigen Kerze, die vom Arbeitstisch aus den dunklen Raum erhellte. In wenigen Augenblicken würde ihre flackernde Flamme den Ring erreichen, der die achte Stunde nach Sonnenaufgang anzeigte. Hildegard liebte es, diesen Vorgang zu beobachten, hatte sie diese mit einer Zeiteinteilung versehenen Kerzen doch selbst erfunden und im Frauenkonvent eingeführt, um nicht mehr allein auf das Glockenläuten, Hähnekrähen und das Erscheinen von Tages- oder Nachtgestirnen angewiesen zu sein, die sich auf dem Disibodenberg ohnehin gern in Wolken hüllten. Auch hatte sie dafür gesorgt, daß die ranzigen Talglichter durch Honigkerzen ersetzt wurden, weil diese viel weniger rußten und zudem einen himmlischen Duft verbreiteten. Volmar, der ihrem Blick gefolgt war, vergaß nicht, sie darauf aufmerksam zu machen und die Kerzen als weiteren Beweis ihrer praktischen Fähigkeiten anzuführen.

»Schau, was immer du anfaßt, gedeiht und verwandelt sich in etwas Schönes. Du kannst es nicht bestreiten. Ich habe einmal mit eigenen Augen gesehen, wie sich Rosenknospen, die du in deinen Händen hieltest, öffneten und erblühten ... Du erinnerst dich? Nein, sag jetzt nichts, bedenke vielmehr: Alles, was schön ist und duftet, kommt von Gott, wogegen alles, was häßlich ist und stinkt, vom Dämon hervorgebracht wurde!«

Sein Credo erschien Volmar zwar selbst etwas einfältig, doch verfehlte es nicht seine Wirkung: Ein Lächeln überflog Hildegards angespannte Züge.

»Deine Gegenargumente dienen allesamt nur als Vorwand«, sagte er und wurde nun noch mutiger. »Und das weißt du. Was also hält dich wirklich davon ab, eine so wichtige und dir angemessene Aufgabe zu übernehmen? Sind es deine ... Schauungen?«

Hildegard erhob sich, so daß ihr Gesicht nun im Schatten lag und Volmar den Ausdruck ihrer Augen nicht mehr erkennen konnte.

»Woher weißt du? Hat Jutta mit dir …?«

»Das war gar nicht mehr nötig. Ich hatte es ohnedies längst geahnt. So, wie du manchmal schaust, mit diesem … besonderen … Gesichtsausdruck, habe ich mir stets das Antlitz der Propheten vorgestellt. Jeremias … oder nein, eher noch Deborah, von der es im Alten Testament heißt, daß sie ihren Sitz zwischen Rama habe, was *die Erhabene* bedeutet, und Bethel, dem Haus Gottes, und von der schon der alte Origines sagte: *Es ist für das Geschlecht der Frauen kein geringer Trost, daß auch sie der Prophetengabe teilhaftig werden können, ein Umstand, der sie ermuntert, nicht wegen der Schwäche ihres Geschlechts zu verzweifeln. Doch sollten die Frauen erkennen, daß nicht die Verschiedenheit des Geschlechtes, sondern ein reines Herz diese Gnade verdient.*«

Wie gut, daß ihn sein Gedächtnis nicht im Stich ließ!

»Deborah bedeutet übrigens *Biene*. Siehst du nicht die Ähnlichkeiten? Ich zumindest stelle mir auch sie von süßem Honigduft umgeben vor!«

Hildegard reagierte ungewöhnlich humorlos auf seine Anspielung.

»Hör auf, mir zu schmeicheln«, bat sie mit einem zittrigen Unterton in der Stimme. »Sag mir lieber, ob deines Wissens nach auch andere diesen *besonderen* Gesichtsausdruck an mir bemerkt haben, wie du es nennst.«

»Aber nein. Sie sind viel zu sehr mit sich selbst und ihrem himmlischen Bräutigam beschäftigt, und zwar meist in eben dieser Reihenfolge«, beruhigte er sie, und Hildegard atmete auf.

»Dann ist es ja gut! Sie ist nämlich eine Falle, diese Besonderheit, weißt du. Denn sich von den Menschen sondern bedeutet, sich von Gott sondern, wo doch in Wahrheit alles eins ist. Von Kindheit an bereitet sie mir Qualen, diese Besonderheit«, sagte sie düster und setzte sich wieder.

»Wie leicht kann es einem da geschehen, wie einer der gefallenen Engel betrachtet zu werden, die Gott nicht in seiner Güte zu erkennen suchten, sondern ihn wie einen Fremden anschauten, über den man sich erheben kann. Wir alle tragen doch noch verborgene teuflische Neigungen in uns, die jederzeit hervorbrechen können, nicht wahr? Begreifst du jetzt, weshalb ich nicht zur Praeposita eines Klosters tauge? Eine Gefährdete wie ich kann niemandes Vorbild sein.«

Volmar, der an seine *Vita Hildegardis* dachte, sah die Stunde gekommen, da er weiter in sie dringen durfte, ohne allzu indiskret zu erscheinen:

»Sag mir, wie es begann«, meinte er sanft. Schließlich war er auch ihr Seelsorger und privater Beichtvater.

Und Hildegard vertraute ihm Dinge an, die sie noch niemandem anvertraut hatte, nicht einmal ihrer Meisterin. Und mit jedem Wort, das sie zu dem Mönch sprach, der seinen Kopf unter der übergezogenen Kapuze gesenkt hielt, um seine Freundin nicht zu beschämen, die ihm bisher ein versiegelter Quell gewesen, wurde ihr leichter ums Herz ...

»Es ... begann nicht, es war ... immer schon da«, sagte Hildegard, zuerst noch ein wenig stockend. »Als Gott mich im Schoße meiner Mutter durch den Hauch des Lebens erweckte, prägte er dieses Schauen meiner Seele ein. In meinem dritten Lebensjahr sah ich dann ein Licht – so groß, daß mein Inneres erbebte. Doch weil ich noch ein kleines Kind war, konnte ich es keinem sagen.

In den Jahren darauf sah ich noch vieles mehr. Manches erzählte ich wie selbstverständlich, so daß jeder, der es hörte, sich zutiefst wunderte und sich fragte, wo das alles herkäme und von wem es wohl sei. Worauf ich mich über mich selbst zu wundern begann und meine Visionen verbarg, so gut ich konnte.«

»Kannst du dich noch an ein Beispiel erinnern?«

»O ja. An mehr als eines: Einmal, es war in einem wunderschönen Sommer, und die Luft streichelte mich, und ich streichelte die Luft, und ich saß auf den Wolken und segelte mit dem Wind und griff nach dem Mond und wußte, daß die Sonne musiziert und der Regen aus flüssigem Sonnenschein besteht ...«

Sie brach ab und schwieg, bis Volmar den Kopf hob, weil er fürchtete, sie würde sich ganz in Erinnerungen verlieren und vergessen, daß er zuhörte. Doch sie wischte sich nur über die Augen, die noch rot waren vom Rauch in der Salbenküche oder zuwenig Schlaf, und nahm den Faden wieder auf.

»Als ich in jenem wunderschönen Sommer kurz vor meinem fünften Geburtstag an der Hand unserer Kinderfrau über die Wiesen von Gut Bermersheim spazierte, sah ich eine Kuh mit dickem Bauch. Sieh nur das Kälbchen! sagte ich zur Kinderfrau und erklärte ihr, wann das Junge zur Welt kommen würde und wie es dann aussähe. Einen schneeweißen Kopf werde es haben, drei runde weiße Flecken auf dem Rücken und weiße Tupfen an den Beinen. Die Kinderfrau aber sah nur eine trächtige Kuh und lachte mich aus und vergaß mein närrisches Geplapper – bis alles genauso kam, wie ich es gesagt hatte. Nun erst erzählte sie meiner Mutter davon, doch beide zeigten sich eher bestürzt als erfreut.

Im Jahr darauf – es muß zur Karwoche gewesen sein, denn das große Kreuz in der Kirche war ganz unter Tüchern verschwunden – begleitete ich meinen Vater zum Gottesdienst. Als ich beim *Pater noster* zum Kreuz hinaufschaute, sah ich, obwohl es verhängt war, den blutenden Christus und über ihm, im strahlenden Licht des Himmels, Gottvater, der ihn liebevoll umfangen hielt, so daß die Schmerzen in den durchbohrten Händen und Füßen des Sohnes gemildert wurden.

Ich glaubte, dieses Bild würde meinen Vater ebenso trösten und entzücken wie mich selbst, doch als ich auf dem

Heimweg mit ihm darüber sprechen wollte, hielt er es für ein Trugbild meiner Phantasie, da ich es wohl nicht ertragen könne, daß Jesus Christus auch für meine Sünden gestorben sei. Damit hatte er in gewisser Weise recht, denn wie viele mitfühlende Kinderseelen hatte ich das Kreuz Christi tragen helfen wollen, als mich die Leidensgeschichte gelehrt wurde. Doch was ich in der Kirche ganz deutlich gesehen hatte, erschien mir nicht weniger wahr! Ich wunderte mich nur, daß die Vision nicht auch anderen Gläubigen während des Gottesdienstes zuteil geworden war.

Anderntags belauschte ich ein Gespräch meiner Eltern, bei dem sie entschieden, mich so bald wie möglich in ein Kloster zu geben. Ich sei offensichtlich mit übersinnlichen Fähigkeiten gesegnet oder gestraft, meinten sie, und überdies viel zu empfindsam für diese Welt. – Dabei können wir doch schwerlich empfindsam genug sein, Volmar, wenn es um die Leiden des Erlösers und der Menschen hier auf Erden geht.«

Den letzten Satz hatte sie sehr leise gesprochen, wie zu sich selbst, doch Volmar war ein gelinder Vorwurf nicht entgangen. Die Seelen der Kinder litten eben doch, wenn sie zu früh der elterlichen Liebe beraubt wurden; auch er hatte in seiner Jugend diese Erfahrung machen müssen.

»Dann kamst du in die Obhut der Magistra«, sagte Volmar, um Hildegard zum Weitererzählen zu bewegen.

»Ja. Und so, wie ich in meiner kindlichen Art damals oft das Blaue vom Himmel herunterschwatzte, erzählte ich auch gelegentlich von den Bildern, die ich täglich so deutlich vor Augen hatte wie andere Menschen die Landschaft draußen vor ihrem Fenster. Für die anderen und mich gab es ja viele Jahre lang nur unsere Innenwelt oder eben Gesichte. Und wenn ich einmal gänzlich von einem solchen Bild ergriffen war, beschrieb ich auch vieles, was meinen Gefährtinnen in der Klause fremd war, ohne groß darüber nachzudenken.

Ich glaube, noch als Dreizehn-, Vierzehnjährige führte

ich mich wie ein Kind auf, wenn ich Visionen hatte, und nicht, wie ich es meinem Alter gemäß hätte tun müssen. Wenn die Kraft der Vision dann nachließ und ich merkte, daß meine Zuhörerinnen betreten schwiegen und erklärten, selbst niemals etwas zu sehen, was für die Augen ihres Körpers unsichtbar war, schämte ich mich und hätte lieber geschwiegen. Ich weinte damals viel, ließ mich aber doch immer wieder dazu hinreißen, etwas über zukünftige Dinge zu erzählen. Eines Tages aber, ich war schon fünfzehn und lag krank zu Bett ...«

Wieder verstummte sie und schwieg, bis Volmar sie ermutigte: »Es ist gut, göttliche Geheimnisse mit einem *Symmista* zu teilen, einem Vertrauten – wem nützen sie sonst!«

Es fiel ihr sichtlich schwer, weiterzusprechen, doch nach einem tiefen Seufzer fuhr Hildegard fort:

»Es war in meinem sechzehnten Jahr, da sah ich mit wachem Körper und offenen Augen, wie durch ein Fenster, ein überaus schönes Mädchen. Sein Antlitz erstrahlte in solch hellem Leuchten, daß ich kaum hinzuschauen vermochte. Es trug einen Mantel, weißer als Schnee und strahlender als die Sterne. Seine Schuhe waren aus reinstem Gold, und mit seiner Rechten hielt es Sonne und Mond liebevoll umfaßt. Auf seiner Brust glänzte eine Elfenbeintafel, auf der eine Menschengestalt in saphirblauer Farbe erschien. Und ich hörte eine Stimme, die zu mir sprach: *Das Mädchen, das du siehst, ist die Liebe. In der Ewigkeit hat sie ihr Zelt. Denn als Gott die Welt erschaffen wollte, neigte Er sich in zärtlichster Liebe herab. Alles Notwendige hat Er vorausgesehen und in glühendem Liebeseifer alle Seine Werke erschaffen, so wie der Vater seinem Sohn das Erbe bereitet. Und die Schöpfung, deren Urgrund die Liebe war, erkannte ihren Schöpfer. Als Gott nämlich sein: Es werde! sprach, wurde die ganze Schöpfung in einem einzigen Augenblick hervorgebracht – und zwar durch seine Liebe.*«

Volmar öffnete den Mund, sagte aber nichts. Es dauerte eine ganze Weile, bis er die Sprache wiederfand.

»Was für ein wundervolles Bild! Wie ein kostbares Gemälde kommt es mir vor!« sagte er dann staunend. »Wie hast du es nur all die Jahre im Gedächtnis behalten können?«

»Oh, ich lerne diese Bilder auswendig, so wie man einen Text lernt. Ich lerne sie so lange, bis sie ein Teil von mir geworden sind und ich sie mir jederzeit wieder vor Augen führen kann.«

»Und die Magistra Jutta? Ich meine, konnte sie dir bei der Deutung helfen? Denn bei dem Mädchen, der Elfenbeintafel, der saphirblauen Menschengestalt und so fort handelt es sich ja zweifellos um Symbole.«

Beinah abwehrend hob Hildegard die Hände.

»Nein, nein. Die göttliche Stimme selbst erklärte mir stets die Bedeutung der Bilder. Die Magistra Jutta brauchte ich dazu nicht; sie hätte es auch nicht als ihre Aufgabe betrachtet. Als ich ihr damals verriet, daß jenes strahlende Mädchen die Gottesliebe darstellte und ich aus dem Grunde nicht fähig gewesen sei, ihm ins Angesicht zu schauen, denn so viel Ein-Sicht sei dem sterblichen Menschen nicht möglich, ermahnte sie mich sogar. *Sieh dich vor, sagte sie. Wer beim Erklettern eines Baumes zuerst nach den höchsten Zweigen greift, wird zumeist in einem plötzlichen Sturz fallen.* Und da sie erkannte, daß mich mehr das Geschenk der Vision beglückte, als mich die Möglichkeit ängstigte, Opfer eines daraus erwachsenden Hochmuts zu werden, fügte sie hinzu: *Die Liebe hat den Menschen erschaffen, die Demut aber hat ihn erlöst.*«

»Das war ihre Pflicht, Hildegard. Du weißt, wie wichtig uns Benediktinern die Demut ist«, sagte Volmar begütigend.

Lächelnd gab Hildegard ihm recht.

»Ja. Heute weiß ich, daß die Demut einer saphirblauen Wolke gleicht. Und wäre mir nicht widerfahren, was mir nun einmal widerfuhr, würde ich wohl jedem Schützling gegenüber ähnlich argumentieren, sofern er mir von frühreifen Schauungen spricht. Damals aber hat die Magistra mir mit der Demutsregel die Lippen verschlossen. Und als ich Jahre später bei Aristoteles las: *Wenn man zu viele Geheimnisse der Natur und des Kosmos verrät, zerbricht ein himmlisches Siegel, und viele Übel können die Folgen sein,* hütete ich mich erst recht vor einem solchen Verrat.«

Volmar trat an den Fensterschlitz und schaute in den Abend hinaus. Es dämmerte schon. Bald würde die Glocke zum Vespergottesdienst läuten. Der Schnee reflektierte ein schwefelgelbes Licht, dessen Quelle sich von Hildegards Refugium aus jedoch nicht erkennen ließ.

»Und du hast kein Wort mehr darüber verloren, was dir offenbart wurde?« sprach er zum verfärbten Abendhimmel.

»Ich habe es über zwanzig Jahre lang vermieden, so gut es eben ging. Erst kurz vor Juttas Tod, als der Herr mir das Wesen der Dreifaltigkeit zeigte und auch deutete, hatte ich das Gefühl, nicht länger schweigen zu dürfen. Denn warum sollte Gott mir diese Visionen eingeben, wenn Er nicht will, daß ich sie anderen offenbare?«

»Erzähle mir von deiner Dreifaltigkeitsvision«, bat Volmar.

»Ich sah ein überhelles Licht«, entsann sich Hildegard. »Darin erschien wieder jene saphirblaue Menschengestalt. Das ist der Sohn, vor aller Zeit vom Vater gezeugt und in der Zeit der Menschen hier auf Erden zu Form und Fleisch geworden. Die saphirblaue Gestalt, die ich so liebe und die sich mir schon öfter gezeigt hat, war ganz und gar von einem sanften rötlichen Feuer durchglüht, das auf den Heiligen Geist hindeutet, der nichts anderes ist als die göttliche Kraft selbst. Und das helle Licht überstrahlte ganz das rötliche Feuer und das rötliche Feuer ganz die saphirblaue Menschengestalt, so daß sie ein einziges Licht in derselben Stärke und Leuchtkraft bildeten. Und das *Lebendige Licht* erklärte mir die Bedeutung dieser Erscheinung:

Der Vater, der Sohn und der Heilige Geist, welcher die Herzen der Gläubigen entzündet, sind untrennbar in der Majestät der Gottheit. Sie kann nicht auseinandergerissen werden, sondern bleibt unverletzlich und ohne jede Veränderlichkeit, denn der Vater existiert nicht ohne den Sohn noch der Sohn ohne den Vater; und weder der Vater noch der Sohn ohne den Heiligen Geist oder der Heilige Geist ohne sie beide. Der Vater aber wird durch den Sohn, der Sohn durch die Entstehung der Geschöpfe und der Heilige Geist durch den Mensch gewordenen Sohn offenbart.

Das ist in wenigen Worten, was ich in aller Ausführlichkeit der Meisterin Jutta kurz vor ihrem Tod beschrieb. Sie aber schien Mühe zu haben, mir zu folgen. Und wieder fragte ich mich, ob es überhaupt eine angemessene Sprache für die Geheimnisse geben kann, die mir gezeigt wurden.«

Volmar schwieg, überwältigt von der Schönheit dieser Offenbarungen, die in eine Tiefe führten, die kaum zu erschließen war. Hildegard hatte den Himmel gesehen und darin die strahlende Herrlichkeit Gottes. Wahrscheinlich konnte kein Sterblicher ermessen, was ihr geschah. Sie war noch viel begnadeter, als er es in seiner *Vita* gemutmaßt hatte; zu den Auserwählten gehörte sie, daran bestand kein Zweifel. Ein schlichter Mönch wie er konnte sich mehr als glücklich schätzen, von ihr ins Vertrauen gezogen zu werden.

Tief sogen Volmars Lungen die kalte Winterluft ein, die durch den Fensterschlitz drang. Der Blick in den Himmel behagte ihm nicht. Es lag etwas Unheilvolles darin. Besser er kümmerte sich nicht darum, nicht jetzt.

Von immer neuen Fragen bedrängt, wandte Volmar sich um, sah Hildegards fiebrig glänzende Augen und bemerkte die dunklen Schatten darunter, den schmerzlichen Zug um den sonst so heiteren Mund. Er erkannte, daß sie nicht nur gesegnet war, sondern auch gezeichnet durch das, was ihr fortwährend widerfuhr.

»Sprich mir vom Licht!« bat er, ungeachtet ihrer Erschöpfung. »Clementia hat mir einmal gestanden, daß du ihr und eurer ganzen Familie wie von innen heraus leuchtend erschienen wärest. In deiner Kindheit hätte dich auf allen deinen Wegen ein Lichtschimmer begleitet.«

»Das hat sie gesagt, meine arme eifersüchtige Clemma? – Ach, ich weiß nicht, ich schwatze und schwatze, dabei bist du es doch, der mich durch seine Überredungskunst zu Amt und Würden in unserem Klösterchen bringen soll ...«

»Ich möchte verstehen, weshalb du dich verweigerst«, erwiderte Volmar. »Sprich mir also vom Licht, daß ich dich sehe, wie du gesehen werden möchtest!«

»Wie schön du das sagst, Lieber! – Nun, ich mußte es erst ertragen lernen, dieses intensive Leuchten. Denn so groß wie die Sehnsucht des Menschen nach Licht ist seine Unfähigkeit, es zu erdulden. Was sich mir offenbarte, wurde mir zur Unterscheidung seiner wie tausend Sonnen strahlenden Quelle als *Schatten des Lebendigen Lichtes* bezeichnet, als *Licht vom Licht*, und dieses entbehrt meine Seele nun zu keiner Stunde. Es ist viel heller als jedes andere. Ich sehe es, als schaute ich in einer lichten Wolke das Firmament ohne Sterne. Darin erscheint dann all das, was ich dir im Beispiel eben beschrieb. Selbst die göttliche Stimme zeigt sich, wenn sie zu mir spricht, als Lichtschimmer. Auch meine körperlichen Augen nehmen Licht sehr intensiv wahr. Ein Leuchten, ein silbriger Schein umfließt jedes Ding. Ich nenne es im stillen *mein Taborlicht*, das Licht der Verklärung. Und so steht es ja auch geschrieben: *In deinem Licht schauen wir das Licht.* Ich habe diese Art der Wahrnehmung von Geburt an und dachte lange Zeit, daß ich sie mit allen Menschen teile. Mich selbst sehe ich ebenso von Licht umgeben wie die Personen und Gegenstände um mich herum. Und gelegentlich, wenn ich in einem Zustand ruhiger Stille und Freude verweilen kann, fühle ich mich wie von flammenfarbenen Wolken eingehüllt. – Das muß dir einstweilen genügen, werter Symmista! Nur dir als meinem Seelsorger durfte ich mich furchtlos anvertrauen, doch hat es mich ebenso aufgewühlt wie ermüdet. Du kennst nun den Grund meines Zauderns. Lassen wir es gut sein, zumal wir uns zum Vespergottesdienst rüsten müssen.«

Sie hatte den letzten Satz noch nicht ganz zu Ende gesprochen, da wurde von draußen heftig gegen die Tür gepocht. Beide, Mönch und Nonne, zuckten zusammen, als hätte man sie bei etwas Unrechtem ertappt.

Ohne eine Antwort abzuwarten, trat Abt Kuno ein, sichtlich erregt, und stieß hervor: »Verzeiht mein Eindringen, aber wir vermissen unseren Bruder Benno, der seit den Vigilien verschwunden ist. Es sind bereits sieben Männer mit Fackeln und Hunden ausgeschickt, ihn zu suchen. Wir brauchen aber auch deine Hilfe, Propst!«

Nach einem raschen Blick auf Hildegard erbat Kuno dann doch noch Antwort auf eine Frage, bevor er davoneilte: »Ist die Entscheidung denn nun gefallen?«

Und da beide bekümmert den Kopf schüttelten, murrte er: »So viel Aufhebens ist die Sache auch wieder nicht wert. Deine Rede sei *ja, ja* oder *nein, nein*, sagt der Herr.«

Und damit war Kuno auch schon zur Tür hinaus.

Volmar, der sich verabschieden wollte, bevor er dem Abt folgte, bemerkte, daß Hildegards Gesichtsausdruck sich verändert hatte. Sie schaute an ihm vorbei in die Ferne.

»Du wirst ihn unten am Fluß finden, an der Stelle, wo sommers die breite Sandbank auftaucht, wenn es lange nicht geregnet hat«, sagte sie leise, und ihre Augen füllten sich mit Tränen. »Beeil dich!« drängte sie ihn dann und schob ihn nach draußen. »Du mußt vor den anderen bei deinem Bruder sein, damit du ihm die Steine aus der Tasche nehmen kannst.«

Und Volmar, noch ganz im Bann des eben Gehörten, gehorchte Hildegards Eingebung. Etwas Unheilvolles lag in der Luft, zumindest das hatte er selbst gespürt.

Bis zur Komplet nach dem Abendbrot wußten alle Mönche von dem grausigen Fund. Einer flüsterte es dem anderen zu, als sie in gewohnten Prozession vom Refektorium aus in den Chor einzogen.

Bruder Benno war im dünnen Eis der Glan eingebrochen und ertrunken.

Was hatte er dort unten bloß gewollt? rätselten die Brüder. Durch Eislöcher Forellen fangen? Oder hatte er versucht, über gefrorenes Wasser zu gehen, in der Hoffnung, daß es ihn später auch im Normalzustand tragen würde, wie es bei der seligen Jutta der Fall gewesen war? Vor einem halben Jahr erst hatte Benno die Profeß abgelegt – und jetzt berief ihn der Herr schon wieder ab!

Ratlos wiegten die Brüder ihre Häupter unter den Kapuzen. Woher sollten sie wissen, was in der Seele des anderen vorging. Wer sich dem fernen Gott so sehr genähert hatte, daß Er ihm alles bedeutete, brauchte den Bruder nicht mehr. Brauchte vielleicht nicht einmal mehr sich selbst. Benno wäre nicht der erste, den das Klosterleben in die Halluzination getrieben hatte, so daß er seinen eigenen Körper nicht wahrnahm, nicht mehr fühlte, wann er ihm schadete.

Die meisten Brüder beteten die ganze Neumondnacht lang für die Seele des Heimgegangenen, während die übrigen seinen erstarrten Körper, der noch in der Infirmaria aufgebahrt lag, für die Begräbnisfeier herrichteten. So ein Unglücksfall ließ niemanden in der Gemeinschaft des heiligen Disibod unberührt.

Zur dunkelsten Stunde siegte die Unruhe auch über Hildegards bleierne Müdigkeit und trieb sie hinüber in die Klausenkapelle. Mit brennenden Augen starrte sie in die große Flamme über dem Dreifußleuchter unten im Mönchschor. Nur eine einzige Kerze erleuchtete nachts die Abtei, abgesehen vom ewigen Licht, das glühwürmchenschwach die Finsternis in der Vierung durchbrach.

Hildegard konnte sich vor Schüttelfrost und Gliederschmerzen kaum auf den Beinen halten. Und den ganzen Tag schon fühlte sie sich krank vor Entschlußlosigkeit. Der Lichtherrliche gab ihr kein Zeichen, das sie vom Zwiespalt hätte befreien können. Wie konnte sie da sicher sein, daß sie tat, was Er wollte?

Das Herz des Menschen, dachte sie, ist stets im Zweifel,

denn selbst wenn er Gutes tut, hat er Not, ob es Gott auch gefällt. Angenommen, sie ließe sich nun doch zur Äbtissin und Magistra über ihre Mitschwestern erheben und einer ihrer Töchter geschähe, was dem jungen Benno geschah – wie sollte sie damit leben?

Wie hatte Abt Kuno die Verzweiflung seines Schützlings nur so sehr übersehen können? War es ein Mangel an Achtsamkeit, oder hatte er sich durch Bennos unauffälliges Verhalten täuschen lassen? Wer verstand schon die Qualen einer Seele, die ihren Leib verschmähte, obwohl sie doch nur durch ihn auf dieser Erde wirken konnte. Eine kranke Seele in einem zerrissenen Zelt und Steine im Gewand, damit dieses Zelt sich nie wieder zum Leben erhöbe.

Nur Hildegard und Volmar wußten, daß Benno sich das Leben genommen hatte, und der Propst würde ihr zuliebe schweigen, mochte das Gewissen ihn auch noch so sehr plagen. Armer Volmar! Der Selbstmord war ein schreckliches Sakrileg und ihn zu vertuschen, weiß Gott, eine Sünde. Doch gibt es Sünden, die es wert sind, begangen zu werden, bekannte Hildegard, und der Lichtherrliche widersprach ihr nicht.

Bruder Benno, dieser blondbärtige Jüngling mit der Miene eines unschuldigen Chorknaben, sollte in geweihter Erde begraben werden, auf dem Friedhof der Mönche. Wer im Leben keine Ruhe fand, weil er es womöglich mehr fürchtete als den Tod, brauchte seine letzte Ruhestätte auf heiligem Boden nötiger als jeder andere. Denn Erde verwarf die Erde nicht und verachtete nicht ihresgleichen.

Und obgleich Hildegard wußte, daß der Allmächtige es nicht mochte, wenn man mit ihm zu feilschen versuchte wie mit einem Fischhändler auf dem Marktplatz zu Mainz, bot sie ihm als Bußübung für sich und den Symmista an, ein dreitägiges Fieber auf sich zu nehmen und anschließend der Äbtissinnenwahl nicht länger zu widersprechen.

»Denn alles Gehorchen der Kreatur entspringt nur dem Verlangen nach dem Kuß des Schöpfers«, flüsterte sie mit kalten Lippen, bevor sie sich, bereits heftig vom Fieber geschüttelt, auf ihr Krankenlager zurückzog.

Zu seinem Leidwesen mußte Propst Volmar auch jenen unglückseligen 25. Januar 1137 in seine *Annales Sancti Disibodi* aufnehmen. In bemerkenswert ungelenker Schrift, die kaum zu seinen sonst so sorgfältigen Eintragungen passen wollte, schrieb er:

»Heute morgen, nach einer Winternacht mit mäßigem Frost, ist Bruder Benno im Eis der Glan eingebrochen, worauf er ertrank. Er wurde zweiundzwanzig Jahre alt.«

Seine Hand sträubte sich, diesem nüchternen Vermerk noch weitere Worte hinzuzufügen.

Erst zwei Wochen später, als Volmar das Datum der Äbtissinnenweihe in die *Vita Hildegardis* eintrug, tanzte seine Feder wieder wie von selbst über das feine weiße Pergament. Alles schien ihm dieses Mal wert, für die Nachwelt festgehalten zu werden, von den Texten der Gebete und Gesänge bis zu den Namen der Nonnen, die von der Abteikirche aus an der seltenen Zeremonie teilnehmen durften, statt der Meßfeier, wie gewöhnlich, von der Klausenkapelle aus zuzusehen.

Viele konnten ihre Tränen nicht zurückhalten, als sie Hildegards zarte Gestalt regungslos auf den Altarstufen liegen sahen, während der Abt das Evangelium verlas.

Die eigentliche Weihe geschah dann durch das Handauflegen des Erzbischofs Adalbert. Von ihm empfing Hildegard auch die Ordensregel und den Äbtissinnenstab. Sie opferte zwei Kerzen und etliche Blumen, bevor ihre Töchter, wie sie sich nun voller Stolz nennen durften, in einer Prozession an ihr vorbeizogen.

Nach dem Schlußgesang und dem Segen wurde ihnen noch der Friedenskuß gewährt, den die Mutter ihnen mit großer Zärtlichkeit auf die Stirn drückte.

»Wer Hildegard noch vor wenigen Tagen abgezehrt und von ihrer jüngsten Krankheit gezeichnet erlebt hat, der mochte es kaum glauben«, schwärmte Volmar in der *Vita*.

»Mit ihrer rosigen Gesichtsfarbe und den leuchtend blauen Augen sah sie wie ein junges Mädchen aus, vermutlich kaum älter als an jenem Tag vor über zwanzig Jahren, da sie ihren Schleier als Benediktinerin nahm. Und mochte auch mancher Seufzer über ihre Lippen gekommen sein, bevor sie schließlich ihre Wahl traf, so schien sie nun wie von einer Last befreit. Und so sollte es auch sein, denn jedem großen Geschehen in der Heilsgeschichte ist, so nehme ich an, ein Seufzer vorausgegangen ...«

Zufrieden rollte der Chronist seine Pergamente zusammen, um sie erst Monate später wieder aus ihrem sicheren Versteck zu holen, als es im Juni des Jahres 1137 den Tod des Erzbischofs von Mainz zu beklagen gab, jenes kaiserlichen Kanzlers, der in Hildegards Jugend durch seine erbitterten Fehden mit Heinrich V. berühmt wurde und der noch kurz vor seinem Heimgang zur Äbtissinnenweihe auf den Disibodenberg gekommen war.

Volmars nächste Eintragung fiel wieder knapp aus und gehörte in die *Annales*:

»Am 7. März 1138 wählte in Koblenz eine Minderheit der Fürsten einen Staufer zum Nachfolger des Kaisers, König Konrad III., obwohl Lothar selbst lieber seinen welfischen Schwiegersohn auf dem Thron gesehen hätte.

Die Gegensätze zwischen diesen beiden Häusern« – so Volmar, der sich eigentlich nicht rühmen konnte, viel von Politik zu verstehen – »dürften früher oder später wohl zu einem Krieg führen. – Herr, gib uns Deinen Frieden.«

Weit mehr als die Reichspolitik beschäftigte den Propst jedoch das Schicksal des Frauenklosters und, damit verbunden, die Ankunft der Richardis von Stade, die Hildegard im Jahr darauf anvertraut wurde. Doch seinen Kommentar zu dieser Geschichte brachte Volmar erst viele Jahre später zu Papier, nachdem die Tragödie zwischen der jungen Adeligen und ihrer Magistra ein Ende gefunden hatte.

6
Gefährtin der Engel

Bereits für den Frühlenz des Jahres 1138 hatte man dem Frauenkonvent das Kommen der beiden Mädchen Theresia von Lavanttal und ihrer Kusine Richardis von Stade angekündigt, die von der Mutter begleitet wurde, doch verzögerten Krankheiten, Schlechtwetterperioden und andere Widrigkeiten ihre Reise immer wieder, und als sie endlich eintrafen, war bereits der Winnemond angebrochen, der von den Bauern im Tal lang ersehnte Wiesenmonat, in dem sie ihr Vieh aus den engen und stickigen Winterquartieren wieder hinaus auf die Weide treiben durften.

Die Nonnen droben auf dem Berg dagegen feierten ihn mit verstärkter Andacht als Marienmonat. Arbeit, Gebet und Gesang waren nun allein der Gottesmutter gewidmet.

Der fünfte Monat ist lieblich und leicht und herrlich in allen Dingen der Erde, hieß es in Hildegards Aufzeichnungen.

Und wenngleich die Reisenden es genossen hatten, ihre freiwilligen oder erzwungenen Pausen an sonnenbeschienenen Wegesrändern zu verbringen, war die Strecke von der Elbmündung bis hinunter ins Pfälzer Bergland doch nicht weniger abenteuerlich und anstrengend gewesen, als man es der Gesellschaft vorausgesagt hatte.

Wer sich ohne männlichen Beschützer auf den Weg machte, wie die verwitwete Markgräfin von Stade mit zwei jungen Mädchen, mußte auf mancherlei Unannehmlichkeiten gefaßt sein. Eine solche Reisegruppe galt beinah schon als vogelfrei. Selbst die begleitenden Knechte änderten nichts daran, kannten sie doch außerhalb ihrer engeren Heimat weder den genauen Straßenverlauf, noch sahen sie einen Grund, im Notfall zur Verteidigung der Damen und deren Aussteuertruhen ihr Leben aufs Spiel zu setzen.

Die Gräfin von Stade indes ließ sich kaum davon beeindrucken; sie war eine furchtlose Frau, die zudem, ihrem

Glauben entsprechend, ganz der göttlichen Fügung vertraute. Und so geschah es, daß sie sich unterwegs nur ein einziges Mal mit einem Sack Mehl und einem Ballen Stoff von einer Landstreicherbande freikaufen mußte, während ihre Knechte unbeteiligt in die Luft schauten.

Die Gräfin beklagte sich auch nicht, als zwei ihrer Packpferde unter der Last der dem Kloster zugedachten Güter zusammenbrachen und sie den Platz im vollgestopften Wagen mit noch mehr Gepäckstücken teilen mußten, sondern ertrug es mit der ihr eigenen Würde. Um so lebhafter wußte sie nun nach ihrer Ankunft zu erzählen: Vom miserablen Zustand der alten Römerstraßen und der Sitztortur im schlecht gepolsterten, zugigen Wagen berichtete sie so, daß es ihr jedermann nachfühlen konnte, und von den verkommenen Herbergen mit ihren dreisten Wirten und verwanzten Strohlagern – ausführlicher als nötig – und von den Schlammfluten, welche sich über die Wege der Welt ergössen, im tatsächlichen wie im übertragenen Sinn, denn landauf, landab, so die Gräfin, tummelten sich heutzutage die Vagabunden und arbeitslosen Handwerker. Sogar etliche verarmte Ritter und abtrünnige Mönche seien ihr im schier endlosen Zug der Verelendeten dieser Zeit begegnet.

»Nach alldem«, sprach die Gräfin zu Hildegards Stellvertreterin, die an diesem Tag zum Empfang etwaiger Bittsteller und Besucher von ihren anderen Verpflichtungen freigestellt war, »nach alldem erscheint mir euer Disibodenberg wie ein Fels in der Brandung, nein, mehr noch, eine Gottesburg, die sich über Sodom und Gomorrha erhebt. Und bei der nächsten Reise, das versichere ich euch, werde ich mich als Mann verkleiden. Zu dumm, daß mir dies nicht eher eingefallen ist!«

Der Wagen, die Pferde, die Mädchen und Knechte, kurz, die ganze Gesellschaft hatte auf dem Höfchen zwischen Marienkapelle und Abtei haltgemacht und erwartete nach all den Strapazen nun Erquickung und Labsal.

Clementia drückte die Verwandte, deren Onkel der Erbauer der Klause und Jutta von Sponheims Vater gewesen war, denn auch gleich an die Brust und versprach, sie für alle Entbehrungen des Reisens nach besten Kräften zu entschädigen.

»Was kann ich euch zur Erfrischung bringen?« überlegte sie. »Womit läßt sich der Staub der Straßen am besten aus der Kehle spülen?« Da es schon Spätnachmittag war, schlug sie einen »Humpen Dinkelbier für die Knechte und einen Schluck gelöschten Wein für die Damen« vor.

»Wein?« wiederholte die Markgräfin, als hätte Clementia ein unschickliches Wort gebraucht. »In einem Nonnenkloster?«

»Dieses Land ist mit Reben gesegnet«, erwiderte die Nonne, belustigt über die Bedenken des Besuchs aus der Nordmark. »Da gehört der Wein selbst im Kloster zur alltäglichen Speise. *Der Wein ist das Blut der Erde; er stellt in der Erde dar, was das Blut im Menschen ist*, sagt unsere Magistra Hildegard. Schon der heilige Augustinus hat ihn als Stärkungsmittel für Leib und Seele empfohlen.«

»So?« Die Gräfin von Stade hob eine Augenbraue, eine für sie typische Geste, die sie sich nicht abgewöhnen konnte, obwohl sie dadurch stets ein wenig überheblich erschien. »Und was, bitteschön, versteht ihr unter *gelöschtem Wein*? Ich denke, nur Feuriges kann gelöscht werden?«

»So ist es auch. Wir nehmen ein Maß von unserem besten Wein und bringen ihn zum Sieden. Sobald sich Blasen gebildet haben, wissen wir, daß der Alkohol dem Wein entwichen ist. Dann gießen wir einen Schuß kaltes Wasser hinein – das verstehen wir unter *löschen* –, nehmen ihn vom Feuer und trinken ihn gemächlich und in kleinen Schlucken. Gelöschter Wein ist ein sehr gutes Mittel gegen Stimmungsschwankungen. Überdies wirkt er besänftigend und macht die Menschen friedlich. – Ihr solltet das Rezept einmal ausprobieren, wenn bei euch in Stade der Haussegen schief hängt!«

»Ich denke, ich sollte es jetzt gleich ausprobieren«, entschied die Gräfin, neugierig geworden. »Hildegards Heilkunst und Naturkunde hat sich schon zu Lebzeiten Juttas und erst recht nach ihrem Tod in der gesamten Verwandtschaft herumgesprochen, bis hinauf zu uns Nordlichtern. Sicherlich wird es auch mit eurem Dinkelbier eine besondere Bewandtnis haben, oder? – Was meint ihr dazu, Welf und Kunibert?« rief sie mit ihrer tiefen Stimme so laut, daß die beiden Knechte, die sich gerade schwer damit taten, die Aussteuertruhen vom Wagen zu hieven, ihre Hälse reckten, um zu sehen, was man nun schon wieder von ihnen wollte.

»Bier«, antwortete Clementia und wandte sich zum Gehen, um dasselbe zu besorgen, »macht den Körper fülliger und gibt dem Gesicht eine frische und gesunde Farbe.«

»In dem Fall sollten wir lieber meinem mageren Töchterchen von eurem Dinkelbier zu trinken geben.«

Clementia blieb stehen und erteilte der Magd, die soeben mit einem Korb voller Kräuter aus dem Abteigarten kam, Anweisungen zur Bewirtung der Gäste.

»Das ist Richardis! Sie wurde nach mir benannt.«

Die Gräfin zeigte zur Mitte des kleinen Hofes, wo ihr Töchterchen bei der großen Linde stand – nach Hildegard das Sinnbild der Zerbrechlichkeit. Weshalb, darauf konnte Clementia sich im Augenblick nicht besinnen. Nur daß alle Wärme der Linde in ihren Wurzeln stecke und von dort aus in die Zweige und Blätter aufsteige, hatte sie noch behalten.

Das also war Richardis und nicht jenes andere Mädchen, das die ganze Zeit neben der Gräfin stand und sich vor Müdigkeit oder Scheu nicht vom Fleck zu rühren wagte.

Auf Zehenspitzen, als hätte sie es mit einem seltenen Tier zu tun, näherte sich Clementia der Kleinen von Stade, deren Anblick mütterliche Gefühle in ihr erweckte: Richardis stand so still wie eine Statue; die Arme hatte sie um den Baumstamm gelegt und den Kopf in den Nacken, so daß ihr blonder Zopf den Gürtel ihres Kleides aus blauem flandrischem Tuch berührte. Ihr Gesicht war empor in die Blätterkrone gerichtet, mit geschlossenen Augen und geblähten Nasenflügeln, so schien es Clementia, versuchte sie, den verborgenen Duft der Lindenblüten zu erschnuppern, die erst in wenigen Tagen aus ihren Knospen hervorbrechen würden.

»Willkommen, Richardis, willkommen«, sagte die Nonne und wiederholte ihren Gruß mit etwas lauterer Stimme, bekam aber auch jetzt keine Antwort. Richardis war so sehr in ihren Gedanken- oder Energieaustausch mit der Linde vertieft, daß sie nichts anderes wahrnahm. Es hatte geradezu etwas Mystisches, diese Einheit von Mädchen und Baum.

Clementia spürte einen leisen Stich in der Brust, weil sie sich plötzlich um dreißig Jahre zurückversetzt fühlte. Da hatte es schon einmal ein Mädchen gegeben, das Steine und Bäume liebte, mit ihnen redete und in einer Welt verweilte, zu der außer ihr niemand Zugang hatte. Das Mädchen wird Hildegard gefallen, dachte die Schwester und ging zurück zu den anderen, ohne bei Richardis Beachtung gefunden zu haben.

Nachdem sich alle an einem Becher Bier oder gelöschtem Wein gütlich getan hatten, dargeboten mit ofenwarmen Dinkelknauzen, ließ die Markgräfin eine der Truhen öffnen, damit Clementia schon einmal einen Teil der Mitgift und Gastgeschenke bewundern konnte. Außer Schafwolldecken, Leinenwäsche und Kupfergeschirren gehörten auch etliche Ballen feinster weißer Seide und anderer kostbarer Stoffe dazu, welche Clementia für die bescheidenen Bräute Christi reichlich verschwenderisch erschienen. Sie sagte nichts dazu, wußte sie doch, daß ihre Schwester von klein auf eine Schwäche für alles Weiche, Samtene und Seidene hatte. In der Nähstube konnte Hildegard zuweilen mit wahrer Wonne in Stoffen wühlen, und je feiner sie sich anfühlten, desto lieber waren sie ihr.

Sie wird entzückt sein, dachte Clementia und hob ihren Blick von den Truhen und deren Schätzen, um nach dem Mädchen unter der Linde Ausschau zu halten, das als einzige überhaupt nichts zu sich genommen hatte. Richardis aber war verschwunden.

Noch während sie den Baum umarmt und alle Sinne ihm zugewandt hatte, war ihr von irgendwoher ein ganz eigentümlicher Gesang zugetragen worden, dessen Töne fast zu schwerelos durch die Luft schwebten, um von Menschen hervorgebracht zu sein.

In ihrer kaum vergangenen Kinderzeit hatte Richardis außer zu Naturgeistern in Wassern und Bäumen auch zu Engeln Verbindung gehabt, zu Schweigeengeln, die niemals sprachen oder sangen. Doch hätten sie es getan, dann gewiß so und nicht anders, als es in diesen Augenblicken zu vernehmen war.

Wie von selbst fanden die Füße des Mädchens ihren Weg durch einen überdachten Gang, der noch immer nach frisch gezimmertem Holz roch, ins Innere der Abteikirche und zur Quelle des Wohlklangs. Vor dem Hochaltar im Mittelschiff standen sechs Schwestern, jede mit einer brennenden Kerze in der Hand, und sangen abwechselnd oder im Chor, während eine ältere Nonne sie bald auf der Flöte begleitete, bald den Gesang mit ihrem Instrument einem Echo gleich nachahmte.

Auf leisen Sohlen, immer noch wie traumwandelnd, trat Richardis näher, blieb dann aber, an eine Säule gelehnt, im Halbschatten stehen, um nicht zu stören.

»*O clarissima mater...*«, sangen die Schwestern mit wunderbar klaren Stimmen, die sich, aufsteigend aus tiefen Tontälern, über Stufen und Sprünge in der Mittellage mühelos bis in höchste Höhen schwangen, ohne jemals schrill zu werden oder an Kraft zu verlieren.

»*Ora pro nobis tuum natum, stella maris, Maria...*« Alle Vokale in einem Atemzug, wie Weihrauch stiegen sie himmelwärts.

Wer hatte diese Mädchen so zu singen gelehrt? Die heimliche Lauscherin staunte nur, klopfenden Herzens und mit offenem Mund. Sie selbst liebte den Gesang leidenschaftlich, ohne jemals darin unterrichtet worden zu sein, denn die Markgräfin bevorzugte andere Künste.

Die kleinste der Schwestern stand vor den Sängerinnen, mit dem Rücken zu Richardis, und beschrieb den anderen durch die Zeichensprache ihrer Hände das Auf- und Absteigen der Töne so präzise, daß jeder halbwegs sangesbegabte Mensch ihrem Takt hätte folgen können. Am liebsten hätte Richardis auf der Stelle mitgesummt, da sie die Texte nicht kannte.

Wenngleich alles so wunderbar harmonisch klang, schien die Musikmeisterin keineswegs zufrieden zu sein. Immer wieder machte sie kurze Zwischenbemerkungen, um den Vortrag schließlich ganz abzubrechen.

»So geht das nicht, Jacoba und Anna!« rief sie heftig. »Gebt besser acht! Dies ist doch kein Küchenlied!« Dann fügte sie nach einer Pause mit zärtlicher Stimme, wie ausgewechselt, hinzu: »*Mater sanctae medicinae* ... Eure ganze Dankbarkeit und Liebe zur Gottesmutter müßt ihr zum Ausdruck bringen, wenn ihr diese Worte singt! So wie Christus über den Tod triumphiert, siegt Maria als Heilende. Aus *Eva* wird *Ave*! Versteht ihr, was das für die Menschheit bedeutet? – Übersetze uns bitte noch einmal den ersten Teil der Hymne, Jacoba.«

»O lichte Mutter der heiligen Heilkunst, durch deinen heiligen Willen hast du Salböl in die Wunden des Todes gegossen, die Eva uns zum Schmerz unserer Seelen gebracht hat«, sprach ein blasses Kind in Richardis' Alter mit ein wenig monotoner Stimme. »Den Tod hast du vernichtet, das Leben errichtet. Bitte deinen Sohn für uns, du Meeresstern, Maria.«

»Also! Und nun sing uns die letzte Zeile noch einmal vor, Jacoba: *Stella maris, Maria.* – Komm! Du mußt so viel Gefühl hineinlegen, daß wir alle spüren können, daß der Meeresstern in unseren Herzen ist.«

Ob dies die Äbtissin des Klosters war? Richardis konnte jetzt ihr Gesicht – vielmehr das, was die Ordenstracht davon sehen ließ – im Halbprofil erkennen. Nein, ausgeschlossen, Mater Hildegard mußte älter sein, schon über vierzig Jahre, hatte die Mama gesagt, und mochte auch das Kerzenlicht ihr schmeicheln, so wirkte *diese* Magistra doch wesentlich jünger. Sie schien recht anspruchsvoll zu sein und gab sich nicht so leicht zufrieden; zum Ausgleich aber lächelte sie oft.

»*Stella maris*«, sang Jacoba nun. Sie hatte eine wirklich schöne Stimme, viel kräftiger, als die Blässe ihres Gesichtes vermuten ließ, doch sie vergaß immer wieder, sich zu merken, wie viele Male sie die erste Silbe des zweiten Wortes in verschiedenen Tonhöhen wiederholen mußte. Jedesmal, wenn Jacoba die Stimme senkte, weil sie meinte, es sei nun damit getan, beschrieb die Hand der Meisterin einen weiteren Bogen, bis aus dem einen Wörtchen *maris* eine Girlande von Tönen geworden war.

Mit Tränen in den Augen gab Jacoba schließlich auf. Und nun lächelte die Meisterin nicht mehr. Sie ließ das gesamte Responsorium an die Jungfrau Maria noch einmal wiederholen, und keine der Sängerinnen blieb von einem Tadel verschont: Hier artikulierte eine Theda das zweite *i* bei *infudisti* zu spitz und das *u* bei *vulnerat* zu sehr zum *o* hin, dort war der Meisterin die Partie einer Altstimme zu unverständlich, während das *quae* der folgenden Sängerin gepreßt klang, da sie ungeachtet des extrem hohen Tones, den sie treffen sollte, nicht behutsam genug ansetzte.

»Der Gesang darf weder in der Brust noch im Mund erzeugt werden, sondern zwischen Brust und Kehle«, betonte die Magistra.

Auch die flötespielende Schwester mußte sich sagen lassen, daß ihr Instrument zu den göttlichen zähle und daß sich im Klang der Flöte die *mystische Hochzeit* vollzöge, wovon in ihrem Spiel aber nicht viel zu spüren sei.

»Warum tut ihr euch heute denn so schwer? Sind meine Lieder und Kompositionen zu eigenartig, oder gefallen sie euch womöglich gar nicht?« wollte die Magistra schließlich wissen.

Eine Zeitlang blickten die Schwestern schweigend in die

Flammen ihrer Kerzen, bis die Flötistin sich ein Herz faßte und sagte: »Ich glaube, sie gefallen uns schon, obgleich wir uns an manches erst gewöhnen müssen, Hildegard. Dies Hinauf und Hinunter, diese Tonsprünge sind ja nicht gerade leicht zu bewältigen. So etwas Schwieriges haben wir nie zuvor gesungen.«

Die Magistra nickte verständnisvoll.

»Ihr habt recht; und doch ist es meine Absicht, auf möglichst kunstvolle Weise jenes Band der Einheit zu flechten, das entsteht, wenn alle Stimmen eines Chores im Einklang sind, so wie auch bei der Umdrehung des Firmaments vollkommen harmonische Klänge erzeugt werden. Unsere Seele ist *symphonisch*, und diese Eigenschaft kommt nicht nur im Einklang von Seele und Körper zum Ausdruck, sondern erst recht beim Musizieren. – Versteht ihr? Wir spiegeln in unseren Liedern die Harmonie des Himmels!«

»Das sollen wir mit unseren unvollkommenen Stimmen erreichen können?« fragte jene Theda, die eben noch mit ihrem *injudisti* solche Mühe gehabt hatte, und die anderen schlossen sich ihren Zweifeln an.

»Eure Stimmen sind genau die richtigen«, tröstete die Magistra, die sich in der Tat als Mater Hildegard selbst erwies. »Ich werde meine Tonfolgen für euch aufschreiben, aber nicht in Neumen, wie gewöhnlich, mit all diesen verwirrenden Häkchen und Strichen und Punkten, sondern übereinander auf farbigen Notenlinien, wie Guido von Arezzo, der Mönch aus Ferrara, sie schon vor hundert Jahren ersonnen hat. Überdies sollten wir alle die *Ars cantus mensurabilis* studieren, die Abhandlung unseres Kölner Bruders Franco, der, wie ihr vielleicht wißt, ein System erdacht hat, mit dem sich die Länge jedes einzelnen Tones bestimmen läßt. Dann können wir bald alle mühelos vom Blatt singen, ihr werdet sehen.«

Vom Altar her näherte sich, leicht hinkend, ein Mönch, der bisher damit beschäftigt gewesen war, das Evangeliar und die Weihegefäße für den Abendgottesdienst bereitzustellen. Anklagend zeigte er auf die kleine Jacoba, die sich den Tadel der Magistra so zu Herzen genommen hatte, daß sie immer noch leise schluchzte.

»Verzeih, daß ich mich einmische, verehrte Praeposita, aber ich wurde nun einmal unfreiwilliger Zuhörer eures Gesangs und frage mich nun mit allem Respekt, ob dein Ehrgeiz nicht ein wenig zu weit geht? Oder ist es Sinn einer Kirchenchorprobe, daß du deine Töchter zum Weinen bringst? Warum singt ihr nicht einfach unser schönes gregorianisches *Ave Maria, stella maris*, so wie jedes Jahr im Winnemonat?«

»Weil mir sein Tonumfang viel zu begrenzt erscheint für das, was wir ausdrücken wollen, und weil deine Gregorianik für rauhe teutonische Männerkehlen geeignet sein mag, nicht aber für die sanfte Modulation junger Frauenstimmen, die dazu geschaffen sind, der Jungfrau Maria zu huldigen«, erwiderte die Magistra höflich, aber bestimmt.

Mißmutig blies der Mönch Staub von einer Schatulle in seiner Hand.

»Du vergißt, Mater Hildegard, daß deine ausgefallenen musikalischen Erfindungen zwar das Ohr berauschen, nicht aber die Seele beruhigen. Du zerlegst die schlichte Melodie in eine solche Klangfülle, daß sie schier endlos dahinschwebt, wo sie doch dazu dienen soll, die Andacht zu fördern!«

Hildegard faßte sich an den Kopf; dann, mit einem Blick in die Höhe, als würde sie von dort unmittelbare Hilfe erwarten, fragte sie die Schwestern:

»Seid ihr auch dieser Meinung?«

Einige hoben die Schultern und ließen sie wieder sinken, antworten mochte keine.

»Nein, nein!« entfuhr es Richardis, bevor sie sich eines Besseren besinnen konnte. Erschrocken hielt sie die Hand vor den Mund. O Gott! Nun hatte sie auf sich aufmerksam gemacht. Doch jetzt, da es einmal geschehen war, trat sie beherzt einen Schritt vor.

»Oh, wir haben außer dir noch eine weitere Zuhörerin, Bruder Lukas. Was sagst du nun?« rief Hildegard. »Noch dazu versteht sie sich auf himmlische Musik! – Woher kommst du, Kind? Und wer bist du?« Erfreut streckte sie dem Mädchen beide Hände entgegen. »Nein, sag es mir nicht, laß mich raten. Du mußt Richardis von Stade sein, auf die wir schon so lange warten!«

Die Magistra, kaum größer als das Mädchen, leuchtete ihm nun mit einer Kerze ins Gesicht, die sie Jacoba aus der Hand genommen hatte. Mit zwei Fingern hob sie Richardis' Kinn.

»Laß mich deine Augen anschauen ... Ah, grün sind sie, die Farbe der *Viriditas*. Und rund um die Iris sehe ich einen goldenen Kranz. Nun, Menschen mit grünen Augen sind geschickt; denn sie begreifen rasch, was sie noch nicht können.« Hildegard hob die Kerze ein wenig höher. »Du bist schön, meine Tochter! Und wie prachtvoll dein Haar ist! Blond ... nein, erdbeerblond würd' ich's nennen, denn es ist ein rötlicher Glanz darin, der draußen im Sonnenlicht gewiß noch stärker ist.«

Behutsam strich sie Richardis eine widerspenstige Locke aus der Stirn.

»Wahrhaftig eine Gefährtin der Engel aus dem hohen Norden hat der Herr uns da in Sein Haus geschickt.« Sie schmunzelte. »Als Gott dem Menschen ins Angesicht schaute, gefiel er ihm sehr gut ...«

»Brauchst du uns noch, Mater?«

Mit wachsender Verwunderung hatten die Schwestern die Szene mit angesehen. Hildegard schien vor Begeisterung über dieses neue Gesicht vollkommen vergessen zu haben, daß die anderen sich noch in der Kirche befanden.

»Nein, löscht eure Kerzen und geht. Morgen ist ein anderer Tag. Was heute noch zu wünschen, wird morgen gelingen. Wir wollen uns jetzt ganz unseren lieben Gästen widmen.«

Vergnügt beobachtete sie, wie die Nonnen sich zögernd in Bewegung setzten. Sie hatte den Arm um Richardis gelegt, die das *Stella maris* mit sämtlichen Melismen summte, ohne es zu merken, eine Terz höher, als die Magistra es zuvor von den Sängerinnen verlangt hatte.

»Gefährtin der Engel«, murmelte Hildegard, während sie und das Mädchen den tuschelnden Schwestern folgten, die zum Portal strebten. Sie drückte es recht fest an sich, dieses schöne Kind, das ihr vom ersten Augenblick an so vertraut erschienen war, als hätten sie schon etliche Leben miteinander geteilt.

»Im Winnemond des Jahres 1138 lernte die Magistra ihre spätere Lieblingsschülerin Richardis von Stade kennen«, trug Volmar bald darauf in seine *Vita Hildegardis* ein und kommentierte das Ereignis mit Worten des *Alanus ab Insulis*, der bereits alles, was dem Chronisten dazu hätte einfallen können, in dem einen schönen Satz zusammengefaßt hatte:
Jedes Geschöpf der Welt ist für uns gleichsam ein Buch und Gemälde und Spiegel.

7
Die Harfe, die ein anderer schlägt

Höchstens drei Tage lang hatte die Markgräfin im neuen *Domus Hospitum*, dem Gästehaus des Abtes, frische Kräfte für die Rückreise nach Stade sammeln wollen, doch als sie schließlich aufbrach, waren etliche Wochen ins Land gezogen. In dieser Zeit hatte die Gräfin sich zur Genüge davon überzeugen können, daß auf dem Disibodenberg christliche Tugenden wie Nächstenliebe, Gottesfurcht und Keuschheit nicht nur gelehrt, sondern auch gelebt wurden.

Unterwegs hatte sie es auch anders gesehen.

»Manche Kirchen, die wir sonntags besuchten, glichen eher einem Wirtshaus als einem Haus Gottes«, eiferte sie sich mehr als einmal. »So viel schwatzendes, lachendes und geschäftemachendes Volk! Vor den Portalen stolzierten die Kupplerinnen und Freier umher, während drinnen vor den Altären aufreizend gekleidete Dirnen die Maria Magdalena spielten, indem sie bei Kerzenschein Tränen vergossen und um die Aufmerksamkeit junger Männer buhlten. Sogar als Ort für Glücksspiele mußte die Kirche einigen besonders Schamlosen herhalten. Man stelle sich die Entweihung vor!« hielt sie Hildegard vor Augen. »Und wenn man unseren Verwandten aus dem Augsburgischen glauben darf, scheinen sich auch die Klöster derzeit in nicht geringer Zahl in Wohnstätten der Wollust und der Völlerei zu verwandeln. Selbst bei euch hier oben, auf dem abgeschiedenen Disibodenberg, würde sich den Mönchen und Nonnen ja durchaus Gelegenheit bieten, der Schwachheit des Fleisches nachzugeben, wenn es sie danach verlangte. – Hast du nie an die Vorteile eines reinen Frauenklosters gedacht, meine Liebe?«

»O doch. Schon als die Meisterin Jutta noch lebte, hatten wir zuweilen diesen Wunsch«, mußte Hildegard zugeben, die mit ihrer Verwandten auf einer steinernen Bank vor dem Kreuzgang in der Abendsonne saß. »Doch dazu scheint mir die Zeit jetzt noch nicht reif zu sein; sie wird aber kommen, dessen bin ich gewiß. Und was deine Besorgnis um die Keuschheit deiner Tochter Richardis und ihrer Kusine betrifft, so laß dir zu deiner Beruhigung ein Mysterium anvertrauen, das ich bisher für mich behielt, wie du gleich verstehen wirst. Höre denn:

Unsere Stärke in diesem Frauenkonvent besteht darin, daß wir als Christusbräute, die dem Höchsten vermählt sind, unser Begehren nicht einfach leugnen oder gewaltsam abtöten, sondern ihm bewußt eine andere Richtung geben. Indem wir unsere Körper schulen – sei's durch den liturgischen Gesang, sei's durch eine besondere Atemtechnik und andere Übungen –, erfahren wir sowohl die Empfängnis als auch die Geburt des Gotteswortes. – Verstehst du, was das bedeutet?«

Die Gräfin schüttelte den Kopf.

»Wir empfangen und gebären wie jede Frau, nur auf einer anderen Ebene, und leiden daher trotz unserer Askese keinen Mangel. Die Rolle der Frau in der göttlichen Ordnung« – vertraulich legte sie die Hand in den Schoß der Markgräfin, die unmittelbar nach der Geburt des jüngsten Kindes ihren Ehemann verloren hatte –, »die Rolle der Frau besteht darin, den verborgenen Gott zu offenbaren, indem sie Ihn durch die Arbeit der Geburt ins Leben bringt, sprich durch alle ihre Werke. – Und dies vermögen wir Klosterfrauen dank unseres *Offiziums* und unseres Gesangs besonders gut. In der weiblichen Triebkraft des Fleisches liegt somit unsere Stärke, *nicht* unsere Schwäche.«

Sie hielt kurz inne, fuhr dann fort: »Das heißt nicht, daß wir auf Gott schauen wie auf einen Mann. Das darfst du nicht verwechseln. Der alten verführerischen Schlange wegen ist es hart und bitter, daß die Fleischeslust für immer verdorrt bleibt. Doch wenn die Frau sich in das Brautgemach des höchsten Königs begibt und ihn mit zärtlichster Liebe umfängt, wie es schon im *Hohen Lied* beschrieben steht, und sich nicht in Begehrlichkeit dem geschlechtlichen Vollzug hingibt, sondern bewußt den Blick ihres Herzens auf Gott gerichtet hält und diese Begierde zurückweist, dann«, schloß sie mit einem Seufzer, »schaut sie wie ein Adler in die Sonne. Nur Feuer heilt das Feuer; deshalb wählten wir den himmlischen Bräutigam, den Sonnensohn.«

Sie machte eine Pause, weil Bruder Lukas langsamer als nötig vorüberhinkte und neugierig zu den beiden Frauen schaute. Vielleicht war es ja unvorsichtig, solche intimen Gespräche just im Kreuzgang zu führen, denn dort hatten selbst die Bänke Ohren. Doch gesagt war gesagt, und Bruder Lukas würde es sowieso nicht begreifen.

Die Gräfin war derweil nachdenklich geworden und bat um eine weitere Erklärung:

»Mit eurem Gesang hast du begonnen und bist nun bei

einer wie auch immer gearteten Hochzeitsnacht angelangt. Ich bin nicht sicher, daß ich verstanden habe, was du damit sagen wolltest.«

»Ich wollte sagen«, erklärte Hildegard geduldig, »daß unsere Leiber in unserer Musik zu Instrumenten werden, zu Klangkörpern, in denen sich das Drama der mystischen Vereinigung vollzieht – und daß diese Vereinigung nur durch eine Jungfrau vollbracht werden kann, denn nur sie besitzt ja einen reinen, intakten Körper, der die Klänge unverändert wiedergeben kann.«

»Das sind kühne Behauptungen«, bemerkte die Gräfin.

»Mag sein. Doch ich wollte dir lediglich zu verstehen geben, daß deine Mädchen bei uns in ihrer Reinheit unangetastet bleiben werden.«

»Und welche Rolle spielst du als Praeposita des Frauenklosters in diesem geheimnisvollen Geschehen?«

»Oh, ich bin nur die Harfe, die ein anderer schlägt«, antwortete Hildegard bescheiden und erhob sich rasch. »Komm, gehen wir hinaus in den Frühling! Wir sollten lieber unsere Beine bewegen statt unsere Zungen.«

Die Gräfin lächelte.

»Wenn ich nicht wüßte, welch erdverbundene, handfeste Frau du bist«, sagte sie und streckte ihre Füße der Sonne entgegen, »müßte ich dich jetzt für eine dieser überspannten Verschmelzungsmystiker halten, vergleichbar diesem Rupert von Deutz, der sich kürzlich seiner *Zungenküsse mit Gott* rühmte, was nun doch entschieden zu weit geht, selbst wenn er es sinnbildlich gemeint haben sollte.«

Spätestens jetzt bereute Hildegard ihre Offenherzigkeit. Das Bild der anmutigen Richardis vor Augen, hatte sie der Mutter anvertraut, was sie mit der Tochter frühestens in zwei, drei Jahren würde besprechen können. Wie leichtfertig sie doch immer wieder mit ihren Erkenntnissen umging! Sie beschloß, die Herrin aus Stade für den Rest ihres Aufenthaltes lieber nur noch in die praktische Seite des Klosterlebens einzuweihen, sonst würde sie am Ende noch, von unangebrachten Zweifeln geplagt, ihr Töchterchen wieder mit nach Hause nehmen. Und das wollte Hildegard nun wirklich nicht erreichen.

Die Markgräfin scheute keine Mühe, sich mit dem Alltag auf dem Disibodenberg von Grund auf vertraut zu machen. Nicht eine der sieben Gebetszeiten mit ihren Hymnen, Lesungen und Evangelien ließ sie sich entgehen, so daß sie nach einer Woche den gesamten Psalter mit seinen hundertfünfzig Psalmen kennengelernt hatte. Und bis zu ihrer Erkrankung nahm sie sogar regelmäßig um zwei Uhr früh an den Vigilien teil, welche sie allerdings als besonders harte Bußübung empfand.

Vielen Klosterbrüdern und -schwestern ging es nicht anders; die kurze Nachtruhe reichte ihnen einfach nicht aus, und nachdem zum drittenmal in zehn Tagen einer der Mönche beim Chorgesang eingeschlafen war – was als kaum zu entschuldigende Verfehlung galt –, entsann sich Abt Kuno einer bei den Cluniazensern bewährten Methode: Der schlafende Bruder wurde geweckt und bekam eine Laterne in die Hand gedrückt. Damit mußte er dann so lange umherwandern, bis er den nächsten Schlafenden fand, vor dem er die Lampe aufstellen konnte.

Die Gräfin, droben auf der Nonnenempore, empfand Mitgefühl für die übermüdeten Brüder, fühlte sie selbst sich doch tagsüber oft zu zerschlagen und kaum imstande, mit dem gewaltigen Arbeitspensum der Magistra und Praeposita Schritt zu halten, und sei es auch nur als Beobachterin. Hildegard schien die Verkörperung der Benediktusregel zu sein, der zufolge jeglicher Müßiggang ein Feind der Seele war. Zumindest gegen diesen Feind war Hildegard offenbar gewappnet, denn von früh bis spät kümmerte sie sich unermüdlich um alles und jeden.

Zwischen der Laudes, dem Morgenlob gegen halb sechs, und dem gemeinsamen Frühstück im Refektorium der Nonnen sah man sie schon in der Küche Anweisungen für die Mahlzeiten des Tages erteilen und neue Rezepturen ausprobieren, die ihr nur in der Nacht eingefallen sein konnten.

Ausschließlich *einfache, stärkende* und *duftende* Speisen sollten auf Wunsch der Praeposita im Kloster verzehrt werden. Und auch der Kochvorgang, so erfuhr die erstaunte Gräfin, die daheim gern Rohkost aß, sei unerläßlich, damit aus Lebensmitteln Heilmittel würden, welche die Abwehrkräfte stärkten, die Hildegard als die *Militia Dei* bezeichnete.

»Es ist nicht gut, wenn der Mensch im Übermaß Speisen zu sich nimmt, die von der Körperwärme im Magen nicht gegart werden können, nachdem sie roh oder nur halb gekocht genossen wurden«, meinte sie. »Denn dies entzieht den Verdauungsorganen den notwendigen Saft. Der Magen wird kalt und verschleimt, die Nahrung verhärtet sich im Darm, und der Mensch wird krank.«

»Und was ist mit meinem schönen Gartensalat? Muß ich den nun von unserem Speisezettel streichen?« begehrte die Gräfin auf.

»Aber nein! Du kannst ihn weiterhin essen. Nur mußt du wissen, wie seine Natur beschaffen ist. Unzubereitet leert sein nutzloser Saft das Hirn und füllt statt dessen den Magen mit Krankheitsstoffen. – Wenn du also Salat essen willst, so durchtränke ihn vorher mit Weinessig und Öl, und gib Gewürze wie Dill oder Knoblauch dazu. Danach lasse ihn einige Zeit stehen. So zubereitet, stärkt er das Gehirn und fördert die Verdauung. Hier im Kloster mischen wir stets auch noch kalte, gekochte Dinkelkörner darunter, denn der Dinkel ist das allerbeste Getreide! Fett ist er, warm und kräftig und trotzdem milder als andere Getreidearten. Er schenkt uns das rechte Fleisch und Blut und macht obendrein ein fröhliches Gemüt. Wenn man einem Kranken, der zum Essen schon zu schwach ist, Dinkelkörner in Wasser kocht und Eidotter hinzugibt und auch ein wenig Fett, dann heilt ihn dieser Brei innerlich wie eine gute, wohltuende Salbe.«

»Mir scheint, du bist eine rechte Dinkelheilige«, scherzte die Gräfin und beschloß, zu Hause in Stade außer dem Dinkelkopfsalat zur gelegentlichen Entgiftung auch noch Hildegards schmackhaftes Quittenbrot zu backen sowie ihre sogenannten Nervenkekse aus Muskatnuß, Nelken, Zimt und dem unvermeidlichen Dinkelmehl. Diese Kekse sollten die abgestumpften Sinne öffnen und die Bitterkeit aus dem Herzen nehmen, unter der Richardis' Mutter seit dem Tod ihres Mannes hin und wieder litt.

Auf dem Disibodenberg wurde von allen Speisen stets die doppelte Menge zubereitet, damit auch die Heerscharen der Armen, Kranken und heimatlos Umherziehenden verpflegt werden konnten, die Tag für Tag an die Klosterpforte klopften.

Die Mißernten und Naturkatastrophen hatten in den letzten Jahren dermaßen zugenommen, daß zahlreiche abhängige Pfründner mit ihren Abgaben an die Grundherren in Rückstand geraten waren, die sie in Form von Naturalien erbringen mußten. Manche konnten ihre Schulden in ihrem ganzen Leben nicht mehr wettmachen, worauf sie ihr Stückchen Land aufgaben und in der – meist vergeblichen – Hoffnung auf ein besseres Leben in die Städte zogen.

Auf einen Bauern kommen tausend Bettler, hieß es bereits im Volksmund.

Wenn Hörige vorsprachen, deren Familien im Kloster bekannt waren, schenkten die mitleidigen Mönche ihnen mitunter einen Sack Saatgut, auf daß sie seßhaft blieben, doch das war eher die Ausnahme.

»Die Elemente der Welt beklagen sich über den Menschen, der in die Schöpfung einzugreifen versucht und das kosmische Gleichgewicht zerstört«, sagte Hildegard, nach dem Grund für die häufigen Dürren im Wechsel mit Überschwemmungen befragt, und sie begrüßte es, daß die Gräfin von Stade sich nicht zu schade war, die Armenspeisung zu ihrer eigenen Aufgabe zu machen, solange sie noch im Kloster weilte.

Unsägliches Elend begegnete ihr, gepaart mit innerer und äußerer Verwahrlosung, und sie bewunderte die Schwestern, welche nicht nur für Nahrung sorgten, sondern auch vor Schmutz starrende, grindige Köpfe wuschen und ohne jede Scheu ekelerregende Geschwüre salbten.

In diesem windigen Frühjahr waren eitrige Ohren an der Tagesordnung. Hildegard trug stets ein braunes Medizinfläschchen bei sich, um bei Bedarf ein paar Tropfen daraus auf ihren Finger zu geben, mit dem sie dann die entzündeten Ohren bestrich.

Die Gräfin sah es mit Grausen.

»Laß sie ihre verkrusteten Ohren doch um Himmels willen selbst einreiben«, sagte sie. »Was hast du da überhaupt für eine geheimnisvolle Tinktur, die ja wohl Wunder wirken muß? Jedenfalls sah ich, wie sich eben noch schmerzverzerrte Gesichter kurz nach der Anwendung wieder entspannten.«

»Du hast ganz richtig gesehen«, bestätigte Hildegard und steckte dem nächsten Patienten ihren Finger in die Ohrmuschel. »Wir haben schon manche Mittelohrentzündung damit aufhalten können. – Es ist einfach nur Rebensaft, ein besonders Geschenk des Himmels. Gerade jetzt, im Winnemond, wird er gesammelt. Wenn du möchtest, können wir uns das morgen einmal aus der Nähe ansehen. Nur du und ich und die beiden Kinder!«

Der Frühling zeigte sich von seiner erfreulichsten Seite, als sie anderntags zu viert an der Laienkapelle vorbei über einen Rieselteppich aus roten Kastanienblüten durch die südliche Pforte hinunter in den Weinberg gingen.

Nach dem Regenwetter der vergangenen Woche hatte der Himmel die Farbe angenommen, die Hildegard am meisten an ihm liebte: ein transparentes Aquamarinblau über einem seidigen Apfelgrün. Augen wie die Hildegards und die der kleinen Richardis konnten es deutlich hindurchschimmern sehen, während die anderen behaupteten, der Himmel sei einfach nur blau.

»Die Natur«, sagte Hildegard, »ist die Augenweide Gottes!« Und sie rühmte die Obstbäume, die in üppiger Blüte standen und die Sinne der Spaziergänger mit ihren Farben und Düften berauschten.

Heute früh, zwischen Morgentrunk und Terz, hatte sie dem Propst Volmar einen kurzen Text diktiert, wie es ihnen in den letzten Monaten schon fast zur Gewohnheit geworden war. Hildegard hatte darin den fünften Monat dem Sehen zugeordnet, erinnerte sich jetzt aber kaum noch an den genauen Wortlaut. Das merkwürdige war, daß sie ihre Erkenntnisse immer nur so lange im Gedächtnis behielt, bis sie auf Pergament festgehalten waren; danach mußten sie gleich wieder neuen Eingebungen weichen.

Das Sehen, hatte sie an einer Stelle gesagt, *ist deshalb so wunderbar, weil der Mensch mit der Schärfe seines Verstandes durch Erkennen und Auslesen Wertvolles und Minderwertiges unterscheiden kann.*

»Der fünfte Monat, Träger allerschönsten Blütenduftes«, zitierte sie sich jetzt laut, »macht des Menschen Herz so froh, weil um diese Zeit schon alle Früchte der Erde ans Licht sprießen. Die Fruchtbarkeit dieses Monats gleicht somit dem Geschmacksvermögen des Mundes, durch das der Mensch alles erfaßt, was ihm zur leiblichen Erquickung dient.«

Theresia und Richardis waren schon vorausgelaufen, und die Gräfin hörte nur mit einem Ohr zu. Die Fülle dessen, was ihre Verwandte, diese Meisterin der Beobachtung, zu jeder Kleinigkeit zu sagen wußte, wurde ihr rasch zuviel. Statt dessen schaute sie sich lieber die noch winterlich kahlen Rebstöcke an, die säuberlich hintereinander aufgereiht standen und bisher lediglich dicke Knospen gebildet hatten.

»Sind sie nicht ein bißchen spät in diesem Jahr?« verwunderte sich die Gräfin, die sich im Augenblick kaum vorstellen konnte, daß ihr *gelöschter Wein*, den sie als Schlaftrunk schätzen gelernt hatte, von diesem dürren Holz gewonnen sein sollte.

»Doch«, bestätigte Hildegard. »Auch wir hier unten hatten einen langen und strengen Winter. – Was gar nicht nötig wäre, denn würde der Mensch so handeln, wie er eigentlich müßte, wären alle Jahreszeiten stets die gleichen. Ein Frühling wäre wie der andere, der neue Sommer wie der vergangene und so fort. Weil der Mensch sich aber mehr und mehr über die göttliche Ordnung hinweggesetzt hat, überschreiten auch die Elemente ihre Grenzen.«

»Das glaubst du? Überschätzt du da den Einfluß von uns schwachen Menschen nicht ein bißchen?«

»Keineswegs. Schaut euch doch den Menschen richtig an!« wandte die Magistra sich nun auch an die beiden Mädchen, die von ihrem Spaziergang bis hinunter zum Fuß des Weinberges zurückgekehrt waren. »Er trägt ja Himmel und Erde in sich selbst. Die ganze Welt ist er. Doch wenn der Mensch seine Grenzen überschreitet, entwickelt die Welt Gegenkräfte.«

»Anders kann's doch gar nicht sein, Mama!« bekräftigte ein wenig altklug die junge Richardis. Sie betrachtete ihre Hand, auf der sich soeben der erste Marienkäfer dieses Frühjahrs niedergelassen hatte.

»Na, ihr beiden müßt es ja wissen«, sagte die Gräfin, die sich eines Anflugs von Eifersucht nicht erwehren konnte. Demonstrativ legte sie den Arm um die Schultern ihrer einsilbigen Nichte, der Hildegard bisher weit weniger Aufmerksamkeit geschenkt hatte als der unbefangenen Richardis.

»Und du, meine stilles Thereschen, was sagst du? Gefällt es dir hier wenigstens ein bißchen?«

»Ja, schon«, antwortete die Nichte ein bißchen scheu. Was sollte sie auch sagen, da doch die Praeposita so dicht neben ihr stand.

»Theresia wird Heimweh bekommen, ich nicht«, prophezeite Richardis übermütig.

Der Käfer war ihr inzwischen über den Handrücken gelaufen, was ihr ein angenehmes Kitzelgefühl erzeugte; nun saß er auf der Spitze ihres Mittelfingers und spreizte die Flügel.

»Flieg der Sonne entgegen! Flieg!« sagte Richardis, doch der Käfer verharrte, bis das Mädchen ihn vorsichtig anhauchte. Nun erst flog er davon.

Mit Wohlgefallen sah es die Magistra. »Da habt ihr es: Alles, was in der Ordnung Gottes steht, antwortet einander«, meinte sie. »Womit wir auch bei unseren Rebstöcken wären, die Schwerarbeit leisten, weil sie ja außer ihren Blättern auch noch Zweige und Ranken treiben müssen. Dadurch entsteht in ihrem Innern ein hoher Druck der Säfte ... Seht ihr, erst vor ein paar Tagen sind sie angeschnitten worden, und seitdem haben sie uns die Medizinfläschchen, die wir an die austropfenden Stümpfe gebunden haben, schon bis zum Rand gefüllt. Rebensaft ist wirklich eine Kostbarkeit. – Übrigens können wir die Fläschchen jetzt einsammeln. Es ist gerad' die rechte Zeit, am Nachmittag wär's schon zu spät. Wollt ihr mir dabei helfen?« fragte sie die beiden Mädchen. »Ihr müßt aber darauf achten, daß kein bißchen Schmutz hineinkommt. Am besten verschließt ihr die Öffnungen sofort mit etwas Hanf. Ich habe genügend davon bei mir. Das Beste an unseren schweren Unterröcken sind fürwahr die großen Taschen!«

Auch die Gräfin beteiligte sich am Flaschenpflücken.

»Verwendest du die Tropfen so, wie sie sind?« wollte sie wissen.

»Nicht ganz. Wir nehmen neun Teile Rebensaft und einen Teil Olivenöl. Diese Mischung bewahren wir im Dunkeln auf, damit die Tropfen sich nicht zersetzen und schweflig riechen – was ihre Wirksamkeit aber kaum beeinträchtigen würde.«

Es waren gewiß fünf Dutzend Fläschchen Rebtropfenmedizin, die sie schließlich in einem Korb zum Kloster trugen. Mit energischen Schritten eilte die Gräfin von Stade voraus. Sie wollte noch vor der Sext in der Nähstube sein, um die besonders fein gewebten Tücher aus Hanf zu begutachten, aus denen die Praeposita Windeln für Neugeborene und Verbandsstoff für die Kranken fertigen ließ.

Und auch den beiden Kerzenzieherinnen gleich nebenan konnte die Gräfin gar nicht oft genug dabei zuschauen, wie sie ihre Holzgestelle mit bis zu zwanzig aufgespannten Dochtfäden in den großen Topf mit geschmolzenem Bienenwachs eintauchten und wieder herauszogen – so lange, bis die Kerzen Gestalt angenommen hatten und zum endgültigen Trocknen beiseite gestellt wurden. Auf diese Weise, vermutete die Gräfin, konnten die Schwestern in ungefähr drei Stunden achtzig dicke Kerzen herstellen.

Der gemeinsame Spaziergang mit Hildegard war zweifellos ein besonderes Vergnügen gewesen, ging sie doch an keiner noch so unscheinbaren Pflanze achtlos vorüber; zu jeder gab sie nützliche Hinweise, was ihre Eigenschaften und Tauglichkeiten betraf. So hatten sie schon auf dem Hinweg wunderschöne violette Veilchen für die Augensalbe der Medica gepflückt, *Fünfblatt* oder Fünffingerkraut gegen Durchfall und Nasenbluten und ganze Hände voll goldgelber Schlüsselblumen – die Gräfin kannte sie als *Auswärtsblümchen*, Hildegard aber sprach nur von den *Hymelsloszeln* –, die gegen *Melancholie und die Einflüsterungen dürrer Luftgeister* helfen sollten.

Auch jetzt, auf dem Rückweg, waren Hildegards Blicke überall; sie pflückte hier ein Kraut und zerrieb es zwischen den Fingerspitzen, roch dort an einer Blüte, steckte sie in den Mund und spie sie wieder aus. Es war zwar kurzweilig, sie bei ihrem Tun zu beobachten, doch die Gräfin zog es nun einmal in die Werkstätten. Bevor sie davoneilte, hörte sie noch, wie Theresia mit zaghafter Kleinmädchenstimme darum bat, in den Ställen doch rasch die kranke Griseldis besuchen zu dürfen, wie schon am Abend zuvor, als sie alle dabei zusehen durften, wie Hildegard der Eselstute den Dampf einer heißen Buchenaschenlauge in Maul und Nüstern steigen ließ.

Hartnäckiger Husten und wohl auch Kopfweh hatten Griseldis geplagt, doch auch um das Tier kümmerte sich die Praeposita dieses ungewöhnlichen Klosters gerne selbst.

8

Goldtopas und Grünspechtsalbe

Zwei Tage später wäre die Gräfin von Stade abgereist, hätten sie nicht Fieberkrämpfe befallen, zu denen sich bald ein häßlicher lepröser Ausschlag im Gesicht und an den Händen gesellte.

Da ihr die Haut brannte, als stünde sie in Flammen, vor allem an Armen und Beinen, befürchtete die Kranke, Opfer des *Antoniusfeuers* geworden zu sein, einer meist tödlichen Krankheit, die den Betroffenen binnen kurzem die Glieder zernagte und sie schwarz wie Kohle werden ließ.

Doch in der Hinsicht konnte Hildegard sie beruhigen: »Nein, nein. Das Feuer des heiligen Antonius entsteht durch Pilzbefall des Getreides, genauer gesagt, des Mutterkorns, und tritt fast ausschließlich im Aranmonat nach der Ernte auf. Du dagegen ... bitte, erschrick jetzt nicht, aber ich möchte es dir nicht verheimlichen ..., du hast dich entweder unterwegs oder hier im Kloster bei der Armenspeisung mit dem Aussatz angesteckt.«

Die Gräfin, die sonst keineswegs zimperlich war oder gar Aufhebens um ihre Gesundheit machte, fühlte schreckliche Furcht in sich aufsteigen.

»Was sagst du da? Aussatz? – Lieber wäre ich tot, als stinkend und von allem und jedem getrennt in einem Leprosorium dahinzuvegetieren«, ächzte sie mit vor Fieber geschwollenen Lippen. »Oder soll ich vielleicht für den Rest meines Lebens mit einer Rassel klappernd die anderen warnen, damit sie sich rechtzeitig vor meinem faulenden Fleisch in Sicherheit bringen können?«

Sie wußte kaum, welche Vorstellung sie mit größerem Entsetzen erfüllte.

»Hab keine Furcht. Dazu wird es nicht kommen. In diesem frühen Stadium lassen die Geschwüre sich noch gut mit dem Fett oder der Galle eines Habichts kurieren. Auch Grünspechtsalbe hat sich sehr bewährt. Und vor allem unsere Eselsmilch solltest du ab heute mehrmals täglich trinken, denn Unreines treibt Unreines aus.«

Es fiel Hildegard nicht leicht, Worte der Zuversicht zu finden, war sie doch selbst erschrocken über ihren Befund und das Leiden der bedauernswerten Verwandten.

»Ich dachte, Aussatz ist unheilbar«, flüsterte die Gräfin ungeachtet der kalten Kompresse, mit der Hildegard ihr die Lippen kühlte.

»So etwas wie unheilbare Krankheiten gibt es nicht. *Gegen jede Krankheit ist uns ein Kraut gewachsen*, sagen die einfachen Leute, und sie haben recht.«

»Und woher weißt du immer so genau, welches das jeweils richtige Kraut ist?« Nur zu gern würde die Gräfin glauben, was sie da hörte.

»Weil ich seit vielen Jahren die Dinge der Natur studiere und mir alle Heilmittel, die ich benutze, vom Schöpfer selbst gewiesen wurden«, versicherte Hildegard. »Der Mensch wird davon gesund – oder Gott will nicht.«

Eine schöne Ausrede für mögliche Mißerfolge, dachte die Gräfin, sprach es aber nicht aus, denn sie wollte die Medica nicht verletzen. »Welch salomonische Antwort«, würde besser klingen und dasselbe sagen. Doch von neuen Krämpfen gefoltert, kam ihr nur noch ein Schmerzenslaut über die Lippen.

Die plötzliche Erkrankung ihrer Verwandten brachte Hildegard in ziemliche Bedrängnis. Um einer Ausbreitung der Seuche im Kloster vorzubeugen, mußte sie die Kranke in der Tat von den anderen absondern. Und da gab es nur zwei Möglichkeiten:

Entweder mußte sie die Gräfin in die Infirmaria umbetten, das neue Hospital des Klosters, und zuvor die dort liegenden Schwestern und Brüder im bereits überfüllten Pilgerhaus unterbringen – wobei aber durch den Transport der Kontakt mit der Infizierten kaum zu vermeiden wäre –, oder sie mußte die Aussätzige im Gästehaus des Abtes lassen, wo derzeit niemand außer ihr wohnte, nachdem die beiden Mädchen inzwischen eine der »Bienenwaben« in der ehemaligen Klause bezogen hatten. Anschließend würden sie das Gästehaus gründlich mit Myrrhe und Wacholder ausräuchern und nach dieser Reinigung wieder für Besucher freigeben. Voraussetzung war allerdings, daß der Abt zu dieser Lösung seine Zustimmung erteilte, und das schien höchst ungewiß.

Der eher altmodische Kuno, so meinte auch Propst Volmar, würde lieber jedes Risiko vermeiden wollen.

»Weißt du, mit welchen Worten sich kürzlich einige spottlustige Brüder über Kunos Einstellung lustig gemacht haben?« meinte Volmar, als Hildegard sich an ihn wandte. »*Was ich gesagt habe, habe ich nicht gesagt, und wenn ich es gesagt habe, hat es nichts zu sagen.*«

Hildegard winkte ab; ihr war nicht nach Scherzen zumute.

»Und wenn ich die Gräfin nun stillschweigend, ohne groß zu fragen, in Kunos Gästehaus belassen und streng darauf achten würde, daß niemand außer mir das Krankenzimmer betritt?« entgegnete sie.

Volmar runzelte die Stirn, seufzte. Zuweilen war es ein Kreuz, Symmista dieser eigenwilligen Frau zu sein.

»Frage Ihn«, sagte er nur. »Er wird dir schon Antwort geben.«

Gehorsam wie vor Jahrzehnten als Klosterschülerin, eilte Hildegard in die Marienkapelle zum Gebet, während der Propst grübelnd im Kreuzgang auf und ab schritt.

Schon nach wenigen Minuten kehrte Hildegard zurück, strahlenden Glanz in den Augen. »Wir lassen die Kranke, wo sie ist!«

Volmar brummte Unverständliches. Er hatte sich gleich gedacht, daß es so kommen würde. – Und war wieder einmal Mitwisser.

»Man sieht es der Gräfin nicht so leicht an, denn sie tritt ja nach außen hin sehr selbstsicher auf, doch die Schwäche ihrer *Milizia Dei* ist aus der Unbeständigkeit der Kranken entstanden«, befand Hildegard. »Mir wurde eben vor meinem Innenauge ein gewaltiges Feuer gezeigt, in dem sich die Krankheitserreger in Gestalt verschiedener Würmer tummelten. In diesem Feuer aber werden die Seelen derjenigen geläutert, die sich zeit ihres Lebens in Wort und Tat von der Unbeständigkeit leiten ließen. Sie haben durch ihren Wankelmut anderen Menschen geschadet und werden nun ihrerseits von diesen Würmern gepeinigt.«

»Und diese *Würmer*, wie du sie nennst, sollen eine solch schlimme Krankheit wie den Aussatz hervorgerufen haben?« Die Schlußfolgerung schien Volmar bei allem Respekt doch reichlich gewagt.

»Bei Richardis' Mutter ist es so, ja. Würde sie unter einer anderen Schwäche als dieser Unbeständigkeit leiden, oder wäre eine andere Untugend bei ihr stärker ausgeprägt, so hätten die Krankheitserreger einen anderen Teil ihres Körpers befallen. Bei ihr aber sitzen sie unter der Haut.«

»Und welches Mittel willst du dagegen anwenden?«

»Nun, Menschen, die zur Unbeständigkeit neigen, sollten sich in strenge Einsamkeit zurückziehen, damit sie sich besinnen und ihre Schwäche erkennen können.«

»Ah!« Volmar verstand jetzt, worauf sie hinauswollte. »Das bedeutet Alleinsein für deine Verwandte, Selbstbesinnung. Und dem wird Abt Kuno gewiß zustimmen!«

»Eine gute Lösung, nicht wahr? Die Markgräfin von Stade, so wird es offiziell heißen, zieht für eine Weile das Alleinsein vor, damit sie sich mit aller Kraft und Disziplin für ihren weiteren Lebensweg wappnen kann. Und dies, mein Freund, entspricht sogar der Wahrheit, denn gegen die Charaktermängel gibt es kein besseres Mittel als die

Entwicklung der Seelenkräfte. – Du brauchst also keine Skrupel zu haben!«

»Und du meinst, ein paar Tage Einsamkeit werden genügen, um sie vom Aussatz genesen zu lassen?«

»Natürlich nicht, Volmar. Aber es wird ihrer Seele ebenso guttun wie unsere Grünspechtsalbe ihren Geschwüren. Und falls die Salbe allein nicht hilft, werde ich überdies die Heilkräfte der Edelsteine nutzen. Ja, die Ausstrahlungen eines Topas könnten ihr helfen. Die Ärmste hat ihren Aussatz ja nicht durch Ausschweifungen bekommen, wie manch anderer, sondern durch ihren Jähzorn und eben jene Unbeständigkeit.«

Außer dem Propst weihte Hildegard nur noch die Tochter der Gräfin in ihre Pläne ein und wurde nicht enttäuscht. Richardis bewahrte nicht nur vollkommenes Stillschweigen, selbst ihrer Kusine Theresia gegenüber, sondern hielt sich auch an das Gebot, ihrer Mutter bis zum Abheilen der Geschwüre fernzubleiben. Um so eifriger ging sie der Medica bei der Zubereitung der Heilmittel zur Hand.

Als erstes grub Hildegard einige Meisterwurzen aus, die die Schwestern, wenngleich es eine Gebirgspflanze war, im Abteigarten gezogen hatten, höchstens hundert Meter über dem Talgrund. Er war in diesem Frühjahr so hoch geschossen, daß er Richardis bis zur Taille reichte.

Sie gaben die ganze zerstoßene Pflanze – mit Blättern, Dolden und den Wurzeln – in Wein und ließen ihn über Nacht stehen. Am nächsten Morgen fügte Hildegard frischen Wein hinzu. Nachdem die Gräfin drei Tage lang davon getrunken hatte, war sie fieberfrei, obwohl ihre Körpertemperatur zuvor beängstigende Höhen erreicht hatte. Gegen den Aussatz bekam sie zudem täglich einen gerösteten Grünspecht zu essen.

Anfangs konnte Richardis es kaum mit ansehen, mit welchem Gleichmut man die taubengroßen Vögel mit den hübschen roten Köpfen und den grünen Flügeln in der Küche rupfte und briet. Doch als sie dann hörte, wie heilsam das Grünspechtfleisch für ihre Mutter und andere Kranke war, beteiligte sie sich selbst an der Zubereitung – nicht ohne zuvor jeden Vogel mit Tränen in den Augen um Verzeihung zu bitten und die schönsten bunten Federn in einem Silberdöschen aufzubewahren.

Schwieriger war es, die Grünspechtsalbe herzustellen: Der geröstete Körper mußte ohne die Kruste, welche für später aufgehoben wurde, im Mörser zerstoßen und im Wasser zu Brei gekocht werden. Die Praeposita bereitete die Salbe eigenhändig zu, um Fragen der Küchenschwester aus dem Wege zu gehen.

Nur Richardis durfte zuschauen, wie Hildegard das Fleisch dreier Spechte nach dem Kochen von den Knochen löste und es auf einem heißen Stein zu Pulver zerrieb. Dieses Pulver und die Hautkruste wurden nun in das aufbewahrte Kochwasser gegeben, das sie zusammen mit Bockstalg und Geierfett noch einmal zum Aufwallen brachte. Nur der Rahm, der schließlich an der Oberfläche schwamm, ergab die Salbe, alles übrige wurde weggeworfen.

»Dieses wundervolle Mittel heilt den stärksten Aussatz«, rühmte Hildegard. »Es sei denn, das Gottesgericht erlaubt es nicht. Da du und ich aber Tag und Nacht für deine Mutter beten, wird sie gewiß wieder gesund!«

Liebevoll nahm sie Richardis' Kopf in beide Hände, forschte in ihrem Gesicht nach Spuren der Angst oder Sorge um die sterbenskranke Mutter. Doch die Züge der Tochter waren ganz entspannt, die Augen klar und grün und voller Vertrauen.

»Verrate mir, was du bei mir siehst«, bat Richardis nicht ohne Koketterie.

»*Nichts grünt so grün wie Smaragde*, heißt es bei Plinius«, scherzte Hildegard. »Und du, mein Kind, hast wahrlich Smaragdaugen!«

»Und welche Farbe hat ein Topas?«

»Oh, er wird in verschiedenen Ausfärbungen gefunden,

weißt du. Der Topas kann rosa sein und rot, aber auch goldgelb und blau. – Warum fragst du?«

»Ich sah dich gestern einen Ziegelstein mit zum Gästehaus nehmen, und zuvor hast du nach einem bestimmten Topas gesucht.«

»Ach, darum! Dir entgeht wohl gar nichts. Aber gerade das gefällt mir so an dir! Ein waches Auge ist eine große Tugend. Komm, laß uns zusammen die Töpfe auswaschen und die Küche aufräumen. Dabei kann ich dir alles in Ruhe erklären.«

Sogleich machte Richardis sich an die Arbeit.

»Diesen Ziegelstein, den du gesehen hast, habe ich im Ofen des Gästehauses erwärmt, Haferspreu darauf gelegt und zum Dampfen gebracht«, erzählte Hildegard. »Dann hielt ich einen wunderschönen goldgelben Topas über den Dampf, bis er schwitzte. Und mit diesen Ausdünstungen habe ich die leprösen Geschwüre deiner Mutter bestrichen.«

»Schade, daß ich nicht dabeisein konnte«, bedauerte Richardis, während sie den Mörser mit einem groben Tuch ausputzte. »Und wie ging es weiter?«

»Danach kam die eigentliche Salbenkur. Gestern nahm ich Veilchensaft mit ein paar Tropfen Olivenöl. Sobald der Aussatz aufgebrochen ist – ich denke, heute oder morgen –, wird unsere Grünspechtsalbe die Heilung vollenden.«

»Wirklich? So einfach ist das? – Wie kann ich nur alles lernen, was *du* weißt, Mater?«

»Indem du bei mir bleibst«, sagte Hildegard gerührt. »In dir sehe ich die Tochter, die ich mir versagt habe.«

Und sie verspürte plötzlich ein so heftiges Gefühl der zärtlichen Zuneigung zu dieser entfernten und doch so nahen Verwandten, daß sie sich beinah ein wenig ihrer Vernarrtheit schämte.

»Nur eine anmutige Seele kann einen ebensolchen Körper bewohnen«, rechtfertigte sie sich am Abend bei der Gewissenserforschung. Zwar waren auch andere Mädchen mit äußerer Schönheit gesegnet, die meisten aber verloren sie bald wieder, weil sie in dieser Welt frühzeitig Schaden an ihrer Seele nahmen. Nicht so die fünfzehnjährige Richardis. Ihr Wesen war wie eine klare Wasserlache, darin der Mond sich spiegelt, fand Hildegard. Und sie würde nicht zulassen, daß diese Klarheit jemals getrübt würde.

»Oh, laß mich die Hüterin ihres Herzens sein«, bat sie vor dem Einschlafen den Saphirblauen.

Tatsächlich war es der Goldtopas, der am sechsten Tag die gefährliche Krise im Krankheitsverlauf der Gräfin von Stade zum Guten wendete.

Hildegard hatte sich zu Anfang nie länger als nötig im Gästehaus aufgehalten. Zum einen wollte sie vermeiden, durch längere Abwesenheit Argwohn im Konvent zu erwecken, zum anderen fand sie es unerläßlich, die Aussätzige zur Genesung ihrer Seele allein zu lassen. Nur in der Stille, welche ihr die Möglichkeit bot, mit ihrem göttlichen Selbst zu kommunizieren, würde die Gräfin ihre Unbeständigkeit und innere Unruhe ablegen können. Jeden Morgen hatte Hildegard der Schwerkranken die nur für sie zubereiteten heilenden Speisen und Getränke gebracht – denn daraus bestand ihre eigentliche Medizin – und hatte die vergiftete Haut der Kranken behandelt. Und niemals vergaß sie, die Tür hinter sich zu verriegeln, wenn sie das Gästehaus verließ.

Nur in der fünften Nacht, die über Leben und Tod entscheiden sollte, blieb die Medica bei ihrer Patientin, wiederholte alle zwei Stunden ihre Goldtopasbehandlung und las ihr zwischendurch Verse aus dem *Hohen Lied* vor:

»Zeige mir doch den, den meine ganze Seele liebt, zeige mir, wo du weidest, wo dein Ruhelager über Mittag ist, damit ich nicht anfange, in der Menge deiner Gefährten herumzuschweifen.«

Mit diesem Psalm des Königs Salomon beruhigte sie nicht zuletzt ihr eigenes Gemüt, das immer noch aufgewühlt war durch ihre ungewohnten Empfindungen für Richardis.

Und auch die Gräfin warf sich nun nicht mehr auf den naßgeschwitzten Laken hin und her, und ihr schmerzerfülltes Wimmern verstummte. Als die Zeit der Vigilien kam, fiel sie endlich in einen erholsamen Schlaf.

Bis zum Mittag des folgenden Tages ging es ihr bereits erheblich besser. Selbst ihr Aussehen hatte sich von dem einer Todkranken, von Schwären Verunstalteten, in das einer allmählich Genesenden verwandelt. Schon erkundigte sie sich mit der ihr eigenen Neugier, die sie zur Freude der Magistra ihrer Tochter vererbt hatte, nach Hildegards *Stein der Weisen* und erinnerte sich sogar daran, einmal gehört zu haben, daß der Topas in seiner blutroten Spielart als Sinnbild für das Martyrium des Apostels Matthäus gelte.

»Sprich mir von den Steinen«, bat sie die Medica, die ihr ohne jede Furcht vor Ansteckung die langsam heilenden, doch immer noch leprösen Hände hielt.

Mit denselben Worten hatte Jutta von Sponheim kurz vor ihrem Tod um Hildegards Zeit und Zuwendung gebeten. Kranke und Sterbende schienen nichts mehr zu lieben als den Klang der menschlichen Stimme.

»Edelsteine sind wie die Schlüssel zum Schloß, denn Seele und Edelsteine erkennen einander«, sagte Hildegard, indem sie aufmerksam den Amethystring der Gräfin betrachtete, den diese zum erstenmal seit ihrer Krankheit wieder trug. »In ihrer Doppelnatur, denn sie sind Stein und Energie zugleich, beeinflussen sie alle vier Bereiche, den göttlichen, den kosmischen, den körperlichen und den seelischen.«

»Dann sag mir bitte auch noch, wann und wo er wächst, der Topas. Ich höre dir so gerne zu!«

»Laß mich zunächst ein paar Worte zu deinem Amethystring sagen, den ich gerade so schön vor Augen habe. Der Amethyst wächst, wenn die Sonne einen Hof hat und die Luft ziemlich lau ist. Deshalb ist der Stein warm, feurig und luftig. Sollten von deinem Aussatz dunkle Flecken im Gesicht zurückbleiben – was ich aber nicht hoffen will –, so kannst du sie mit deinem Amethyst bestreichen, den du zuvor mit Speichel befeuchten mußt. Oder du erhitzt Wasser und hältst den Stein darüber, damit sich seine Ausdünstungen mit dem Wasser vermischen. Danach legst du den Stein ganz in dieses Wasser und wäschst damit so lange dein Gesicht, bis deine Haut wieder zart ist und eine schöne Farbe bekommen hat.«

»Dann werde ich nicht mein Leben lang entstellt bleiben?« flüsterte die Gräfin, die es bisher kaum gewagt hatte, sich über ihr Aussehen Gedanken zu machen, falls sie die Krankheit überlebte. »Was für Wunderdinge gibt es doch in dieser Welt, und welch tiefe Geheimnisse habe ich durch dich und diese Krankheit erfahren dürfen!«

Hildegard lächelte versonnen; die Gräfin schien ihre Lektion gelernt zu haben.

»Gott will ja, daß selbst die Steine zu Seinem Ruhm als Heilmittel genutzt werden«, bestätigte sie voller Dankbarkeit. »Besäßen alle Menschen Edelsteine, sollten sie nur Wasser verwenden, in dem Steine zuvor gelegen haben oder ausgekocht wurden. – Doch nun zu deinem Topas: Er wächst kurz vor der neunten Stunde, wenn die Sonne durch die Hitze des Tages und den leichten Wind ganz rein und heiß wurde. Er ist klarem Wasser sehr ähnlich. In der gelblichen Spielart gleicht seine Farbe dem Gold. Er widersteht der Hitze und dem Gift und jeglicher Feindschaft. Er duldet dies nicht, so wie das Meer keine Verunreinigung verträgt. Wenn in irgendeiner Speise oder einem Getränk Gift enthalten ist, fängt der Topas sofort zu dampfen an, so wie das Meer schäumt, wenn sich Unrat darin befindet. Willst du also die Reinheit von Speisen oder Getränken prüfen, so halte einen Topas daran und beobachte ihn! Sollte Gift in den Speisen sein, beginnt der Stein zu schwitzen. Der Topas kann nämlich *denken* – so wie alle Edelsteine.«

»Wenn das so ist, werde ich in Zukunft stets einen Topas bei mir tragen, vor allem auf Reisen«, beschloß die Gräfin.

»Du solltest schon bei deinem Morgengebet, wenn du noch im Bett liegst, den Topas auf dein Herz drücken und folgende Worte sprechen: *Deus, qui super omnia et in omnibus magnificatus est, in honore suo me non abiicat, sed in benedictione me conservet, confirmet et constituat.*«

Mit fester Stimme übersetzte die Gräfin: »Gott, der über alles und über allen herrlich ist, verwerfe mich in Seiner Gnade nicht, sondern erhalte, stärke und festige mich durch Seinen Segen.«

Hildegard küßte die Kranke auf den Mund und schenkte ihr zum Andenken den Stein, der sie von einer der größten Menschheitsgeißeln ihrer Zeit geheilt hatte.

9

Petrus Abaelardus und das Zungenreden

Seit ein paar Tagen war die melancholische Jacoba wie verwandelt. Bei der Gartenarbeit sang sie ein Marienlied nach dem anderen, auf dem Weg zum *Officium Dei* schlich sie nicht mehr müde und mit gesenktem Kopf hinter den anderen her, sondern schlitterte als eine der ersten über die glatten Steine des Verbindungsganges zwischen Konvent und Abtei, und auf dem Rückweg sah man sie hüpfen wie eines der Osterlämmer unten auf der Klosterweide.

Die Schwestern führten die Veränderung auf die intensive Grünkraft der Natur im Winnemonat zurück, jener inneren Kraft, welche die Pflanzen treiben ließ und auch die Menschen – so lehrte es jedenfalls die Meisterin Hildegard – zur Blüte und Entfaltung brachte. Bedauerlicherweise schien diese Grünkraft nicht ansteckend zu sein, denn keine der jungen Novizinnen fühlte sich davon auch nur annähernd so beschwingt wie Jacoba. Allein ihre neue Freundin, Theresia von Lavanttal, kannte den wahren Grund für die plötzliche Veränderung:

Jacoba traf sich heimlich an der verfallenen Niedermühle im Tal oder an der ehemaligen Grabstätte des heiligen Disibod mit Bruder Anselm, um mit ihm ein *verbotenes Buch* zu studieren und dabei Dinge zu tun, die sie schöner fand als »alles, worüber die Magistra je gesprochen« hatte. Und da Theresia beim Namen der Muttergottes gelobt hatte, niemandem ein Sterbenswörtchen zu verraten, wurde auch sie von Jacoba in den Inhalt der *Historia calamitatum mearum* des Petrus Abaelardus eingeweiht.

Dieser Autobiograph, ein bedeutender Philosoph und Theologe, der im Kreuzgang der Notre Dame zu Paris durch seine brillanten Vorträge Hunderte von Studenten anzuziehen verstand, beschrieb darin äußerst freimütig die Liebes- und Leidensgeschichte zwischen ihm und seiner schönen, gescheiten Schülerin Heloisa. Er war achtunddreißig Jahre alt, sie erst sechzehn, als sie einander im Hause ihres Onkels, des Domherren Fulbert, zum erstenmal begegneten.

»Die Liebe zu Heloisa durchglühte mich«, übersetzte Anselm, indem er die vor Aufregung feuchte Hand Jacobas auf sein Herz legte, »und ich suchte nur noch nach Mitteln und Wegen, in ihrem Haus zu verkehren und das eigenwillige Mädchen für mich zu gewinnen, welches sich ebenso gewandt auf lateinisch wie auf französisch und hebräisch mit mir unterhalten konnte. Schließlich konnte ich Fulbert dazu bringen, mich als Heloisas Privatlehrer in seine Hausgemeinschaft aufzunehmen. Während der vielen Unterrichtsstunden blieb uns Zeit genug für unsere Liebe, und meist wechselten wir dabei lieber Küsse als Worte. Meine Hand war oft mehr an ihrer Brust als am Buch, und statt in den wissenschaftlichen Texten zu lesen, lasen wir einander sehnsuchtsvoll in den Augen ...«

Soweit Petrus Abaelardus.

»Und damit ich auch verstand, wie es gemeint war, zeigte Bruder Anselm es mir«, erzählte Jacoba, noch in der Erinnerung bis an die Haarwurzeln errötend. »Es war das Schönste, was mir je im Leben geschehen ist!«

Die beiden Freundinnen hatten sich zum Plausch an das Becken zwischen Küche und Refektorium begeben, denn eigentlich sollten sie dort frisches Wasser holen. Während Theresia den Worten Abaelards lauschte, verweilten ihre Augen auf dem Relief an der Vorderseite des Beckens, das Fabelwesen zeigte. Erst jetzt fiel ihr auf, wie seltsam die Darstellung war.

Zwei Greife hielten mit ihren langen Schnäbeln zwei davonstrebende Drachen an ihren verschlungenen Schwänzen fest. Zwischen den Drachenleibern hockte breitbeinig ein weiteres Untier, bei dem jede einzelne Hautfalte auf das feinste herausgearbeitet war, so wie schon bei den anderen die Schuppen und Federn.

Theresia betrachtete den hellen Sandsteinbrunnen, den ein reicher Gönner unlängst dem Kloster geschenkt hatte, als sähe sie ihn zum erstenmal. So gewann sie Zeit zum Nachdenken. Sie war, ebenso wie ihre Kusine Richardis, etwas älter als Jacoba und durch das längere Zusammenleben mit ihrer Familie weniger unwissend, was das andere Geschlecht betraf. Trotz aller Anteilnahme, zu der sich vielleicht auch eine Spur Neid gesellte, empfand sie bei dem eben Gehörten leises Unbehagen.

»Was, meinst du«, fragte sie schließlich, »würde unsere Praeposita wohl von deinen Eskapaden halten? Hast du vergessen, daß uns der Umgang mit den Mönchen streng verboten ist?«

»Pah! Sie trifft sich doch selbst mit dem Propst und dem Abt und wem auch immer!«

»Aber das kannst du nun wirklich nicht mit deinem Minnespiel vergleichen, oder wie ich es nennen soll!«

Das wußte Jacoba natürlich auch, mochte es sich aber nicht eingestehen. Sie stand vor der Schmalseite des Wasserbeckens, wo es keine Fabelwesen, sondern ausschließlich Pflanzenornamente zu bewundern gab. Verspielt ließ sie ihre Finger über das Relief aus Weinranken gleiten, die ein Doppelherz bildeten und je ein gefiedertes Blatt und eine pralle Traube umschlangen. Am liebsten hätte sie die Initialen *A* und *J* mitten hineingeritzt. Wäre sie allein gewesen, hätte sie es gewagt.

»Die Lust ist für den Körper, was die Freude für die Seele ist«, zitierte Jacoba Mater Hildegard. »Und wenn meine Seele im Kloster schon kaum Freude empfindet, so wird es doch wenigstens meinem Körper wohl sein dürfen, der ja das Zelt meiner Seele sein soll, wie man uns ständig sagt.«

»Ich glaube nicht, daß wir es uns so einfach machen dürfen«, widersprach Theresia auch diesmal und schöpfte nun endlich ein bißchen Wasser in ihr Gefäß. »An unserem ersten Abend hier auf dem Disibodenberg hat die Mater uns gefragt, ob wir uns überhaupt vorstellen könnten, allein vom Kuß und der Umarmung Gottes zu leben. ›Aber wovon denn sonst?‹ hat meine fromme Kusine sofort gesagt. Nur ich war wieder um die Antwort verlegen.«

»Das macht doch nichts«, beruhigte Jacoba die Freundin. »Mater Hildegard stellt jedem Mädchen, das zu uns ins Kloster geschickt wird, diese Frage. Die meisten nicken einfach mit dem Kopf, ohne lange nachzudenken. Woher sollen sie in dem Alter denn auch wissen, wie sich die Umarmung eines Menschen aus Fleisch und Blut anfühlt und wie süß seine Küsse schmecken. Oder hast du vielleicht schon mal so etwas wie Gottes Kuß gespürt?«

Theresia schüttelte stumm den Kopf und gab sich geschlagen. Täglich wartete sie nun voller Spannung auf die Fortsetzung des Abenteuers zwischen Petrus Abaelardus und seiner Heloisa.

Dies allein wäre schon aufregend genug gewesen. Doch da im eigenen Kloster zwischen Jacoba und Bruder Anselm ähnliches geschah, was beide so geschickt zu verbergen suchten, bekam dies alles einen zusätzlichen prickelnden Reiz. Ein gelehrter Mönch und ein blasses kleines Mädchen … Niemand hätte den beiden eine heimliche Liebschaft zugetraut, am wenigsten wohl Hildegard.

Nachdem die Gräfin von Stade abgereist war, ohne sich noch einmal den Brüdern und Schwestern zu zeigen, konnte die Magistra sich wieder mehr als zuvor ihrer Musik widmen, was sie sehr begrüßte, denn in wenigen Tagen würden sie nicht nur das Pfingstfest feiern, sondern auch zur Weihe des neuen Benediktus-Altars hohen Besuch aus Mainz erwarten. Daher schienen Hildegard mehrstündige Chorproben mit den besten Sängerinnen ihres Konvents unbedingt erforderlich. Sie hatte inzwischen, wie versprochen, ihre ersten Lieder in der neuen, leichter lesbaren Notenschrift des Guido von Arezzo zu Papier gebracht. Überdies hatte sie zur Einstimmung in den Gesang eine meditative Übung ersonnen, die es den Schwestern erlaubte, sich in kurzer Zeit über ihre Alltagssorgen zu erheben, indem sie tief Luft holten und sich dabei vorstellten, wie sie die göttliche Kraft in Gestalt des Heiligen Geistes in sich aufnahmen und ihr ganzes Wesen mit seiner Liebe füllten, welche sie dann beim Ausatmen in einem Akt der Befreiung erwiderten.

Den meisten Sängerinnen tat dieser Austausch mit dem göttlichen Geist sehr wohl; mochten manche dadurch auch in einen Zustand der Übererregung oder zeitweiligen Hyperventilation geraten, so schadete es doch niemandem – ganz im Gegenteil. Durch die meditative Übung und intensive Gesangsschulung gelang es einigen Schwestern, ihr Atemvolumen zu vergrößern und ihren Stimmumfang von einer bis zu zwei Oktaven und darüber hinaus zu erweitern. Genau das hatte Hildegard sich davon versprochen, denn die reichen Variationen ihrer Lieder setzten einen besonders langen Atem voraus; so mußte das Verhältnis vom Einatmen zum Ausatmen, das beim herkömmlichen Gesang etwa eins zu zehn betrug, sich auf eins zu fünfzig erhöhen, damit die weitgespannten Melodiebögen nicht vorzeitig erstarben. Bald fiel es den Schwestern leichter, ihre Stimmen so lange auf und ab schweben zu lassen, wie die Magistra es in ihrer Komposition vorgeschrieben hatte.

Und daß die Hyperventilation einen höheren Bewußtseinszustand hervorrief, der dann wiederum den Gesang bereicherte, indem sie ihm jede Erdenschwere nahm, war eine durchaus willkommene Wirkung. Das Ergebnis konnte sich bei allen hören lassen – und bei einer ganz besonders.

»*O pastor animarum et o prima vox, per quam omnes creati sunt*«, sang Richardis am Pfingstsonntag. »*O Seelenhirte und allererste Stimme, durch die wir geschaffen sind, mögest du uns, so es dir nun gefällt, von unseren Leiden und Schwächen befreien.*«

Obwohl Richardis bei ihrem Solopart unerhörte Tonhöhen erreichen mußte, klang ihre Stimme so rein und beseelt, daß manches Auge sich mit Tränen füllte. Der kleinen von Stade war von der ersten Chorprobe an geschenkt, was andere sich aller Anstrengung zum Trotz nicht hatten erarbeiten können. Einige Schwestern weinten vor Rührung, andere aus Trauer, daß ihnen ein solches Geschenk verwehrt geblieben war. Auch die Worte der Meisterin konnten da wenig trösten.

»Die hohen Tonlagen sind göttlich. Sie symbolisieren den Flug der Seele wie auch die Sonne«, sagte sie. »Warum wollt ihr euch mit etwas abmühen, was eurer Schwester Richardis von Natur aus gegeben ist? Das Ziel der Schöpfung besteht ja darin, daß sich die Stimmen aller Kreaturen im Gesang zum Lobe Gottes vereinen, so wie die Chöre der Engel im Himmel. Vor dem Sündenfall konnte ein Mensch allein dieser Harmonie Ausdruck verleihen und seine Stimme gleich einem Monochord erklingen lassen oder wie ein Engel.«

Oder wie das Mädchen aus Stade, dachten die Schwestern.

Die beiden Freundinnen kümmerten sich kaum um das mehr oder weniger laute Murren der anderen. Sie teilten ihre Zelle mit Richardis, und sobald die Kusine eingeschlafen war und im Traum ihre himmlischen Lieder sang, kroch Theresia mit Jacoba unter eine Decke, um zu hören, wie die Geschichte von Abaelard und Heloisa weiterging. Ungeduldig, wie sie waren, merkten die Mädchen gar nicht, daß die feinfühlige Richardis manches Mal nur so tat, als ob sie schon schliefe, damit die beiden anderen sich um so rascher ungestört glaubten.

Richardis hing gern ihren eigenen Gedanken nach; sie wollte gar nicht wissen, was Theresia und Jacoba einander da anvertrauten. Wenn das Geflüster zu aufdringlich wurde, steckte Richardis sich sogar die Finger in die Ohren, um die Freundinnen nicht unfreiwillig zu belauschen. Und wenn sie dann die Finger behutsam hin und her bewegte und die Worte zu unverständlichen Silben zerhackte, klang das Getuschel so, wie sie sich das Zungenreden in der Apostelgeschichte vorstellte.

»*Wenn man in Zungen reden will*«, hieß es bei Paulus, »*so sollen es nur zwei tun, höchstens drei, und zwar einer nach dem anderen, dann soll einer es auslegen. Wenn aber niemand es auslegen kann, dann soll auch keiner vor anderen reden ...*«

Gleich morgen würde sie Mater Hildegard fragen, wie diese Worte zu verstehen waren, denn zweifellos ging es um etwas ganz anderes als um jene Dinge, die Jacoba und Theresia nächtens miteinander teilten.

Die Finger in den Ohren, schlief Richardis schließlich ein. Sie war überglücklich, nun hier oben auf dem Disibodenberg zu Hause zu sein, dem himmlischen Bräutigam und der verehrten Mater so nahe. Mochten die weniger Glücklichen wach bleiben und in Zungen reden, Richardis gönnte ihnen das Vergnügen.

Nur gut, daß sie nicht ahnt, was sie versäumt, dachte Theresia manches Mal voller Mitgefühl, wenn sie ihre schlafende Kusine betrachtete, denn immer dramatischer entwickelte sich die *Historia calamitatum mearum* des Petrus Abaelardus.

Die schöne Heloisa war nämlich schon nach kurzer Zeit von den Unterrichtsmethoden ihres Kanonikus schwanger geworden, und nun durchschaute auch ihr Onkel das gewagte Spiel. Außer sich vor Wut und Enttäuschung, verlangte er, daß der selbsternannte Privatlehrer seine entehrte Schülerin heiratete. Des Domherren Haus mußte er natürlich auf der Stelle verlassen.

»Siehst du, das hast du's!« wisperte Theresia vorwurfsvoll. »Und was willst du tun, wenn du ebenfalls schwanger wirst?«

Denn so wie sie ihn einschätzte, hatte Bruder Anselm nicht darauf verzichtet, auch diese brisante Textstelle mit einer praktischen Übung zu begleiten.

Prompt bestätigte Jacoba den Verdacht mit einer seltsamen Weisheit:

»Anselm sagt, daß nur aus dem Nachtsamen Kinder entstünden.«

»Wie bitte?«

Jacoba kicherte albern. »Und falls ich dennoch schwanger werden sollte, gehe ich eben ins Kloster!«

»Erzähle lieber weiter, du Kindskopf!«

»Abaelard, dem Heloisas innige Liebe süßer erschien als der feinste Balsam, entführte sie daraufhin eines Nachts heimlich aus dem Haus ihres Onkels, damit sie ihr Kind in einer ruhigeren Umgebung zur Welt bringen konnte, nämlich bei seiner Schwester in der Bretagne. Er selbst kehrte nach Paris zurück, wo er Fulbert nach zähen Verhandlungen versprach, seine Nichte so bald wie möglich zu heiraten – unter der Bedingung, daß diese Ehe geheim bliebe.«

»Warum das denn?«

»Weil alle verheirateten Männer von der Priesterschaft ausgeschlossen sind, es sei denn, ihre Frauen gehen ins Kloster. – Anselm sagt, seit einer Kirchenreform unter irgendeinem Papst Leo oder Gregorius – oder beiden – wäre das so.«

»So, sagt er das, dein Anselm? Er sollte sich lieber vorsehen«, zischte Theresia. »Hat Heloisa denn nun ein Kind bekommen?«

»Ja, ja! Einen Sohn: Astrolabe. Übrigens wollte sie Abaelard gar nicht heiraten. Ihr sei es das liebste und für ihn anständigste, wenn sie Geliebte heiße statt Gattin, schreibt er.«

»Warum das denn schon wieder?«

»Weil sie ihm seine kirchliche Laufbahn nicht verderben mochte. Sie wolle die Kirche nicht eines so strahlenden Lichtes berauben, heißt es im Buch.«

»Dieser Mensch ist ganz schön eingebildet. Er gefällt mir immer weniger«, stellte Theresia fest.

Jacoba knuffte sie freundschaftlich in die Seite. »Wenn du wüßtest, was noch kommt ...«

»Du wirst mir doch bis zu den Vigilien alles erzählt haben?«

Die Freundin gähnte laut. »Und wann sollen wir schlafen?«

»Nicht bevor die Geschichte zu Ende ist.«

»Aber sie ist noch gar nicht zu Ende, Theresia! Das Liebesabenteuer hat sich ja erst vor ungefähr zwanzig Jahren zugetragen, und der wilde Petrus Abaelardus soll heute noch irgendwo in Frankreich leben und lehren. – Aber gut, ich mache es kurz, damit du nachher ruhig schlafen kannst.

Nach einigem Hin und Her ließen Abaelardus und Heloisa ihren Sohn bei der Schwester in der Bretagne zurück. Dann reisten sie gemeinsam nach Paris und heirateten im Beisein des Domherren Fulbert. Damit die Ehe geheim bleiben konnte, mußte Abaelard wieder in seine alte Junggesellenwohnung ziehen, während Heloisa bei ihrem Onkel blieb. Wieder sahen sie einander nur noch selten und heimlich.«

»Was für ein Spiel!«

»Ja, und es kommt noch schlimmer. Denn unglücklicherweise brach der Onkel sein Versprechen, so daß bald alle möglichen Leute von der Verbindung zwischen dem berühmter Theologen und der Nichte des Domherren wußten. Heloisa dagegen leugnete ihre Eheschließung immer wieder und mußte deswegen von ihrem Onkel empfindliche Strafen hinnehmen. – Und nun kommt etwas, das ich nicht ganz verstehe ...«

Sie verstummte, da Richardis sich umdrehte, erzählte dann aber weiter, damit ihr wenigstens noch eine Stunde Schlaf blieb, die sie nach den aufregenden Ereignissen des Tages unbedingt brauchte.

»Noch einmal entführte Abaelardus seine Gemahlin Heloisa. Diesmal, um sie gegen ihren Willen in ein Kloster nach Argenteuil zu bringen, wo sie sich zwar wie eine Nonne kleiden, aber noch kein Gelübde ablegen sollte.«

»Seltsam! Und weiter?«

»Weiter sind Anselm und ich noch nicht gekommen. Du mußt bis morgen warten. Vorausgesetzt, daß es mir nach der Sext gelingt, mich zum alten Grab des heiligen Disibod zu schleichen, um dort einen Strauß Maiglöckchen niederzulegen ...«

»Ach, so nennst du das!« bemerkte Theresia spitz und war schon eingeschlafen, bevor sie aus Jacobas Bett hatte schlüpfen können.

Am nächsten Tag, zur Arbeitszeit nach der Non, hatte Jacoba so rotgeweinte Augen, daß es auch Mater Hildegard auffiel.

Ich sollte mich mehr um sie kümmern, dachte sie, die Kleine hat so etwas Fremdes im Gesicht. Doch auf dem Weg zur Nähstube, wo die Mädchen Altartücher bestickten, wurde Hildegard zu Mechthild gerufen, die sich bei der Zubereitung eines Pappelbades für zwei Darmkranke den rechten Arm schlimm verbrüht hatte. Bis die Medica ihren Leinsamensud zum Ableiten der giftigen Verbrennungsstoffe gekocht, ein sauberes Leintuch getränkt und Mechthilds Brandblasen damit bedeckt hatte, war die Zeit schon vergangen, die sie sich für Jacoba hatte nehmen wollen. Sie bat Richardis, an ihrer Stelle ein Auge auf die Zellengefährtin zu haben.

»Das werde ich tun«, versprach Richardis und überlegte, ob sie in dem Fall nicht verpflichtet wäre, auch ihre Ohren offenzuhalten.

Als am Abend das Zungenreden wieder beginnen sollte, brachte Jacoba vor Schluchzen kaum ein Wort heraus. Unter der Anteilnahme ihrer ebenfalls verstört wirkenden Kusine wiegte Richardis sie wie ein kleines Kind in den Schlaf.

Erst zur Freizeit nach dem Mittagsmahl des folgenden Tages fand Theresia Gelegenheit, mit ihrer Freundin zu sprechen und das vorläufige schreckliche Ende der *Calamitates* zu hören.

»Als der Domherr und seine Sippe erfuhren, daß Abaelard seine Ehefrau heimlich ins Kloster gebracht hatte, betrachteten sie es als Verrat«, berichtete Jacoba. »Sie glaubten, Abaelard habe Heloisa auf diese Weise einfach nur loswerden wollen.«

Den nächsten Abschnitt hatte Jacoba sich inzwischen so oft durch den Kopf gehen lassen, daß sie ihn wörtlich hersagen konnte:

»Petrus Abaelardus schrieb: Also beschlossen sie mein Verderben. Sie bestachen meinen Diener, so daß dieser sie eines Nachts, als ich ganz ruhig schlief, in mein Zimmer führte. Und nun nahmen sie Rache an mir, so grausam und erniedrigend, daß alle Welt vor Abscheu erstarrte: Sie schnitten mir von meinem Leib die Organe ab, mit denen ich sie gekränkt haben sollte … Zwei der Barbaren erwischte man auf der Flucht. Sie wurden geblendet und ebenfalls entmannt.«

Wieder brach Jacoba in bittere Tränen aus. »Wie kann man etwas so Schönes einfach abschneiden?« schluchzte sie fassungslos.

Ob schön oder nicht, konnte Theresia zwar nicht so recht beurteilen; dennoch wurde sie während der gesamten Non, von den Psalmen bis zum Schlußgebet, von Bildern abgetrennter männlicher Geschlechtsteile geplagt, die sie vor dem inneren Auge sah. Sie schloß daraus, daß sie sich gehörig würde züchtigen müssen, damit diese Bilder wieder aus ihrem Kopf verschwanden. Ihre Freundin war auf gefährliche Abwege geraten, das ließ sich nicht mehr übersehen. Und auch sie selbst mußte sich in acht nehmen und wieder auf ihr Seelenheil besinnen, wollte sie nicht mit in den Abgrund gerissen werden.

»Ärgernisse müssen zwar kommen«, pflegte Mater Hildegard zu sagen, »doch wehe dem Menschen, durch *den* sie kommen.«

Bruder Anselm war ein solcher Mensch.

10

Von der Kraft des Karfunkels, dem Luchsstein und dem Schlangenfeuer

Zur Mondfinsternis im März des Jahres 1138 hatte Siward von Uppsala die Benediktinerabtei über Nahe und Glan zum erstenmal besucht und sich von der spirituellen Kraft der Klostergemeinschaft beeindrucken lassen. Erzbischof Adalbert I. von Mainz war vor acht Monaten gestorben, sein Nachfolger noch nicht im Amt, und so konnte es geschehen, daß man vorübergehend einen Bischof aus Schweden mit den Aufgaben des Bistums betraute, zu denen auch die Weihe verschiedener Altäre auf dem Disibodenberg gehörte. Der erste stand in der Querhauskapelle und war den Bekennern gewidmet.

Schon damals hatte Siward der außergewöhnliche Gesang der Nonnen zutiefst berührt, zumal die Lieder bei jenem ersten Besuch ohne Pause die ganze Nacht hindurch erklungen waren. Am nächsten Morgen gab ihm die neugewählte Praeposita des Frauenkonvents, eine gebildete Dame von bestrickender Liebenswürdigkeit, eine verblüffende Erklärung:

Während eines so seltenen Naturereignisses wie in der letzten Nacht müsse man, so meinte sie, ohne Unterlaß den Heiligen Geist anrufen, denn eine Mondfinsternis käme daher, daß die Unwetter zusammenstießen, als ob sie miteinander Streit hätten.

»Allerdings trügt der Schein«, fuhr sie fort. »Der Mond erlischt während der Finsternis nicht, so wie es den Anschein haben mag, denn seine Kraft ist größer als die Kraft jener Unwetter.«

»Erst recht, wenn er von solchen Gesängen unterstützt wird«, scherzte Siward, und die Magistra stimmte ihm ganz ernsthaft zu:

»Nicht wahr, die ganze sichtbare Welt ist gleichsam ein Buch, von Gottes Finger geschrieben. Darin sind alle Dinge so eingerichtet, daß eines auf das andere Rücksicht nimmt. Jeder Teil hat seinen geordneten Kreislauf, und keiner überschreitet die Sphäre des anderen«, sagte sie mit einem Ausdruck tiefer Ehrfurcht und kam plötzlich auf den Karfunkelstein zu sprechen, der ausschließlich bei Mondfinsternis wüchse, wie sie erklärte.

Daraufhin bat Bischof Siward, der seit Jahren naturwissenschaftliche Studien betrieb, die Praeposita, ihm alles zu sagen, was sie über diesen geheimnisvollen Stein wußte. Er selbst hatte sich erst kürzlich ein *Lapidarium* zugelegt, ein umfangreiches Verzeichnis aller Edelsteine, in dem zu seinem Leidwesen der Karfunkel aber nicht einmal erwähnt wurde.

»Ich werde es für Euch aufschreiben«, versprach die Praeposita und ließ ihm am nächsten Morgen ein erstaunliches Dokument zukommen.

»Der Karfunkel wächst bei Mondfinsternis«, hieß es darin. »Wenn ihm etwas zuwider ist, wäre er am liebsten unsichtbar. Aus dem Grund zeigt er sich finster, wenn er auf Geheiß Gottes Hunger, Pest oder Kriege anzukündigen hat. In solchen Zeiten aber konzentriert die Sonne ihre ganze Kraft auf das Firmament; sie wärmt den Mond mit ihrer Hitze und facht ihn mit ihrem Feuer an, bis er wieder leuchtet. Sie legt ihre Zunge in seinen Mund, um ihn, der schon tot ist, wieder zum Leben zu erwecken. In ebendieser Stunde entsteht der Karfunkel. Er hat seinen Glanz vom Feuer der Sonne und leuchtet in der Nacht stärker als am Tag.

So selten wie eine Mondfinsternis sind auch der Stein und seine Kraft. Man muß sehr vorsichtig mit ihm umgehen. Wenn ein Fieberanfall oder eine andere Krankheit den Säftehaushalt eines Menschen verändert, so lege man ihm um Mitternacht einen Karfunkel auf den Nabel, aber nur so lange, bis der Kranke sich davon erwärmt fühlt. Dann nehme man ihn gleich weg, weil die Kraft des Karfunkels die Eingeweide des Kranken schon stärker durchdrungen hat, als irgendeine Medizin oder Salbe es zu tun vermöchten.

Auch bei Kopfweh hilft der Karfunkelstein. Wenn jemand Kopfschmerzen hat, so lege er den Karfunkel eine knappe Stunde lang auf seinen Scheitel, bis die Haut dort warm wird, und nehme ihn dann sofort weg, weil die Kraft des Steines dann ihre Wirkung getan hat.

Man kann auch Gegenstände haltbar machen und vor dem Verfaulen bewahren, indem man einen Karfunkel darauf legt. Die Luftgeister meiden diesen Stein, denn wo immer er sich befindet, können sie ihr Blendwerk nicht vollbringen.«

Als Siward sich am Abend bei der Praeposita bedanken wollte, lag sie krank zu Bett und war auch an den übrigen Tagen nicht imstande, ihn zu empfangen, so daß er sich zu seinem größten Bedauern bis zum nächsten Besuch im Kloster gedulden mußte.

Zwei Monate später, zu Pfingsten, ließ sich der Bischof aus Uppsala in einer Sänfte den Disibodenberg hinauftragen. Da Hildegard nicht annahm, daß dies aus purer Trägheit oder Großspurigkeit geschah, hieß sie eine Magd, vorsorglich ein Paar Schuhe aus Dachsfell in das Gästehaus des Abtes zu bringen, in dem wenige Tage zuvor noch die kranke Markgräfin von Stade gelegen hatte, von den Menschen und der Außenwelt abgeschirmt.

Außer einem Willkommensgruß schrieb sie ihm: »Große Kraft steckt im Fell eines Dachses. Laßt Euch regelmäßig Schuhe oder Stiefel daraus fertigen oder schenken, und zieht sie so an, daß das Dachshaar nach innen gekehrt ist, damit Eure Haut ständig massiert wird, was für eine gute Durchblutung sorgt. Dann werdet Ihr gesunde Füße und gesunde Beine bekommen, wie schwer Eure Krankheit auch sein mag.«

Erst später erfuhr Hildegard, unter welchen Beschwerden Bischof Siward in Wirklichkeit litt. In den ersten Tagen nämlich bekam sie ihn kaum zu Gesicht – nicht etwa weil er sich unwohl fühlte, sondern weil Abt Kuno Wert darauf legte, ihn bei jeder Mahlzeit und jedem Gottesdienst an seiner Seite zu haben und auch zwischendurch seine Gesellschaft nicht entbehren mochte. Meistens, aber keineswegs immer, durfte Propst Volmar an den Gesprächen teilnehmen.

»Ich weiß auch nicht, weshalb Kuno unseren Gast so eifersüchtig für sich beansprucht, geht es doch eigentlich jedesmal nur um ihren Meinungsaustausch in einem Theologenstreit«, berichtete er getreulich der Magistra. »Wie du vielleicht weißt, beschäftigt ein gewisser Petrus Abaelardus aus Paris seit geraumer Zeit die Köpfe und Gemüter der Gelehrten in unserem christlichen Abendland. Er fordert unter anderem, daß es kein Mysterium in der Religion geben dürfe, daß vielmehr alle Dogmen einer vernunftgemäßen Erklärung zugänglich sein müßten.«

»Kein Mysterium in der Religion?« wiederholte Hildegard erstaunt. »Wie kommt er dazu? Die Welt ist geschaffen worden, daß Gott sich darin offenbart. Die Natur ist Wirkung, ihre Ursache aber ist Gott. Er hat keine Form, und doch erkennen wir ihn durch die Schöpfung – so viel läßt sich mit unserer Vernunft gerade noch erfassen. Andererseits kann ich nicht einmal das vollkommen wissen und begreifen, was mir in den Visionen gezeigt wird, solange ich noch in der Dienstbarkeit des Leibes und der unsichtbaren Seele bin.«

»Das glaub' ich dir gern. Doch nicht nur in Glaubensfragen hat dieser Abaelard mehr als einmal für Empörung gesorgt, auch in seinem Privatleben. Hast du davon gehört?«

»Nein, mein Symmista.«

»Nun, dann möchte ich dich auch nicht damit belasten. – Bleiben wir bei der Theologie: Abaelard hat vor einiger Zeit eine beinah ketzerische Schrift verfaßt, *Sic et non*. In dieser Schrift stellt er hundertsiebenundfünfzig Fragen zu den wichtigsten Dogmen. Um die Widersprüche in der Beantwortung aufzudecken, hat er zahlreiche Zitate von den Kirchenvätern, aus der Bibel und aus heidnischen Klassikern gesammelt und in zwei Blöcken unter diese Fragen geschrieben, links die bejahenden, rechts die verneinenden Aussagen. Auf diese Weise will er die Autorität der Kirchenväter in Zweifel ziehen, denn wo Widersprüche sind, gibt es nun einmal keine Gültigkeit. Die Heilige Schrift ficht er zwar nicht direkt an, beabsichtigt aber, sie nach ihren eigenen Kriterien neu auszulegen und von Widersprüchen zu befreien. Abaelard zufolge soll der Glaube in der Vernunft gegründet sein und umgekehrt.«

»Dazu muß er ja nicht gleich das Kind mit dem Bade ausschütten.« Hildegard lächelte nachsichtig. »Es ist wichtig, daß sich das Bewußtsein entwickelt; nur darum geht es doch! Ich lehre meine Schülerinnen, mit dem Herzen zu verstehen, was sie gehört oder gelesen haben. Zum Zeichen dieses erweiterten Verstehens sollen sie einmal kurz seufzen und dann danach handeln. Die Thesen eures gelehrten Petrus Abaelardus scheinen mir dagegen so recht nach dem Geschmack junger debattiersüchtiger Studiosi zu sein.«

»... für die das Werk auch eigentlich geschrieben wurde«, ergänzte Volmar. »Mehr Aufmerksamkeit und Verbreitung hat erst das zweite Werk des Magisters gefunden, in dem er sogar das Wesen der Dreifaltigkeit mit der Vernunft zu erklären versucht. Er schreibt, daß die größten Religionen und Philosophen nur in einem Punkt einer Meinung wären: die Einheit Gottes. In dem *einen* Gott könnten wir Seine Macht als die erste Person, Seine Weisheit als die zweite und Seine Gnade und Liebe als die dritte betrachten. Einige besonders strenggläubige Kollegen haben Abaelard daraufhin Ketzerei vorgeworfen und ihm unterstellt, er verbreite die Lehre von drei verschiedenen Göttern. Eine böswillige Argumentation, wie ich meine, aber so sind die gelehrten Herren Gelehrten untereinander nun einmal. Als Abaelard sich in Soissons öffentlich gegen diesen Vorwurf verteidigen wollte, war der Pöbel dermaßen gegen ihn aufgehetzt worden, daß man mit Steinen nach ihm warf ...«

»Ach, Volmar!« seufzte Hildegard, der dieser Streit zu mißfallen begann. »Wann soll sich dieser ganze Unsinn denn zugetragen haben?«

»Vor ungefähr siebzehn Jahren haben sie mit ihrer Kontroverse angefangen.«

»Du lieber Gott – und darüber diskutieren kluge Leute wie Siward von Uppsala und Abt Kuno noch heute?«

»Ich glaube, Kuno dienen diese Gespräche wohl eher als Vorwand, Siwards Vertrauen zu gewinnen. Er verspricht sich davon Enthüllungen über das Leben des Bischofs von Uppsala, der ja aus Gründen, die niemand so recht kennt, aus seiner Heimatstadt vertrieben wurde. Siward dagegen scheint es wirklich zu beunruhigen, daß Abaelard nicht nachläßt, die mystische Lehre der Kirche in den Bereich der Vernunft zwingen zu wollen. Inzwischen kursiert nämlich noch ein weiteres Buch aus der Feder des rebellischen Magisters: *Scito te ipsum*, in dem er behauptet, eine Sünde liege nicht in der Tat, sondern in der Absicht. Um wirklich eine Sünde begangen zu haben, müsse der Betreffende sein *eigenes* Gewissen verletzen und nicht das eines anderen. Man stelle sich nur die Konsequenzen vor ...«

»Vielleicht sollte man das gar nicht als so abwegig betrachten, Volmar. Solche Überlegungen könnten doch auch zur Gewissensbildung beitragen ...«

»Oder dazu, sich lieber Absichtserklärungen zurechtzulegen, statt sich mit den zehn Geboten auseinanderzusetzen.«

»Es könnte zur Heuchelei führen, da hast du recht.«

»Und mehr noch, Hildegard. Das gefährliche sind eher die zahlreichen Anhänger Abaelards als seine verführerische Lehre. Andere sehen das wohl auch so. Vor kurzem erst hat ein Mönch aus Reims den einflußreichen Bernhard von Clairvaux aufgefordert, Abaelard zu verklagen. Der Kirchenlehrer Bernhard, der ja allenthalben die Meinung vertritt, man müsse nicht erkennen, um zu glauben, sondern glauben, um zu erkennen, hat diesen Mönch zwar abgewiesen, doch nachdem nun Abaelard selbst daran interessiert ist, sich auf einem Konzil gegen den erneuten Vorwurf der Ketzerei zu verteidigen, hat der Abt von Clairvaux einen Brief an mehrere Bischöfe geschrieben, darunter auch an Siward. Und der hat ihn uns vorgetragen. Ich habe hier eine Abschrift.« Er räusperte sich und las dann vor:

»Petrus Abaelardus versucht, den christlichen Glauben seines Inhaltes zu berauben, wenn er sich für fähig hält, ihn ganz und gar mit der menschlichen Vernunft zu verstehen. Er steigt in den Himmel und fährt in den Abgrund nieder; er begnügt sich nicht, die Dinge dunkel durch ein Glas zu schauen, er muß alles von Angesicht zu Angesicht betrachten.« Er hielt kurz inne. »Und zum Schluß heißt es: ›Der rechte Glaube glaubt, er disputiert nicht. Dieser Mann aber hat nicht im Sinne zu glauben, was er nicht zuvor mit seiner Vernunft zergliedert hat.‹«

»Die Worte des Zisterziensers aus Clairvaux haben größtes Gewicht«, befand Hildegard. »Wie du weißt, habe ich zwar oft bedauert, keine akademische Bildung erlangt zu haben, sehe es jetzt aber mit anderen Augen. Der Himmel bewahre uns vor einem Mann, der sich vierzig Jahr lang in der Logik geschult hat wie Petrus Abaelardus.«

Das Gespräch fand auf dem Vorplatz zwischen Dormitorium und Kapitelsaal statt; Hildegard, die gern mehrere Dinge gleichzeitig erledigte, überprüfte während ihrer Unterhaltung mit Volmar den Inhalt einer Holzkiste mit Schreibwerkzeug, das dem Kloster geschenkt worden war, denn sie hoffte, der Bestand an Federn, farbiger Tinte und verschiedenen Sorten Pergament, darunter ein Paar Bogen *Vellum* aus feinstem weißem Kalbsleder, würde ausreichen, ein eigenes kleines Skriptorium zu etablieren. Bei der Abschrift ihrer Lieder hatten zwei oder drei Nonnen ihre Freude an der Miniaturenmalerei entdeckt, und Juttas ehemalige Klausenzelle mit dem erweiterungsfähigen Sprechfenster und der zweigeteilten Pforte würde möglicherweise genug Tageslicht ins Innere lassen, daß dort einige Illustratorinnen arbeiten konnten.

»Dieser Abaelard ist so trunken vom Geist der Logik«, drang Volmers Stimme in Hildegards Überlegungen, »daß er sie als göttliche Wissenschaft darstellt, indem er sie dem *Logos* gleichsetzt.«

»Christus ist der kosmische Logos, das Gotteswort«, widersprach Hildegard heftig. »Sophia aber ist die Weisheit hinter dem Wort, und die Weisheit ist Mitwirkerin an der Schöpfung und somit selbst eine Göttin, die *Scientia Dei*! Schau nicht so entgeistert, Volmar! Des Vaters Thron wurde niemals durch einen allein ausgefüllt. Die Weisheit nahm immer schon Platz an Seiner Seite.«

»Hildegard, du stellst manchmal Behauptungen auf ...«

»Ja, Lieber, ich weiß. Von der Weiblichkeit Gottes wird ein andermal noch zu reden sein!«

Sie legte den Schweigefinger auf ihre lächelnden Lippen und verschwand, noch bevor Volmar etwas erwidern konnte, mit dem kostbaren Vellum unter dem Arm durch die ehemalige Klausenpforte.

Drei Tage später begab sich der zuweilen etwas sprunghafte Abt Kuno unerwartet auf eine kurze Reise nach Eberbach, wo seit zwei Jahren Mönche des Heiligen Bernhard siedelten. Ihr Abt Ruthard hatte Kuno schon im vergangenen Herbst um einen Freundschaftsbesuch gebeten; ihn länger aufzuschieben würde unhöflich erscheinen. Den meisten Klöstern lag der geistige Austausch in unruhigen Zeiten am Herzen, und so pflegten sie ihre nachbarschaftlichen Beziehungen sehr.

Nicht anders hielt es Siward von Uppsala. Mit einem Bücherbündel unter dem Arm erschien er gleich nach der Prim im Arbeitsraum der Praeposita. Eine günstigere Gelegenheit zum Vergleich gemeinsamer oder neuer Quellen würde sich so bald nicht bieten.

Beide hatten sie, so stellten sie gleich fest, ihren Gajus Secundus Plinius gründlich studiert, auf dessen Erkenntnisse sich noch im siebenten Jahrhundert die weit verbreiteten *Etymologiae* des Erzbischofs Isidor von Sevilla beriefen. Auch die recht ansehnliche Bibliothek auf dem Disibodenberg besaß seit Jahren eine Abschrift dieses Werkes.

»Und wie steht es mit der *Heilkraft der Steine* des Constantinus Africanus?«

Bischof Siward klopfte geräuschvoll auf ein Buch, das in Holzbretter gebunden und mit dunklem Leder bespannt war. »Kennt Ihr es?«

»Ja, sicher. Eine Abschrift davon scheint in keinem größeren Benediktinerkloster zu fehlen«, bestätigte Hildegard. »Ebensowenig wie der Kommentar des fränkischen Mönches Aegidius von Corbeit. Was die Vorschläge des Africanus zur Heilung betrifft, befolge ich sie allerdings so gut wie nie. Ich lasse die Edelsteine lediglich äußerlich anwenden, während er empfiehlt, sie in pulverisierter Form einzunehmen – eine äußerst kostspielige Methode.«

»Was die grundsätzliche Frage nach den Gründen ihrer Wirksamkeit aufwirft«, bemerkte Siward. »Für mich ist die Heilkraft der Steine immer noch ein Rätsel, aber vielleicht habt Ihr ja eine Theorie.«

Erwartungsvoll sah er der Praeposita, die ihm gegenüber

Platz genommen hatte, in ihr feines, reizvolles Gesicht. Hildegard überlegte eine Zeitlang mit gesenkten Augen. Erst als sie eine Antwort gefunden hatte, schaute sie den Bischof an.

Welch wunderschön blauen Blick sie hat, dachte er. Himmelblau und erdenfern.

»Die Edelsteine und Kristalle bestehen aus kleinsten Teilchen, die durch ihre gitterartige geometrische Anordnung in Schwingungen versetzt werden.« Mit anmutigen Handbewegungen unterstrich Hildegard ihre Worte. »Diese Schwingungen können nun auf den Menschen übertragen werden, und zwar direkt über seine Haut und andere Sinnesorgane oder durch reine Flüssigkeiten wie Wasser oder Wein. Aus der Übertragung ergibt sich ihre heilende Wirkung.«

»Woher wißt Ihr das?« verwunderte sich Bischof Siward. »Habt Ihr es vielleicht den Hexametern *Liber lapidum seu de Gemmis* des verstorbenen Marbod entnommen? Er bezieht sich darin ja häufig auf den Araberkönig Evax, den auch unser Plinius erwähnt. Der Magier Evax wiederum beruft sich auf ein altes ägyptisches Mysterium, dessen Hüter er sein will ... Auf solche verborgenen Kristallgitterstrukturen, wie Ihr sie mir eben so anschaulich beschrieben habt, bin ich allerdings weder bei ihm noch irgendwo sonst gestoßen.«

Hildegard schüttelte lächelnd den Kopf.

»Von Eurem legendären Magier namens Evax habe ich nie gehört. Und was den Bischof von Rennes angeht, den wortgewaltigen Marbod, so habe ich für meine eigenen Edelsteinbehandlungen zwei Drittel seiner Vorschläge verwerfen müssen. Und über die innere Beschaffenheit der Steine scheint es in der Tat nichts Schriftliches zu geben. Ohnehin verlasse ich mich lieber auf meine Eingebung und auf mündliche Überlieferungen als auf das gesamte Schrifttum, und mag es noch so brillant sein.«

»In dem Fall, meine verehrte Praeposita, seid Ihr ebenso

originell wie genial!« rief überschwenglich der Bischof von Uppsala, doch Hildegard wehrte ab und wechselte rasch das Thema. Sie erzählte ihm von der beachtlichen medizinischen Bibliothek im nahen Sponheim, in der sie sich gern aufhalte, so ihre Zeit es erlaube. Insbesondere die Werke des Claudius Galenus habe sie dort schätzen gelernt.

»Oh, Galenus!« sagte Siward erfreut. »Der beste Arzt seit Hippokrates. Er hat ja auch in Griechenland und Palästina studiert, besuchte gar Marc Aurel in seinen Feldlagern, und Lucius Varus …«

Der Bischof sprach den Satz nicht zu Ende. Eine Entschuldigung murmelnd, verließ er fluchtartig den Raum. Zwar kehrte er nach einiger Zeit wieder zurück, doch nachdem er das darauffolgende Gespräch über Galenus und dessen Behandlungserfolgen bei den römischen Gladiatoren noch zweimal auf ähnliche Weise unterbrochen hatte, sprach Hildegard ihn ohne Zaudern auf sein geheimes Leiden an:

»Es sind gar nicht die Beine, es ist Eure Blase, die Euch Schwierigkeiten bereitet, nicht wahr?«

Und da der Bischof nickte, dabei aber sein Gesicht schmerzlich verzog, fragte sie ihn, ob er schon einmal vom *Lyncurius* gehört hätte.

»Der Luchsstein …«, sagte Siward gedehnt. »Meint Ihr jene unreine Kristallisation aus dem Urin eines Raubtieres?«

»So ist es. Doch Luchse sind keineswegs unreine Tiere. Schon als Kind habe ich sie um ihrer scharfen, durchdringenden Augen willen geliebt.«

»Und was ist nun mit dem Luchsstein?« wollte der Bischof wissen.

»Nun, der Luchsstein ist warm. Er entsteht aus dem Urin dieses Tieres, allerdings nicht bei jeder Witterung, sondern nur, wenn die Sonne heiß und die Luft mild ist. Der Luchs ist nämlich weder unrein noch ausschweifend, sondern sehr beherrscht und voller Lebensfreude, vor allem, wenn die

Sonne scheint. Er läßt sein Wasser stets in ein Loch laufen, das er zuvor mit seiner Pfote gegraben hat. Unter dem Einfluß der Sonnenglut verdichtet der Urin sich dann zum Stein. Da er sich in der Erde bildet, ist er viel weicher als andere Steine.

Wenn man ihn eine knappe Stunde in Wasser, Wein oder Bier legt, wird die Flüssigkeit so sehr von der Kraft dieses Luchssteines durchdrungen, daß ein vorzügliches Heilmittel daraus entsteht, das den angegriffensten Magen reinigt und vollständig kuriert, es sei denn, der Kranke befindet sich schon am Rande des Todes. Der Luchsstein hilft auch gegen Fieber, und wer Schwierigkeiten beim Wasserlassen hat, bester Siward, der lege ihn einen Tag lang in Kuh- oder Schafsmilch – nicht aber in Ziegenmilch –, nehme ihn am zweiten Tag wieder heraus, koche die Milch und trinke sie. Wenn er das fünf Tage lang macht, ist er beschwerdefrei.«

Und sie versprach dem dankbaren Bischof, ihm am nächsten Tag einen dieser recht seltenen Steine zu besorgen.

»Wahrhaftig, Ihr seid eine unglaubliche Person!« rühmte Siward die Praeposita. »Ich wünschte nur, ich hätte mehr Stunden mit Euch verbringen dürfen, statt sie dem guten Kuno zu widmen. – Kennt Ihr übrigens die Zauberbücher aus der Schule des Zoroaster? Was kaum noch jemand weiß – auch unser verehrter Plinius zählte diese Werke zu seinen wichtigsten Quellen.«

Er wies auf ein dünnes Buch, in dessen Ledereinband eine große goldene Flamme über einem Kelch eingeprägt war. Bischof Siward bezeichnete sie als das Feuersymbol der Parsen. »›Wer seine Leiden und seine Bitterkeit in das heilige Feuer gibt, wird gut und göttlich werden‹, heißt es in jenem Text aus alter Zeit.«

»Ach ja? Von Volmar hörte ich bereits, daß Ihr die religiösen Überlieferungen aller Glaubensrichtungen studiert habt, darunter auch fernöstliche Abhandlungen«, sagte Hildegard zögernd, denn sie verspürte wenig Verlangen, sich auch noch mit dem Inhalt dieses fremdartigen Buches zu beschäftigen.

»Laßt uns ein paar Schritte um den Disibodenberg tun«, schlug sie vor. »Ohne frische Luft werden mir die Gedanken und Worte leicht zuviel.«

Der Bischof stimmte ihrem Vorschlag zu, bat aber darum, sie unterwegs ein wenig mit dem Gedankengut des Ostens vertraut machen zu dürfen, da eine bestimmte Theorie Hildegards »überragende Fähigkeiten«, wie er es nannte, zu erklären vermöchte. »Und wenn ich noch einen zweiten Wunsch äußern dürfte ...?« fügte er hinzu.

»Aber gewiß, Siward. Ihr seid unser Gast, und es ist meine Aufgabe, Eure Wünsche zu erfüllen.«

»Eure Liebenswürdigkeit steht Eurer Klugheit in nichts nach, verehrte Magistra. Nun, wenn wir unsere Unterhaltung schon mit einem Spaziergang verbinden, was auch mir eine willkommene Abwechslung ist, so würde ich bei der Gelegenheit gern die berühmte Grabstätte Eures Klostergründers besuchen.«

Hildegard seufzte. »Leider ist die Gruft im alten Teil unseres Klosters bereits zu Anfang des Jahres geöffnet worden. Die Umbauten, Ihr wißt schon. Die sterblichen Überreste des Heiligen befinden sich nun in zwei kleinen Bleibehältern und sollen demnächst zusammen mit den Reliquien seiner drei Gefährten in einem Hochgrab aus Marmor beigesetzt werden.«

»Nein, nein, liebe Magistra«, entgegnete Siward. »Ich meinte die allererste Grabstätte, die schon vor dreihundert Jahren zu Bonifatius' Zeiten aufgegeben wurde. Denn wenn noch irgendwo etwas von der Kraft des heiligen Disibod zu spüren sein sollte, dann ja wohl dort.«

»Da geht's aber ein Stückchen bergab, bis unten in die Talmulde hinein«, gab Hildegard zu bedenken. »Oder wollt Ihr Euch lieber in Eurer Sänfte tragen lassen?«

Der Bischof winkte ab. »Und was würde dann aus unserem Gespräch? Nein, laßt uns nur langsam gehen und verzeiht mir, wenn ich zwischendurch einmal hinter einem Busch verschwinden muß.«

»Wenn wir Glück haben, finden wir unterwegs ja einen Luchsstein für Euch«, scherzte Hildegard.

Nachdem sie eine Zeitlang schweigend den kleinen Hainbuchenwald am Osthang des Disibodenberges durchstreift hatten, knüpfte Siward an das Gespräch von vorhin an: »Erlaubt mir, daß ich ein wenig aushole und bis zur frühchristlichen Kirche zurückgehe ...«

»... die ihrem Ursprung noch sehr nahe war«, ergänzte Hildegard.

»Ja, weiß Gott. In dieser frühen Zeit – und das erscheint mir wichtig für alles weitere – war nämlich das Wort *Christus* ein Synonym für das Sonnenprinzip im Menschen.«

Hildegard nickte. »So Christus in euch ist, wird euer Geist in Rechtschaffenheit leben, obwohl der Körper in Sünde sterben muß«, zitierte sie aus dem Römerbrief.

»Genau das meine ich. Diese ursprüngliche Sonnenkraft aber wurde von den Griechen *Speirema* genannt, Schlangenfeuer. Die heiligen Schriften Indiens und auch Persiens besagen, daß diese Kraft im Inneren der menschlichen Wirbelsäule, an der Basis, spiralförmig ineinandergedreht ruht wie eine schlummernde Schlange. – Ich finde das insofern bemerkenswert, als es ja auch in unserer abendländischen Schöpfungsgeschichte das Schlangensymbol gibt.«

»Wollt Ihr damit sagen, daß es diese Kraft war, durch die Eva in Versuchung geführt wurde?« fragte Hildegard, die diesen Gedanken nicht gleich verwerfen wollte, wenngleich er ihr sehr weit hergeholt erschien.

»Und wenn es so wäre?« Siward war stehengeblieben, um nicht eine der hübschen Smaragdeidechsen zu zertreten, die sich auf dem sandigen Feldweg jenseits des Waldes sonnten. »Es könnte doch sein, daß diese Schlangenkraft von Eva mißbraucht und dadurch nach unten gelenkt wurde, in die niederen Körperregionen. Oder nicht? Nach unten gelenkt, erzeugt sie das Wissen um das Böse. Läßt man sie aber zum Gehirn aufsteigen, so gewährt sie das

Wissen des Göttlichen, Guten. Die geheimen Bücher, die ich in griechisch, lateinisch und hebräisch studierte, bezeichnen den Gipfel der Weisheit, der durch die Erweckung des Schlangenfeuers erreicht wird, als den eigentlichen *Stein der Weisen*, was sich auf den Körper so auswirke, als würde ein Strom flüssigen Lichts in das Gehirn eines Menschen fluten, der mit dieser Erfahrung gesegnet ist.«

Wieder blieben sie stehen, diesmal, um einen Mönch vorbeizulassen, der mit tief ins Gesicht gezogener Kapuze weitereilte, wobei er einen Gruß murmelte. Hildegard glaubte, Bruder Anselm zu erkennen, war aber von den Ausführungen des Bischofs zu sehr abgelenkt, um ihm Beachtung zu schenken oder gar nachzuspüren, warum es ihr Unbehagen bereitete, ihm hier zu begegnen.

»Die heiligen indischen Texte des Panchastavi sprechen von einer strahlenden, lebendigen Energie, die im Körper zirkuliert«, fuhr Siward fort. Er schien vollkommen fasziniert von diesem Thema zu sein. »Sie geben dieser Energie auch zwei Namen: *Die Wohnung des Lichts* und *Die Wohnung der Töne*. Und sie beschreiben sehr ausführlich Geräusche wie Bienengesumm, Glockengeläut oder Donnern sowie verschiedene Lichtsymbole und sogar Zustände der Ekstase und übermenschlichen Inspiration, welche dieses Emporsteigen des Göttlichen in das Gehirn des Menschen begleiten.«

Es fiel Hildegard nicht schwer, Siwards Worten zu folgen, doch irgend etwas an seiner Theorie störte sie, und allmählich stieg eine Ahnung in ihr auf, weshalb der Bischof aus seiner Heimatstadt vertrieben worden war: Der Forscherdrang seines Geistes und sein Sinn für Spektakuläres führten ihn in noch abseitigere Gefilde als manchen Kreuzritter, der sich an den Quellen arabischer Weisheiten gelabt und sie sich zu eigen gemacht hatte.

»Worauf wollt Ihr hinaus, Siward? Daß es mit dieser erweckten Lebensenergie so etwas wie eine Voraussetzung für Erkenntnis und die Entwicklung der Tugendkräfte gibt?«

»Ja, auch das. Ihr versteht es wie keine zweite, kühnen Gedankengängen zu folgen und sie zu resümieren, Mater Hildegard! Ich habe aus meinem Quellenstudium vor allem den Schluß gezogen, daß sich das menschliche Gehirn noch im Zustand der Entwicklung befindet, daß es aber zu jeder Zeit bestimmte Personen gab – zum Beispiel Sokrates, Aristoteles oder König Salomon –, die diesen zukünftigen hohen Entwicklungsstand der Menschheit nach dem Aufsteigen des Schlangenfeuers vorwegnahmen.«

»Das ist zwar Spekulation, aber möglicherweise habt Ihr recht«, meinte Hildegard.

Doch was Siward eigentlich bewegte, wagte er jetzt erst anzusprechen: »Ich frage mich, Abbatissa, ob Ihr mit Euren außergewöhnlichen Eingebungen und Fähigkeiten – sei es im Bereich der Musik, der Naturkunde, der Medizin oder auf anderen Gebieten –, ob Ihr nicht auch zu diesen Ausnahmegestalten zählt und mir vielleicht über eigene Licht- und Tonphänomene Auskunft geben könnt, die Ihr erlebt habt.«

Siward hatte sein Anliegen so umständlich vorgebracht, daß er beinah den Faden verloren hätte, doch nun war es heraus.

»Mag sein, daß es so etwas wie Eure Schlangenkraft gibt, Bischof Siward, und daß sie in hundert oder fünfhundert oder tausend Jahren für den Menschen der Zukunft von Bedeutung sein wird«, räumte Hildegard ein. »Mir für meinen Teil genügt es schon, wenn ich verstehe, was die *Viriditas* bedeutet, jenes lebensimmanente Energetikum, das Mensch und Natur durchdringt. Denn erst dann, lieber Bischof, verstehe ich das *gegenwärtige* Leben. Mich zieht es nicht in die *terra incognita* des Ostens oder der zukünftigen Zeiten. Kein Baum grünt ohne die Kraft zum Grünen, kein Stein entbehrt der grünen Feuchtigkeit, und kein Geschöpf, nicht einmal die lebendige Ewigkeit, ist ohne diese besondere Eigenkraft, die *Viriditas*. Aus lichtem Grün sind Himmel und Erde geschaffen und all die Schönheit dieser Welt!«

Ihre Arme beschrieben einen weiten Kreis um die üppige Wald- und Wiesenlandschaft vor ihren Augen, ehe sie fortfuhr:

»Geist, Heiliger Geist ist das Leben alles Lebendigen, Beweger des Alls und Urgrund allen Seins. Der Geist reinigt die Welt von ihren Untugenden; jede Schuld wird getilgt, alle Schmerzen gesalbt. So ist *Geist* leuchtendes, rühmenswertes Leben, das alles aufweckt und wiedererweckt das All. Daher ist Gottes Wirklichkeit auch nie vergeblich: Keines Seiner Werke bleibt unvollständig, denn Gottes Wort, das *Werdewort* wird vernommen und erhält Antwort. Der Geist grünt und bringt Frucht. Das ist das Leben!« Sie holte tief Luft und faßte alles Gesagte in einem Satz zusammen: »*Opus verbi viriditas est!*«

»Eure Worte bestätigen meine Hypothese, wie es angemessener gar nicht sein könnte!« sagte Siward voller Bewunderung. »Doch Ihr habt mir noch nicht die Frage beantwortet, wie Eure Visionen beschaffen sind.«

Sie hatten inzwischen die verfallenen Gemäuer des alten Missionshauses erreicht und brauchten nur noch das kleine, abgetrennte Oratorium des heiligen Disibod zu betreten, in dem er einst beigesetzt worden war.

»Weil Ihr es seid, Siward, und weil ich Euch sehr zugetan bin, werde ich Euch die Antwort nicht wie manch anderem Wißbegierigen schuldig bleiben«, erwiderte Hildegard. »Also hört: Was ich erschaue und erfahre, behalte ich lange im Gedächtnis; und sobald ich mit den Augen meiner Seele ein bestimmtes Licht sehe und eine Stimme höre, erinnere ich mich wieder an jede Einzelheit. Im selben Augenblick verstehe ich alles, was ich sehe und höre und weiß. Was ich aber nicht schaue, das weiß ich auch nicht, denn ich bin ungelehrt. Man hat mich nur unterwiesen, in aller Einfalt Buchstaben zu lesen. Und da Ihr eben die Musik erwähntet, so laßt Euch sagen, daß ich niemals die Bedeutung der Neumen oder den Gesang erlernt habe. – Und nun entschuldigt mich bitte, denn mir ist schon die ganze Zeit so, als wären wir nicht allein an diesem Ort.«

Bischof Siward, gerührt von ihrer Bescheidenheit, wenn auch nicht überzeugt von deren Berechtigung, beugte seinen bereits ergrauten Kopf über Hildegards Hand und bedankte sich mit einem respektvollen Kuß.

»Ich bin glücklich, daß Ihr meine Frage so freimütig beantwortet habt, Mater, und weiß die Ehre zu schätzen.«

Während Siward sich zum stillen Gebet an die Grabesstätte des heiligen Disibod zurückzog, ging Hildegard in den von Efeu und Bergahorn überwucherten Ruinen umher und sah sich bald einem Bild der Verzweiflung und Trostlosigkeit gegenüber: Auf einer umgestürzten Säule in einem Schlehengebüsch saß eine ihrer Novizinnen; mit den Armen umklammerte sie ihre Beine, den Kopf verbarg sie zwischen den Knien. – Welche mochte es sein, die dort hockte und trübe Träume spann?

Leise, um sie nicht zu erschrecken, summte Hildegard die ersten Takte ihres Lieblingsliedes: »*O virga ac diadema purpurae Regis, quae es in clausura tua sicut lorica ...*« O Reis und Diadem in königlichem Purpur, verschlossen bist du, einer Brünne gleich ...

Das Mädchen hob den Kopf.

»Jacoba!«

Die Haube war ihr verrutscht, dunkelbefleckt das weiße Novizinnengewand, unstet der Blick. Hildegard brauchte sie nur anzusehen und wußte alles. Sie nahm Jacoba an die Hand und geleitete sie schweigend nach Hause, nachdem sie sich in der benediktinischen Zeichensprache vom Bischof verabschiedet hatte.

Zu reden gab es noch genug.

Visionsschrift I
Der Weg

Propst Volmar kannte seine Schülerin und Meisterin gut genug, um auf den ersten Blick zu sehen, daß irgendein Ereignis sie gründlich aus dem Gleichgewicht gebracht hatte. Fahrig waren ihre sonst so anmutigen Gesten, und in ihrer Stimme lag ein Hauch von Panik, als sie ihn eines Morgens, kaum hatten sie sich richtig zur Arbeit niedergelassen, geschweige denn die Schreibutensilien gezückt, ungeduldig mahnte:

»So laß uns doch beginnen, Volmar! Worauf wartest du noch? Schreib schon:

›Mein Geliebter streckte seine Hand durch die Öffnung, und mein Herz zitterte bei der Berührung. Hohes Lied, Kapitel fünf, Vers vier‹«, diktierte sie viel schneller als gewöhnlich, um dann in einem Atem fortzufahren: »Und die Himmelsstimme sprach: O Mensch, höre diese Worte und wiederhole sie nicht nach deinem, sondern nach meinem Sinn und durch mich inspiriert. Sprich in folgender Weise von dir: Bei meiner ersten Gestaltung, als Gott mich im Schoße meiner Mutter durch den Hauch des Lebens erweckte, prägte Er dieses Schauen meiner Seele ein. Denn im Jahre 1100 nach der Menschwerdung Christi begannen die Lehre der Apostel und die vollkommene Gerechtigkeit, die Er den Christen und Geistlichen auferlegt hatte, nachzulassen und gerieten ins Schwanken. Zu jener Zeit wurde ich geboren ...«

Hildegard brach ab, hielt den Kopf mit beiden Händen und begann dann zu weinen, daß es Volmar nicht mehr an seinem Platz hielt. In Augenblicken wie diesem fiel es ihm besonders schwer, seinen Gefühlen nicht nachgeben zu dürfen und sich das einzige versagen zu müssen, was der verehrten Mater vielleicht hätte Trost spenden können: die innige Umarmung im Namen Christi. Manchmal hatte das Mönchsein etwas Unmenschliches. Volmar sah sich vor ihr stehen mit seinen hängenden Schultern, hölzernen Armen, herzlosen Händen, und ihr Schmerz und seine Skrupel trieben auch ihm Tränen in die Augen.

»Nein, nein, es ist unmöglich, ganz und gar unmöglich!« stieß Hildegard hervor. »Wir sollten es gar nicht erst versuchen!« Und ging wieder.

Am nächsten Morgen war sie zu schwach, sich zu den Laudes von ihrer Schlafstatt zu erheben, und im Verlauf des Tages bekam sie Fieber und unerträgliche Schmerzen im ganzen Körper. Sie könne weder stehen noch gehen, erzählte sie dem Propst, und zu den körperlichen Beschwerden geselle sich seelische Not, über die sie aber nicht sprechen wolle. Sie wünschte weder den besorgten Abt noch ihren Beichtvater zu sehen und wollte niemanden außer Richardis oder ihre Schwester Clementia um sich haben.

Erst nach endlosen Tagen zwischen Hoffen und Bangen wurde Volmar gebeten, sich mit Pergament und Schreibgerät an das Krankenbett der Praeposita zu begeben. Er fand sie sehr bleich; beinah durchsichtig war die Haut. Die blauen Augen in dem abgezehrten Gesicht wirkten noch größer und dunkler als sonst, und ihr saugender Blick zog ihn in eine Welt, die sie sonst lieber für sich behielt.

»Willst du mir nun endlich sagen, was dir geschehen ist?« fragte Volmar.

Richardis, die Vertraute, hatte den Raum noch nicht verlassen, und so durfte der Propst diesmal Hildegards Hände in den seinen bergen, von Mitgefühl überwältigt, ohne Furcht, die Klosterregeln zu verletzen. Das Versäumnis ihrer letzten Begegnung, so es denn eines war, hatte ihm in den vergangenen Tagen genug Pein bereitet.

»Aber ja, mein Symmista, deshalb habe ich dich ja kommen lassen«, antwortete Hildegard jetzt mit sanfter Stimme und erwiderte den Druck seiner Hände. »Du weißt seit Jahren um das Geheimnis meiner Schau und das damit verbundene Leid und Entzücken. Du weißt, wie sehr ich mich bemüht habe, diese Gabe der Welt zu verheimlichen, um nicht bei meinen Mitmenschen Anstoß zu erregen. Wenn es mir gelang, Stillschweigen über die Dinge zu bewahren, die mir offenbart wurden, fühlte ich mich im Einklang mit meinem Gewissen. Entschlüpfte mir aber auch nur ein Wort zuviel, so haderte ich lange mit mir. Doch was mir nun widerfuhr, bringt mich erst recht in die allerschlimmste Bedrängnis.«

Fest umklammerten ihre zarten Finger Volmars Daumen. »Das Lebendige Licht sprach wieder zu mir, und diesmal, mein Freund, forderte es mich nachhaltig auf, vor anderen über das zu sprechen, was ich höre und sehe und es sogar niederzuschreiben, damit es aller Welt bekannt werde. Ich schrak zurück, erbebte bis ins Innerste, widersetzte mich schließlich. Aber nicht aus Ungehorsam oder Unwillen, sondern wegen des Argwohns und des Vorurteils derer da draußen und nicht zuletzt wegen der Vieldeutigkeit menschlicher Worte.

Daraufhin wurde ich vom Nervenfieber befallen, von Kopf- und Gliederschmerzen gemartert, von Übelkeit geplagt, um zwischen all dem Ungemach immer wieder den Befehl zu vernehmen: *Verkünde nun laut, was du siehst und hörst, und schreibe es so nieder!* Und je länger ich mich weigerte und wie gelähmt liegenblieb, desto ärger wurden meine Leiden. Wie sollte es einem armseligen Menschenkind wie mir, so fragte ich mich immer wieder, nur möglich sein, die göttliche Kraft und Überfülle jener Bilder, die mir gezeigt werden, in menschlicher Sprache wiederzugeben? Doch auch dieser Zweifel wurde mir von den Worten der Himmelsstimme zerstreut, denn sie sagte mir:

Was dir von oben gezeigt wurde, kannst du nicht allein in eine verständliche Form der lateinischen Sprache bringen, da sie dir nicht geläufig genug ist. Jener Mensch, welcher die sprachliche Feile besitzt, soll deshalb deine Worte glätten und ihnen einen die Menschen ansprechenden Klang verleihen.«

Volmars Hände zuckten nervös. »Was soll das heißen?« rief er.

»Daß du dieser Mensch mit der Feile bist, lieber Symmista! Wirst du mir also helfen?«

»Gewiß. Nur ...« Der Propst tupfte sich mit seinem großen weißen Schnupftuch Schweißperlen von der Stirn. »In dem Fall muß Abt Kuno einverstanden sein.«

»Da es nun einmal Gottes Wille ist, wird auch der Abt ihn nicht aufhalten können«, versicherte Hildegard und ließ sich von Richardis die zweigeteilte Wachstafel reichen, auf die sie bereits in winzigen Buchstaben einen längeren Text geritzt hatte.

»Bitte schreib, Volmar, denn sobald ich tue, was ich tun soll, lassen die Schmerzen nach, die mich sonst in den Wahnsinn treiben.«

Und Volmar gehorchte und schrieb, was sie ihm sagte:

»Es geschah im Jahre 1141 nach der Menschwerdung des Gottessohnes Jesus Christus, als ich zweiundvierzig Jahre und sieben Monate alt war. Zitternd und voller Furcht, schaute ich ein himmlisches Gesicht und einen überhellen Glanz, daraus eine Stimme zu mir sprach.

Du zerbrechlicher Mensch, Asche von Asche, Staub von Staub, sage und schreibe nieder, was du siehst und hörst, tue es aber nicht nach menschlichem Ermessen und Verständnis, sondern ausschließlich so, wie du es in den Wundern Gottes siehst und hörst. Den Menschen, den ich heutzutage erwählt und machtvoll erschüttert habe, stelle ich in große Wunder hinein, mehr noch als die Menschen der alten Zeit, die ebenfalls viele Geheimnisse in mir schauten. Verkünde daher alles in derselben Weise, wie der Schüler die Worte seines Meisters verkündet, die er auch nicht nach seinem eigenen Gutdünken weitergibt, sondern ganz nach dem Willen dessen, der alles weiß, alles sieht und alles in den verborgenen Tiefen seiner geheimen Ratschlüsse anordnet.

Und aus dem offenen Himmel kam ein feuriges Licht; es durchströmte mein Hirn, durchglühte mir Herz und Brust gleich einer Flamme, die mich aber nicht verbrannte, sondern wärmte, wie die Sonne alles erwärmt, worauf ihre Strahlen fallen. Und da plötzlich erschlossen sich mir Sinn und Bedeutung der Heiligen Schriften, des Alten und Neuen Testaments, der Evangelien und Psalter. Doch erfuhr ich nicht die wörtliche Formulierung dieser Texte. Die Gesichte, die ich sah, erhielt ich in wachem Zustand, bei klarem Verstand, durch die Augen und Ohren des inneren Menschen und an öffentlichen Orten. Wie das aber geschieht, können Sterbliche nur schwer begreifen.

Diese Gesichte und Worte ergingen an mich zur Zeit des Abtes Kuno vom Disibodenberg, des Mainzer Erzbischofs Heinrich, des römischen Königs Konrad und des Papstes Eugen. Ich spreche und schreibe nichts aus eigener Erfindung, sondern so, wie ich es in himmlischer Eingebung empfange.«

Erschöpft sank Hildegard auf ihr Kissen zurück und fiel in einen tiefen Schlaf.

Als der Propst sie am nächsten Tag aufsuchte, damit sie seine Aufzeichnungen prüfen und, wenn nötig, korrigieren konnte, fand er die Praeposita bereits wieder an ihrem Arbeitstisch sitzend.

Volmar hatte inzwischen mit Abt Kuno über die ungewöhnlichen Ereignisse gesprochen und auf dessen Geheiß hin die klügsten Mönche des Klosters in die Überlegungen mit einbezogen. Keiner von ihnen äußerte zu der Zeit Zweifel an dem Gehörten, vielmehr waren sie alle der Meinung, daß bei Gott nichts unmöglich sei und die Praeposita daher tun solle, was Er ihr aufgetragen habe. Auch mit der nötigen Unterstützung durch Volmar erklärten sie sich einverstanden, um so mehr, als sie bemerkten, wie rasch Hildegards Körperkräfte wiederkehrten, nachdem sie mit der Niederschrift ihrer Offenbarungen begonnen hatten.

Da nun alle Widerstände ausgeräumt schienen, konnte Hildegard ihrem Symmista noch am selben Tag die Anfangsvision *Gott und Mensch* aus dem ersten Teil ihres Buches diktieren, das sie später *Scivias* nennen sollte, *Wisse die Wege*:

»Ich sah einen großen eisenfarbigen Berg. Darauf thronte eine Lichtgestalt von solchem Glanz, daß ihre Strahlen meine Augen blendeten. Von den Schultern des Lichtherrlichen fiel ein schwacher Schatten, ausgebreiteten Flügeln gleich, in den Raum. Am Fuße des Berges stand ein seltsames Wesen, das über und über mit Augen bedeckt war, so daß ich sein wahres Aussehen nicht erkennen konnte. Vor diesem Wesen sah ich eine kindliche Gestalt mit fahlem Gewand und weißen Schuhen. Über ihr Haupt ergoß sich durch den, der auf dem Berge saß, ein solcher Strom von Licht, daß ich ihr Angesicht nicht anzuschauen vermochte. Auch ging von dem Lichtherrlichen ein sprühender Funkenregen aus, der die Gestalten unter ihm mit sanftem Licht umgab. Der Berg selbst besaß viele kleine Fenster, in denen bleiche Menschenhäupter erschienen. Und plötzlich rief der auf dem Gipfel Thronende mit lauter Stimme:

O du hinfälliger Mensch, Asche aus Asche, sprich über den Weg zur ewigen Erlösung, auf daß alle belehrt werden, die den Inhalt der Heiligen Schriften kennen, jedoch zu oberflächlich und lau sind, Gottes Gerechtigkeit angemessen zu verkünden. Erschließe ihnen die versiegelten Geheimnisse, die sie ängstlich vor der Welt verbergen. Ergieße dich wie ein überquellendes Wasser, verströme dich in der Weisheit der Lehre, damit jene aufgeschreckt werden, die dich mit Verachtung strafen wollen. Denn du erhältst diese tiefen Einsichten nicht von einem Menschen, sondern vom himmlischen Richter aus der Höhe. Er, der Seine ganze Schöpfung kraftvoll und gütig regiert, segnet mit dem Licht der Erleuchtung diejenigen, die Ihm in freudiger Liebe und Demut dienen. Er führt sie in die Seligkeit der ewigen Schau, wenn sie auf dem Weg der Gerechtigkeit ausharren.«

»Und auch die Bedeutung dessen, was sie im Lichte Gottes sehen durfte, wurde ihr erklärt«, trug Volmar am Abend in seine *Vita Hildegardis* ein.

»So symbolisiert der Eisenberg den ewigen Bestand des Gottesreiches; der auf dem Berge Thronende, dessen Glanz die Augen blendet, ist der Herrscher des Erdenkreises; in seinem geflügelten Schatten sind alle Geschöpfe geschützt und geborgen. Die Augengestalt aber versinnbildlicht die Gottesfurcht, während das kindliche Wesen die *Armut im Geiste* darstellt, welche den Spuren Christi folgt.«

(»Denn erst die von ihren Gedanken Befreiten und in dem Sinne Armen«, so Volmars Kommentar, »sind offen für den Geist und können, wie schon Jesus sagte, neu geboren werden.«)

»Auch was der sprühende Funkenregen bedeutet, wurde der Visionärin offenbart: Es sind die Tugendkräfte, welche die geistig Armen – die von ihren rastlosen Gedanken Befreiten – beschützen. Die Menschenköpfe in den Fenstern wiederum sollen bezeugen, daß der allwissende Gott alle Handlungen kennt.

Und auf Geheiß des Herrn schloß Hildegard mit dem Spruch zehn des Königs Salomon: *Die lässige Hand macht arm, die Hand des Starken erwirbt Reichtum*, sowie der Erläuterung: *Arm und schwach macht sich der Mensch, der nicht Gerechtigkeit übt, denn in seiner Untätigkeit fehlt es ihm an den wunderbaren Werken der Seligkeit. Wer aber Gutes tut und den Weg der Wahrheit geht, erreicht den sprudelnden Quell der Herrlichkeit, aus dem er die kostbarsten irdischen und himmlischen Schätze gewinnt. Wer immer Erkenntnis im Heiligen Geist und die Flügel des Glaubens besitzt, überhöre daher meine Mahnungen nicht, sondern bewege sie in seinem Herzen.*«

Viele Monate lang beschäftigten Hildegard und ihr Schreiber Volmar sich fortan mit den sechs Visionen des ersten Teiles ihrer Glaubenslehre, und nicht selten bezogen sie auch Richardis mit ein, da die junge Nonne sorgfältig und schnell zu schreiben verstand.

Und während im Frauenkonvent die leitende Hand der Praeposita nicht fehlen durfte und auch das Klosterleben mit seinen acht Gebetszeiten weiterging, welche allein fünf Stunden in Anspruch nahmen, während Tag für Tag die Besucher vorsprachen, die Armen gespeist, die Kranken gepflegt und die folgsamen oder irregeleiteten Töchter unterwiesen werden mußten wie bisher, ließ Gott seine Auserwählte die Verflechtung der Schöpfung mit dem Schöpfer schauen und das Mysterium der Dreifaltigkeit begreifen.

Vor den beiden Helfern entfaltete Hildegard ein Panorama des Kosmos in überwältigenden Bildern. Schon in den ersten Visionen wurde der Seherin Einblick in die großen Themen der Heilsgeschichte gewährt, vom Engelsturz über den Sündenfall und seine Folgen, dem Lebensweg des Menschen im Kampf zwischen Gut und Böse, bis zu seiner Sehnsucht, seinem Schrei nach Erlösung.

Noch nie hatte eine Frau ein solches Werk verfaßt. Und wenn der Symmista sich einmal wunderte, wie Hildegard ihre vielfältigen irdischen Aufgaben mit dem fortwährenden dramatischen Vorgang der Visionen vereinbaren könne, wehrte sie in aller Bescheidenheit ab und bezeichnete sich als *paupercula femina*, als armseliges Weibchen, oder als *ein Federchen, vom Herrn berührt und getragen vom Wind, dem Odem Gottes, wohin Er es will.*

Und selbst als der Lichtherrliche sie einmal lobte: »Wie schön sind deine Augen, wenn du Gottestaten kündest und wenn in ihnen die Morgenröte göttlicher Weisheit aufleuchtet«, war Hildegard in ihrer Erwiderung noch zaghaft und voller Zweifel:

»Ach, nur wie Asche erscheine ich mir im Innersten meiner Seele, wie verwehender Staub. Zitternd wie eine Feder verweile ich unter Deinem Schattenflügel, o Herr. Vertilge mich nicht als Fremdling aus dem Land der Lebenden, denn ich mühe mich schwer mit dieser Schau! Meiner geringen

Einsicht wegen, und weil ich es nicht wert bin, Mensch zu heißen, stelle ich mich an den niedrigsten Platz. Immer noch fürchte ich mich und wage es kaum, Deine Geheimnisse zu künden. O Vater voller Güte, Ehrfurchtgebietender, belehre mich, was Dein Wille ist und was ich reden soll.«

Und als Antwort vernahm sie:

»*Rede nur so, wie du belehrt wurdest. Ich will, daß du redest, obwohl du Asche bist. Sprich offen über den Sohn Gottes, denn er ist das Leben in feuriger Liebe.*«

Obwohl damit eigentlich alle Zweifel ausgeräumt waren, sprachen auch Volmar und Richardis der Mater immer wieder Mut zu, damit sie in ihrem Ringen um eine angemessene Ausdrucksweise nicht ermüdete, denn den Inhalt aller Visionen, die Gott ihr gab, mußte sie selbst erst in einem schöpferischen Akt zur Welt bringen, gleichsam in einer schmerzhaften geistigen Geburt.

»Die Worte dieser Schau«, sagte sie dann beinah entschuldigend, »klingen ja nicht wie aus Menschenmund, sondern begegnen mir wie eine blitzende Flamme und eine Wolke, die sich im reinen Äther bewegt. *Wer kann leben mit dem verzehrenden Feuer?* So fragten sich schon die Propheten in der Heiligen Schrift. Jetzt erst weiß ich, wovon sie sprachen.«

Und mehr als einmal schien die geistige und körperliche Anstrengung Hildegard bis an die Grenzen ihrer Möglichkeiten zu führen.

»Ich kann keine anderen Worte verwenden als die, die ich höre, und habe dazu lediglich meinen begrenzten Wortschatz, meine unbeholfenen lateinischen Vokabeln, denn ich werde in der Schau ja nicht gelehrt, wie die Philosophen zu sprechen«, klagte sie zuweilen.

»Aber dazu hast du doch mich«, tröstete Volmar sie dann, »*den Mann mit der Feile.*«

Behutsam verbesserte er ihre Sätze, damit sie den Regeln der lateinischen Grammatik entsprachen, und glättete, was allzu holprig klang. Mehr nahm er sich allerdings nicht heraus. Niemals hätte er auch nur ein Wort des Inhalts ändern mögen.

»Gib nicht auf«, redeten er und Richardis der Verzagten zu, wenn nötig. »Wir beide können uns kaum sättigen an dem, was du beschreibst. Und so wird es jedem Menschen gehen, der die Nähe Gottes sucht.«

Volmar und Richardis liebten besonders die sechste und letzte Vision des ersten Teiles über die *Chöre der Engel*, was den Propst bewog, die schönsten Sätze daraus gleich in seine *Vita* zu übernehmen:

»›In der Erhabenheit der himmlischen Geheimnisse sah ich neun umeinander kreisende Chöre überirdischer Wesen in großem Glanz erstrahlen‹, offenbarte uns die Meisterin. ›Im ersten, äußeren Kreis hatten sie Flügel an den Schultern und menschliche Antlitze, die so rein waren, als spiegelten sie sich in klarem Wasser. Im zweiten, etwas kleineren Kreis besaßen sie Flügel und Menschengesichter, unter denen auch das Bild des Menschensohnes erstrahlte. Doch mehr als ihre Flügel und Gesichter konnte ich von den Wesen nicht erkennen.

Die beiden äußeren Chöre umschlossen, einem Kranz aus Geistwesen gleich, fünf weitere: Im ersten Chor trugen sie wieder Menschengesichter, auch glänzten sie von der Schulter abwärts in hellem Licht; im zweiten funkelten sie so, daß ich sie gar nicht anzuschauen vermochte. Im dritten Chor schimmerten sie wie weißer Marmor, während über ihren Häuptern rote Flammen schwebten; unterhalb der Schultern waren sie von eisenfarbenen Wolken umhüllt. Im vierten Chor trugen sie goldene Helme auf ihren Häuptern und seidig schimmernde Gewänder, darunter Menschenfüße hervorlugten. Im fünften Chor besaßen sie keine Gestalt mehr, sondern erschienen als strahlende Morgenröte.

In zwei weiteren konzentrischen Kreisen zirkulierten Flügelwesen voller Augen, wobei in jedem, einem Spiegel gleich, ein Menschenantlitz widerstrahlte. Ihre Flügel hatten diese Gestalten hoch erhoben, um sich auf Anruf des Allmächtigen sogleich in himmlische Höhen emporzuschwingen.

Im letzten, innersten Kreis, welcher ein strahlend weißes, leeres Zentrum umschloß, brannten sie schließlich nur noch wie Feuer, und ihre Flügel trugen Spiegel, darin die kirchlichen Stände zu sehen waren.

Mehr konnte ich nicht unterscheiden. Doch alle diese Chöre verherrlichten Gott und verkündeten mit himmlischen Stimmen von jedem nur erdenklichen Wohlklang die Wunder, die Er in den Seligen wirkt.‹«

»Und wieder hörte die Prophetissa«, so vermerkte ihr Biograph in seiner *Vita*, »eine Stimme vom Himmel, die ihr offenbarte, daß Gott, der vor aller Zeit war, jedoch ohne Anfang ist und am Ende der Zeiten nicht aufhören wird zu sein, der jedes Geschöpf wunderbar nach Seinem Willen geschaffen hat – daß Er es war, welcher der einen Gattung bestimmte, dem Irdischen verhaftet zu bleiben, der anderen aber, zur Ehre Seines Namens und zum Heil der Menschen im Himmlischen zu verweilen. Und auch in die Bedeutung der Chöre und ihre Aufgaben wurde Hildegard eingeweiht«, schrieb Volmar und faßte zusammen, so gut er es vermochte.

»Die geflügelten Wesen im äußeren Kreis mit ihren klaren menschlichen Gesichtern stellten die Engel dar, die das Verlangen nach tiefer Einsicht wie Schwingen ausbreiten, nicht etwa, weil sie Flügel besäßen wie die Vögel, welche bald hierhin, bald dorthin flattern, sondern weil sie den Willen des Herrn so rasch vollbringen wollen, wie sie es vermögen. Auch der Mensch kann ja in seinen Gedanken rasch dahinfliegen. Die Engel aber geben darauf acht, daß der göttliche Wille bei den Menschen geschieht, und spiegeln dem Höchsten deren Werke wider.

Die Wesen im zweiten Chor wurden als Erzengel bezeichnet, welche die Schönheit der Vernunft offenbaren.

Unter ihnen leuchtete das Bild des Menschensohnes auf, weil die Erzengel die geheimen Ratschlüsse Gottes kennen und durch ihre Zeichen die Menschwerdung seines Sohnes ankündigen.

Mit den fünf weiteren Chören, welche diese beiden umschließen, sollte auf die fünf Sinne hingewiesen werden, die Leib und Seele umfassen und den Menschen durch die fünf Wunden Christi zum inneren Sinn Seiner Lehre führen.

Die Engel sind die Wahrer menschlichen Seelenheils; dem entsprachen im ersten jener fünf Chöre die Tugendkräfte, die sich im Herzen der Gläubigen entfalten, damit diese in aufrichtiger Liebe ihre Werke verrichten. Im zweiten Chor zeigten sich die Mächte von solcher Herrlichkeit, daß Hildegard sie nicht anzuschauen vermochte, während im dritten Chor die wie Marmor schimmernden Engel, über deren Häuptern die Flammen schwebten, ihre Aufmerksamkeit dem Heiligen Geist zuwenden, in der Welt aber zu Fürsten über die Menschen bestimmt sind.

Die Engel mit den Helmen und Menschenfüßen wurden als Herrschaften bezeichnet; ihnen folgten erst die wie Morgenröte leuchtenden Throne, dann die Cherubim voller Augen und Flügel. Sie symbolisieren die Gotteserkenntnis, da sie von dem Verlangen beseelt sind, die himmlischen Geheimnisse zu schauen.

Im inneren Chor schließlich erschienen um ein strahlend weißes Zentrum, wie Feuer brennend, die Seraphim, die nur so glühen vor Gottesliebe und dem Verlangen, Ihn zu schauen. Ihnen sollen die weltlichen und geistlichen Würdenträger in großer Lauterkeit nacheifern, indem sie all ihre Sehnsucht auf den Herrn richten, um in Ewigkeit zu den Freuden zu gelangen, die den Seraphim zuteil werden.

Mehr konnte Hildegard von der Gestalt der Seraphim nicht erkennen, denn es gibt, wie ihr gesagt wurde, noch viele Geheimnisse unter den Engeln, die dem Menschen nicht kundgetan werden, solange er der Sterblichkeit unterliegt.«

Und Volmar schloß, so wie die Seherin selbst, mit einem Psalm: »*Die Stimme des Jubels und des Glücks ertönt in den Zelten der Gerechten.*«

»Man müßte«, sagte Richardis, die Gefährtin der Engel, nachdem alles sorgsam auf zehn Pergamentbögen festgehalten war, »diese Engelhierarchien in leuchtenden Farben malen. Ich sehe es genau vor mir: In einem goldenen Kreisbild auf grünem Grund bewegen sich in immer kleineren Gestalten neun Engelchöre, die sich zur Mitte hin auflösen, so daß der innerste Chor schließlich nur noch körperlos in glühendem Rot um ein strahlend weißes Zentrum erstrahlt.«

»Genauso werden wir es eines Tages malen«, erklärte Hildegard. »Wenn nicht hier auf dem Disibodenberg, dann an einem anderen Ort.«

II
Das Licht scheint in der Finsternis

Jacoba erkannte den Berg der Benediktiner kaum wieder, nachdem sie ihm jahrelang ferngeblieben war. Während die einzelnen Wohnhäuser und Werkstätten mit ihren behelfsmäßigen Anbauten früher ohne erkennbare Ordnung nebeneinander gestanden hatten, waren sie nun zu einer harmonischen Klosteranlage zusammengewachsen, aus deren Mitte sich eine mächtige dreischiffige Basilika in den Himmel erhob. Mehrstöckige Bauten, umgeben von einem mannshohen Mauergürtel, begrenzten alle drei Seiten des terrassierten Bergplateaus und boten endlich Schutz vor dem rauhen Wind.

Mühsal und Lärm der siebenjährigen intensiven Bautätigkeit, so erfuhr die Besucherin bereits an der Pforte, waren vergessen, als Erzbischof Heinrich von Mainz der gewaltigen Klosteranlage zu Michaelis 1143 die Schlußweihe gab.

Jacoba hatte sich mit ihrem dreijährigen Söhnchen auf dem Arm alles ganz genau angesehen und sich auch der aufsteigenden Erinnerungen nicht erwehrt, bevor sie mit ziemlich gemischten Gefühlen vor die Mater hintrat.

»Alles hat sich verändert«, stellte sie fest. »Wüßte ich es nicht besser, so könnte ich es mir kaum noch vorstellen, einmal hier unter euch gelebt zu haben.«

Hildegard nickte zerstreut, während Gedanken und Bilder auch an ihr vorüberzogen; dann schaute sie den flachshaarigen Kleinen an – nicht gesund erschien er ihr – und nickte wieder. Segnend legte sie dem Kind ihre Hand auf den Scheitel.

»Danke, Mutter. Dazu sind wir hergekommen«, sagte Jacoba. Mit des Kindes Lätzchen wischte sie ihm und sich selbst den Schweiß von der Stirn.

Es war ein heißer Sommertag; nichts bewegte sich außer losen Haarsträhnen, die im Sonnenlicht um die Gesichter wehten.

»Wo lebt ihr denn jetzt? Auf dem Land?«

Jacoba schüttelte den Kopf. »Nein. Wir haben es versucht, waren aber nicht für dieses Leben geschaffen. Es hat sich nicht gelohnt, ganz und gar nicht. Von einem Korn, das wir säten, haben wir höchstens drei geerntet, wovon wir eines gleich wieder als Saatgut abzweigen mußten. Ich weiß – denen, die als Bauern geboren wurden, geht es auch nicht anders«, kam sie möglichen Einwänden zuvor, »uns jedoch hat es in die größte Stadt am Rhein gezogen, in das heilige Köln mit seinen vielen schönen Kirchen und Toren. *Stadtluft macht frei* ...«

»... *binnen Jahr und Tag*«, unterbrach die Praeposita Jacobas ungewöhnlichen Redefluß. »Auch ich kenne dieses Rezept der Hörigen, die sich auf geschickte Weise den Ansprüchen ihrer Grundherren entziehen wollen. Du siehst, die wichtigen Dinge sprechen sich sogar bis zu uns Klosterleuten herum.«

Das anschließende Mittagsmahl nahmen sie nur zu dritt ein – wohl eher, um den anderen keinen Anlaß zum Tratsch zu geben, als aus reiner Wertschätzung ihr gegenüber, argwöhnte Jacoba. Tapfer erzählte sie weiter von ihrem neuen Leben in der Handelsstadt Köln mit ihren nunmehr zwanzigtausend Einwohnern.

Bei der magenstärkenden Pfingstrosensuppe schwärmte sie vom bunten Warenangebot auf den Wochenmärkten, beim Haferbrei mit Honig beschrieb sie das ständige Glockengeläut, das ihr Gemüt erfreute, und beim abschließenden Dattelkuchen rühmte sie die Anonymität der Großstadt, die es Anselm, dem Vater ihres Sohnes, erlaubte, als Privatlehrer wohlhabender Kaufmannsfamilien sein Brot zu verdienen.

Vom Namen des Kindes – Peter – kamen sie alsbald auf Petrus Abaelardus zu sprechen, der im April 1142 gestorben war, zwei Jahre nachdem man den größten Teil seiner Thesen in Anwesenheit des französischen Königs und des Abtes von Clairvaux auf dem Konzil von Sens verurteilt hatte. Da ihm ewiges Schweigen auferlegt wurde, zog Abaelard sich anschließend als einfacher Mönch in das Kloster von Cluny zurück, wo er bis zu seinem Tod in tiefer Frömmigkeit lebte und leidenschaftliche Hymnen auf den Glauben verfaßte.

»Also doch!« sagte Jacoba.

Und dann fiel jener Satz, der Hildegard zutiefst beunruhigte und den sie letzten Endes nicht mehr erschöpfend widerlegen konnte, da sie mit Volmar und Richardis zur Weiterarbeit an der Visionsschrift verabredet war.

»Die Welt ist sündig und schlecht, man sollte sich ihr nicht unterwerfen«, erklärte ihre einstige Schülerin mit großem Nachdruck.

»Und was versteht eine freie Bürgerin wie du unter der *Welt*?« fragte Hildegard befremdet.

Vor ungefähr fünf Jahren hatte Jacoba das Kloster verlassen. Ihr Tun und Denken zu beurteilen erübrigte sich gottlob; dennoch fühlte Hildegard sich plötzlich in die schwierige Zeit zurückversetzt, als sie um die Seele dieses Mädchens gerungen hatte, das dreimal sein Versprechen brach, sich nie wieder mit Bruder Anselm zu treffen, bis die Mater um der anderen willen schließlich die Konsequenzen ziehen mußte.

Warum, um alles in der Welt, hatte sie Jacoba nicht halten können? War sie am Ende nur deshalb diesem Mönch verfallen, weil sie im Frauenkonvent die liebevolle Zuwendung entbehrte? Und wo lagen deine eigenen Versäumnisse? fragte Hildegard sich jetzt wieder, wie sie es sich schon damals mehr als einmal gefragt hatte.

Ihre Töchter waren keineswegs frei von Neid und Mißgunst untereinander, das wußte sie sehr wohl; vor allem seit Richardis immer wieder Anlaß zu Eifersüchteleien gab, weil sie der Mater so nahe stand wie keine zweite. Das aber genügte nicht, Jacobas Fehltritt zu entschuldigen. Und was sollte letztendlich mit einer unzuverlässigen Novizin geschehen, die weder besondere Reue zeigte noch ihren eigenen Vorsätzen folgte? Hildegard hatte sich nach langem Zaudern zu dem Entschluß durchringen müssen, das kranke Schaf zu entfernen, damit nicht die ganze Herde angesteckt werde.

Es war ihr weiß Gott nicht leichtgefallen, sich von der Kleinen zu trennen, zumal Anselm, der Hauptübeltäter, auf Wunsch seines Abtes von Strafen verschont geblieben wäre, hätte er dem Kloster nicht kurze Zeit nach Jacoba von sich aus den Rücken gekehrt.

»Die unsterbliche Seele ist die Schöpfung Gottes, der Körper aber ein Machwerk des Satans«, plapperte Jacoba, während der kleine Sohn, demnach eine satanische Frucht ihres eigenen, ebenso verderbten Leibes, auf dem Schoß seiner Mutter das Stehen übte. Mit kummervoller Miene beobachtete Jacoba, wie seine schwachen Beinchen immer wieder unter ihm nachgaben. Ein kränkliches Kind, das nicht gedeihen wollte. Hildegard verwunderte das kaum, war es doch in der Übertretung der göttlichen Ordnung und folglich mit verdorbenem Samen gezeugt worden.

»Wo hat man dich gelehrt, Leib und Seele, Himmlisches und Irdisches zu trennen? Gewiß nicht auf dem Disibodenberg«, sagte sie streng. »Als ob wir nur Erben der Sünde wären und nicht ebenso Kinder der Unsterblichkeit! Zu jedem Stück Diesseits gehört ein Stück Jenseits. Vergiß das nicht! Und unser Leib, den du als Schöpfung Satans verwirfst, obwohl du die Freuden des Fleisches und der Mutterschaft genossen hast, ist der Tempel des göttlichen Geistes!«

»Ich habe es nicht vergessen, doch glaube ich nicht mehr daran«, bekannte Jacoba. »Meine Seele ist vielmehr die eines Engels, die seit ihrem Sturz viele Körper wie ein Gefängnis durchwandert hat.«

Nun erkannte Hildegard, was ihrem einstigen Schützling

geschehen war: Der häretische Same eines Mannes wie Petrus Abaelardus mußte ja bei den abtrünnigen Kindern der Kirche auf fruchtbaren Boden fallen ... Wieso war sie nicht gleich darauf gekommen? Der redegewandte Abaelard, wußte sie von Volmar, hatte es verstanden, sein schreckliches Schicksal zum Märtyrerleben zu stilisieren, indem er nach der Gewalttat an seinem Körper aus der Not eine Tugend machte und seiner ehemaligen Geliebten, stellvertretend für jede Christusbraut, allen Ernstes riet, sich lieber freiwillig selbst zu verstümmeln, als ihre Unschuld zu verlieren.

Dabei, dachte Hildegard, muß es für Gott doch ein Greuel sein, wenn sich der Mensch durch Kasteiung und Geißelung peinigt, um sich dadurch das Himmelreich zu verdienen.

»Die Erlösung durch Jesus Christus ist ein Geschenk und kann nicht durch Buße und Sühne erarbeitet werden«, sagte sie. »Hast du vielleicht Kontakt zu den Katharern, daß du anders denkst?«

Volmar hatte Hildegard erst kürzlich die Abschrift eines Briefes gezeigt, den Bruder Everwin, Propst der Steinfelder Prämonstratenserabtei, an Bernhard von Clairvaux als der höchsten Autorität der Christenheit gerichtet hatte, weil er nicht wußte, wie er sich diesen Ketzern zu Köln gegenüber verhalten sollte: »Sie sagen, daß nur sie die Kirche seien, da nur sie Christus wirklich nachfolgten«, hatte Propst Everwin berichtet, »und daß sie die wahren Nachfolger der *Vita apostolica* seien und nach nichts suchten, was die Welt bieten könne ...«

»Ja. In unserem Stadtviertel wohnen viele Katharer, darunter auch ehemalige Priester und Mönche«, antwortete nun Jacoba. »Sie nennen sich *die Reinen*, weil sie sich auf das apostolische Leben besonnen haben und als Nachfolger Christi wieder in Armut und Askese leben wollen.«

Ketzer sind sie, denn sie wollen durch die Worte des Gesetzes die Gesetze bekämpfen, lag es Hildegard auf der Zunge, aber sie sprach es nicht aus. Sie würde sich erst noch eingehender mit den Katharern beschäftigen müssen, bevor sie sich eine Meinung bildete. Ein großer Hunger nach der Nähe Gottes war über die Erde gekommen. Man brauchte keine Prophetissa zu sein, um zu erkennen, daß dieser Hunger, gepaart mit der Sehnsucht nach einer armen Kirche ohne Prunksucht und einem einfachen Evangelium ohne Haarspalterei, leicht auszunutzen sein würde.

»Was immer sie dich glauben machen wollen, im Mittelpunkt muß die leidenschaftliche Liebe des Schöpfers zu seiner Kreatur stehen, sonst ist es eine Irrlehre«, mahnte sie nur.

Jacoba, noch ungefestigt in dem neuen Weltbild, das sie bewunderte, ohne es genau zu kennen, dankte der Mater, daß sie es bei der Mahnung beließ.

Hildegard segnete die Mutter und ihren kleinen Sohn und empfahl Richardis, die Speisen des debilen Kindes regelmäßig durch Galgant-Honig und einige Edelkastanien zu ergänzen und ihm überdies in Höhe der Magengrube einen grünen Smaragd umzubinden, auf daß seine Lebensenergie aufgefrischt würde.

»Und wohin wirst du jetzt mit dem Jungen gehen?« fragte Hildegard.

»Wir sind zu Besuch bei meinen Eltern in Alzey. Unten im Tal wartet ein Pferd von zu Hause auf uns.«

Gern hätte Jacoba ihre alte Freundin Theresia von Lavanttal wiedergesehen, nicht zuletzt, um auch ihr den Sprößling zu zeigen und mit Astrolabe zu vergleichen, dem Sohn Heloisas und Abaelards, doch irgend etwas im Gesichtsausdruck der Magistra hielt sie davon ab, diesen Wunsch zu äußern. Statt dessen sagte sie auf dem Weg zur Pforte unvermittelt:

»Heloisa soll es übrigens in Argenteuil bis zur Priorin gebracht haben.«

»Siehst du? Die Barmherzigkeit Gottes ist immer und überall«, bemerkte Hildegard.

»Ach, ich weiß nicht. Ich glaube, nicht für jeden gleichermaßen.« Jacoba seufzte tief. »Vielleicht ist ja selbst Gott parteiisch!«

Hildegard schüttelte den Kopf. »Du forderst nichts von ihm, *daher* bekommst du seine Hilfe nicht.«

»Das Fordern liegt mir nun einmal nicht. – Bitte du für uns, Mutter!«

Abrupt wandte Jacoba sich um und eilte davon.

Hildegard blickte ihr noch lange hinterher, wie sie ihr Kind, das weder gehen noch sprechen lernen wollte, mit hochgezogenen Schultern den Disibodenberg hinuntertrug. Und wieder wäre sie am liebsten hinterhergelaufen, um die junge Jacoba vor den Härten des Lebens zu bewahren, so wie in jener Nacht vor sieben Jahren, als sie die Meisterin Jutta in den Tod gesungen hatten. Gern hätte sie ihr auch diesmal, mitten im heißen Hewimonat, am Abend ein Bärenfell gebracht, damit es sie von allen Ängsten und Täuschungen befreite.

Während sie dort stand und als letzten Gruß noch einmal die Hand hob, die niemand sah, weil Jacoba sich kein einziges Mal mehr umwandte, wurde der Seherin mit einemmal die Zukunft des Mädchens und seiner Angehörigen offenbart. Es waren entsetzliche Szenen des Feuers und der Gewalt, die sie schaute; und Hildegards Herz verkrampfte sich vor Mitgefühl. Sie waren alle drei verloren – Jacoba, Anselm und das Kind.

»Gib mir Gelegenheit, das Schlimmste zu verhindern, wenn es soweit ist«, bat sie den Lichtherrlichen, bevor er die Gesichte von ihr nahm.

Als die Magistra nach der Non ihrem Schreiber Volmar aus dem zweiten Teil des *Scivias* die dritte Vision von der heiligen Kirche in der Gestalt einer riesengroßen Frau diktierte, ließ sie dem Tagestext ein Zitat aus dem Johannesevangelium voranstellen:

In dem Wort war das Leben, und das Leben war das Licht der Menschen. Und das Licht scheint in der Finsternis, und die Finsternis hat's nicht begriffen.

12

Vom Adler, der in die Sonne blickt

Die Füße auf einen Hocker gestellt, die Tafel auf dem Schoß, ritzte sie Buchstaben in das Wachs, seit Stunden schon, und in den Pausen, wenn die Finger vom Schreibkrampf oder vor Kälte erlahmten, diktierte sie den beiden Symmistae, was sie schaute. In Fellmäntel gehüllt saßen sie alle drei, denn gegen Abend wurde es bitterkalt, und dunkel waren alle Tage.

Volmar, dessen Bart schon grau wurde, und Richardis wirkten abgespannt; sie plagten sich mit dem *Scivias* beinah ebenso wie Hildegard selbst; wenn sie die Mater bis zur völligen Erschöpfung um die Übertragung der göttlichen Bilderwelt in die Sprache ringen sah, litten sie mit ihr. Ganze Kathedralen aus Worten hatten die drei bereits miteinander errichtet; Kathedralen, die außer ihnen niemand sah, Klangdome, die niemandes Ohr erreichten. Und schon wieder erlebten sie einen Jahreswechsel, den sechsten, seit sie mit der Arbeit begonnen hatten. Wahrhaftig, die Zeit lief ihnen davon.

Sage, was du siehst, und schreibe es nieder!

»Höre, du mein sorgenvolles Kind«, diktierte Hildegard. »Wenn Gott eine Seele zu Höherem erwählt, erscheint die alte Schlange, diese Seele zu versuchen. Der Drache brüllt, wenn er den kostbaren Edelstein erblickt, und reizt die Seele, sich über die Wolken zu erheben, wie er selbst es einst getan, als er sich zum Gegenspieler Gottes erhob.«

Die Gänsefeder hörte zu kratzen auf; Richardis mußte sich die Hände warm reiben, damit sie weiterschreiben konnte.

Ich sollte dir nachher die verspannten Schultern massieren, Gefährtin der Engel, dachte Hildegard, bevor sie fortfuhr:

»Wenn die Menschen Gottes Werke vollbringen, sollen sie stets bedenken, daß sie zerbrechliche irdene Gefäße sind und die himmlischen Dinge dem überlassen, der selbst himmlisch ist. Sie leben ja in der Verbannung und sollen die Geheimnisse, die Gott ihnen offenbart, wiedergeben wie eine Posaune, die den Ton zwar erklingen läßt, ihn aber nicht selbst hervorbringt. O meine Tochter, Gott möchte dich zu einem Spiegel reinen Lichts machen ...« Hildegard hielt inne; dann fügte sie leise hinzu: »Mehr kann ich dem Lebendigen Licht nicht entnehmen; der Ton der Posaune wird leiser und leiser und wird am Ende noch ganz verstummen, wenn nicht bald etwas geschieht.«

Besorgt blickte Volmar von seinem Schreibbrett hoch, mit geweiteten Augen, die Hand am Kopf zum Trichter geformt, wie immer ganz Ohr.

»Was macht dich auf einmal so verzagt, Mater? Dein Lied von heute früh war doch eine so hoffnungsvolle Neujahrsbotschaft. – Richardis, lies es uns noch einmal vor.«

Und die Gefährtin las mit süßer Stimme, die schon wie Musik klang, bevor Hildegard die Worte vertont hatte:

»O edelstes Grün, du wurzelst in der Sonne
und strahlst in reiner Heiterkeit
im Rund eines kreisenden Rades,
das die Herrlichkeit des Irdischen nicht begreift:
umarmt von der Herzkraft himmlischer Geheimnisse,
rötest du wie das Morgenlicht
und flammst wie der Sonne Glut.
Du Grün bist ganz umschlossen
von Liebe.«

»Ich danke dir«, flüsterte die Seherin mit einem traurigen Lächeln und kam dann wieder auf ihre Befürchtung zu sprechen, nicht die Zeit und die Kraft zu haben, den Willen des Herrn zu erfüllen. Wie auf ein rasendes, schlingerndes Rad gespannt fühle sie sich oft, statt, ihrem Liedtext gehorchend, wie im Rund eines kreisenden Rades.

»Wo ich rufen sollte, lasse ich nur Tausende von Seiten füllen, denn wir überarbeiten jeden Text ja noch zwei-, dreimal, und dies seit über fünf Jahren, ohne daß ein Ende abzusehen wäre, ohne daß ich wüßte, was aus alldem einmal werden wird. Die Offenbarungen, die ich aller Welt kundtun soll, haben unser Kloster noch kaum verlassen und sind, was ihre göttliche Quelle betrifft, bereits umstritten unter den Mitschwestern und Mönchen. Abt Kuno, den ich dringend um ein klärendes Wort bat, zaudert und weiß nicht, wie er sich von Amts wegen verhalten soll. Und Heinrich, der Kanzler und Erzbischof von Mainz, dem er auf meinen Wunsch hin einen Teil der Visionsschriften zur Prüfung und Stellungnahme vorlegte, hat sich noch mit keiner Silbe dazu geäußert.«

»Er wird das Domkapitel zu Mainz einschalten, bevor er dir Antwort gibt, Hildegard. Hab noch ein wenig Geduld!«

»Ach, Volmar. Wie gern würde ich alle Geduld der Welt aufbringen, wenn ich nur wüßte, daß ich mich darin üben soll, und gewiß sein könnte, daß der Herr auch mit mir Geduld hat, obwohl ich seinen Auftrag immer noch nicht in vollem Umfang erfüllt habe. *Mehr als jedes andere Geschöpf muß der Mensch geprüft werden*«, schloß sie mit einem Seufzer. »Meine eigenen Worte ...«

»Du wirst wieder krank, wenn du nichts unternimmst!« Richardis' Stimme klang ebenso beunruhigt wie Volmars.

Wie sehr ich es verabscheue, den beiden liebsten Menschen so viel Schwäche zu zeigen, dachte Hildegard, fühlte sich aber hilflos genug, ihrer Tochter die Frage zu stellen: »Was könnte ich deiner Meinung nach denn unternehmen?«

»Du solltest Abt Kuno und Erzbischof Heinrich übergehen. Wende dich gleich an die höchste Autorität, die dieses Jahrhundert uns zu bieten hat.«

»Du meinst Bernhard von Clairvaux? Nun ja ... Vor zwei Jahren sah ich ihn in einer Vision als einen Menschen, der in die Sonne blickt und sich nicht fürchtet. Und auch er besitzt wohl die Gabe der Schau ...«

»Siehst du! Worauf wartest du noch?« sprachen die beiden Vertrauten wie aus einem Munde.

Bis zur Komplet sprachen sie nun mit der Mater über den Gottesmann Bernhard, das ungekrönte Oberhaupt der katholischen Kirche, dem derzeit die ganze christliche Welt zu Füßen lag, einschließlich des Papstes und des Königs. Als Bernhard vor wenigen Monaten predigend und Wunder wirkend durch das Rheinland zog, hatten so riesige Scharen von Kranken die Wege gesäumt und die Kirchen gefüllt, daß König Konrad ihn beim Besuch in Frankfurt auf seinen eigenen Armen aus der Basilika tragen mußte, damit man den heiligen Mann nicht zu Tode drückte.

»Durch Abt Kuno haben wir von Bernhards Weihnachtsansprache im Dom zu Speyer erfahren«, erzählte der Propst. »Obwohl des Deutschen kaum mächtig, hat er seinen Aufruf zum zweiten Kreuzzug so eindringlich vorgebracht, daß er sogar das Gewissen des Königs, der sich bisher gesträubt hatte, aufzurütteln vermochte. Bernhards Stimme, wurde mir berichtet, bebte vor Zorn, als er Konrad vorwarf: ›*Was tut Ihr, Diener des Kreuzes? Wollt Ihr etwa das Heiligtum den Hunden und die Perlen den Säuen geben?*‹ Dann aber besänftigte er sich und versprach: ›*Nimm nur das Kreuzeszeichen, und für alles, was du reuigen Herzens beichtest, wirst du auf einmal Ablaß empfangen!*‹ Zu Tränen gerührt, gelobte nun Konrad vor allem Volk, dem Herrn mit Freuden zu dienen und zum Zeichen seines Gehorsams im Kreuzfahrerheer eigenhändig ein Banner zu tragen. Sein Neffe, Friedrich von Schwaben, dem man eine große Zukunft voraussagt, zeigte sich ebenfalls tief beeindruckt und wird sich dem König wohl anschließen. Und nicht nur er: Zigtausende haben sich inzwischen wieder das rote Stoffkreuz auf den Rücken heften lassen und sind bereit, Haus und Hof, Weib und Kind, ja ihre ganze Existenz aufzugeben, um für die Sache Gottes zu streiten.«

»Wohin soll der Kreuzzug führen?« erkundigte sich Hildegard, denn obwohl es keine irdischen Fragen waren, die sie derzeit am meisten plagten, wollte sie darüber den Lauf der Weltgeschichte nicht aus den Augen verlieren.

»Es geht um die Rückgewinnung des Kreuzfahrerstaates Edessa in Kleinasien«, klärte Volmar sie auf. Als Chronist legte er Wert darauf, stets wohlinformiert zu sein. »Papst Eugen hat schon vor zwei Jahren zum neuerlichen Kreuzzug gemahnt, nachdem ein gewisser Emir von Mossul die Grafschaft Edessa erobert hatte, die nun schon seit einem halben Jahrhundert in christlichen Händen ist. Doch erst Bernhard von Clairvaux versteht es mit seinen Predigten, die Streiter zu den Waffen zu rufen.«

»Ich weiß nicht, mir ist der Mystiker Bernhard angenehmer als der Kreuzzugseiferer«, bekannte Richardis. »Vor allem liebe ich einige seiner Lehren. Wie zum Beispiel: ›*Ihr sollt das Herz des Nächsten im eigenen finden und es zum Himmel machen.*‹ Oder schöner noch: ›*Wenn Gott liebt, will er nichts anderes, als geliebt zu werden; er liebt aus keinem anderen Grund, denn er weiß, daß die, welche ihn lieben, durch diese Liebe gesegnet sind.*‹«

Hildegard nickte. »Du hast recht, Richardis. Wenn du als Frau in dieser Welt lehren und predigen willst, gibt es nur einen, der dich bestätigen kann: Bernhard von Clairvaux. Doch es steht viel für mich auf dem Spiel. Denn wenn er mich zur falschen Prophetin erklärt, werde ich für immer verstummen müssen, ganz so wie Petrus Abaelardus. Erinnert euch an Bernhards Brief an Siward: ›Er steigt in den Himmel und fährt in den Abgrund nieder; nichts bleibt ihm verborgen. Er begnügt sich nicht, die Dinge dunkel durch ein Glas zu schauen, er muß alles von Angesicht zu Angesicht betrachten‹, hieß es da über Abaelard. Ich habe diese Kritik niemals vergessen können.«

Hildegards überreizte Nerven ließen sie auch in dieser Nacht keinen Schlaf finden. Statt den Dingen ihren Lauf zu lassen, wie sie es als Erwählte Gottes hätte tun sollen, lag sie bis zu den Vigilien grübelnd wach.

»Jedesmal, wenn wir ängstlich und niedergeschlagen sind, werden wir zu Atheisten«, pflegte sie ihre Schülerinnen zu belehren und gehörte doch selbst oft genug zu den Kleingläubigen.

Wahrscheinlich ist es weniger der Mangel an Geduld oder Ausdauer, der meine Schaffenskraft aushöhlt, erkannte sie schließlich, als vielmehr mein mangelndes Selbstvertrauen, besser gesagt, das Vertrauen in das göttliche Selbst, das mir doch ganz gewiß so viel Kraft geben wird, wie ich brauche, um meinen Auftrag zu erfüllen.

Horche und gehorche ...

Sie fuhr hoch und stellte die schwere zweigeteilte Wachstafel vor sich auf, von der Volmar immer scherzhaft behauptete, daß sie ihn an die Gesetzestafel des Moses erinnere.

»Der Mensch ist zum Mitschöpfer des *opus Dei* geschaffen«, schrieb Hildegard, damit sie es nicht wieder vergaß, beim schwachen Licht ihrer Stundenkerze. »Die eigentliche Sünde kann daher nur in der Halbheit der Entscheidung oder im vollständigen Verzicht auf die bewußte Gestaltung des Lebens bestehen.«

Von ihren Skrupeln befreit, setzte sie mit Richardis' Hilfe gleich am nächsten Morgen ein langes lateinisches Schreiben an Bernhard von Clairvaux auf, das sie später von Volmar korrigieren ließ.

Nach der respektvollen Anrede: »Verehrungswürdiger Vater Bernhard, wunderbar stehst Du da in hohen Ehren aus Gottes Kraft« und weiteren einleitenden Huldigungen, wie es die Höflichkeit verlangte, brachte sie mutig ihr Anliegen vor:

»Ich bitte Dich, Vater, beim lebendigen Geist, höre mich, da ich Dich frage. Ich bin zutiefst bekümmert ob dieser Schau, die sich mir im Geiste als Mysterium auftat. Niemals sah ich sie mit den Augen des Fleisches. Obgleich ich mich unzulänglich fühle in meinem Sein als Frau, schaute ich schon von Kindheit an große Wunderdinge, die meine Zunge nicht aussprechen könnte, hätte Gottes Geist mich nicht zu glauben gelehrt ...«

Und nachdem sie Bernhard den Gegenstand und Verlauf ihrer Visionen in eindringlichen Worten geschildert hatte, stellte sie ihm sehr direkt die Frage:

»Was dünkt Dich von alledem?« Und erklärte ihm dann: »Ich bin ja ein Mensch, der durch keinerlei Schulwissen über äußere Dinge unterrichtet wurde. Nur in meiner Seele bin ich unterwiesen. Deshalb spreche ich im Zweifel. Um der Liebe Gottes willen begehre ich, Vater, daß Du mich tröstest. Denn nur dann werde ich sicher sein.«

Sie gestand ihm überdies, daß sie ihn vor zwei Jahren in einer Schau »als einen Menschen sah, der in die Sonne blickt und sich nicht fürchtet, sondern sehr kühn ist. Und ich habe geweint, weil ich selbst so leicht erröte und so zaghaft bin ...«

»Soll ich das so stehen lassen, oder wirkt es zu einfältig?« fragte sie Richardis, der sie ihre erste Version diktierte.

»O nein«, sagte Richardis, »es ist nicht einfältig. Nur hört es sich an wie ...«

»Wie? Sag es mir nur.«

»Nun, wie die Worte einer Klosterschülerin, die ihren Meister anhimmelt.«

»Na, dann streiche es lieber. – Nein, laß es so. Ein Mann wie Bernhard wird weibliche Demut zu schätzen wissen.« Hildegard überlegte kurz; dann fuhr sie fort: »Schreib, Richardis! Gütiger und milder Vater. Ich bin in Deine Seele hineingelegt, damit Du mir durch Dein Wort enthüllst, ob ich über diese Schau reden oder Schweigen bewahren soll. Doch schweige ich, so werde ich von schweren Krankheiten niedergeworfen, daß ich mich kaum noch erheben kann, denn meine Natur ist so beschaffen, daß ich oft von Niedergeschlagenheit geplagt werde. Nun aber erhebe ich mich und wende mich an Dich, denn Du verlierst niemals den Mut, sondern richtest Dich hoch empor und bleibst Sieger in Deiner Seele. Und Du erhebst nicht allein Dich selbst, sondern auch die Welt zum Wohle aller. – Du bist der Adler, der in die Sonne blickt!«

Und nach einer weiteren flehentlichen Bitte um Hilfe und Stellungnahme schloß sie mit dem Segenswunsch: »Lebe wohl in Deiner Seele, und sei ein starker Kämpfer in Gott.«

Nicht besonders gewandt erschien Hildegard ihr Brief, und doch ließ sie ihn, nach der dritten Korrektur, durch einen Boten dem großen Bernhard überbringen, der immer noch im Rheinland weilte.

In welch dämonischer Zeit wir doch leben! dachte Propst Volmar und trug kopfschüttelnd das jüngste Ereignis in seine Chronik ein:

»Nach den Aufrufen zum Zug ins Heilige Land ermordeten fanatisierte Kreuzfahrerhorden im Jahre des Herrn 1147 jüdische Bürger in Mainz, Bingen, Worms und Speyer.« Für die *Annales Sancti Disibodi*, so nahm er an, würde dies als Hinweis auf die Greueltaten unten im Land genügen.

Derweil bemühte sich die Praeposita um einen Dialog mit den Betroffenen. Während sie mit wachsender Spannung auf die Reaktion des Bernhard von Clairvaux wartete und wieder an ihren Liedern und Kompositionen arbeitete, fand sie noch die Zeit, in der Verborgenheit ihres Klosters einige besorgte jüdische Gelehrte zu empfangen und theologische Gespräche mit ihnen zu führen. Und Volmar, der die Greueltaten an den Juden in den offiziellen Annalen nicht kommentieren mochte, nahm in seine *Vita Hildegardis* auf, was der Prophetin in einer Schau über die *Inkarnation Gottes* gezeigt wurde und mit welchen Worten sie ihre Offenbarung an die Gelehrten weitergab:

»Der Sohn Gottes kam im Gewand eines Menschen«, sprach sie, »da aber die Menschen Seine göttliche Herrlichkeit nicht zu schauen vermochten und Seine Natur nicht verstanden, sahen sie Ihn wie einen Fremden an. Er jedoch hatte einen anderen Lebensweg als die übrigen Menschen, denn Er war ohne Sünde geboren. Da Er sich indessen als einer zeigte, der aß und trank, schlief und sich kleidete wie jeder andere, bezweifelten die Juden, daß Er Gottes Sohn sei, und verdunkelten ihr Erkennen, so daß sie Seine Wunder nicht begreifen konnten ...«

Die Gelehrten hörten aufmerksam zu, äußerten aber weder Zustimmung noch Ablehnung. Erst gegen Ende ihres Besuches wollten sie wissen, was denn nach dem Verständnis der Seherin mit jenen geschehen würde, die immer noch auf die Ankunft des verheißenen Messias warteten.

Und sie antwortete aus ihrer Schau heraus:

»Gottes Hand wird Heerscharen von Juden und Heiden und solchen, die erlöst werden müssen, festhalten, bis alle Wunder vorübergehen. Dann wird er Seine Hand zu Seinem großen Werk erheben und all Seinen Freunden das Künftige zeigen, auf daß alle erkennen, wie Er mit dem Teufel gekämpft hat ...«

Trotz dieses tröstlichen Hinweises auf ihre Erlösung, die ihnen wohl kein anderer katholischer Theologe so ohne weiteres zugebilligt hätte, disputierten die Gelehrten noch eine ganze Weile mit der Praeposita, um sich zum Schluß raten zu lassen:

»Ihr solltet diesen Aussagen Vertrauen schenken und nicht wie Adam die Herrlichkeit des ewigen Lebens fliehen. Dann werdet ihr davon kosten, so wie man süßen Honig auf der Zunge schmeckt, und ihr werdet aus eurer Täuschung Nutzen ziehen und auf Erfüllung warten.«

»Und dies tat die Praeposita kund, nachdem in der Stadt Mainz, nur einen halben Tagesritt vom Disibodenberg entfernt, aufgehetzte Eiferer zahlreiche Juden als Jesusmörder verurteilt und in den Selbstmord getrieben hatten«, schrieb Volmar. Und fügte in Klammern hinzu: »Sie ist wahrhaftig eine Heilige.«

Erst im Sommer 1147 entschloß sich Bernhard von Clairvaux zu einer Antwort. Die Menge der Geschäfte, so schrieb er, hätten ihn davon abgehalten, Hildegards »Brief der Liebe« sofort und ausführlich zu erwidern.

Die Magistra spazierte gerade im Kreuzgang singend auf und ab, weil sie ihr Lieblingslied O *virga ac diadema* noch einmal üben wollte, als Propst Volmar ihr das Schreiben überbrachte.

Nur zu gern wartete er, bis Hildegard die Strophe »*sed o aurora de ventre tuo novus sol processit*« zu Ende gesungen hatte. Abgesehen von den Melodiegirlanden, bewunderte Volmar vor allem den Text dieser Sequenz, in der die Dichterin Hildegard in einem ihrer kühnen Gedankenflüge Eva und Maria gleichsetzte.

Maria sei als Gefäß Gottes, als *goldene Materie*, zur Inkarnation seines Sohnes erwählt worden und habe damit das weibliche Geschlecht ein für allemal vom Eva-Stigma befreit, so die Magistra. Die Polarität von Jungfräulichkeit und Mutterschaft, von Schaden oder Segen bringender Weiblichkeit war damit für sie aufgehoben und durch ein universelles Symbol ersetzt worden, die Person Marias.

»Im Anfang nämlich besiegte der Teufel den Menschen durch eine Frau, doch Gott zerschmetterte am Ende der Zeit den Teufel durch *die* Frau, welche den Sohn Gottes gebar«, hatte Hildegard im *Scivias* geschrieben.

»Aus deinem Schoß, o Morgenröte«, übersetzte Volmar leise den lateinischen Gesang, »stieg die neue Sonne auf, die alle Schuld Evas tilgte, und der Segen, der durch dich kam, war größer als das Unheil, das Eva den Menschen einst gebracht hat.«

»*Unde o salvatrix quae ...*«

Hier brach die Sängerin ab und blickte den Propst an.

»Du bringst mir endlich die Antwort?«

»Ja, Mater.«

Sie schloß die Augen, holte tief Luft.

»Ich möchte, daß du sie mir vorliest, Volmar. Aber die Artigkeiten lasse aus. Komm lieber gleich zur Sache!«

Volmar brach das Siegel, glättete das Pergament und übersetzte, nachdem er den Brief einmal überflogen hatte:

»Wir beglückwünschen dich ob der Gnade Gottes, die in

dir ist. Und was uns betrifft, so ermahnen und beschwören wir dich nur, daß du darauf bedacht sein mögest, diese Gnade mit Liebe und Hingabe zu erwidern, denn du weißt ja, daß Gott den Stolzen widersteht, den Demütigen aber seine Gnade gewährt. Was aber können wir dich noch lehren, wozu dir raten, da du doch bereits mit einer inneren Unterweisung gesegnet bist? Wir bitten dich vielmehr inständig, daß du bei Gott unserer und all derer gedenkst, die uns in geistiger Gemeinschaft verbunden sind.«

Hildegard schluckte. Sollte das schon alles gewesen sein?

»Lies es noch einmal vor, Volmar!«

»Für die in Christo geliebte Tochter Hildegard betet Bruder Bernhard, genannt Abt von Clairvaux, wenn das Gebet eines Sünders etwas vermag ...«

»Nein, nein, nicht die Demutsfloskeln. Nur das, was er mir wirklich zu sagen hat.«

Und Volmar wiederholte, was er bereits vorgetragen hatte. Dann schaute er der Freundin prüfend ins Gesicht. Weshalb war sie auf einmal so bleich?

»Die Antwort ist gut, Hildegard. Sie ist sachlich und klug«, sagte er vorsichtshalber. »Der große Bernhard, selbst mit mystischen Erfahrungen gesegnet, hat deine innere Unterweisung ausdrücklich bestätigt. – Von nun an darfst du dich darauf berufen!«

»So? Meinst du?«

Seltsamerweise empfand sie keinerlei Freude über diesen Brief; statt dessen mußte sie an Bernhards zweiundsiebzigste Predigt zum *Hohen Lied* denken, an die Kraft seiner Sprache, die sie dermaßen ergriffen hatte, daß sie noch eine ganze Passage der Abschrift auswendig wußte. Von der *süßen Tränengabe der Zerknirschung* war dort die Rede gewesen, von der *strahlenden Klarheit des Vaters* und der *zarten Erweckungskraft, durch die Er das Wort in den Schoß der Jungfrau sandte*. »Wie sollte ich nicht versuchen, aus den toten und faden Buchstaben eine geistige Nahrung zu machen, eine köstliche, heilsame Speise!« hatte er seine Wortgewalt verteidigt.

So und nicht anders klang die Sprache eines Bernhard von Clairvaux, wenn er Feuer gefangen hatte. Dagegen waren die Worte in seinem Brief *wirklich* fade und weit entfernt von einer köstlichen, heilsamen Speise. Nein, nein, ihr Appell an seine Weisheit und Liebe hatte das Herz *des Adlers, der in die Sonne blickt*, wohl nicht erreicht.

»Deine Enttäuschung ist nicht gerechtfertigt«, beharrte der Symmista. »Im Gegenteil. Du solltest Bernhards Antwort als vorsichtige Ermutigung willkommen heißen. Er hat dir höchsten Respekt gezeigt und dich lediglich ermahnt, nicht mehr bei Menschen Halt zu suchen, nicht einmal bei einem Abt von Clairvaux, nachdem Gott, der Herr, doch bereits durch dich spricht.«

Hildegard zuckte die Achseln und ging zu Richardis. Vielleicht würde die Tochter sie eher verstehen. Und so war es: Auch Richardis fand diesen Brief enttäuschend.

»Bernhard kennt dich eben nicht«, entschuldigte sie ihn. »Sonst hätte er gewiß nicht ausgerechnet dich zur Demut ermahnt. Vielleicht ist er durch seine Predigtreise überanstrengt. Es heißt ja, er litte unter schmerzhaftem Rheumatismus, so daß er sich oft kaum bewegen könne. Und wie ich bei dir gelernt habe, liebste Medica, ist diese Krankheit auf eine Ansammlung von Giftstoffen im Fleisch zurückzuführen. Mir scheint, wir sollten dem Abt von Clairvaux einmal deine berühmte Goldkur empfehlen! Nehmt Gold und kocht es, bis es keimfrei ist. Dann mahlt es zu einem feinen Pulver. Anschließend bereitet einen Mehlteig zu und gebt einen Obolus von dem Goldpulver hinein. Daraus backt kleine Plätzchen, eßt sie zwei Tage hintereinander auf nüchternen Magen, und Ihr werdet für ein ganzes Jahr von Eurem Rheuma befreit sein; denn das Gold bleibt zwei Monde lang im Magen liegen, auf daß es ihn reinigt und erwärmt!«

Mehr als durch diesen etwas bemühten Versuch humorvoller Aufmunterung fühlte Hildegard sich durch den Ausdruck tiefer Zuneigung in Richardis' schönen grünen Augen getröstet. Wie gut, daß es sie gab! Sie dankte der Gefährtin mit einem innigen Kuß auf die Stirn.

Für das Wachstum der Liebe und Erkenntnis war es eben nicht gut, daß der Mensch allein sei.

Dennoch sollte Volmar in seiner Einschätzung des Bernhard von Clairvaux recht behalten. Wie sonst war es zu erklären, daß Abt Kuno die Praeposita an einem nebeligen Neuschneetag desselben Jahres mit den Worten: »Gesandte des Papstes wünschen dich zu sprechen!« aus dem Armenhospiz holen ließ.

»Mich?«

Hildegard hatte vereiterte Zahnwurzeln mit einer Zange gezogen, hatte Rachen ausgepinselt, Geschwüre aufgeritzt und dazwischen unermüdlich Vorschläge zur täglichen Pflege des Mundes mittels kaltem Wasser und Weinrebenasche gemacht – und mitten hinein schneite nun im wahrsten Sinne des Wortes diese Papstdelegation!

»Wer sind sie, und was wollen sie von mir?« fragte sie beinah ungehalten.

»Der Bischof von Verdun, sein Propst und zwei Prälaten. Sie wollen deine Sehergabe prüfen.«

»Jetzt gleich? Du lieber Himmel!«

Sie war müde, schmutzig und völlig unvorbereitet – somit in der denkbar ungünstigsten Verfassung, hohen Geistlichen Rede und Antwort zu stehen.

»Herr, wie es dir gefällt!« Ihre Ergebenheitsformel murmelnd, schickte sie sich darein.

Pelzverbrämte Mäntel über kostbaren, leuchtend roten Gewändern trugen die Gesandten und funkelnde Edelsteine, die nicht zu ihren jeweiligen Temperamenten paßten. Ihre Mienen wirkten reserviert, erhellten sich aber rasch beim üppigen Mittagsmahl mit Taubeneiern, Fasanenherzen und in Mandelbutter geschwenktem Rheinsalm, den sie mit den besten Weinen herunterspülten. Abt Kuno ließ den verwöhnten Gästen im Namen des heiligen Disibod alles auftischen, was Küche und Keller seines Klosters zu bieten hatten.

Hildegard tunkte nur hin und wieder ein Stückchen Brot in ihren Wein und gab dabei trotz ihres Unbehagens freimütig Auskunft über alles, was die Gesandten von ihr wissen wollten. Sie nannte ihnen den Zeitpunkt ihrer ersten kindlichen Visionen und beschrieb die Bilder, die sie damals gesehen hatte, so genau, wie sie es eben vermochte. Dabei verlor sich auch das Herzklopfen, das ihr zuvor zu schaffen gemacht hatte.

Die Herren neigten wohlwollend ihre Häupter, wünschten dann aber Beispiele aus der jüngsten Vergangenheit zu hören.

»Sprich uns von der Schöpfung und wie sie dir in der Schau gezeigt oder gedeutet wurde«, verlangte Bischof Albero von Verdun. »Denn auch die Schöpfung war doch wohl Gegenstand deiner Visionen, nicht wahr.«

Die Praeposita legte die Hände zusammen, lächelte und sprach: »Das ist richtig. So hört denn, was mir zum ersten Kapitel des Johannesevangeliums offenbart wurde:

Im Anfang war das Wort. Wie ist das zu verstehen? Nun, das Lebendige Licht erklärte es mir auf folgende Weise: Ich, der Ich ohne Ursprung bin und von dem jedes Beginnen ausgeht und der Ich der Alte der Tage bin, Ich sage: Ich bin Tag aus Mir selbst, ein Tag, der nicht aus der Sonne erstrahlt, durch den vielmehr die Sonne entflammt ward. Ich bin die Vernunft, die sich nicht von einem anderen her vernehmbar macht, aus der vielmehr alles vernünftige Wesen atmet.

So habe Ich zur Anschauung Meines Antlitzes Spiegel geschaffen, in denen Ich alle Wunder Meiner Ursprünglichkeit betrachte, die niemals enden. Ich habe Mir diese Spiegelwesen bereitet, auf daß sie im Lobgesang mitklingen, denn Ich habe eine Stimme wie Donnerhall, mit der Ich das gesamte Weltall in lebendigen Tönen aller Kreatur in Bewegung halte. Dieses habe Ich gemacht, Ich, der Alte der Tage ...«

Hildegard hielt inne und ließ den Blick über die erstaunten, aufmerksamen Gesichter der päpstlichen Gesandten schweifen. Nach einer Pause fuhr sie fort:

»*Und das Wort war bei Gott, und Gott war das Wort.* Dies will folgendermaßen verstanden werden: Im Anfang jenes Ursprungs, da Gottes Wille sich zum Erschaffen der Natur auftat – ohne solchen Beginn wäre Er ja bei sich selbst geblieben, da Er sich gar nicht offenbart hätte –, war das Wort ohne den Anfang eines Ursprungs. Das gleiche Wort war sowohl vor dem Anfang als auch beim Entstehen der Kreaturen bei Gott und auf keine Weise von ihm getrennt. Daraus folgt: Der Mensch braucht die Schöpfung Gottes zur Selbsterkenntnis, Gott aber braucht *Mensch und Schöpfung* zur Selbstoffenbarung. Er schuf den Menschen, um sich selbst in ihm zu lieben. In dem Sinne wäre die Schöpfung ohne den Menschen leer.«

Abt Kuno stutzte und verschluckte sich an einer Fischgräte aus Furcht, die Praeposita würde sich um Kopf und Kragen reden und damit dem Ansehen seines Klosters schaden. Seiner Meinung nach waren Hildegards Darlegungen nicht nur vermessen, sondern auch falsch. Jeder, der Augen hatte, konnte Gott in Seiner Schöpfung erkennen, gewiß, aber was hatte das mit der Selbsterkenntnis des Menschen zu tun?

Bischof Albero dagegen ließ sich Hildegards Worte so genüßlich im Munde zergehen wie die kandierte Quitte, an der er gerade lutschte, und seine Augen glänzten nicht nur vom Wein, als er wiederholte: »Der Mensch braucht die Schöpfung Gottes zur Selbsterkenntnis, Gott aber braucht Mensch und Schöpfung zur Selbstoffenbarung. Er schuf den Menschen, um sich selbst in ihm zu lieben. – Großartig! Wahrhaftig, eine Meisterin des Wortes bist du!«

Während die Nachspeisen aus Birnenfladen, Dattelmakronen und Kastanienkompott aufgetragen wurden, ergriff Propst Aldebert das Wort.

»Worin siehst du für dich selbst den Sinn, deine Visionen

anderen mitzuteilen? Willst du damit in den Menschen große Gefühle zu Gott und Seiner Schöpfung erwecken, wie es dir zweifellos möglich wäre?«

»Nein«, antwortete Hildegard. »Ich ... das heißt, nicht ich, denn ich bin ja nur ein Sprachrohr des Lebendigen Lichtes ... möchte die Heilsgeschichte verstehen und allen Menschen verständlich machen. Weit mehr als um Gefühle geht es dabei um die Vermittlung von Offenbarungen. Ich schreibe ja nicht, wie mein Herz es möchte, sondern wie Gottes Zeugnis es will. Ich bin in meiner Arbeit lediglich Botschafterin und nicht eine auf mich selbst bezogene Verschmelzungsmystikerin, die ihre Erfahrungen preisgibt.«

Sie lächelte in der Erinnerung an ein Gespräch zu dem Thema mit der Markgräfin von Stade, der sie diesen Ausdruck verdankte, und versuchte dann noch einmal mit anderen Worten zu erklären, was nicht zu erklären war:

»Ein Mensch, der Visionen hat und sie durch die Schrift weitergibt, sieht und sieht doch nicht; er spürt das Irdische um ihn herum – und doch wieder nicht. Er trägt die Wunderdinge des Herrn nicht aus sich selbst vor; er ist vielmehr wie die Saite eines Musikinstrumentes, die durch den Spieler angeschlagen wird.«

Ein letztes Mal hob Bischof Albero seinen Pokal zum Trinkspruch. Diesmal galt er dem Wohle der Praeposita, die er »unsere verehrte Prophetissa Teutonica« nannte.

Nun erst fühlte Hildegard sich selbstsicher genug, ihrerseits eine Frage zu stellen:

»Wie kommt es, daß der Heilige Vater sich auf einmal für mich interessiert?«

Und sie erfuhr, daß der Zisterzienserpapst Eugen III. auf Einladung des Erzbischofs Adalbert in Trier eine Synode zur Kirchenreform abhielt, an der achtzehn Kardinäle teilnahmen und viele deutsche, französische, belgische, angelsächsische und lombardische Bischöfe sowie etliche Prälaten, darunter auch Bernhard von Clairvaux. Heinrich von Mainz habe die Gelegenheit genutzt, den Papst auf eine

Äbtissin in seinem Bistum aufmerksam zu machen, die gnadenhaft göttliche Visionen erfahre; überdies habe er dem Papst Auszüge aus ihren Schriften vorgelegt.

»Der Heilige Vater«, berichteten nun seine Gesandten, »hat nach Beratung mit seinem ehemaligen Lehrer Bernhard von Clairvaux wohlwollendes Interesse gezeigt und uns gebeten, deine Sehergabe unvoreingenommen zu prüfen – was wir hiermit zu unserer eigenen Bereicherung getan haben – und ihm, wenn möglich, weitere Kapitel deiner Visionsschrift zu überbringen.«

Hildegard vernahm es nicht ohne Genugtuung, bedankte sich aber förmlicher als nötig, um nicht überschwenglich zu erscheinen. Es werde ihr eine Ehre sein, so versicherte sie, den Herren vor ihrer Rückreise am nächsten Morgen eine Abschrift der ersten anderthalb Teile des *Scivias* mit auf den Weg zu geben.

»Siehst du«, flüsterte sie am Abend vor der Komplet der Engelsgefährtin ins Ohr, »Gott bleibt dem Menschen bedingungslos treu!«

Und Hildegard, die sich zuvor noch um ihrer Glaubwürdigkeit willen von den Verschmelzungsmystikern distanziert hatte, fühlte sich die ganze Nacht über eins mit dem Geliebten ihrer Seele, so innig wie selten zuvor.

13

Gemalte Theologie

Die Rolle, die Papst Eugen III. auf der Synode in Trier zu spielen hatte, erforderte nicht wenig Fingerspitzengefühl. Angesichts der zahlreichen geistlichen Würdenträger aus aller Herren Länder konnte er nicht davon ausgehen, mit seinen Vorschlägen zur Kirchenreform auf ungeteilte Gegenliebe zu stoßen.

Vor fünfundzwanzig Jahren hatte das Wormser Konkordat den Investiturstreit zwischen Kaiser und Papst nur durch einen Kompromiß beilegen können, der letzten Endes zur Verweltlichung des Klerus führte; neue Impulse für die Kirche und den Lebenswandel ihrer Geistlichen waren längst überfällig.

Verständlicherweise erhofften sich die Freunde des Papstes unter seiner Ägide Lösungen in ihrem Sinne, während seine Feinde nur darauf lauerten, daß er Fehler machte, so wie seinerzeit in der Stadt Rom, aus der er zwei Jahre zuvor nach einem Volksaufstand unter Führung des aufrührerischen Augustinermönchs Arnold von Brescia vertrieben worden war. Dieser strenge Asket und Anhänger Abaelards hatte dem Klerus jegliches Recht auf Macht oder weltlichen Besitz rigoros abgesprochen und sich daraufhin mit der papstfeindlichen, aufständischen Bürgerkommune Roms verbündet, die Arnold nach der Vertreibung Eugens zum Herrn der Stadt erhob. Es gab keinen Teilnehmer der Synode, der dies nicht gewußt oder es gar vergessen hätte.

Er mußte auf der Hut sein, dieser Papst Eugen. Zeigte er sich in seiner Reformbereitschaft nicht entschieden genug, würde man ihm unterstellen, von jeher weltliche Interessen verfolgt zu haben; bestand er dagegen zu sehr auf dem aus der Mode gekommenen Armutsideal des Klerus, würde man ihn der Heuchelei bezichtigen.

Es war ein dünnes Eis, auf dem sich der Heilige Vater zum Jahreswechsel 1147/48 bewegte. Und als er sich eines Morgens entschloß, das erlauchte Plenum statt mit weiteren Reformvorschlägen mit dem Visionswerk einer bis dahin völlig unbekannten Äbtissin aus dem Rheinfränkischen zu konfrontieren, wußte er sehr wohl, was er tat.

»Im ersten Teil ihrer Schrift«, so begann der Papst nach ein paar einführenden Sätzen seinen Diskurs, »offenbaren sich der Seherin die Erschaffung der Welt aus dem Wort, die Verflechtung der Schöpfung mit dem Schöpfer und die Beziehungen zwischen Gott und Mensch, Kosmos und

Welt. Daran anschließend beschreibt sie den Lebensweg des Menschen, der nach dem Sündenfall, wie es bei ihr heißt, *quer* zur Schöpfung liegt und der Erlösung bedarf. Besonders anrührend erscheint mir in dem Zusammenhang ihr Kapitel über *die Klage der Seele, die durch die Gnade Gottes vom Weg des Irrtums zu Mutter Sion zurückkehrt.*

Die Seele, die sich der Magistra vom Disibodenberg in Form einer Feuerkugel zeigte, hat im Treiben der Welt jede Orientierung verloren. Laut klagend irrt sie nun durch ihr selbstgeschaffenes Labyrinth, getrieben von dem Verlangen, endlich die Bedingungen ihrer Existenz zu erkennen; zu wissen, wer sie ist, woher sie kommt und wohin sie geht.

Wo bin ich? fragt sie im Text. – Im Todesschatten, lautet die Antwort. Und auf welchem Weg wandere ich? – Auf dem Weg des Irrtums. Welcher Trost bleibt mir dann? – Der Trost des Pilgers in der Fremde. Dabei, so die Seele, sollte ich ein Gewand haben – *Zelt* nennt es die Meisterin Hildegard –, das mit fünf Sternen geziert ist, welche heller strahlen als die Sonne. Die Herrlichkeit der Engel sollte darin leuchten. Ein Topas sollte das Fundament sein, aus Edelsteinen sollten seine Wände bestehen; Treppen aus Kristall sollten darin sein und Straßen aus purem Gold. Ich aber sollte eine Gefährtin der Engel sein, da Gott selbst ja bei der Erschaffung des Menschen Seinen Lebenshauch in den Lehm blies. Deshalb müßte ich Ihn auch kennen und spüren.

Aber ach, als ich erkannte, daß mir alle Wege der Welt offenstanden, richtete ich meine Kräfte nach Norden, dem Ort des Unheils. Dort wurde ich gefangengenommen und in die Fremde geführt, in eine Umgebung ohne Würde und Schönheit. Ich wurde meiner Erkenntnis beraubt, aus meinem Erbe vertrieben; ganz zerrissen ist jetzt mein Gewand. Meine Entführer schlugen mich mit Fäusten, gaben mir Schweinefraß zu essen und spotteten meiner mit den Worten: *Wo ist jetzt deine Würde?* Da erzitterte ich und sprach seufzend, zu Tode betrübt: *Oh, wohin bin ich nur geraten? Wie kann ich diese Ketten sprengen? Welches Auge kann den*

Anblick meiner Wunden ertragen, welche Nase ihren Gestank? Welche Hand wird sie mit Öl salben? Welches Herz wird Mitleid mit mir haben in meinem Schmerz?«

Der Papst schloß die Augen, um das Drama der menschlichen Seele wieder so bildhaft vor sich zu sehen wie noch vor Tagen bei seiner Lektüre des *Scivias*.

»Endlich erinnert sich die Seele an Mutter Sion und die Freude und Harmonie in ihrer Gegenwart«, fuhr er fort, »und sie weint bitterlich, weil sie glaubt, ihre Mutter verloren zu haben. Während sie noch Ströme von Tränen vergießt, dringt plötzlich ein lieblicher Duft, wie ein Windhauch von der Mutter ausgesandt, an ihre Nase und spendet ihr Trost. So gestärkt, gelingt es ihr, der Gefangenschaft im feindlichen Norden zu entfliehen und sich vor ihren Verfolgern zu verstecken. Nach weiteren gefahrvollen Wanderungen über Wasser und Land, ständig von neuer Gefangennahme bedroht, wendet sie sich schließlich auf schmalen, dornigen Pfaden gen Osten. Ihr Weg führt sie bergauf und bergab, von einer Bedrängnis zur nächsten. Viele Stürme erheben sich in ihr, und trügerische Stimmen traktieren sie mit Fragen wie: *Was sind das für sinnlose Kämpfe, mit denen du dich abmühst? Was sind das für Irrlichter, die dich zum Wahnsinn treiben? Besser, du wärest nie geboren!*

In lichten Augenblicken, wenn sie sich erinnert, von Gott geschaffen zu sein, antwortet sie ihnen, aller Not zum Trotz: *Ich werde der gebrechlichen Erde nicht weichen, sondern tapfer gegen sie streiten!* Und weiter geht sie und weiter, bis ihr beim Abstieg von einen Berggipfel eine Brut aus Nattern, Skorpionen und Schlangen den Weg versperrt; wieder schreit die gepeinigte Menschenseele laut nach der Mutter und darf endlich ihre Stimme vernehmen, die da sagt:

Eile, o Tochter, denn vom allmächtigen Vater, dem niemand widerstehen kann, sind dir Flügel verliehen. Fliege also schnell über alle Hindernisse hinweg.

Durch diese Wort gestärkt, vermag die ermattete Seele sich über die Todesbrut zu erheben. Bald darauf gelangt sie in ein stählernes Zelt, in das sie eintreten darf. Dort fühlt sie sich geborgen. Und wo sie früher Werke der Finsternis vollbrachte, verrichtet sie nun Taten des Lichtes.«

Und nun zitierte der Papst: »Gegen Norden baute ich eine Säule aus rohem Eisen und hängte verschiedene Federwedel daran auf, die sich hin und her bewegten. Auch fand ich Manna und aß es. Gegen Osten errichtete ich eine Steinmauer zum Schutz vor den Mächten der Finsternis, zündete ein Feuer darauf an und trank Myrrhenwein. Gegen Süden baute ich einen steinernen Turm, hängte rote Schilde außen auf und legte Posaunen aus Elfenbein in seine Fenster. Mitten im Turm aber goß ich Honig aus, gab kostbare Gewürze hinzu und stellte eine Salbe her, deren betörender Duft sich im ganzen Zelt verbreitete. Und während ich noch damit beschäftigt war, griffen meine Feinde mich mit Pfeilen an, doch keiner vermochte die stählerne Zeltwand zu durchbohren, und ich konnte nicht mehr von ihnen verletzt werden. Furchtlos lachte ich ihrer und sagte:

Der Meister, der dieses Zelt gebaut hat, war stärker und weiser als ihr. Sammelt eure Pfeile wieder ein, sie können mich nicht besiegen. Weichet also, weichet, denn ihr könnt mich nicht länger haben!

Auf solch wunderbare Weise erfuhr die verirrte Seele die Gnade Gottes«, schloß Papst Eugen.

»Ach, der Mensch und seine Sehnsucht nach Erlösung!« Der Papst ließ den Blick über die Versammlung schweifen. »Auch die Meisterin Hildegard spricht in ihrer Schrift davon: Die Synagoge, die ihr in weiblicher Gestalt als Wegbereiterin für Christus erscheint, vermag der Menschheit das ersehnte Heil allerdings ebensowenig zu bringen wie die leuchtenden Chöre der Engel, zu denen die Seherin im letzten Bild des ersten Teiles ihren Blick erhebt.«

Gespannte Stille herrschte im Dom, als Papst Eugen nach einer weiteren Pause, in der er sich der ungeteilten Aufmerksamkeit aller versichert hatte, fortfuhr:

»Der zweite, noch unvollendete Teil ist der Erlösung

durch den Gottessohn gewidmet; sein Heilsmysterium wird durch uns, die Kirche, fortgesetzt. Die Prophetissa schaut das dreifaltig-göttliche Leben als *überhelles Licht* für den Vater sowie als *saphirblaue Menschengestalt im sanften Rot funkelnder Lohe* für den Sohn und den Heiligen Geist.«

Und leise, wie zu sich selbst, fügte er hinzu: »Was sie geschrieben hat, ist kein Lehrbuch, es ist *gemalte Theologie*!«

In der Hoffnung, daß die Visionsketten der Meisterin Hildegard für sich sprachen und die anwesenden Kirchenfürsten ebenso berührten wie ihn selbst, so daß sie sich wieder auf das gemeinsame Gotteswerk besinnen würden, nahm Papst Eugen die gebundenen Pergamentseiten zur Hand, die seine Abgesandten ihm vom Disibodenberg mitgebracht hatten, und las nun wörtlich aus der fünften Offenbarung des zweiten Teiles.

»Diese Vision ist Ekklesia gewidmet, jenem *mystischen Leib*«, so der Papst, »welcher der Gottesmutter gleich die Glieder Christi trägt. Bei der Meisterin Hildegard führt die Ekklesia zur Einheit der erlösten Menschheit in der Verschmelzung mit Gott.«

Und er las mit fester Stimme, daß sie im großen konstantinischen Dom widerhallte: »Darauf sah ich, wie ein schneeweißer, kristallklarer Glanz die Frauengestalt Ekklesias vom Scheitel bis zur Kehle beleuchtete. Vom Hals bis zum Nabel aber umstrahlte sie ein anderer, rötlicher Glanz; bis zur Brust schimmerte er wie Morgenrot, von der Brust bis zum Nabel leuchtete er wie eine Mischung aus Purpur und Hyazinth. Und von der Stelle, da er wie die Morgenröte schimmerte, strahlte er bis in das Innere des Himmels; darin erschien nun eine überaus schöne, schwarzhaarige Mädchengestalt, der ein rotes Gewand bis auf die Füße niederfiel. Und ringsum erblickte ich eine große Menschenmenge, die das Mädchen umgab. Sie leuchteten heller als die Sonne, diese Menschen, und waren wunderbar mit Gold und Edelsteinen geschmückt. Einige trugen Schleier, von einem Goldreif gehalten. Und über ihrem Scheitel prangte, dem

Schleier in Form eines Kreises aufgeprägt, die Herrlichkeit der Heiligen Dreifaltigkeit. Und ich vernahm eine Stimme aus der Höhe, die da sprach: *Das sind die Töchter Sions. Wo sie wohnen, begleiten Lyrenspiel und alle Art von Musik die Stimme lauten Jubels und höchster Glückseligkeit.*

Doch unterhalb der Stelle, wo der Glanz wie Morgenröte schimmerte, sah ich dichteste Finsternis zwischen Himmel und Erde heraufziehen, so schrecklich, daß die menschliche Sprache es nicht in Worte zu fassen vermag. Und wieder hörte ich die Himmelsstimme sagen: *Hätte der Sohn Gottes nicht am Kreuz gelitten, würde diese Finsternis es nimmer zulassen, daß der Mensch zur himmlischen Herrlichkeit gelangt.*

Wo aber dieser Glanz wie Purpur und Hyazinth leuchtete, umloderte er die Frauengestalt ganz und gar bedrohlich. Unschuldig wie eine weiße Wolke dagegen umgab sie ein anderer Glanz, und zwar vom Nabel abwärts bis dorthin, wo die Gestalt nur noch schemenhaft zu erkennen war. Dieser Glanz strahlte weit in den Raum hinein, und ich konnte Stufen und Sitzreihen darin schauen.

Darauf erfaßte mich ein so heftiges Zittern, daß ich kraftlos zu Boden fiel und mit niemandem mehr sprechen konnte, was mir sonst niemals geschieht. Dann aber berührte mich, einer Hand gleich, ein überheller Glanz und gab mir Kraft und Sprache wieder.

Und noch einmal hörte ich eine Stimme, die da sagte: *Dies alles sind große Geheimnisse. Betrachte nur Sonne, Mond und Sterne: Die Sonne bezeichnet meinen Sohn, der aus meinem Herzen hervorging und die Welt erleuchtete, als er am Ende der Zeiten aus der Jungfrau geboren wurde, so wie die Sonne hervorbricht, wenn sie am Ende der Nacht wieder aufgeht und der Welt Licht spendet. Der Mond aber bezeichnet die Kirche, die meinem Sohn in wahrhaft himmlischer Vermählung angetraut ist.«*

Als der heilige Vater seine Lesung an der Stelle abbrach und die Pergamentblätter sinken ließ, war es unnatürlich still im großen Dom; ein jeder wollte das Gehörte zunächst auf sich wirken lassen. Dann aber kam der Beifall von allen Seiten, und Worte der Bewunderung wurden laut.

Sobald die Gemüter sich beruhigt hatten, bat der Papst den Bischof von Verdun, in aller Kürze von seinem Besuch auf dem Disibodenberg zu berichten. Und Albero sprach voller Wärme vom lauteren Wesen der Prophetissa und der Glaubwürdigkeit ihrer göttlichen Eingebungen, die in der ganzen Christenheit Verbreitung finden sollten.

Auf diese Bemerkung schien Bernhard von Clairvaux nur gewartet zu haben.

»Das ist wohlgesprochen!« rief er in die Versammlung. »Eure Heiligkeit möge nicht dulden, daß dieses hellstrahlende Licht vom Schweigen überdeckt wird! Vielmehr erscheint es uns wünschenswert, daß eine solche Begnadung, die der Herr zu *Eurer* Zeit offenbart, auch durch Eure Autorität bestätigt wird.«

Durch erneuten Beifall wurde dieser Wunsch von der Mehrheit bekräftigt, und so zögerte Papst Eugen nicht, sogleich ein Schreiben an die Meisterin vom Disibodenberg aufzusetzen, worin er ihr im Namen Christi nicht nur erlaubte, sondern sogar gebot, alles niederzuschreiben und kundzutun, was sie in der Schau sah und hörte.

Gleichzeitig erhielten Abt Kuno und seine Mönche ein päpstliches Schreiben, in dem sie beglückwünscht wurden, daß die *Prophetissa Teutonica* in ihrer Mitte wirkte, sowie eine Schutzurkunde für das Kloster, von Eugen III. am 18. Februar 1148 in Metz unterzeichnet.

14

Ein Fremdling im Land der Lebenden

Noch während der Papst sich in Trier aufhielt, wo eine seiner angenehmsten Aufgaben darin bestand, die neu erbaute Basilika einzuweihen, verbreitete sich die Kunde von der

Seherin auf dem Disibodenberg wie ein Lauffeuer im ganzen Land und zog einen Strom von Besuchern nach sich, darunter viele junge Töchter aus Adelsfamilien, die um Aufnahme im Frauenkonvent ersuchten.

Hildegard war über Nacht berühmt geworden. Beflügelt von der Anerkennung durch den Papst, stürzte sie sich gleich voller Elan in ihre umfangreiche Textarbeit; endlich konnte sie, unbehelligt von selbstquälerischen Zweifeln, ihren göttlichen Auftrag erfüllen. Schon wenige Wochen nach dem Ende der Synode schickte sie dem Papst den vollendeten zweiten Teil des *Scivias*, zusammen mit einem Brief, in dem sie ihn ihrerseits noch einmal um Unterstützung bat, »denn viele irdisch gesinnte Kluge verwerfen mein Schriftwerk in der Unbeständigkeit ihres Geistes, weil es von einem armen Gebilde stammt, das aus der Rippe erschaffen und nicht von Philosophen belehrt worden ist«, vertraute sie ihm an und schrieb dann, der Schau gehorchend:

»Du also, Vater der Pilger, höre den, der IST: Ein mächtiger König thronte in seinem Palast. Hohe Säulen standen vor ihm, von goldenem Schmuckwerk umwunden und mit kostbaren Perlen und Steinen herrlich geziert. Dem König aber gefiel es, eine kleine Feder zu berühren, daß sie in Wundern emporfliege. Und ein starker Wind trug sie, auf daß sie nicht niedersinke.

Und Er, der das Lebendige Licht ist, das da leuchtet in Höhen und Tiefen und sich auch im Innersten hörender Herzen nicht verbirgt, spricht zu Dir: Bestätige diese Schrift, damit sie denen zu Gehör gebracht wird, die offen für mich sind, und Du wirst leben in Ewigkeit. Hüte Dich aber, diese Geheimnisse Gottes zu verachten, denn sie gehorchen einer Notwendigkeit, die noch nicht offensichtlich ist.

Der süßeste Duft sei in Dir, und ermüde nicht auf dem geraden Weg.«

Hildegard fühlte sich so leicht wie die erwähnte Federflocke, nachdem sie einem Boten ihr Manuskriptpäckchen mitgegeben hatte. Sie scherzte und sang mit ihren Töchtern, die nichts mehr liebten, als die Mater so heiter zu sehen. Und doch lag sie wenige Tage später sterbenskrank zu Bett, weil der Herr wieder Unmögliches von ihr verlangte. So gewaltig war die Aufgabe, daß Hildegard, ungeachtet ihrer jüngsten Erfahrungen, auch diesmal nicht wußte, ob sie ihrer Wahrnehmung trauen durfte oder nicht.

Gedanken, denen sie weder Worte noch Taten folgen ließ, führten bei Hildegard unweigerlich zu körperlichen Qualen; wenngleich sie dies bereits zur Genüge kannte, fühlte sie sich dem Leid immer wieder ohnmächtig ausgeliefert. Während ihre Seele liebend gern gehorchen wollte, vermochte ihr Verstand es nicht, sobald die göttlichen Anweisungen sein Fassungsvermögen überschritten.

Und wieder konnte die Kranke sich nicht mehr von der Stelle rühren; mit ausgestreckten Gliedern lag sie steif wie ein Brett auf ihrem Bärenfell, fühlte sich gefoltert und gekreuzigt. Jegliche *Viriditas* hatte sie verlassen. Ihre Augen waren mit Blindheit geschlagen, mit Stummheit ihre Zunge.

Wenn Richardis versuchte, der Fiebernden löffelweise gelöschten Wein einzuflößen, verstand sie lediglich Hildegards Stoßgebet: »Vertilge mich nicht, Herr, als einen Fremdling aus dem Land der Lebenden.«

Mehr wollte ihr nicht über die bebenden Lippen. Sie hatte die Wahl, zu gehorchen oder zu sterben, eine andere Möglichkeit gab es nicht. Trotzdem zögerte sie, brauchte noch Zeit, sich zu entscheiden.

»Sag uns, was du siehst, dann wird dir leichter«, bat Richardis, flehten auch die anderen Töchter. Nur dann würde die Mutter sich wieder erholen, das wußten alle; es sei denn, sie hätte es sich in den Kopf gesetzt, ihre Schmerzen absichtlich als Buße für andere auf sich zu nehmen.

Nicht einmal dem Symmista wollte es gelingen, Hildegards Schweigen zu brechen.

»Besäße der Mensch nicht die Bitternis der Galle und die Finsternis der Melanche, wäre er immer gesund«, hielt er der wie tot Daliegenden aus ihren eigenen Schriften vor. »Denn ursprünglich war die Galle im Menschen ein hellstrahlender Kristall, welcher ihm alles Wissen vermittelte, das er zum Gelingen seiner Werke brauchte. Nach dem Sündenfall aber verflüssigte sich der leuchtende Gallenstein zur ungesunden Schwarzgalle oder Melanche, jenem Stoff, aus dem die Melancholie ist ... Deine Worte, Hildegard! Ich kenne kaum einen Kranken, den du nicht geheilt hättest. – Warum hilfst du dir nicht selbst?«

Richardis, die mit einem *hörenden Herzen* gesegnet war, so wie es sich König Salomon einst in einem seiner Gebete gewünscht hatte, tröstete den Propst auf ihre Weise:

»Wenn die Mutter sicher ist, daß sie sich nicht von den Einflüsterungen trügerischer Luftgeister hat täuschen lassen, wird sie gewiß reden und bald wieder gesund werden.«

Zunächst sah es jedoch ganz und gar nicht danach aus: Hildegard wurde von Tag zu Tag schwächer; schließlich wurde es so schlimm, daß man ihren Atem kaum noch wahrnehmen konnte. Einige Schwestern und Brüder, unter ihnen Abt Kuno, hatten sich an ihrem Krankenbett eingefunden, aus Sorge, die letzte Stunde der Praeposita sei gekommen. Während sie beteten und sangen, schlug Hildegard plötzlich die Augen auf und sagte mit leiser, aber gut verständlicher Stimme: »Mir wurde vom göttlichen Geist in der Schau ein heiliger Hügel am Rhein gezeigt. Sechs Fußstunden von hier entfernt ist er, vom Wasser umgeben wie der Disibodenberg. Der heilige Rupertus und seine Mutter Berta haben dort ihre letzte Ruhestätte gefunden. Auf jenem Hügel inmitten der Wildnis stehen nur eine baufällige Kapelle und ein kleines Winzerhaus. – Dort, so gebietet mir das Wahre Licht, soll ich ein eigenes Frauenkloster gründen, um in Zukunft mit meinen Töchtern darin zu leben. Die Klausen hier sind uns ja längst zu eng geworden. Was wir mehr als alles andere brauchen, ist Weite!«

Mit einem tiefen Seufzer schloß die Seherin Augen und Mund.

Außer den engsten Vertrauten wollte zunächst niemand dieser atemlos vorgetragenen Mitteilung Glauben schenken; am wenigsten Abt Kuno, wenngleich aus recht eigennützigen Gründen, war sein Kloster doch gerade erst durch den Segen des Heiligen Vaters zu Reichtum und Ansehen gekommen. Die Schenkungen der Gönner, so argwöhnte Kuno, würden bald ausbleiben und der Ruhm, an heiliger Stätte zu leben, schneller wieder verblassen, als er entstanden war, falls die vom Papst persönlich legitimierte Prophetin von heute auf morgen ihre Wirkungsstätte verließ.

Hier war die kleine Oblatin Hildegard, das Zehnt an den Herrn, zur geachteten Praeposita erzogen worden und durch göttliche Gnade über sich selbst hinausgewachsen, hier hatte sie gelobt, bis an ihr Lebensende zu bleiben. Überdies hatten die adeligen Nonnen ihr Vermögen und ihren Landbesitz im Doppelkloster auf dem Disibodenberg eingebracht. Mochte der Himmel verhüten, daß sie es jemals zurückforderten!

Abt Kuno – und mit ihm drei Viertel seines Konvents – dachte jedenfalls nicht daran, auf all diese Vorteile widerspruchslos zu verzichten. Sogar das Kirchenrecht war auf ihrer Seite, selbst wenn es im Gegensatz zu den Weisungen des *Wahren Lichtes* stand, welche dieses Mal womöglich doch eher den Fieberphantasien einer durch den plötzlichen Kult um ihre Person überforderten Ordensfrau zuzuschreiben waren.

Zwischen den Mönchen vom Disibodenberg und ihrer berühmtesten Schwester entbrannte ein Machtkampf, der noch jahrelang andauern sollte.

Ihren eigenen Kommentar zu den ereignisreichen Wochen des Jahres 1148 diktierte Hildegard erst viel später in einer ruhigen Stunde dem Symmista für seine *Vita*:

»Eine Zeitlang waren meine Augen umdunkelt, ich vermochte kein Licht mehr zu sehen. Auch fühlte ich meinen

Körper von einer so großen Last niedergedrückt, daß ich mich nicht mehr erheben konnte. Mit heftigen Schmerzen lag ich darnieder. All dies erlitt ich, weil ich Dinge, die mir in der Schau gezeigt wurden, lieber für mich behalten wollte: Ich sollte nämlich zusammen mit meinen Schwestern jenen Ort verlassen, wo mein Leben einst Gott geweiht worden war.

Mein Leid währte so lange, bis ich mein Schweigen brach. Darauf erhielt ich sogleich meine Sehfähigkeit zurück, doch war ich noch schwach und nicht vollständig genesen.

Als mein Abt, die Brüder und das Volk der Umgebung von dem Ortswechsel hörten und erfuhren, daß wir von den fruchtbaren Feldern und Weinbergen am lieblichen Disibodenberg in eine noch unerschlossene Wildnis ziehen wollten, verwunderten sie sich sehr. Und so kam es, daß sie auch meine anderen Visionen anzweifelten.

Warum, so fragten sie, sollten dieser schwachen und ungelehrten Frau Gottesgeheimnisse offenbart werden, wo es hierzulande doch starke und weise Männer genug gibt?

Wenn aber die Offenbarungen gar nicht vom Allerhöchsten sind, sondern nur den Trugbildern dürrer Luftgeister entspringen, so müssen wir deren Pläne vereiteln. Denn wozu soll es gut sein, daß reiche, adelige Nonnen von einem Ort, wo es ihnen an nichts gefehlt hat, zu einer Stätte größten Mangels ziehen?

Und sie verschworen sich, uns Widerstand zu leisten.

Als ich davon hörte, wurde mir das Herz schwer, und mein Fleisch und meine Adern erstarrten. Und im Wahren Licht sah ich, daß noch weitere Bedrängnisse über mich kommen würden, so wie einstmals über Moses, da er die Kinder Israels aus Ägypten in die Wüste führte. Obwohl Gott ihnen wunderbare Zeichen hatte aufleuchten lassen, murrten sie gegen ihn und setzten dem Moses arg zu. Auf ähnliche Weise würde Gott auch mich Trübsal erfahren lassen: durch das einfache Volk, meine Verwandten und einige, die mit mir zusammen wohnten. Am Ende aber würde Er meine Töchter und mich mit Gnade überschütten.

Und nachdem ich viele Tage lang zu Bett gelegen hatte, ohne daß die Mönche Entgegenkommen gezeigt hätten, hörte ich eine gewaltige Stimme, die mir verbot, weiterhin an diesem Ort etwas über die Visionen zu sagen und zu schreiben.

Beunruhigt über diese Entwicklung, begab sich eine Markgräfin, die mir wohlgesonnen war, bald darauf zum Erzbischof nach Mainz und teilte ihm und den Domherren dies alles mit.«

Ein fetter Vollmond klebte hoch am sternenbeladenen Himmel und schien sich kaum von der Stelle zu rühren.

»Als der Teufel aus der Höhe stürzte, wo er sitzen und herrschen wollte, schuf Gott das Firmament und setzte die Sonne, den Mond und die Sterne hinein, auf daß der gefallene Engel es sehen und daran erkennen konnte, welche Pracht er verloren hatte«, repetierte Richardis die Worte der Magistra, bevor sie zum Nachtgebet hinüber in die Abtei ging.

Der Schlaf hatte Richardis, des Mondes wegen, schon vor Mitternacht gemieden, und so blieb sie nach den Vigilien als einzige im harten Chorgestühl sitzen, einen Rosenkranz nach dem anderen abperlend zum Lobe des Herrn, der sie mit zwei außergewöhnlichen Müttern gesegnet hatte, wovon die eine im weltlichen Spiel der Kräfte niemals den kürzeren zog. Und darauf kam es im Augenblick an.

Während die Familien von Lavanttal, Wettin und Winzenburg, aufgeschreckt durch die jüngsten Gerüchte aus der Nachrichtenschmiede des Abtes Kuno, der daniederliegenden Praeposita den Gehorsam ihrer Töchter verweigerten, indem sie darauf verwiesen, daß auch Satan Gottes Stimme annehmen könne, schien die Markgräfin von Stade über derart kleinliche Bedenken erhaben zu sein. Die Erfahrungen der eigenen schweren Krankheit, so folgerte Richardis, hatte die Mutter wohl besonders weitherzig werden lassen. Sie stimmte weder in das Lamento anderer Familien über den drohenden Verlust ihrer dem Kloster geschenkter Güter ein, noch schreckten sie die zu erwartenden Entbehrungen der Pionierinnen auf dem Rupertsberg. Dabei hatte auch sie dem Kloster des heiligen Disibod erst vor wenigen Jahren noch Ländereien aus dem Familienbesitz übertragen, nachdem ihre junge Enkelin Adelheid von Sommerschenburg, ein Kind aus der ersten Ehe ihrer zweiten Tochter Liutgart, ebenfalls Novizin bei Mater Hildegard geworden war. Nicht zuletzt aus diesem Grund hatte Richardis es sich nicht eben leicht vorgestellt, ihre Mutter zur Verbündeten zu gewinnen, und sich um so sorgfältiger passende Worte zurechtgelegt, deren es dann aber kaum bedurfte. Mit Gottes und der Gräfin Hilfe würde sich nun alles zum Guten wenden.

Aus schierer Dankbarkeit wollte Richardis diese überhelle Nacht im Gebet verbringen, bis die Morgendämmerung ihr Gemüt vom Einfluß des Mondes befreite. Die Gefährtin der Engel, welche sich in den Regeln des heiligen Benediktus besser auskannte als im Ränkespiel der Welt, ahnte ja nicht, daß ihre Mutter die Rupertsberger Klostergründung nur deshalb so tatkräftig unterstützte, weil die von Stades für die Töchter aus den eigenen Reihen längst andere Pläne hegten.

In aller Sorgfalt und unbelastet von selbstsüchtigen Wünschen, traf die Markgräfin ihre Vorbereitungen, als Fürsprecherin der Prophetissa Teutonica aufzutreten. Sie überschminkte die verbliebenen Lepranarben, steckte ihre schweren Flechten zur weizenblonden Haarkrone auf und ritt ganz allein zum Oberhirten nach Mainz, zu dessen Kirchenbesitz ein Teil des Rupertshügels am Rhein gehörte. Nachdem sie dem Erzbischof und seinen mißtrauischen Domherren dank ihrer Beredsamkeit die Erlaubnis zur Übersiedelung der Nonnen abgerungen hatte, verhandelte sie am nächsten Tag gleich mit den Besitzern der Kapelle, den Grafen von Wenerde, und erwarb das kleine Bauwerk samt der angrenzenden Weinberge für zwanzig Mark.

Ein besonderes Vergnügen war es der Gräfin gewesen, dem Erzbischof auch Hildegards größten Wunsch vorzutragen, nämlich das zukünftige Kloster bei Bingen der Kontrolle des Abtes Kuno und seiner Nachfolger zu entziehen.

»Und noch viel weniger als dies«, so hatte die Kranke ihre Vermittlerin beschworen, wollte sie »mit einem Vogt aus dem Laienstand einen Wolf im Schafspelz« in ihr neues Domizil einlassen, hatte sie doch schon viele andere Klöster an diesem Mißstand leiden und zugrunde gehen sehen. Da aber ihre künftige Wirkungsstätte frei erworben sein würde, sollte sie ebenso frei bleiben. Allein den Erzbischof von Mainz würde sie als ihren Schutzherren anerkennen und vom Disibodenberg lediglich einen Priester nach eigener Wahl erbitten, der für die Seelsorge, den Gottesdienst und die Verwaltung der weltlichen Güter zuständig sein sollte. Die Praeposita ihrerseits würde versprechen, sich in geistlichen Fragen eher an die Äbte des heiligen Disibod zu wenden als an andere; weitere Zugeständnisse lehnte sie jedoch ab.

»Ich schaute in einer Vision«, ließ sie ihre Unterhändlerin ausrichten, »und wurde belehrt, meinen geistlichen Oberen kundzutun, daß unsere Stätte mit all ihrem Zubehör von dem Ort losgelöst werden müsse, an dem ich Gott geweiht worden war, und daß wir überdies den Dienern Gottes nur so lange Gehorsam schuldeten, wie ein gegenseitiges Vertrauensverhältnis bestehe ...«

So viel weibliches Unabhängigkeitsstreben war ganz nach dem Herzen der Gräfin von Stade, und sie frohlockte insgeheim, als Erzbischof Heinrich, von jeher ein Verehrer der Praeposita, ein huldvolles Schreiben an die Meisterin aufsetzte, worin er seine Erlaubnis zum Exodus der Schwestern damit begründete, »daß jeder Ort weniger durch seine natürlichen Vorzüge als vielmehr durch die guten Werke seiner Bewohner« geheiligt werde.

Zur gleichen Zeit erhielt auch Abt Kuno ein Schreiben mit der Anweisung seines Oberhirten, die Seherin, obgleich sie für den Disibodenberg von unschätzbarem Wert gewesen sei, nun in Frieden ziehen zu lassen.

Sobald Hildegard davon erfuhr, veranlaßte sie noch vom Krankenbett aus den Beginn der Rodungsarbeiten auf dem Rupertsberg. Sie hätte auch keinen Tag länger warten können. Ihr überempfindlicher Körper hatte während der langwierigen Verhandlungen auf jedweden Stillstand, auf jeden noch so geringen Fortschritt mit den entsprechenden Symptomen reagiert.

»Ihr armer Körper«, so schrieb Volmar in seiner *Vita*, »war ein perfekter Spiegel aller äußeren Ereignisse; und je länger die Ausführung des göttlichen Willens auf sich warten ließ, desto steifer wurden Mater Hildegards Glieder. Ihre Füße wollten sie überhaupt nicht mehr tragen, zuletzt lag sie nur noch unbeweglich wie ein Stein auf ihrer Bettstatt. Nicht einmal einen Aufguß aus den Blüten der Schlüsselblume konnte man ihr einflößen, dabei hatte sie selbst schon einmal einen Mönch damit geheilt, der sich nicht mehr rühren konnte.

Unser Abt Kuno, der den Berichten über dieses Phänomen wenig Glauben schenken wollte, begab sich eines Abends an das Krankenlager der Prophetissa, um sich selbst ein Bild zu machen. Nachdem er vergeblich versucht hatte, ihren Kopf anzuheben oder die Kranke nur eine Handbreit von der Stelle zu bewegen, mußte auch er einsehen, daß es sich hier weniger um menschliches Leiden als vielmehr um ein göttliches Zeichen handelte. Aus Furcht, selbst Schaden an Leib oder Seele zu nehmen, beschloß der Abt, seinen Widerstand lieber beizeiten aufzugeben: *Gehe also hin und tue, was du tun mußt*, flüsterte er Hildegard in das erstarrte Ohr.

Auf der Stelle erhob sich die Kranke und ging umher, als hätte ihr nie etwas gefehlt. Und ehe Gott der Welt im Morgengrauen das Licht wiedergab, waren die Leiden der Praeposita, von ihr selbst als *Gebete eines armseligen Körpers* bezeichnet, vorüber.«

Und noch ein zweites Wunder, welches zu verzeichnen ihn besonders freute, konnte vom Symmista für die Nachwelt festgehalten werden. Es widerfuhr Bruder Arnold, jenem skrupellosen Mönch, der sich vor Jahren so eingehend mit Volmars verlorengegangenen Pergamenten beschäftigt hatte. Von Anfang an gehörte er zu den ärgsten Widersachern gegen die Umsiedlungspläne der Praeposita.

»Keine Gelegenheit ließ er aus«, so Volmar, »die Mitbrüder durch Schmähreden auf seine Seite zu ziehen, bis er eines Tages – er arbeitete gerade draußen auf einem Landgut des Klosters – so heftig durchgeschüttelt wurde, als habe ihn eine gewaltige Faust am Genick gepackt. Überdies schwoll ihm die Zunge dermaßen an, daß er weder zu reden noch seinen Mund zu schließen vermochte. Arnold fürchtete, sein letztes Stündlein habe geschlagen, und bedeutete seinen Mitbrüdern in der benediktinischen Zeichensprache, man möge ihn so schnell wie möglich zur Rupertsberger Kapelle bringen. Dort angelangt, gelobte er Sankt Rupertus aus tiefster Seele, sich im Fall seiner Heilung nie mehr gegen Mater Hildegard und ihre Vorhaben zu stellen. Daraufhin erhielt er sogleich seine volle Gesundheit zurück.

Als einer der ersten schickte Mönch Arnold sich nun an, den Rupertsberg für die künftigen Klostergebäude urbar zu machen, und war fürderhin der Mater eifrigster Helfer«, schloß Volmar.

All diese Krankheiten, so tröstete sich Hildegard, waren ihr lediglich auferlegt, damit ihr Leib sich im Laufe der Zeit zum vollkommenen Resonanzkörper göttlicher Impulse entwickelte. Fühlte sie sich innerlich wie verbrannt, so formierten sich wohl gerade ihre Nervenbahnen neu, um von nun an noch feinere Schwingungen aufnehmen und weiterleiten zu können. Wurde sie wieder von den schrecklichen Anfällen von Kopfschmerz und den damit verbundenen Sehstörungen gequält, so führte der flimmernde Sternenregen, den sie vor Augen sah und den auch andere kannten, die von diesem Leiden geplagt wurden, bei Hildegard unweigerlich zu überwältigenden Lichterlebnissen von einer Schönheit, die sie die stechenden Schläfenschmerzen darüber beinah vergessen oder gar als Gnade empfinden ließ.

Zuweilen bedauerte sie es nun, daß sie sich vor Jahren nicht ernsthafter mit der Theorie des Bischofs aus Uppsala – über das Emporsteigen der Schlangenkraft und der sich daraus ergebenden Umwandlung des Nervensystems – auseinandergesetzt hatte. In diesen Tagen hätte sie seine Studien gern mit ihren eigenen Erfahrungen verglichen.

Wenn Gott den Menschen für sich beanspruchte, gab es für Ihn keine Grenzen, vermutete Hildegard, und nicht ein einziges Gebet um Erleichterung kam ihr über die Lippen, wollte sie doch Sein Erbarmen ihren Schwächen gegenüber ebensowenig, wie der Erlöser selbst es gewollt hatte. Um Medium des Vaters zu sein und schließlich eins mit Ihm zu werden wie der Sohn, erschien ihr kein Preis mehr zu hoch.

In den weniger dramatischen Phasen ihrer Krankheit beschäftigte sich die Praeposita, ungeachtet aller Müdigkeit, mit der theoretischen Seite ihres gewaltigen Vorhabens.

»Wenn möglich, lege man ein Kloster so an, daß sich alles Nötige – Wasser, Mühle, Garten und die verschiedenen Werkstätten – innerhalb der Klostermauern befindet, damit die Mönche und Nonnen nicht gezwungen sind, draußen umherzugehen, was ihren Seelen durchaus nicht zuträglich ist«, gebot die Benediktusregel.

Wie diese umzusetzen war, entnahm Hildegard dem *Sankt Gallener Bauplan*, der schon seit dem 9. Jahrhundert als vorbildliches Modell des benediktinischen Klosterbaus galt, welches die Harmonie der Sphären und die monastischen Aufgaben in idealer Weise miteinander verknüpfte. Täglich studierte die Praeposita nun die Grundrisse dieses

Plans, bis die gesamte Anlage auf dem Rupertsberg in ihrem Geist Gestalt angenommen hatte.

Mitten in die verwilderten Weinberge hinein wollte sie, dem Beispiel ihrer Disibodener Brüder folgend, eine dreischiffige Basilika bauen, und zwar in der vorgeschriebenen West-Ost-Ausrichtung. Die beiden hohen Türme würden sich weit über die Flußlandschaft erheben und so auch von der anderen Rheinseite oder vom Wasser her die Blicke der Menschen auf sich ziehen. Wenn Hildegard die Augen schloß, sah sie die Aufteilung des neuen Klosters genau vor sich:

Kirche und Kreuzgang bildeten den Mittelpunkt, das Herz im Organismus der Anlage, denn dort residierte Gott. Um dieses Zentrum herum gruppierten sich dann, je nach Funktion und Bedeutung, die übrigen, zum Teil zweistöckigen Gebäude. Im Ostflügel befanden sich der Kapitelsaal, der Leseraum, die Einzelzellen und das Dormitorium, darunter ein beheizter Wärmeraum. Im Südflügel würden das Refektorium und einige Werkstätten Platz finden; vor allem brauchten sie ein helles, geräumiges Skriptorium mit Zugang zur Bibliothek und am besten gleich über der Küche, damit es von der aufsteigenden Wärme beheizt wurde. Hildegard hatte in ihrem Leben schon so viel gefroren, daß sie auf Wärmequellen allergrößten Wert legte. Es sollte hierzulande sogar Klöster geben, welche das Heizsystem der Römer übernommen hatten: Von einem Heizraum, dem *Hypokaustum*, aus konnte dort Warmluft in die Wände und Fußböden geleitet werden. In der Winterzeit waren solche Wärmestuben bestimmt eine Wohltat, und im Sommer würden sie zusätzliche Arbeitsräume bieten ... Ein ebenso praktischer wie angenehmer Gedanke!

Wenn die weltlichen Wege erst einmal geebnet und die schwierigen Aufbaujahre überstanden waren, würden auch die Mittel zu einigen Bequemlichkeiten nicht fehlen, erhoffte Hildegard. Und vor allem sollte es keine Gitter an den Fenstern geben, weder in den Sprechzimmern noch in der Schreibstube. Auf dem Disibodenberg hatten die Mönche bei der Vergrößerung des Frauenkonvents ein Sprechgitter in die Arbeitsstube der Praeposita einbauen lassen, damit die jeweiligen Schreiber ihr nicht zu nahe traten. Dabei waren sie jahrelang gut ohne eine solche Vorrichtung ausgekommen. Hildegard und Richardis jedenfalls hatte das Gitter ebenso gestört wie Propst Volmar, der besonderen Wert auf Blickkontakt mit der Prophetissa legte, wenn sie ihm diktierte. Nun ja, Abt Kuno würde sich schon etwas dabei gedacht haben …

Zu Hildegards Gönnern gehörten außer der Gräfin von Stade noch weitere wohlhabende Adelsfamilien, unter ihnen der Pfalzgraf Hermann von Stahleck und seine Frau Gertrud, eine Schwester König Konrads. Auf ihre Großzügigkeit hoffend, gedachte die Praeposita, einige Räume in ihrem neuen Kloster bereits mit verglasten Fenstern versehen zu können und sich überdies den gesundheitsfördernden Luxus einer zweifachen Kanalisation für frisches und verbrauchtes Wasser zu leisten. Auch die Lage der zahlreichen Bäder und Latrinen wollte genau überlegt sein, ebenso die Unterkünfte für Novizinnen und Pilger, Gesinde und Besucher und nicht zuletzt das Spital, dem ein Aderlaßhaus und ein Kräutergarten angeschlossen sein sollten.

Das Vorratshaus mit dem Weinkeller würde dem Gallener Plan zufolge an den westlichen Flügel des Kreuzganges angebaut werden. Schwester Clementia, so kam es Hildegard in den Sinn, würde eine gute Cellerarin abgeben, denn diese sollte der Benediktusregel nach eine Person sein, »welche lebenserfahren ist und einen reifen Charakter hat, mäßig und kein großer Esser ist, nicht hochmütig, nicht aufgeregt, nicht grob, nicht umständlich, nicht verschwenderisch, dafür aber gottesfürchtig. Sie soll für die ganze Klostergemeinde wie eine Mutter sein und Sorge tragen für alles.«

Doch zurück zur Architektur, ermahnte sich Hildegard, die nur allzu gern bei den Menschen verweilte:

Der Westen mit seinem Sonnenuntergang symbolisierte die dem Irdischen, Vergänglichen zugewandte Seite; dort sollten dann auch die weltlichen Gäste wohnen, sowohl die Vornehmen als auch die Armen in entsprechenden Häusern. Der Friedhof mit seinen Gräbern mußte dagegen als Symbol der Auferstehung im östlichen Klosterbereich untergebracht sein. Im Sankt Gallener Klosterplan, und dies gefiel Hildegard besonders gut, diente der Friedhof zugleich als Obstgarten.

Wenn sie die altmodischen botanischen Zeichen richtig deutete, sollte es dort vierzehn verschiedene Baumsorten geben, und zwar: Apfel, Birne, Pflaume, Speierling, Mispel, Lorbeer, Kastanie, Feige, Quitte, Pfirsich, Haselnuß, Mandel, Maulbeer und Walnuß. In der Mitte aber erhob sich ein Kreuz, an dem, so beschrieb es die am Rande verzeichnete Legende, »die Äpfel des ewigen Heils duften«.

Damit, so erkannte Hildegard beglückt, waren der Baum der *Erkenntnis* und der Baum der *Erlösung* zu einem einzigen geworden, zum *arbor vitae*, dem Lebensbaum schlechthin. Und der Friedhof wurde zum Paradiesgarten. – So schloß sich der Kreis und öffnete sich von neuem ...

Diesem originellen Vorschlag wollte sie auf jeden Fall folgen! Die Litanei der Notwendigkeiten war damit aber noch längst nicht zu Ende. Über den Wirtschaftsteil und Nutzgarten mußte die Bauherrin noch nachdenken, über Mühlen und Backstuben, Kornscheunen, Fruchtspeicher nebst Darren und kreisrunde Hühnerställe. Und all diese verschiedenen Gebäudeteile mußten mit der Zeit zu einer einzigen Gottesstadt zusammenwachsen, umgeben von einer festen Mauer.

Einstweilen war es ja noch ein Luftschloß, diese Festung auf dem Rupertsberg; unter unsäglichen Mühen mußte sie zunächst buchstäblich aus dem Boden gestampft werden, und zwar von all den Schwestern, welche die harten Anfangsjahre mit der Mater teilen wollten, denn umziehen würden sie schon, sobald die ersten Notunterkünfte standen.

Überaus günstig gelegen erschien der Seherin ihr zukünftiges Kloster bei Bingen, vom göttlichen Geist selbst zum Myrrhenberg auserwählt, einem heiligen Berg der Erkenntnis, aber auch des tätigen Lebens. *Vita contemplativa et activa.* Die Wasser von Nahe und Rhein flossen hier zusammen, die alten Römerstraßen trafen aufeinander, die Handelswege der Kaufleute aus dem Norden und Westen. Die Stadt Mainz, Sitz des Erzbischofs und Reichskanzlers, war näher gerückt und ebenso die Pfalz zu Ingelheim, wo der deutsche Kaiser oft mit großem Gefolge Hof hielt. Mitten im Getriebe der Welt würden die Schwestern dort leben und doch entrückt genug, um nur deren stille Beobachter zu sein.

»Laß uns ein paar Zeilen über den Rhein festhalten, bevor meine Gedanken sich wieder verlieren«, bat Hildegard.

Voller Dankbarkeit betrachtete sie die Gefährtin mit dem Grünglanz in den Augen. In guten wie in bösen Stunden war Richardis ihr niemals von der Seite gewichen. Es gibt eine Kraft aus der Ewigkeit, eine Vitalität, und die ist grün, ging es Hildegard durch den Kopf, bevor sie zu diktieren begann:

»Der Rhein wird durch die Kraft des Meeres zum Strömen gebracht. Funkelnd klar fließt er durch leichten Sand ... Warum schreibst du denn nicht?«

»Hast du das Meer schon einmal gesehen?« wollte Richardis wissen. Als Kind in Stade, unweit der Elbmündung, hatte sie dem Auf- und Ablaufen des Wassers, welches sich offenbar nach dem Mondrhythmus richtete, stets mit großem Staunen zugeschaut.

»Unglaublich weit und schön ist das Meer, mit seinen blaugrünen Wellen und den weißen Schaumkronen oben drauf«, sagte sie jetzt.

»Das glaube ich dir gern, auch wenn ich es noch nicht mit eigenen Augen gesehen habe«, antwortete Hildegard. »Das Meer hat in der Schöpfung einen ganz besonderen Platz, denn es schickt ja die Flüsse aus, durch welche die Erde bewässert wird, so wie der Körper des Menschen durch das Blut seiner Adern. Manche Ströme enteilen dem Meer in schnellem Lauf, sie stürmen nur so voran; andere schleppen sich in Langsamkeit dahin ... Doch ich schweife ab und sollte doch noch haushalten mit meinen Kräften. – Verzeih mir, daß ich dich niemals gefragt habe, ob du das Meer und die Landschaft deiner Heimat nicht vermißt!«

»Ach, nein, es gibt ja auch hier Wasser und Flüsse genug«, wehrte Richardis ab, obwohl sie sich kaum etwas Schöneres vorstellen konnte, als vor dem großen Meere stehend dem Brausen der Wellen zu lauschen. »Nur scheint es mir so zu sein – denn ich habe es oft genug selbst beobachtet –, daß die Flüsse in das Meer hineinfließen und nicht aus ihm heraus.«

Seltsamerweise ging die Mater auf diesen bedenkenswerten Einwand gar nicht erst ein; statt dessen wiederholte sie Wort für Wort ihre beiden ersten Sätze über die Eigenschaften des Rheines, um dann fortzufahren:

»Durch seinen Ursprung aus dem Meer ist das Rheinwasser so herb wie Lauge; wer es ungekocht trinkt, nimmt damit seine schädlichen Säfte in den Körper auf. Wenn eine Speise gekocht wird, so ist sie gesund, denn alle Schadstoffe werden dabei vernichtet. Wenn der Mensch sich jedoch mit diesem Wasser wäscht, so wird es sein Fleisch aufblähen und dunkel färben wie auch das Fleisch von Tieren. Was die Fische aus dem Rhein betrifft, so sind sie sehr gesund, solange sie noch frisch sind. Werden sie jedoch alt, verfaulen sie durch die Herbheit des Wassers rasch.«

»Und wie ist es bei den Nahefischen?«

»Oh, die sind fett und gesund und nicht so leicht verderblich, denn das Wasser der Nahe ist unbeständig. Es fließt bald langsam, bald schnell und rührt auch keinen Sand auf. Die Fische finden daher reichlich Nahrung und bleiben länger frisch. Und der Mensch bekommt keine Bauchschmerzen, wenn er das Wasser trinkt, und wenn er darin badet, wird seine Haut weiß, dick und runzelig.«

»Dick und runzelig«, wiederholte Richardis belustigt.

»Ich weiß, du wäschst dein Gesicht lieber mit Glanwasser. Deshalb ist deine Haut noch ebenso glatt wie die meine.«

Zärtlich massierten ihre Fingerspitzen Hildegards eingefallene Schläfen. Daran, wie das Blut dort in den Adern pulsierte, konnte Richardis erkennen, ob die Mater wieder unter Kopfweh litt oder nicht, denn selbst pflegte Hildegard ihre Schmerzen nur selten zu beschreiben.

»Ob mit oder ohne Runzeln im Gesicht habe ich bereits ein höheres Alter erreicht als die meisten Menschen hier bei uns. Ich könnte mir schon denken, daß mit der Klostergründung auf dem Rupertsberg und der Vollendung des *Scivias* meine Aufgabe erfüllt ist«, bemerkte Hildegard, glaubte es aber ebensowenig wie ihre Tochter.

»Unsinn. Dich wird die Welt noch lange brauchen. Für mich dagegen gibt es außer dir so gut wie nichts, was mich hier hält.«

Hildegard protestierte schwach, doch diesmal überging Richardis ihren Einwand. »Solange ich denken kann, war mein stärkstes Gefühl die Sehnsucht nach dem Himmlischen. Aber nicht aus Lebensüberdruß oder weil ich meine wahre Heimat vergessen hätte, wie es bei Menschen ist, die sich ihrem Weltschmerz hingeben. Nein, ich erinnere mich meiner Heimat nur zu gut! Darin bin ich anders als du, Mater. Du verstehst es wie keine zweite, die Sehnsucht nach dem Himmlischen mit der Liebe zur Welt zu verbinden.«

»Die Seele weist zum Himmel, das Fleisch aber zur Erde. Das Fleisch bedrängt die Seele, die Seele aber bändigt das Fleisch«, sagte Hildegard mit seltsam tonloser Stimme, so daß Richardis ihre Worte schon bereute. Sie hatte der Mater das Herz nicht unnötig schwer machen wollen.

Für gewöhnlich sprach keine mit der anderen über ihre Gefühle, die Liebe und gegenseitige Rücksichtnahme hatte sie immer darauf verzichten lassen, trübe Stimmungen miteinander zu teilen, die ja nichts weiter waren als vorüberziehende Wolken. Richardis senkte beschämt den Kopf und wechselte das Thema. Wenn Hildegard nicht gerade im Geiste an ihrem neuen Kloster baute oder den schmerzhaften Verwandlungsprozessen in ihrem Körper nachspürte, widmete sie sich, soweit ihr Zustand es erlaubte, ihren Schriften, Kompositionen und Korrespondenzen. Damit sollten sie jetzt weitermachen, fand Richardis, das würde von den unbedeutenden persönlichen Kümmernissen ablenken.

»Möchtest du mir noch den zweiten Teil deiner Botschaft des Lichtes an Papst Eugen diktieren, oder bist du zu erschöpft?«

»Nein, keineswegs. Wo waren wir stehengeblieben?«

»Einerseits ward Deine Seele erneuert in der mystischen Blüte, die eine Gefährtin der Enthaltsamkeit ist ...«, las Richardis.

»... andererseits bist Du die Wurzel der Kirche«, fuhr Hildegard fort, als hätten sie die Arbeit niemals unterbrochen. »Höre auf den, der nicht schweigt. Er sagt Dir: Wirf das Auge nicht vom Auge, und schneide das Licht nicht vom Lichte ab, sondern bleibe standhaft auf dem ebenen Weg, damit Du nicht schuldig wirst an den Seelen, welche Dir in Dein Herz gelegt sind. Du darfst nicht zulassen, daß sie durch das Unrecht der üppig lebenden Prälaten im Pfuhl des Verderbens versinken.«

Mit einemmal seufzte die Prophetissa tief, schloß die Augen und schlief nun doch ein.

Was mag hinter diesen flatternden Lidern vorgehen? rätselte Richardis. Gerührt beobachtete sie, wie Hildegards Brust sich hob und senkte. Ihr Atem ging so schnell und flach wie der eines kleinen Vogels. Die Gefährtin versuchte, im selben Rhythmus zu atmen, als könnte sie der Mater damit ihre eigene Lebenskraft übertragen, jene berühmte *Viriditas*, die alles grünen ließ.

Die Luft wirkt im Menschen durch ihren lebendigen Hauch, der nichts anderes ist als die Seele, hieß es in einem der wunderbaren Texte Hildegards. *Sie trägt ihn und ist der Flügel seines Fluges, wenn der Mensch den Atem in sich zieht und ausstößt, damit er leben kann.*

Richardis hätte nun zu den anderen gehen können, mochte aber nicht. Statt dessen präparierte sie die Schreibfedern, ordnete Pergamentrollen und korrigierte noch einen zweiten Brief, an dem sie in der Frühe miteinander gearbeitet hatten. Es war ein Antwortschreiben an Odo von Soissons, einen Theologen, der auf der Synode zu Trier von Hildegards Visionen erfahren hatte und auch schon ihre Liedkompositionen zu kennen schien, da er sie sehr rühmte. Außerdem plagten ihn, dem Geist der Zeit seit Abaelard entsprechend, Fragen zur Dreifaltigkeit, und so hatte er die Prophetissa Teutonica gebeten, ihn wissen zu lassen, was sie in ihren himmlischen Gesichten darüber erkenne.

Einige Sätze aus Hildegards Antwort hatten Richardis so tief beeindruckt, daß sie die wichtigsten noch einmal las:

»Ich armseliges Gebilde sage im Gewürzduft des hohen Berges: Die Sonne läßt sich mit ihrem Licht herab und leuchtet in die Mannigfaltigkeit der verschiedenen Orte«, so hatte die Magistra begonnen, um sich selbst dann noch einmal als »Feder vor dem Thron des Königs« vorzustellen, »aufgehoben von Ihm selbst und fliegend, wohin Er es will.«

Es folgten theologische Erläuterungen, *geheime Worte der Weisheit*, welche das Lebendige Licht ihr offenbart hatte:

»Gott kann nicht – wie der Mensch – durch Reden aufgeteilt werden, denn Er ist ein Ganzes. Nichts kann von Ihm abgezogen und nichts Ihm hinzugefügt werden. Wer immer also sagt, die Vaterschaft und die Gottheit seien nicht Gott, der nennt einen Mittelpunkt ohne Kreis. Und wer einen Mittelpunkt haben will ohne Kreis, der leugnet den, der ewig IST ... Gott ist die Fülle und kann nicht nach Menschenart durchsucht und durchsiebt werden, denn in Gott ist nichts, was nicht Gott ist. Das Geschöpf aber hat einen Anfang ...«

Geradezu berauschend wirkten solche Sätze auf Hildegards Vertraute. Als mit einemmal jedoch Clementia hereinplatzte, die sich immer noch nicht an den Gedanken gewöhnen mochte, in wenigen Monaten den Disibodenberg zu verlassen, zog Richardis geistesgegenwärtig den letzten Brief des Papstes unter den Antwortschreiben hervor und tat so, als sei sie gerade mit dessen Lektüre beschäftigt. Halblaut zitierte sie den für Clementias Ohren gedachten Satz:

»Was Du uns über den Ort mitgeteilt hast, den Du im Geiste als für Dich bestimmt geschaut hast, so soll mit unserem Segen und Einverständnis und mit dem Deines Bischofs das Nötige geschehen, damit Du bald in den dortigen Klostermauern, gemeinsam mit Deinen Schwestern, ein Leben nach der Regel des heiligen Benedikt führen kannst. – Papst Eugen III.«

Aber Clementia beachtete die Vorleserin gar nicht. Eine Todesnachricht hatte sie zum Krankenlager der Schwester geführt, und wäre Richardis ihr nicht in den Arm gefallen, so hätte sie Hildegard rücksichtslos wachgerüttelt, damit auch sie erfuhr, daß ihr Bruder Trutwin seine Teilnahme am Zug der Kreuzritter gegen Damaskus mit dem Leben bezahlen mußte.

»Vor seinem Tod hat er sein gesamtes väterliches Erbe dem Frauenkonvent auf dem Disibodenberg vermacht«, betonte Clementia, und wer sie hörte, könnte meinen, dies sei erst gestern geschehen.

Richardis lächelte nachsichtig, sagte aber nichts. Die Schenkung Trutwins von Bermersheim lag viele Jahre zurück; er war ja selbst nicht mehr der Jüngste gewesen, als er sich dem Heer König Konrads anschloß.

»Im Frühjahr 1149«, notierte später der Chronist Volmar, »kehrten Konrad III. und Ludwig VII. von Frankreich in ihre Heimatländer zurück. Sie hatten ihr Ziel, die Grafschaft Edessa zurückzugewinnen, nicht erreicht. Das Kreuzfahrerheer gibt es nicht mehr, es ging ruhmlos zugrunde, und sein Ruf der Unbesiegbarkeit ist damit auf immer verloren. – Was aber wird nun aus der religiösen Begeisterung der Massen, die kein Ziel mehr hat?«

2. Teil

Rupertsberg
(1150–1165)

*Jedes Ding dient einem Höheren,
und nichts überschreitet sein Maß.*

(Vity Mer. II, 22)

15
Spiel der Kräfte

Das Firmament, welches – wie Hildegard annahm – vor Beginn der Schöpfung unbeweglich war und nach Adams Sündenfall im Einklang mit den Himmelssphären zu kreisen begann, um erst am Jüngsten Tag wieder zum Stillstand zu kommen, dieses Firmament schien sich schneller zu drehen, seitdem die Praeposita mit achtzehn Schwestern und dem Symmista auf dem Rupertsberg hauste. Die Stunden und Tage schmolzen dahin wie die Schneereste unter der Märzsonne. Wenn der Mensch sich von etwas täuschen ließ, dann von seinem Empfinden der Zeit.

»Die Zeiten, in denen Du lebst, sind leichtfertig wie ein Weib«, schrieb Hildegard in ihrem Antwortbrief auf König Konrads Grußadresse und dachte dabei an die Gefährtin, von der sie sich verlassen fühlte, obwohl das letzte Wort darüber noch nicht gesprochen war.

»Nach diesen werden noch schlimmere kommen«, prophezeite sie weiter. »Die Kirche wird durch Gotteslästerung und Irrlehren erschüttert werden, und der Weinberg des Herrn wird rauchen vor Leid. Die ersten Zeiten sind schmutzig, was die Gerechtigkeit betrifft, die nächsten aber ekelhaft. Die folgenden werden sich wieder ein wenig zur Gerechtigkeit erheben, die weiteren werden männliche Stärke aufweisen.«

Denn jetzt ist die laue, weibische Zeit, dachte sie, ohne es im Brief an Konrad niederzuschreiben. Sie schloß mit den Worten:

»Und wiederum spricht Er, der alles weiß, zu Dir, o König: Wenn Du dieses hörst, so widersetze Dich Deinem Eigenwillen und bessere Dich, damit Du geläutert in die Zeiten gelangst, in denen Du nicht mehr erröten mußt, wenn Du Deiner Tage gedenkst.«

Wie in einem Theaterstück über den Widerstreit menschlicher Gefühle war Hildegard sich bei ihrem Ortswechsel vorgekommen. Was die einen beglückte, erzürnte viele andere. Als sie dem Berg der Vergangenheit über Nahe und Glan Lebewohl sagten, hatten die Mönche wie versteinert dagestanden; kaum eine Hand hob sich zum Gruß, so daß auch die Schwestern bedrückt die Köpfe senkten, um aus der Enge rasch das Weite zu suchen. Doch je näher sie ihrem Berg der Zukunft kamen, desto unbeschwerter fühlten sie sich, und bald schon war aus dem Trauermarsch ein Triumphzug geworden.

In hellen Scharen waren ihnen die Leute aus dem Umland entgegengekommen, weil sie hofften, in einem neuen Kloster Arbeit zu finden, während sich die Bürger Bingens von einer so heiligen Nonne vor allem Gottes reichen Segen für die Stadt versprachen. Alle jubelten oder spendeten Beifall; einige trugen geistliche Gesänge vor, andere hatten Pfeifern, Trommlern, Lautenschlägern ein paar Münzen gegeben, auf daß sie für Volksfeststimmung sorgten.

So verheißungsvoll der erste Tag begonnen hatte, so schnell war er vergangen, und jeder weitere Tag war von Plage und Mühsal geprägt, da es den Siedlerinnen auf dem Rupertsberg bald am Nötigsten fehlte. Zwar hatten sie schon einen Wassersucher kommen und zwei Brunnen bauen lassen, und es standen auch einige Hütten aus Holz und Flechtwerk um einen kleinen Platz herum, nur einen Steinwurf entfernt vom einzigen Nachbarn, einem alten Mann mit Frau und Kindern, doch bis aus dem Provisorium eine angemessene Wohnstätte für den Herrn und seine Christusbräute geworden war, würden wohl noch Jahre ins Land gehen.

Hildegard aber mußte auf der Zeit reiten, um Sein Werk zu tun, mochten die äußeren Umstände auch noch so widrig sein, denn die Brüder vom Disibodenberg dachten gar nicht daran, den Nonnen die Einnahmen aus ihren Gütern zukommen zu lassen, so wie es vereinbart war. Sie erhielten weder Geld noch Naturalien und mußten schließlich in ihrer Verwandtschaft um Almosen für den Lebensunterhalt betteln. Hildegard hatte sogar Verständnis dafür, daß weitere Töchter ihr untreu wurden und sie verließen, um sich hernach, wie sie erfuhr, für die Entbehrungen schadlos zu halten, indem sie ein liederliches Leben führten.

Doch irgendwann würden sich auch diese Sturmwolken verziehen, und Gott würde Hildegard und die verbliebenen Schwestern mit Gnade überschütten. So hatte das Lebendige Licht es versprochen, nur mochten die wenigsten noch daran glauben.

»Ich werde mich nicht vor den Mühen und Belastungen drücken, denn wenn die Not am größten ist, wird uns Hilfe zuteil werden«, sprach Hildegard sich selbst und dem Symmista Mut zu.

Aber auch Volmar war mit seinem Latein am Ende, als zu allem anderen Ungemach auch noch ein Frühlingssturm über den Rupertsberg hinwegfuhr, Bäume entwurzelte und den Schilfdächern klaffende Wunden riß, während die Regengüsse, die auf den abgeholzten Flächen wie Sturzbäche ungebremst zu Tal rasten, erhebliche Erdrutsche auslösten.

Tagelang sah man die jüngeren Schwestern mit geschürzten Röcken Dächer ausbessern und Steine oder Bretter über die morastigen Wege legen, bis endlich die befreundete Gertrud von Stahleck sich von Bacharach auf den Rupertsberg heraufbemühte und gleich ein Dutzend Tagelöhner für die anstehenden Arbeiten mitbrachte.

Da Gertrud selbst, wie sie augenzwinkernd erklärte, unter drei Krankheiten und sieben Betrübnissen leide, zog sie sich mit Hildegard, sobald die Arbeiter eingewiesen waren, auf einen umgestürzten Baumstamm in einer Lichtung zurück, um sich mit der Praeposita zu beraten. Mit einem Seufzer der Erleichterung befreite Hildegard ihre blutenden Füße von den schweren Holzschuhen, die sie hier oben trug, um nicht ständig bis über die Knöchel im Morast zu versinken; dann wandte sie sich der Besucherin zu, so aufmerksam, wie ihre mißliche Lage es erlaubte.

Gertrud nestelte nervös an der Silberspange ihres kleegrünen Nuschenmantels und löste sie endlich, so daß darunter ihr Seidenkleid zum Vorschein kam, welches, der Mode entsprechend, zur einen Hälfte grün und zur anderen leuchtend rot war.

Für gewöhnlich gefielen Hildegard die selbstentworfenen Stoffe der Pfalzgräfin, doch die Kontrastfarben dieses Seidenkleides fand sie äußerst unharmonisch; vermutlich war die Freundin, wie Hildegard selbst, zur Zeit starken Stimmungsschwankungen ausgesetzt. Der Grund hierfür war kein Geheimnis; bei Gertrud trug jede neue Sorge denselben Namen wie alle vorhergehenden: Hermann von Stahleck, der Mann, den sie liebte, obwohl ihr sein heftiges Temperament, welches sich kaum mit ihrer Sanftheit vertrug, vom ersten Tag ihrer Ehe an zu schaffen machte.

Er war ein Mann, der auf der einen Seite geistliche Fürsten bekämpfte, auf der anderen Seite mit seinem Vermögen – besser gesagt, dem seiner Gemahlin, einer Schwester König Konrads – neue Klöster gründete. Dessenungeachtet war er aus verschiedenen Gründen schon mehrmals von der Kirche gebannt worden.

Wen hatte er sich diesmal zum Feind gemacht? Voller Mitgefühl schaute Hildegard der Freundin in das verhärmte Gesicht. Die Ärmste muß die Zähne zu oft zusammenbeißen, dachte sie, als sie die Kummerfalten über Gertruds Oberlippe bemerkte. Gertrud war kaum dreißig Jahre alt und besaß schon den Mund einer alten Frau.

»Was ist es diesmal? Seine Händel? Seine Wutanfälle? Eure Kinderlosigkeit?«

»Schlimmer noch, viel schlimmer«, antwortete Gertrud. Was sie zu sagen hatte, fiel ihr sichtlich schwer. »Hermann ... Er hat den Sohn seines Erzfeindes, des Grafen Otto von Rheineck, erdrosseln lassen.«

Mehr wollte ihr nicht über die Lippen, und Hildegard drang auch nicht weiter in sie.

Bedrückt lauschten sie den Vögeln in den Wipfeln der alten Bäume ringsum, als könnte ihr Unschuldsgesang dem Geständnis seine Schwere nehmen.

»Obwohl die Untat schon eine ganze Weile zurückliegt, habe ich erst kürzlich davon erfahren«, sagte Gertrud dann, »und es hat sich gottlob auch noch kein weltliches Gericht dafür interessiert. Sage mir, wenn du kannst, was du in der Schau über das Schicksal eines solchen Menschen siehst.«

Hildegard mußte mehrmals zum Sprechen ansetzen, bis sie die richtigen Worte fand.

»Ich sehe ein gewaltiges Feuer mit ekligem Gewürm darin. Ein solches Feuer müssen die Seelen derjenigen erleiden, die auf dieser Welt aus Wut gemordet haben. Sie werden von bohrenden Würmern gequält, und diese Würmer sind ihr Gewissen, und sie finden keine Ruhe, weil sie ohne Ehrfurcht das Ebenbild Gottes getötet haben, den Menschen.«

»Er ist nicht schlecht, nur schwach«, verteidigte Gertrud ihren Hermann.

»Ich weiß. Dein Mann hat viele liebenswerte Eigenschaften, ist aber ein Choleriker, der sich Zorn und Haß zur Gewohnheit gemacht hat und nun in seiner Raserei gar die Seele eines Menschen aus dessen Leib verjagte.«

»Und doch zeigt er aufrichtige Reue, Hildegard. Du selbst hast mir einmal mit einem etwas gewagten Vergleich geantwortet, als ich dir ein eigenes Unrecht eingestand. Ich habe deine Worte nie vergessen. Du sagtest: *Die Seele möchte immer in der Reue schöpferisch wirken, so wie die Frau im Wissen um ihr Tun in der Empfängnis den Mann umarmt.*«

»Ja, Liebe, du hast recht. Die Reue ist Gott überaus wohlgefällig. Mit seiner Reue kann der Mensch den Himmel bewegen.«

»Was soll Hermann also tun?«

»Wenn dein Mann seine selbsterschaffenen Zorndämonen aus eigener Kraft vertreiben will, was ihm gewiß größeren Nutzen bringen würde, als tatenlos in irgendeinem Kerker zu schmachten, so sollte er sich körperlich und seelisch reinigen, indem er einen Monat lang strenges Fasten einhält, sein Haus bei Tageslicht nicht verläßt und überdies sein Fleisch züchtigt und dem Weibe entsagt.«

»Das auch?« fragte Gertrud, zwischen Hoffnung und Verzagtheit schwankend.

Hildegard lächelte versonnen; eigentlich erübrigte sich ihre Gegenfrage: »Du tust dich also immer noch schwer mit der Leidenschaft deines Mannes, um die dich manch andere Ehefrau beneiden würde?«

Gertrud betrachtete verlegen die Hände in ihrem Schoß, sagte aber nichts, und so gab die Praeposita ihr auch dazu noch ein paar Worte mit auf den Weg, obwohl die hölzerne Klapper, welche ihnen hier oben einstweilen die Glocke ersetzen mußte, bereits zum Stundengebet in der notdürftig hergerichteten Kapelle rief. Noch einmal erinnerte sie die ein wenig prüde Freundin daran, daß an der Lust nichts Verwerfliches sei, daß sie dem Menschen sogar zu seiner Ganzwerdung dienen könne.

»Als Gott Eva erschuf, empfand Adam im Schlaf ein starkes Gefühl der Liebe. Und Gott gab dieser Liebessehnsucht in Eva Gestalt. Seitdem ist die Frau die Liebe des Mannes. Und daher ist der Mensch in seiner Geschlechtlichkeit, das heißt, in der männlichen *und* weiblichen Energie, das Abbild Gottes.«

Und da Gertrud sie nur ungläubig ansah, fuhr Hildegard fort: »Wir Christusbräute leben zwar in freiwilliger Askese, doch in der Ehe besteht dazu keine Notwendigkeit, es sei denn als selbst auferlegte Buße, wie ich es eben für Hermann vorschlug – obwohl das eigentlich nicht recht von mir war, bevor er mich nicht von sich aus darum gebeten hat. Bei seinem aufbrausenden Temperament dürfte ihm die Enthaltsamkeit auch äußerst schwerfallen. Wenn so feurige Männer wie er die Umarmung der Frau entbehren müssen, vertrocknet ihr Inneres, und sie gehen wie Sterbende einher.«

»Wem sagst du das«, seufzte Gertrud. »Ich fühle mich in meiner Lauheit – meinem sanguinischen Temperament, wie du es nennst – Hermann gegenüber so unzulänglich.«

Hildegard hätte sich eigentlich längst um andere Dinge kümmern müssen, doch Gertrud hatte ihr geholfen, und so hatte auch sie sich jede Hilfe verdient.

»Du brauchst dich wirklich nicht schwach und minderwertig zu fühlen, liebe Freundin«, sagte sie. »Höre, was mir eingegeben wurde: Die Frau blickt zum Manne auf, um von ihm versorgt zu werden, ähnlich wie der Mond seine Stärke von der Sonne empfängt. Andererseits beschenkt die Frau den Mann mit ihrer Kunstfertigkeit, denn das Weib wurde ja aus Fleisch und Blut gemacht, während ihr Gefährte von Gott aus Lehm geformt wurde. Daher blickt er seinerseits zum Weibe auf, um sich von ihm bereichern zu lassen.«

»Du meinst, das Verhältnis zwischen Mann und Frau beruht auf Gegenseitigkeit?«

»Genau das meine ich«, sagte Hildegard und erhob sich mit schmerzendem Rücken. Der Baumstamm war doch ziemlich unbequem gewesen. Allein die Pfalzgräfin mochte ihr noch nicht folgen.

»Nie zuvor habe ich jemanden so kühn über Mann und Frau sprechen hören wie dich, liebe Freundin!« rief sie aus. »Dabei bist du doch die Nonne und ich die Ehefrau. Kein Kirchenmann würde zu denken wagen, was du denkst. Die Herren Geistlichen reden immer nur von der Fortpflanzung.«

Hildegard stand mit gekreuzten Armen da, das Gesicht zur Erde geneigt. Näherten sich nicht Schritte, die sie riefen?

»Wenn es dem Schöpfer lediglich um Fortpflanzung gegangen wäre, hätte er den Menschen gewiß nicht mit Sinnlichkeit gesegnet«, murmelte sie.

»Aber woher kommt es dann, daß uns der Kindersegen bisher versagt blieb? Warum darf nicht auch ich die Leiden der Jungfrau Maria erfahren und gebären wie sie? Liegt es an mir oder an ihm? Hermann ist ja um so vieles älter als ich.«

»Hast du denn die eben entdeckte Gegenseitigkeit schon wieder vergessen, Gertrud?« erwiderte Hildegard ungeduldig. »Die rechte weibliche Liebesleidenschaft ist für die Entstehung gesunden Nachwuchses so unerläßlich wie die Stärke des männlichen Samens. – Bei deinem nächsten Besuch will ich dir gern den Zusammenhang zwischen der Empfängnis und den Mondphasen erklären. Heute jedoch …«, in gespieltem Pathos rang sie die Hände, »ist es mir leider unmöglich!«

»Verzeih mir meine Selbstsucht«, entschuldigte sich die Gräfin. »Ich habe vollkommen vergessen, um wie viele Dinge du dich kümmern mußt. Mir ist, als wäre die Zeit bei dir hier oben stehengeblieben.«

Und mir ist, als würde sie Purzelbäume schlagen, dachte Hildegard, beließ es aber bei einigen Abschiedsfloskeln sowie Grüßen an Hermann, mit dem sie ebenfalls eine herzliche Freundschaft verband.

»Es wäre mir eine rechte Beruhigung, wenn auch er bald einmal den Weg zu dir fände«, entgegnete die Gräfin. »Aber du kennst ihn ja. Wenn ich ihn dränge, erreiche ich das Gegenteil.«

Erst Wochen später, als Sonne und Erde die Flüsse leer tranken und gewöhnliche Menschen der extremen Hitze wegen jede noch so kurze Reise scheuten, besuchte der Pfalzgraf von sich aus den Rupertsberg.

Inzwischen waren die Fundamente der Abtei bereits gelegt, die ersten Mauern hochgezogen. Sieben Schritte breit würde das Hauptschiff werden und der ganze Bau sicherlich dreißig Männerschritte lang, schätzte Hermann von Stahleck.

Die Praeposita war zunächst nicht aufzufinden – sie habe sich mit ihren engsten Vertrauten zum Gespräch zurückgezogen, hieß es; wohin, das wisse niemand so genau. Hermann befürchtete schon, Hildegard werde sich aus irgendwelchen Gründen verleugnen lassen, dann aber kam sie doch. Sie sah so elend, bleich und abgemagert aus, daß ihr der Graf, impulsiv wie er nun einmal war, sogleich seine Hilfe anbot.

Er werde den Rupertsbergerinnen sämtliche Ländereien übertragen, die er in Bingen und Umgebung besäße, versprach er, denn einer wie er habe immer Grund, Buße zu tun.

Hildegard nahm seine Schenkung voller Dankbarkeit entgegen. Der Herr selbst müsse ihn geschickt haben, sagte sie, nun könne sie wieder mit Zuversicht allem Kommenden begegnen.

Aber Hildegards Miene hellte sich bei ihren Worten kaum auf. Auch die anderen Schwestern wirkten wie gelähmt und strahlten nichts von der heiteren Gelassenheit aus, die der Pfalzgraf an Hildegards Töchtern sonst so liebte. Keine lachte, keine sang, und Richardis, sein Patenkind, ließ sich gar nicht erst blicken.

Vielleicht schämte sie sich ja ihrer Familie, vermutete der Graf von Stahleck. Denn Mutter und Bruder wollten Richardis nicht länger als Hildegards Schreiberin auf dem Rupertsberg »verkümmern« lassen, hieß es; dies entspräche weder ihrem Stand noch ihren Fähigkeiten. Vielmehr sollte sie in Zukunft als Äbtissin den Schwestern in Birsin vorstehen, einem ebenso vornehmen wie freiheitlichen Stift, unweit ihres Bruders Hartwig, dem Erzbischof von Bremen.

Hermann von Stahleck hatte diese Pläne bisher gutgeheißen und sie sogar unterstützt, seine Frau dagegen glaubte an ein Komplott zwischen der Gräfin von Stade, die sie »eine alte Schlange« nannte, ihrem Sohn Hartwig und Abt Kuno, welcher »Richardis weglobte, um damit die unbequeme Prophetissa dort zu treffen, wo sie am verwundbarsten ist«, wie Gertrud sich ausgedrückt hatte.

»Vielleicht kann ich dir ja auch noch in anderer Weise behilflich sein«, schlug Hermann der Praeposita nun vor. »Du weißt, ich verstehe mich auf Intrigen und Verschwörungen.«

Hildegard hob abwehrend die Hände.

»Nein, nein! Besagte Familie, auf die du wohl anspielst, hat sich da etwas in den Kopf gesetzt, das sie nicht im Sinne Gottes, sondern im Sinne weltlicher Ehrsucht erstrebt. Und ich werde bis zum Äußersten gehen, diese Pläne zu vereiteln! Denk nur, vor Tagen haben die Markgräfin und ihre Helfershelfer sich sogar nach Mainz zu Erzbischof Heinrich bemüht, damit er mir den Befehl erteile, Richardis freizugeben, was der Unglückselige auch tat. Doch ich habe nicht die Absicht, mich ihnen zu fügen. *Horche und gehorche ...* – so darf nur einer zu mir sprechen!«

Die Prophetissa war so vehement in Worten und Gebärden, daß es den Grafen nicht verwundert hätte, sie auch noch mit dem Fuß aufstampfen zu sehen. Voller Erstaunen, Mitgefühl und Sympathie beobachtete er Hildegards Ausbruch. War es nicht tröstlich zu sehen, daß selbst eine Gottbegnadete gelegentlich die Fassung verlieren konnte?

Er schätzte Hildegard sehr, denn durch ihre besonnenen Worte hatte sich schon manche Krise in seinem Eheleben zum Guten gewendet. Doch jetzt, in einer Stunde der Schwäche, fühlte Hermann sich ihr erst richtig nah. Behutsam, als fürchtete er, sie zu zerbrechen, nahm er ihren Arm:

»Laß uns das Baugelände abgehen, liebe Freundin. Vielleicht besänftigt dich das.«

Nach ihrem Rundgang und einem gemeinsamen Gebet am Grab des Bekenners Rupertus schien Hildegard ihr inneres Gleichgewicht wiedergefunden zu haben. Wie eine vom Schlaf Erwachte reckte sie sich, schaute sich um und sagte:

»Sind sie nicht schön, all diese verschiedenen Schattenfarben?«

»Schattenfarben?«

»Ja, sieh nur: Der Schatten der Tannen ist fast schwarz, der des Birnbaums gelb, und die Blätter der Laubbäume scheinen durchsichtig wie grünes Glas, wenn die Sonne auf sie fällt.«

Der Pfalzgraf ließ den Blick bedächtig in die Runde schweifen; und bald erschloß sich auch seinen Augen das Farbenspiel in den Blätterkronen.

»Du bist nicht nur, was das Verborgene betrifft, eine Seherin, Hildegard«, schmeichelte er ihr. »Ja, du hast recht. Auch der Schatten hat eine Farbe. Gertrud meinte einmal, du könntest die Natur so schildern, daß selbst ein Gänseblümchen zur Offenbarung wird.«

»Aber das ist es ja auch. Gott hat keine Form, wir erkennen ihn in seiner Schöpfung.«

Sie schlenderten zum Brunnen, tranken einen großen Schluck aus dem frisch gefüllten Schöpfeimer und noch einen und verharrten dort. Hermann führte Hildegards Hand an sein Gesicht, atmete den Geruch von Sonne und feuchter Haut.

»Darf ich dich noch etwas fragen, bevor ich dich deinen Pflichten überlasse?«

Sie zog ihre Hand zurück, nickte.

»Es mag für einen gestandenen Mann wie mich aber ein wenig kindisch klingen ...«

»Frag nur!« ermunterte sie ihn.

»Es geht um die uralte Frage nach dem Bösen in der Welt«, sagte Hermann von Stahleck. »Warum schuf Gott den Menschen so, daß er sündigen kann?«

Schweigend begann Hildegard, einem kleinen Tümpel, der nur noch eine Pfütze war, eine Handvoll Wasserlinsen für ihr bewährtes Elixier zu entnehmen. Als Hermann schon glaubte, die lähmende Schwüle habe sie ihn und seine Frage vergessen lassen, richtete Hildegard wieder das Wort an ihn und sprach, ohne auch nur einmal ins Stocken zu geraten:

»Der Tag wäre nicht so hellstrahlend, wie er ist, trüge er nicht die Kunde von der Dunkelheit in sich, die wiederum den Tag besingt. So weisen auch die Bosheit und Rücksichtslosigkeit Satans auf Gott hin; alle Schlechtigkeit der Welt kann Ihm jedoch nicht widerstehen, denn Gott hat das Böse nicht geschaffen, sondern wie einen Schemel unter Seine Füße gebracht. Das Böse kann aus sich heraus weder etwas erschaffen noch wirken, denn es ist nichts, einfach *nichts*. Nur als trügerisches Wunsch- und Phantasiegebilde ist es zu werten. Der Mensch aber besitzt eine schwankende Natur. Immer will er zu hoch hinaus oder zu tief hinunter. Darum muß er mehr als jedes andere Geschöpf erprobt und durch die Schöpfung geläutert werden. Fleisch durch Fleisch, Erde durch Wasser, Feuer durch Kälte, Kampf durch Niederlage, Gutes durch Böses, Schönheit durch Häßlichkeit, Armut durch Reichtum, Süße durch Bitternis, Gesundheit durch Krankheit, Langes durch Kurzes, Hartes durch Weiches, Höhe durch Tiefe, Licht durch Finsternis, Leben durch Tod, das Paradies durch Leiden, das Himmelreich durch die Hölle, Irdisches mit Irdischem, Himmlisches mit Himmlischem. So wird der Mensch durch die ganze Schöpfung geprüft. Er ist das Wesen, das nicht sein will, was es sein sollte, nämlich *Gott in der Welt* ...«

»Warte, warte!« unterbrach Hermann ihren Redefluß. »Habe ich dich richtig verstanden: Der Mensch sollte *Gott* sein in der Welt?«

»So ist es.«

»Aber ist das nicht Luziferisches Denken und genau die Hybris, die zu seinem Sturze führte?«

»Keineswegs. Höre: Gottsein ist für den Menschen nur dann eine Überheblichkeit oder Lästerung, wenn man Gott für etwas anderes oder Erhabeneres hält als den Mitmenschen und alle Kreatur und einzig sich selbst so erhaben dünkt wie Gott, der über allem thront, hoch über der Schöpfung. Echtes Gottsein ist bewußtes Einssein.«

Hermann vermochte es nicht zu fassen. Was er hier zu hören bekam, entsprang einer ihm vollkommen neuen Sichtweise. Und manch einer würde sie ketzerisch finden.

»Ich wollte, ich hätte in meinem Leben nicht so viel zu bedauern«, sagte er plötzlich.

»Sei unbesorgt, Hermann. Gottes Güte ist größer als Seine Gerechtigkeit; Er läßt den Sünder niemals los, denn Er liebt es, dem Reuigen seine Schuld zu vergeben. Er ruft den Menschen zur Reue auf, damit Er sein Mitarbeiter für die ganze Welt werde. Wir dürfen uns ja ständig neu entscheiden, ob wir Mitspieler oder Gegenspieler des Schöpfers sein wollen.«

Hermann hätte die *Prophetissa Teutonica* am liebsten um die Taille gefaßt und wie ein Kind in der Luft herumgeschwenkt.

»Was für eine Theologin du bist!« rief er so laut, daß Hildegard zusammenzuckte. »Predigst die Zärtlichkeit Gottes, wo andere mir nur noch sein Strafgericht ankündigen würden. Und was für einen Ausbund an Lasterhaftigkeit hat sich dein zärtlicher Gott in mir zur Mitarbeit aufgerufen!«

Nachdenklich betrachtete er seine geschlitzten Hosen aus rotem Scharlach, durch die man seine wohlgeformten Beine sehen konnte. So viel Eitelkeit mußte bei einem Mann seines Alters eigentlich auch nicht mehr sein.

»Doch wenn es so ist, wie du sagst«, fügte er leise hinzu, »muß auch ich endlich die Konsequenzen ziehen und mein Leben ändern.«

»Du mußt nur beschließen, das Dunkle aufzugeben und dich dem Licht zuwenden, Hermann, dann wird der Herr dir schon dabei helfen.«

Sie schlug das Zeichen des Kreuzes über ihn und eilte zu den Bauarbeitern.

16
Opfer und Ekstase

Auch hier im Norden, unweit des Meeres, wo der Wind niemals ganz zur Ruhe kam, liebte es Richardis, mit ausgebreiteten Armen und erhobenen Handflächen unter freiem Himmel zu stehen und die Nachtwolken über das Antlitz des Mondes jagen zu sehen.

»Ihr bringt es fertig, am hellichten Tag nach der Sonne zu suchen«, hatte Mater Hildegard die Kleingläubigen unter ihren Töchtern zurechtgewiesen, wenn sie wieder einmal meinten, Gott nicht erkennen zu können, der allen Dingen innewohnte.

Nun, Richardis suchte eher das kühle Mondlicht. So war es immer schon gewesen und jetzt erst recht; denn dieses Licht war Balsam für gequälte Seelen. Vor wenigen Stunden hatte sie eine Botschaft von Mater Hildegard empfangen, bewegende Worte der Liebe und des Schmerzes, die sie dennoch keiner Antwort würdigen durfte, wollte sie nicht dem Sinn ihres selbstgewählten Sühneopfers zuwiderhandeln.

Niemand kannte den wahren Grund für Richardis' Entscheidung, auch Hildegard nicht. Sonst hätte sie wohl kaum all diese Briefe verfaßt, deren Abschriften man der einstigen Gefährtin in die Hände spielte, auf daß sie endlich ihre Skrupel verlöre und statt dessen die menschlichen Schwächen der Praeposita beklagte, welche in ihrer Verzweiflung bis an die Grenze des Schicklichen gegangen war.

»Der Geist Gottes spricht in seinem Eifer: O Hirten klagt und trauert in dieser Zeit, denn Ihr wißt nicht, was Ihr tut«, hatte sie Erzbischof Heinrich vorgeworfen. »Ihr wißt nicht, was Ihr tut, wenn Ihr die in Gott begründeten Ämter um Geldbesitz an die Torheit schlechter Menschen verschleudert, die Gott nicht fürchten.«

Bis zu dem Zeitpunkt hatte Hildegard sich noch nicht selbst mit der Initiatorin des Ränkespiels in Verbindung gesetzt; als die Gräfin von Stade sie jedoch aufforderte, auch ihre Enkelin Adelheid freizugeben, weil man sie auf ebenso überraschende Weise wie ihre Tochter Richardis andernorts zur Äbtissin gewählt hatte, konnte Hildegard sich nicht länger zurückhalten:

»Ich beschwöre und ermahne Dich, erschüttere meine Seele nicht so sehr, daß mir bittere Tränen aus den Augen strömen und mein Herz verwundet wird wegen meiner geliebten Töchter Richardis und Adelheid, die ich bislang im Morgenrot leuchten und mit Perlen der Tugend geschmückt sehe«, versuchte sie die Markgräfin umzustimmen, mit der sie einst befreundet gewesen war. »Hüte Dich, daß nicht durch Deinen Willen, Deinen Rat und Deine Hilfe ihre Seelen Schaden erleiden, denn die Äbtissinnenwürde, die Du für sie begehrst, entspricht *sicher, sicher, sicher nicht* dem Willen Gottes.

Wenn Du also die Mutter dieser Deiner Töchter bist, hüte Dich, zum Verderben ihrer Seelen zu werden, auf daß Du nachher nicht mit bitteren Seufzern und Tränen um jene trauern mußt, um die Du doch nicht trauern willst. Gott erleuchte und tröste Deine Seele und Deinen Verstand in der kurzen Zeit, die Du noch auf Erden weilst.«

Richardis, die weit mehr als der Familie ihrer eigenen inneren Stimme gehorcht hatte, versuchte sich zur Zeit dieses Briefwechsels schon in Birsin einzuleben, was ihr aber kaum gelingen wollte. Zu fremd war ihr das neue Amt in der ungewohnten Umgebung, zu groß das Heimweh nach dem vertrauten Kloster am Rhein. Hildegard hatte den Norden noch nie gemocht; den *finsteren Ort des Engelsturzes* nannte sie ihn gar. Ob zu Recht oder Unrecht – Richardis fand nicht mehr die Kraft, sich zwischen Mutter und Mater zu stellen, zumal sie in einem Appell Hildegards an Hartwig ihre Meisterin, die stets um das rechte Maß bemüht gewesen war, kaum noch wiedererkennen konnte:

»Höre auf mich, die ich Dir in Tränen und Trübsal zu Füßen liege«, hatte Hildegard sich an Erzbischof Hartwig gewandt, »denn meine Seele ist untröstlich, weil ein gewisser schrecklicher Mensch in der Angelegenheit unserer geliebten Tochter Richardis meinen Rat und Willen und den meiner Schwestern und Freunde mißachtet und sie nach seinem eigenen Ermessen aus unserem Kloster entführt hat ... Es war für unseren Abt nicht notwendig, eine heilige, aber unwissende Seele in eine so große Unbesonnenheit und Geistesverblendung hineinzutreiben ... Darum bitte ich Dich: Sende meine geliebte Tochter zu mir zurück. Denn eine Wahl Gottes übergehe ich nicht, noch widerspreche ich ihr, wenn immer eine solche vorliegt.«

Wie sehr Hildegard sich doch irrte! Richardis war weder von Abt Kuno entführt worden, noch war es die Machtpolitik der Familie von Stade oder gar Richardis' eigener Standesdünkel, die von der Mater viel beklagte *Ehrsucht*, welche sie das Äbtissinnenamt in Birsin hatte annehmen lassen, sondern allein die Erkenntnis, daß ihre Liebe zu Hildegard das letzte Glied in der Kette war, die sie an die Erde band, und somit das einzige, was sie noch von Gott trennte. Er, der allein in ihrem Herzen thronen sollte, mußte sich diesen Thron mit einem Menschen teilen. Kuß und Umarmung Gottes hatten Richardis nicht genügt und würden ihr nicht genügen, solange sie in Hildegards Aura eingehüllt blieb. Heil sein, heilig sein aber bedeutete, alles zu verleugnen, alles im Geist und alles in der Stofflichkeit. Dem Höchsten ein Sacrificium darbringen, eine heiligmachende Opfergabe, die Seiner würdig war. Nur wer sich vom Liebsten in dieser Welt trennte, konnte sich mit dem Himmel vermählen. *Ja: Hebe deinen Finger, und berühre die Wolken ...*

Nach außen hin sah es so aus, als habe Richardis die Mater um ihres eigenen Vorteils willen im Stich gelassen. Doch nicht einmal das stimmte. Sie hatte die Wochen der Krankheit ebenso mit ihr geteilt wie die bittern ersten Monate auf dem Rupertsberg. Erst als dies alles hinter ihnen lag und auch das letzte Kapitel des umfangreichen *Scivias* in Schönschrift auf dem Pergament stand, hatte Richardis ihre allzu enge Bindung an die Mater zu lösen versucht, indem sie dem Drängen ihrer Familie nachgab, das sie nun als göttliches Zeichen betrachtete.

Seitdem sie das Schreiben vom Vormittag in den Händen hielt, bereitete es ihr allerdings die größte Pein, das selbst auferlegte Schweigegebot einzuhalten und somit den Schmerz der Mater nicht zu mildern.

»Wehe mir, Mutter, wehe mir, Tochter, warum hast Du mich zurückgelassen wie eine Waise?« wollte Hildegard von ihr wissen, und es brach Richardis beinah das Herz, diese Klage zu lesen und der Trauernden die Antwort schuldig zu bleiben.

»Ich liebte den Adel Deiner Sitten, Deine Klugheit, Deine Reinheit, Deine Seele, Dein ganzes Leben, so daß viele mir sagten: Was tust Du da?« gestand ihr die Mater. »Nun weinen alle mit mir, die ähnliches Leid erlitten wie ich, die in der Liebe Gottes so viel Zärtlichkeit für einen Menschen hegten wie ich für Dich, für einen Menschen, der ihnen plötzlich entrissen wurde so wie Du mir.«

War es nicht am Ende vermessen gewesen, so fragte Richardis sich zum erstenmal, die Mater ohne ein Wort in ein Geschehen einzubeziehen, dem sie sich gar nicht hätte widersetzen können? Worin bestand denn der Wert eines Sacrificiums, wenn man die Folgen nicht allein trug, sondern sie einem anderen mit aufzwang? Oh, daß ihr dieser Gedanke niemals gekommen wäre!

Mit dem Wunsch: »Möge Gottes Engel Dich geleiten, der Sohn Gottes Dich schützen und Seine Mutter Dich behüten. Gedenke auch Deiner unglücklichen Mutter Hildegard, auf daß Dein Glück Dir nicht entschwinde«, hatte der Brief geendet, und es war nicht das eigene Unglück, um das Richardis nun bittere Tränen vergoß.

Als sie sich wieder ein wenig beruhigt hatte, drückte sie sich den steingrauen Wasserachat ans Herz, ein Mittel gegen die Mondsucht. Hildegard hatte ihr den Stein vor Jahren zugesteckt, doch nie hatte er so recht geholfen. Dann lauschte Richardis lange in die Dunkelheit. Irgendwo in der Ferne schrie ein Nachtvogel viele Male nach seinem Gefährten. Die Wolken gaben das Antlitz des Mondes frei und enthüllten seine Narben. Vielleicht hatte ja auch er sich ein Stück aus der Seele geschnitten und dem Höchsten geopfert ...

»Selbst in der Traurigkeit steckt noch Freude, und in aller Freude ruht ein Glück«, sagte die Mater. Doch Richardis mochte nicht mehr darauf hoffen. In einem Anflug von Größenwahn hatte sie sich selbst erlösen wollen, indem sie die Kette sprengte, welche sie an die Erde band, dabei aber ihre eigene Verankerung mit herausgerissen, so daß sie nun nicht einmal mehr mit den Fußspitzen den Boden berührte.

Beschwerlicher denn je erschien es der Gefährtin der Engel zu dieser Stunde, in eines Menschen Leib zu leben.

»Der Bau des Rupertsberger Klosters wurde in so unvorstellbar kurzer Zeit vollendet, daß die Menschen drunten im Rheintal bis weit über Bingen hinaus sich gar nicht genug darüber verwundern mögen«, schrieb Propst Volmar in seiner Chronik.

»Bereits am 1. Mai 1152 konnte Erzbischof Heinrich von Mainz unsere Basilika einweihen und bei der Gelegenheit einigen Nonnen auch gleich die *Consecratio Virginum* erteilen. Zu unserer großen Freude schenkte er dem Kloster anschließend einen Mühlenplatz, den sogenannten *Mühlwert* in der Nähe des Binger Lochs. Das Kloster bietet nun Raum für fünfzig Nonnen, zwei Priester, Besucher und Gesinde sowie sieben arme Frauen als *Herrgottsgäste*.

Zu dem hohen Festtag selbst hatte unsere verehrte Meisterin, diese Spielfrau Gottes, das Mysteriendrama *Ordo Virtutum* verfaßt, worin sie einige ihrer allegorischen Gestalten aus dem *Scivias* durch die Sprache der Musik zum Leben erweckte und sie somit den Menschen, über das reine Wort hinaus, in einer weiteren Dimension zugänglich machte. Nie zuvor hat Mater Hildegard ein so umfangreiches musikalisches Werk komponiert, denn außer einigen Zwischenmusiken ersann sie zu den Singstimmen und Chören auch jeweils die passende Instrumentalbegleitung für Flöte, Harfe, Psalter und Monochord.

Damit das Stück, welches über eine Stunde lang andauerte und in vier verschiedene Szenen aufgeteilt war, die Zuschauer nicht ermüdete, hatte die Meisterin ihre Darsteller ein anmutiges Gebärdenspiel einstudieren lassen und auch für entsprechende Kostüme gesorgt. Und ebenso tief wie die Worte die Seelen der Zuhörer durch den wunderbaren Gesang berührten, prägte sich ihnen das Bild der acht jungen Frauen ein, welche die Tugenden versinnbildlichten. Mit weißen Schleiern über herabwallendem Haar erstrahlten sie in vollendeter weiblicher Schönheit.«

Sobald Volmar die Augen schloß, sah er die eindrucksvolle Szenerie der Uraufführung wieder ganz genau vor sich:

»Einige Gestalten, so die Caritas, Innocentia und Humilitas, trugen golddurchwirkte Kränze auf den Häuptern, andere Kronen mit dem Zeichen des Kreuzes und dem Bild des Lammes. Alle hatten goldene Fingerringe, auch Anima, die Seele im weißen Gewand der Unsterblichkeit«, berichtete er. »Nur ich, der ich zu meinem größten Vergnügen die Rolle des Diabolus – des *großen Durcheinanderwerfers*, wie Hildegard ihn gerne nennt – spielen sollte, kam in einem schwarzen Gewand daher und hatte das Gesicht unter einer Maske verborgen. Unfähig zu jeglichem Gesang, durfte ich nur Mißtöne von mir geben, köstliche Krächzlaute aus den Abgründen der Unterwelt. Thema des Spiels war – unschwer zu raten – die menschliche Seele im irdischen Kampf gegen die Versuchungen Satans. Zur Freude aller trat gleich zu Anfang, nach ein paar Takten himmlischer Musik, unsere Meisterin selbst in Erscheinung, um mit den Worten: *Und siehe, es geschah in meinem dreiundvierzigsten Jahr ...* ihren göttlichen Auftrag zu bekräftigen.«

Da auch Volmar von seinen Verpflichtungen auf dem Rupertsberg stark in Anspruch genommen wurde, versuchte er, den weiteren Verlauf des Mysterienspiels so knapp wie möglich zusammenzufassen:

»Es folgte die Antiphon *O splendissima gemma* als Überleitung zum Auftritt der biblischen Propheten und Patriarchen«, entsann er sich. »Mit der Frage: *Wer sind die, die da sind wie Wolken?* begannen dann die Heiligen der Vorzeit ihre Lobeshymne auf die Tugendkräfte, welche die Liebesbotschaft des Neuen Testaments verkünden. Und nun entwickelte sich das eigentliche Drama ...«

Hier wechselte der Chronist die Tempi, um die Spannung seiner imaginären Leser zu steigern:

»Anima, die Seele, welche sich schon anschickte, zu den Tugenden hinaufzusteigen, kann den Verlockungen der Welt nicht länger widerstehen. *Gott hat die Welt erschaffen, Ihm tue ich kein Unrecht, wenn ich sie genießen will*, rechtfertigt sie ihre Verblendung, bevor sie ihr weißes Kleid abwirft und den Teufel umarmt. Bitter beklagen die Tugenden, von denen sich nun jede einzeln vorstellt (unter anderem als Hoffnung, Keuschheit, Gottesfurcht und Urteilskraft), den Verlust dieser einen Seele. Später jedoch, nach schmerzlichen Erfahrungen in der Welt, fühlt Anima sich unrein, verwundet und niedergeschlagen. Schließlich sagt sie sich von Diabolus und den irdischen Freuden los; laut ruft sie um Hilfe. Darauf haben die Tugenden nur gewartet: Bereitwillig richten sie die Seele wieder auf und bieten ihr erneut das Gewand der Unsterblichkeit an.

Während die letzte Hymne erklingt: *Im Anfang grünten alle Geschöpfe, in der Zeitenmitte blühten die Blumen, dann schwand die Lebenskraft dahin*, ziehen Sänger und Musikanten in einer Prozession aus der Basilika. Der Kampf zwischen Deus und Diabolus, welcher sich letztlich auf der Bühne einer jeden Menschenseele abspielt, hat sein Ende gefunden.«

Und Volmar schloß:

»Dieses *Ordo Virtutum* wird mit seiner Musik und seiner Botschaft die Jahrhunderte überdauern. Hat man je davon gehört, daß eine Frau ein solches Werk verfaßte?«

In ähnlicher Weise sollten wir uns von nun an, dachte Hildegard, an jedem ersten Sonntag im Monat mit Schleiern, Kränzen und Ringen schmücken, um unserem himmlischen Bräutigam beim Empfang der heiligen Kommunion zu huldigen. Und wir dürfen uns niemals, wie in anderen Klöstern üblich, gegen den finsteren Norden ausrichten lassen, in einem Nonnenchor versteckt. Niemals! Vielmehr werden wir uns zur Erinnerung an diesen 1. Mai 1152 auch in Zukunft, den Mönchen gleich, mitten im Kirchenschiff zu Gebet und Gesang versammeln.

Wunderbar gelungen war ihr das *Spiel der Kräfte* am Tag der ersten Aufführung erschienen, trotz kleinerer Unzulänglichkeiten, und erst als in der zweiten Szene die Keuschheit – Castitas – zu singen begann, wurde Hildegard wieder von Wehmut befallen, der wilden Verzweiflung abgeklärter Schwester, denn niemandem außer Richardis hatte sie diese Rolle auf den Leib und in die Seele geschrieben.

Jungfräulichkeit im königlichen Gewand, wie lieblich erglühst du in der Umarmung des Königs ... So war es ihr in einer Schau über diese Tochter gesagt worden, so hatte sie es Wort für Wort vertont und sich dabei vorgestellt, wie die Stimme der Engelsgefährtin, welche so mühelos die höchsten Höhen erklomm, als wollte sie mit dem Himmel verschmelzen, die Partie der Castitas sang.

Nun aber spielte eine andere die Rolle der Keuschheit; Richardis würde nie mehr Psalmen mit ihrer Meisterin singen, ihr niemals mehr die Worte von den Fieberlippen lesen; und eine andere würde dereinst Hildegards Nachfolgerin auf dem Rupertsberg werden.

Wie hatte sie um diese Tochter gekämpft und gelitten und zuletzt sogar noch den Heiligen Vater um Hilfe gebeten! Doch alles war vergebens. Erst nach der Weisung ihres

Gönners Eugen an Erzbischof Heinrich, er möge dafür sorgen, daß unter der neuen Äbtissin im Kloster Birsin die Ordensregeln wieder eingehalten würden, oder sie zum Rupertsberg zurückschicken, hatte Hildegard ihren Widerstand aufgegeben und sich auf die benediktinische Regel besonnen, in der es hieß: »Nicht darf im Kloster vom Abt ein Unterschied gemacht werden bezüglich der Person. Er liebe den einen nicht mehr als den anderen.« Diese Regel aber hatte Hildegard mißachtet und es nicht einmal gemerkt. Insofern trug sie allein die Verantwortung für den Schmerz, unter dem sie nun litt.

Ihre Tochter Richardis war wie eine Blume gewesen, voller Schönheit, Anmut und Duft. Wie eine Blume aber mußte jede irdische Liebe welken, denn nur die Liebe Gottes währte ewig. So lautete die Lehre der Tochter an die Mutter, und in Hildegard wuchs die Einsicht, daß Richardis ihr in Wahrheit einen Liebesdienst ohnegleichen erwiesen hatte, indem sie einen Verzicht von ihr erzwang, den sie von sich aus niemals geleistet hätte. Alles hätte Hildegard dem Herrn geopfert, nur nicht Richardis. Das Opfer aber war der natürliche Ausdruck der Ekstase, und erst die Ekstase war die ersehnte Ausdehnung in die göttliche Sphäre.

Und während sich vor ihren Augen das *Spiel der Kräfte* vollzog, worin die Tugenden über Satan triumphierten, vergoß Hildegard Tränen der Freude statt des Kummers, weil Gott sie nach all den Qualen nun doch nicht vergessen hatte und sie wieder der Liebesfluß zwischen Ihm und ihr, den sie schon beinah versiegt glaubte, glühender Lava gleich durchströmte.

Wenige Wochen nach jener Uraufführung überbrachte Hildegards neue Schreiberin ihr einen ungewöhnlich kritischen Brief. Er kam von der Magistra Tengswich, Äbtissin eines Kanonissinnenstiftes in Andernach, und enthielt heftige Vorwürfe an die »Meisterin vom Rupertsberg«, weil nämlich, so hieß es: »Eure Nonnen an Festtagen beim Psalmengesang mit herabwallendem Haar im Chor stehen und als Schmuck leuchtend weiße Seidenschleier tragen, deren Saum den Boden berührt«. Bei Paulus stehe aber ausdrücklich: »Die Frauen sollen sich sittsam halten und sich nicht mit Haargeflecht und Gold und Perlen oder mit kostbaren Gewändern schmücken. Außerdem gewährt Ihr nur Frauen aus angesehenem und adeligem Geschlecht Eintritt in Eure Gemeinschaft, Nichtadeligen und weniger Begüterten hingegen verweigert Ihr die Aufnahme. Auch darüber sind wir entsetzt«, tat die Meisterin aus Andernach kund, die selbst die Tochter eines Ministerialen war und in ihrem Kloster größten Wert auf harte Arbeit, Armut und Askese legte.

Ferner erinnerte sie ihre berühmte Schwester daran, daß der Herr selbst schlichte Fischer zum Fundament seiner Kirche bestimmt habe, und zitierte den Apostel Petrus mit dem Ausspruch, daß es bei Gott ein Ansehen der Person nicht gebe.

Gegen Ende ihres Schreibens kam die Meisterin Tengswich noch einmal auf ihren Vorwurf der Prunksucht zurück und gab der Prophetissa zu verstehen: »Eine solche Neuerung im Brauchtum, verehrungswürdige Braut Christi, übersteigt bei weitem das Maß unserer bescheidenen Fassungskraft und hat in uns nicht geringe Verwunderung ausgelöst.«

Die Stimme der Schreiberin Hiltrudis, einer jungen Nichte der Jutta von Stade, hatte beim Vorlesen einen merklich parodierenden Tonfall angenommen.

»Gütiger Himmel!« unterbrach Hildegard sie schließlich, »wird es noch schlimmer?«

Hiltrudis hob den Kopf; in ihren nußbraunen Augen funkelte es.

»Sie will wissen, auf welche Autorität du dich bei einem solch ungewöhnlichen klösterlichen Brauch berufst.«

»Auf welche wohl?« murmelte Hildegard. »Tengswich brauchte nur im *Scivias* zu lesen. Dort wird in der fünften

Offenbarung des zweiten Teils das Aussehen der Töchter Sions genau beschrieben.«

»Und wollen wir ihr das sagen? Oder ihr eine Abschrift schicken?«

Gespannt wartete Hiltrudis auf die Antwort; Mater Hildegard war in der letzten Zeit nicht so leicht einzuschätzen.

»Nein, nein, das muß nicht sein. Wir werden der Meisterin mitteilen, daß ihr Pauluswort sich an die weltlichen Frauen richtet, damit sie mit ihrem Haar und dessen Schmuck nicht großtun, nicht aber an Jungfrauen, die sich mit Christus vermählen.«

»Oh!« Das Glitzern in Hiltrudis' Augen wurde stärker. »Und wie werden wir ihr die Frage nach den Standesunterschieden beantworten?«

Wer feurige Augen hat, die einer schwarzen Wolke neben der Sonne ähnlich sind, hat sie naturgemäß vom warmen Südwind erhalten. Sie sind gesund, weil sie von der Wärme des Feuers stammen, dachte Hildegard.

»Nun«, sagte sie, »wir werden sie darauf hinweisen, daß Gott dem Volk auf Erden Unterschiede gesetzt hat, so wie Er auch im Himmel Engel, Erzengel, Throne, Herrschaften, Cherubim und Seraphim gesondert hat. Oder daß kein Mensch seine ganze Herde – Ochsen, Schafe, Böcke – in einem einzigen Stall sammeln wird, daß man überdies ein krankes Schaf wegschaffen muß, damit nicht die ganze Herde angesteckt wird. Vielleicht überzeugt die Meisterin aus Andernach das mehr. Denn auch *das* steht in der Benediktusregel.«

Hildegard ließ sich mit ihrer Antwort an die Äbtissin in Andernach mehr Zeit als sonst. Erst viele Tage später diktierte sie Hiltrudis ein langes Schreiben ohne besondere Anrede, welches nicht weniger schroff als der Brief, den sie zuvor empfangen hatte, mit den Worten endete:

»Denn es ist gut, daß der Mensch sich eines Berges nicht zu bemächtigen sucht, den er nicht von der Stelle rücken kann, statt dessen verharre er lieber im Tal und begreife allmählich, was er leisten kann. So spricht das Lebendige Licht und nicht ein Mensch. Wer es hört, der schaue und glaube, woher es ist.«

Mater Hildegard hat sich verändert, seitdem sie Richardis verloren hat, dachte Hiltrudis. Früher wären ihre Worte verbindlicher gewesen.

Nicht alle Schwestern empfanden Mitgefühl für sie; den meisten hatte es zwar in der Seele weh getan zu sehen, wie Hildegard sich grämte, wie die Kummerfalte über der Nasenwurzel sich vertiefte und ihre Augen vorübergehend jeden Glanz verloren, andere aber begrüßten das Ende ihrer blinden Liebe, ihrer »Vernarrtheit in eine, die zu schön war, um Nonne zu sein«, wie sie sagten. Und wieder anderen war auch das nicht recht. Von der Mater gehe zwar nach wie vor Licht aus, aber keine Wärme mehr, behaupteten sie, alle Wärme habe ihre Lieblingstochter mit sich in den Norden genommen.

Hiltrudis selbst hielt sich lieber an ein Wort, das Propst Volmar vor dem Umzug zum Rupertsberg voller Verzweiflung ausgerufen hatte, nachdem immer mehr Schwestern und deren Familien der Prophetissa in den Rücken gefallen waren:

»Wie wunderbar wirkt Gott in seinen Heiligen, und wie sonderbar verhält sich die Welt in ihrem Urteil über sie!«

»Auch mit diesem geht wieder ein besonderes Jahr zur Neige«, resümierte Volmar zu Weihnachten 1152 in seiner Chronik. »Überhaupt scheinen mir Jahreszahlen, deren Quersumme neun ergibt, auf eine besondere Beschaffenheit der Zeit hinzuweisen. Und diese Annahme beruht keineswegs nur auf meiner eigenen Beobachtung. So erinnere ich mich noch gut, daß für Siward von Uppsala die Zahl neun das Göttliche symbolisierte, da sie, beliebig oft multipliziert, in der Quersumme doch immer wieder neun ergibt. (Man beachte in dem Zusammenhang das Jahr 1098, in dem unsere verehrte Meisterin das Licht der Welt erblickte!)«, fügte er in Klammern hinzu.

»Doch bleiben wir bei diesem Jahr: Im Februar 1152 starb König Konrad an den Folgen der Malaria, die er sich im Heiligen Land zugezogen hatte. (»Insofern hat ihn jene Kreuzzugspredigt des Bernhard von Clairvaux Anno 1147 wahrhaftig in den Tod getrieben«), vermerkte Volmar in einer Fußnote, die er gleich wieder mit dem Federmesser wegschabte. Das Pergament erschien ihm in diesem Fall zu kostbar für persönliche Kommentare.

Gleichwohl ging ihm die Aufforderung des Abtes seinerzeit im Dom zu Speyer nicht aus dem Kopf: »*Nimm das Kreuzeszeichen, und für alles, was du reuigen Herzens beichtest, wirst du auf einmal Ablaß empfangen*«, hatte Bernhard versprochen.

Nun, nach der Katastrophe von Edessa und dem unglückseligen Ende des Kreuzzugs, war es ein fataler Satz.

Immer noch grübelnd, zog Volmar eine frische Feder, die er stets bei sich trug, hinter seinem rechten Ohr hervor, um mit der Chronik des Neuner-Jahres fortzufahren:

»Am 4. März wurde der Neffe des Königs, Friedrich I. – welcher ebenso ein Neffe unserer Freundin Gertrud von Stahleck ist –, zu Konrads Nachfolger gewählt. Nun erwartet das Reich Großes von ihm. Zum Schicksalsjahr wurde 1152 aber auch für die Familie von Stade. War im vergangenen Winter schon die Markgräfin einem plötzlichen Fieber erlegen, so folgten im Frühjahr ihre Tochter Liutgart, Mutter unserer ehemaligen Schwester Adelheid, nunmehr Äbtissin in Gandersheim, und am 29. Oktober auch noch Hildegards geliebte Tochter Richardis, zuletzt Äbtissin im Stift zu Birsin.«

Der Symmista selbst war der Todesbote gewesen und hatte Hildegard auch noch den letzten Brief der Von-Stade-Korrespondenz vorlesen müssen, die er insgesamt als ein tragisches Beispiel der *Immoderatio* oder Maßlosigkeit im Spiel der Kräfte ansah.

In jenem Schreiben teilte Bischof Hartwig selbst der Praeposita ohne Umschweife mit: »Ich melde Dir, daß unsere Schwester den Weg allen Fleisches gegangen ist und daß sie die Ehre, die ich ihr verschafft, geringgeschätzt hat.«

Sodann beschrieb er voller Reue, wie sehr Richardis sich nach dem Mutterkloster zurückgesehnt und wie viele Tränen sie aus dem Grund vergossen hatte.

»Ich bitte Dich, wenn ich dessen würdig bin, so sehr ich vermag: Du wollest sie lieben, so sehr, wie sie Dich geliebt hat«, bat er Hildegard, um ihr dann einzugestehen: »Und wenn der Tod sie nicht gehindert hätte, wäre sie nach der eben erhaltenen Erlaubnis zu Dir zurückgekehrt.«

»Daraufhin verbannte Hildegard allen Schmerz aus ihrem Herzen«, berichtete Volmar. »Geläutert durch die Gnade des Herrn, fand sie für den Bruder ihrer Tochter Richardis, dem sie doch so viel Leid verdankte, ausschließlich Worte des Trostes: Wenn der Mensch sein Joch nicht tragen könne, so nehme der Herr ihn fort, bevor der Unglückselige mit welkender Seele zu trocknen beginne, schrieb sie ihm. Ähnliches sei wohl auch Richardis widerfahren. »Der höchste König hat sie an sich gezogen«, schrieb Hildegard, »und schnitt allen menschlichen Ruhm von ihr ab. Meine Seele hegte großes Vertrauen in sie, obwohl auch die Welt ihren Verstand und ihre Schönheit liebte, als sie noch unter uns war. Doch Gott liebte sie noch mehr. Darum wollte Er seine Geliebte dem feindlichen Liebhaber, der Welt, nicht überlassen.«

»Es ist ein Segen für uns alle, daß unsere Prophetissa ihren Seelenfrieden wiedergefunden hat«, schloß Volmar, »denn aus jedem Leiden erwächst ihr neue, größere Stärke.«

17
Ein Ritter in weibischer Zeit

Zwei Jahre später, im Brachmonat kurz vor Johannis, bemühte sich wieder ein berittener Bote zum Berg der Prophetin. Statt in kostbarem Tuch, wie die Vertreter der Kirche seinerzeit zur Papstsynode, steckte er in einem blankpolierten Harnisch, denn dieses Mal war es der höchste weltliche Machthaber des deutschen Reiches, der auf dem Rupertsberg vorsprechen ließ, um die berühmte Meisterin zum Besuch in seine Kaiserpfalz nach Ingelheim zu bitten.

Dies wäre, so sagte er, seit längerem ein Herzenswunsch des Königs. Und das war kaum übertrieben, denn hätte nicht schon sein Onkel, der unglückselige Konrad, die *Prophetissa Teutonica* als außergewöhnliche Frau gepriesen und mehr noch seine Tante Gertrud von Stahleck, so wäre Friedrich I. wohl spätestens nach Hildegards Glückwunschschreiben zur Königswahl auf sie aufmerksam geworden. Die Meisterin ehrte und mahnte ihn darin in einer Sprache, die bei aller Bildhaftigkeit nicht der Klarheit entbehrte.

Da Friedrich des Lesens unkundig war, die Worte der Prophetissa jedoch noch einmal hören wollte, ließ der König sich das Schreiben am Tag der Begegnung erneut vortragen.

»Ein Mann stand auf einem hohen Berg, schaute in alle Täler hinein und sah, was jeder dort tat«, las also des Königs Schreiber. »Er hielt einen Stab in der Hand und verteilte alles richtig und gerecht, so daß grünte, was verdorrt war, und erwachte, was schlief. Dieser Stab nahm auch den Stumpfsinn von denen, die damit gestraft waren. Als aber jener Mann seine Augen nicht mehr offenhielt, kam ein schwarzer Nebel auf und bedeckte die Täler. Große Rabenvögel rissen alles auseinander, was dort lag. Deshalb, o König, schau genau hin: Alle Länder werden verdunkelt von den Sünden derjenigen, welche durch ihre finstern

Machenschaften die Gerechtigkeit vernichten. Räuber und Verblendete zerstören die Wege des Herrn.

Bezwinge nun Du, o König, mit dem Zepter der Barmherzigkeit die Trägen und Unbeständigen unter den Menschen und auch die mit den verwilderten Sitten, denn Du führst einen ruhmreichen Namen. Sieh also zu, daß der höchste König, wenn er auf Dich blickt, Dich nicht anklage, Du habest dein Amt nicht richtig verwaltet, so daß Du darob erröten mußt. Dies bleibe Dir fern! Fliehe, o König, die schlechten Gewohnheiten jener Fürsten und erschlafften Prälaten, die sich in Unzucht und Sittenlosigkeit ergehen. Sei vielmehr ein wohlgerüsteter Krieger, der dem Bösen tapfer widersteht, auf daß Gott Dich nicht verwerfe und Schande über Dich und Dein irdisches Reich komme. Gott schütze Dich vielmehr, und Deine Lebenszeit sei nicht unfruchtbar; mögest Du leben in Ewigkeit. Wirf alle Habsucht von Dir, und wähle die Enthaltsamkeit, denn das ist es, was der höchste König liebt!«

So, dachte Friedrich auch beim zweiten Hören, schreibt keine weltfremde Mystikerin, die nicht weiß, wie ihr geschieht und was sie in der Welt zu tun hat, sondern eine Auserwählte, die sich ihrer göttlichen Sendung nicht weniger bewußt ist, als ich es bin, der König von Gottes Gnaden. So schreibt eine Ebenbürtige.

Die Begegnung mit ihr versprach bereichernd zu werden.

Ganz anders erging es der Praeposita: Sie konnte sich beim besten Willen nicht vorstellen, was der Neffe des verstorbenen Königs Konrad von ihr wollte, und obwohl sie die unerwartete Einladung nach Ingelheim zu schätzen wußte, wäre ihr ein späterer Zeitpunkt lieber gewesen. Selbst an diesem verlockend schönen Sommertag fiel es ihr schwer, sich innerlich von den Verpflichtungen im Kloster frei zu machen. Und während ihr Pferd brav hinter dem Boten hertrottete, welcher den schmalen Pfad zur Nahe hinunterritt, weilte sie in Gedanken noch bei ihren Kopistinnen im Rupertsberger Skriptorium und den erforderlichen, nun aber aufgeschobenen Arbeitsanweisungen für die zahlreichen Illustrationen und Initialen auf den zweihundertfünfunddreißig Pergamentblättern des *Scivias*.

Doch nicht einmal die kurze Denkpause schien ihr vergönnt: Trotz der frühen Stunde hatte sich unten bei der Schiffsanlegestelle bereits ein Kranker eingefunden, den der sechste Sinn der Verzweifelten hergetrieben haben mußte; denn obwohl die Praeposita des öfteren mit der Fähre nach Bingen übersetzte, wenn die Drususbrücke wieder wegen Ausbesserungsarbeiten gesperrt war, tat sie es doch niemals an einem Montag, jenem Tag, an dem sie sich gewohnheitsmäßig um die Kranken kümmerte. Seit einigen Monaten stand ihr dabei eine heilkundige Infirmarin zur Seite, so daß Hildegard Zeit für ihr *Liber subtilitatum diversarum naturarum creaturarum* gewann, dem »Buch von der verschiedenartigen Natur der Geschöpfe«, für das sie gerade ihr gesamtes naturkundliches und medizinisches Wissen zusammentrug und niederschrieb. Auch das Herstellen von Salben und Tinkturen sowie deren Anwendung hatte sie mit den Jahren ihren Helferinnen überlassen, zumal die meisten Kranken neuerdings einfach nur wünschten, daß die Mater ihnen ihre heilenden Hände auflegte.

Der junge Mann am Naheufer, der angab, seit seiner Kindheit unter Fallsucht zu leiden, bat ebenfalls um diese Wohltat. Also beugte Hildegard sich vom Pferderücken aus zu ihm hinunter und berührte mit der rechten Hand minutenlang seinen Scheitel. Daraufhin brach der Kranke in Tränen aus, und die Praeposita versprach ihm, daß die Anfälle ihn fortan nicht mehr heimsuchen würden.

»Bedenke, du wurdest ganz gemacht, sündige nun nicht mehr«, gab sie dem jungen Mann noch mit auf den Weg, denn so soll auch ihr Lieblingsapostel Johannes die Kranken belehrt haben, die von ihm geheilt wurden.

Dann gab sie dem Boten ein Zeichen, daß sie nun bereit sei, die Reise fortzusetzen, und sprach auch ihrem wasserscheuen Pferd gut zu, damit es sich während der Überfahrt ruhig verhielt.

Auf der anderen Naheseite, in Bingen, wurden sie gleich von einer zweiten Kranken erwartet, einem kleinen Mädchen. Hildegard hatte es schon vom Fährboot aus gesehen. Es könne seit Tagen nicht mehr sprechen, berichtete verzweifelt die Mutter des Kindes. Ohne groß zu fragen, hatte sie sich den drei Rittern zugesellt, welche die Praeposita hier in Empfang nehmen sollten. Ein Ehrengeleit wie für einen König – oder einen illustren Gefangenen, dachte Hildegard leicht amüsiert und stieg vom Pferd, weil sie die Lippen des Mädchens mit Flußwasser benetzen wollte. Nachdem dies getan war, segnete sie das Kind und fragte es nach seinem Namen.

»Hazzecha«, antwortete die Stumme.

»Hazzecha«, wiederholte sanft die Prophetissa. »Nun, ich werde deinen Namen nicht vergessen, denn wir werden uns gewiß wiedersehen.«

Mit einer Kopfbewegung bedeutete sie den Boten des Königs, die der bewegenden Szene eher gelangweilt zugeschaut hatten, daß sie nicht länger zu warten brauchten. Wahrscheinlich kam ihnen die kleine, wundertätige Nonne kaum weniger exotisch vor als Hildegard ihre vier wie zum Turnier gerüsteten Reisegefährten. Zum Glück schienen sie zu keiner Konversation aufgelegt oder bevollmächtigt, und so blieb der Praeposita während des zweistündigen Rittes noch ausreichend Zeit, sich auf die Begegnung mit dem jungen König einzustimmen.

Viel wußte sie nicht gerade über jenen Friedrich den Ersten. Sein Vater war Staufer, seine Mutter aber, Judith von Bayern, stammte aus dem Haus der Welfen, ebenso sein Vetter, der um die Christianisierung des Ostens bemühte Heinrich der Löwe. Vielleicht, überlegte Hildegard, vermag es ja Friedrich, die beiden rivalisierenden Geschlechter der Staufer und Welfen endlich wieder zu versöhnen. Darüber hinaus erwartete man wohl von ihm, daß er die eigenmächtigen deutschen Landesfürsten einte, was aber in der augenblicklichen Situation einer Quadratur des Kreises gleichkommen dürfte ...

Was für ein Mensch mochte er sein? Zwar hatte Hildegard ihm aus der Schau heraus ein Begrüßungsschreiben geschickt; gleichwohl hätte sie aus eigener Sicht nichts über den Charakter des jungen Königs zu sagen gewußt. Es gefiel ihr nicht, daß er sich im vergangenen Jahr von seiner Frau Adela von Vohburg hatte scheiden lassen, welche zu den flüchtigen Bekannten der Bermersheimer gehörte; und noch viel weniger gefiel es ihr, daß er im gleichen Jahr ihren Freund und Verbündeten im Kampf um den Rupertsberg, den Erzbischof Heinrich von Mainz, abgesetzt hatte. Die Vergeudung von Kirchengütern warf man dem Erzbischof vor; und daß er sich bei Friedrichs Königswahl der Stimme enthalten hatte, war sicher auch nicht sehr klug gewesen.

Obwohl Hildegard von den Verfehlungen Friedrichs wußte und sie auch nicht verharmlosen wollte, hatte sie sich bei Papst Eugen für ihn verwandt und auch bei den beiden Kardinallegaten aus Rom, die dem Mainzer Erzbischof in wahrhaft geschmackloser Weise durch Späher nachstellen ließen.

»Zwar verdient es ein Schuldiger, seiner Missetaten wegen vor Gericht gestellt zu werden, doch gefällt es mir nicht, daß der Mensch sich nach seiner Willkür ein Urteil anmaßt. Das will ich nicht«, hatte sie Papst Eugen als Botschaft des Lebendigen Lichts übermittelt. »Entscheide Du vielmehr in dieser Angelegenheit der tiefen mütterlichen Gerechtigkeit Gottes gemäß, der den Bettler und Bedürftigen nicht von sich weist, da Ihm Barmherzigkeit lieber ist als Opfer.«

Und den Kardinallegaten hatte Hildegard die Warnung zukommen lassen:

»Ihr, die Ihr im Königspalast nach Macht strebt, nach den Ehren des hohen Berges, gebt jetzt Ihm zuliebe Seiner

Gerechtigkeit Raum, denn das seid Ihr Eurem erlauchten Namen schuldig ... Ihr Nachnahmer des Allerhöchsten, der lebendige Quell ruft Euch zu: Es verträgt sich nicht mit Eurer Würde, Augen von Blinden zu haben, Schleichwege wie Schlangen zu kriechen, Raub und Diebstahl wie Altarschänder zu verüben. Warum tut Ihr das? Ihr seid nicht fähig, dem Leibe des Herrn die Schuhriemen zu lösen. Hütet Euch!«

Viel gefruchtet hatten Hildegards Ermahnungen jedoch nicht. König Friedrich plante einen Zug nach Rom, mit welchen Absichten auch immer, und wollte sich zuvor aller »untauglichen Bischöfe« entledigen. Auf dem Fürstentag in Worms, zu Pfingsten 1153, wurde Erzbischof Heinrich von Mainz seines Amtes erhoben. Ein halbes Jahr später starb er, wie zwei Wochen zuvor der große Bernhard von Clairvaux, den seine Brüder einen Tag früher als angekündigt beerdigen mußten, weil sie den Ansturm seiner trauernden Verehrer fürchteten.

König Friedrich und seine Politik ... Ob er gekommen war, zu einen oder zu spalten, blieb der Zukunft überlassen und dem Willen des Herrn. Sicherlich würde Hildegard nach ihrer Begegnung mehr über den jungen König wissen.

Erst jetzt fiel ihr auf, daß sie auf den letzten Meilen, ganz gegen ihre Gewohnheit, kaum nach rechts und links geschaut hatte. Mit krummem Rücken, wie eine reitende Schlafwandlerin, hatte sie auf ihrem Pferd gehockt und vollkommen vergessen, was um sie herum vorging. Nun straffte sie sich und erhob den Blick, nahm voller Dankbarkeit Sonne und Wolken, Wälder und Wasser in sich auf. Es hatte gutgetan, die Auswahl der Wege einem geschickten Führer zu überlassen und, vor sich hinträumend, nur das Innenauge zu gebrauchen. Obwohl bei Hildegard, wie bei den meisten Menschen, der Gesichtssinn am ausgeprägtesten war und sie sich draußen in der Natur kaum jemals sattsehen konnte, verzichtete sie in der letzten Zeit häufiger auf dieses Vergnügen. Fühlte nur noch, wenn sie im Freien war, schnupperte und schmeckte. Die Sinnesempfindungen wurden nach und nach schwächer – vielleicht fing so das Alter an.

Schon tauchten die ersten Bauernkaten auf und in der Ferne die Türme von Ingelheim. Hildegard freute sich darauf, die berühmte Kaiserpfalz einmal aus der Nähe zu sehen, und hoffte, daß sie trotz der gerade beendeten Renovierungsarbeiten noch das Aussehen besaß wie zur Zeit Karls des Großen:

Ein auf hundert Säulen ruhender Marmorpalast soll dort gestanden haben, »überreich an verschlungenen Pfaden und Bauten aller Art, Toren und Bollwerken und zahllosen Wohnungen«, hieß es in einem Gedicht aus der Zeit der Karolinger. Und die schönsten der Gebäude und Kapellen seien mit Wandmalereien geschmückt gewesen, welche »Gottes Werke in ebenso leuchtenden Farben zeigten wie die Heldentaten der Menschen«, verriet eine andere Quelle.

Vielleicht war ja auch noch etwas vom Wesen einer Emma von Ingelheim zu spüren, jener Lieblingstochter Karls des Großen, von der es hieß, ihre Augen – ein Erbe der heißblütigen italienischen Mutter – seien »so dunkel gewesen wie die Fittiche des Raben«. Eines Nachts, so erzählten sich die Ingelheimer noch heute, soll die schöne Prinzessin ihren heimlichen Geliebten, den Gelehrten Eginhard, auf ihrem eigenen zarten Rücken über den frisch gefallenen Schnee im Hof des Palastes getragen haben, damit seine Fußspuren niemandem verrieten, daß er die Nacht dichtend und philosophierend bei seiner Schülerin verbracht hatte.

Der Eros der Poeten und Philosophen – heute wie vor dreihundert Jahren, dachte die Praeposita: Abaelard und Heloisa, Anselm und Jacoba. Eginhard und Emma ...

Eine rein geistige Liebe soll es gewesen sein, was Lehrer und Schülerin damals füreinander empfanden. Hildegard seufzte: Und wenn sie nicht rein war, dann war es keine Liebe! – In die Wälder verbannt wurde das ungleiche Paar trotzdem, von Karl, dem Vater und König, der ungeachtet der mitternächtlichen Stunde das Treiben seiner Tochter vom Fenster aus mit angesehen hatte.

Der junge Friedrich hatte bisher noch keine Nachkommen, doch wer konnte wissen, ob spätere Generationen nicht auch ihn den Großen nennen würden, später, wenn seine Zeit längst vergangen war.

Als sie einander dann endlich gegenüberstanden, verwarf Hildegard alle Vermutungen und Vorurteile, denn dieser König schien ihr zu den wenigen Menschen außerhalb der vertrauten Klostergemeinschaft zu gehören, in dessen Gegenwart sie sich vom ersten Augenblick an wohl fühlte. Kaum war sie vom Pferd gestiegen, da kam er ihnen schon entgegen, um die Besucherin mit überaus freundlichen Worten zu begrüßen. Groß war der König und von schöner Gestalt, die er durch die Art seiner Kleidung noch betonte. Er trug ein seidenes eng an den Körper geschnittenes Obergewand, das bis auf die Füße herabreichte, vorne jedoch bis zur Hüfte aufgeschnitten war, so daß man ein nur knielanges goldgelbes Untergewand sehen konnte und darunter die wohlgeformten nackten Beine. Hildegard hatte eine solche Kleidung noch nie gesehen, nicht einmal bei Hermann von Stahleck – was verstand eine Nonne wie sie auch von Mode!

Nachdem sie sich eine Weile über den Reiseweg und das angenehm luftige Wetter des heutigen Tages unterhalten hatten, lud der König die Praeposita in seine privaten Gemächer ein. Mit federnden Schritten ging er voraus, quer über den gepflasterten Hof. Dann reichte er Hildegard seinen Arm, und sie betraten gemeinsam einen mittelgroßen Saal, dessen Boden über und über mit Blüten und würzigen Kräutern bestreut war. An den Wänden hingen farbenprächtige Teppiche, und in der Mitte stand eine Tafel, weiß und in Silber eingedeckt. Bevor der König seine Besucherin zu Tisch führte, goß ihr ein Page duftendes Wasser über die Hände, und ein zweiter reichte ihr ein kunstvoll gefaltetes Tuch, damit sie sich trocknen konnte. Außer den beiden Pagen, die gleich wieder verschwanden, war keine Dienerschaft zu sehen.

Auf der Tafel standen bereits große Mengen erlesener Speisen, so daß Hildegard annehmen mußte, es würden noch weitere Gäste erwartet, und es insgeheim schon bedauerte, nicht unter vier Augen mit dem König sprechen zu dürfen.

Friedrich aber sprach das Benedicte, sobald sie sich niedergelassen hatten. Dann reichte er der Praeposita warmes Brot und legte ihr eigenhändig von den Vorspeisen und Hauptgerichten vor, als wäre sie eine Dame seines Herzens, deren Gunst es zu gewinnen gelte.

Beeindruckt von Friedrichs vorzüglichen Manieren, nahm Hildegard von sich aus eine der Gabeln, von denen sie daheim im Kloster gern behauptete, daß sie eine Beleidigung des Schöpfers darstellten, denn wozu habe Er den Menschen Finger gegeben? Ungeachtet ihrer Freude an Köstlichkeiten wie gebratenen Fasanenherzen, getrüffelten Pasteten und Karpfenstücken in Weinsoße, nahm Hildegard, ihrer Gewohnheit entsprechend, von jeder Speise nur ein paar Bissen zu sich und staunte, wie lange sie dennoch zum Essen und Trinken brauchten, viel länger jedenfalls als an den höchsten Festtagen auf dem Rupertsberg. Zwischen den einzelnen Gängen sprach sie mit Friedrich über Gott und die Welt, im wahrsten Sinne des Wortes, und Hildegard staunte, wie oft sie sich beim Lachen ertappte, so heiter verlief dies Gespräch.

Es war ihr ein zusätzliches Vergnügen, ihren Gastgeber während des Schmausens und Plauderns recht genau zu studieren: Ein ebenmäßiges Gesicht besaß er, ausdrucksvolle Augen – auffallend groß für die eines Mannes – und ein Bärtchen über der Oberlippe, das einen Ton dunkler war als sein langes Lockenhaar. Erdbeerblond ist es, wie in einem anderen Leben das Haar der jungen Richardis, dachte Hildegard mit einem Anflug mütterlicher Zärtlichkeit.

Viel war von Italien die Rede, von des Königs Vertrag mit der Kurie, durch den er sich unlängst, noch unter Eugen III., verpflichtet hatte, Rom der Herrschaft des Papstes zu unterwerfen und ihn vor den Normannen in Sizilien und dem römischen Patriziat zu schützen. In wenigen Monaten, so vertraute Friedrich der Prophetissa an, werde er südwärts ziehen, um die Reichsgewalt über Ober- und Mittelitalien wiederaufzurichten.

»Sag mir, wie du das siehst«, bat er dann und beugte seinen blonden Kopf über Hildegards Hand, die mit dem Tafelsilber spielte.

Wahrhaftig, er duftet nach Äpfeln, dachte sie, frisch und gesund. *Wenn der Tau in seiner Kraft steht, welche vom Beginn der Nacht bis zum Tagesanbruch zunimmt, dann wachsen die Äpfel durch diesen Tau, das heißt, sie werden reif*, hatte sie erst gestern für ihr Naturkundebuch niedergeschrieben.

»Ich sehe dich mit dem Reichsapfel in der Hand«, sagte sie und wunderte sich selbst über ihren Gedankensprung. »Ich sehe dich mit den Insignien des Heiligen Römischen Reiches. Der neue Papst, Hadrian, wird dir die Kaiserkrone verleihen, denn das erwartest du ja wohl von ihm als Gegenleistung für deine Schutzbereitschaft.«

Friedrich gab sich überrascht: »Wer sagt dir das? Und wenn es so wäre – ist es nicht Gott allein, durch den die Kaiserkrone verliehen wird?«

Hildegards Lächeln verlor sich. Schlau war er auch, ihr königlicher Ritter.

»Gib acht, daß du den Papst nicht als deinen bloßen Vollzugsgehilfen ansiehst«, warnte sie ihn und wiederholte die Ermahnungen ihres Begrüßungsschreibens mit den Worten: »Den höchsten Richter und Lenker, dessen göttlicher Macht alles unterworfen ist, mußt du fürchten und lieben, denn es steht geschrieben: Ihn sollen loben die Könige und alle Völker, die Fürsten und alle Richter der Erde. Er umfängt und ernährt und regiert die ganze Welt, für alle Bedürfnisse ihrer Bewohner sorgt Er in väterlicher Liebe.

Und ebenso wie Er zu Anfang die Erde schuf, läßt Er ihre Früchte allezeit sprießen.«

Der König versicherte, auch er werde mit ganzer Kraft um die Ehre und Bedürfnisse des Reiches bemüht sein. Dann wechselte er das Thema, indem er sich mit aufrichtiger Anteilnahme nach dem Leben auf dem Rupertsberg, dem Stand der Bauarbeiten und den Einzelheiten der Klosterverwaltung erkundigte.

Hildegard nutzte gern die Gelegenheit, alle Fragen Friedrichs zu beantworten, um dann das leidige Problem anzusprechen, was den Vogt betraf, und ihrer Sorge Ausdruck zu verleihen, Heinrichs Nachfolger in Mainz könne es anders regeln wollen, als sein Vorgänger es ihr zugesagt hatte.

»Du darfst jederzeit mit meiner Unterstützung rechnen«, versprach Friedrich. »Ohnehin habe ich, dem Vorbild der römischen Kaiser folgend, die Absicht, in Zukunft Schutzbriefe und Urkunden auszustellen, die im Gegensatz zu den bisherigen Gepflogenheiten rechtskräftig sind.«

Dann solltest du vorher lesen lernen, dachte Hildegard, sagte aber nichts; zu groß war ihre Erleichterung: Endlich gab es jemanden, der den Ritter spielte in dieser weibischen Zeit! Ein Schutzbrief des Königs würde für ihr Kloster von unschätzbarem Wert sein, denn um die Sicherheit war es allerorten schlecht bestellt; mitunter machte die Gewalt nicht einmal vor Klostermauern halt. Im Überschwang der Gefühle und zu Friedrichs Freude zitierte die Praeposita ihren Spruch aus dem Hohen Lied:

»Es führte mich der König in Seine Gemächer. Wir frohlocken und freuen uns in Dir, eingedenk Deiner Fülle, mehr noch als am Wein ...«

Darauf hob der König mit seinem strahlendsten Lächeln die Tafel auf und geleitete seine Tischdame zum Portal hinaus, über knirschende Kieswege, zu einem kleinen Rosenrondell in der Gartenanlage der Kaiserpfalz.

Mit den Worten: »Endlich haben wir einmal wieder ein richtiges Rosenjahr!« brach Friedrich, ihrer Dornen nicht achtend, eine flammend rote Blüte, um sie der Prophetissa zu verehren.

Hildegard roch an der Rose, nahm den zarten Duft vollkommen in sich auf. »Für mich sind die Blumen das Lächeln Gottes; ihr Duft verrät Seine verborgene Gegenwart«, gestand sie und fühlte sich zutiefst verbunden mit dem Schöpfer, der Rose und dem jungen König. Wie gut es ihr getan hatte, einen Tag lang von diesem galanten Rotbart verwöhnt zu werden und seinen höfischen Minnedienst zu genießen, als wäre sie eine Dame der Gesellschaft! Ob er ein gerechter Herrscher sein würde oder ein anmaßender, dessen ausgeprägtes Selbstbewußtsein irgendwann einmal in Selbstherrlichkeit umschlüge, hätte Hildegard auch jetzt nicht sagen können; dies mußte die Zukunft erweisen. Doch eines war gewiß: Dieser junge Herrscher vermochte sie in eine Stimmung zu versetzen, die sie bisher nicht an sich gekannt hatte.

Aber warum sollte nicht auch die irdische Liebe als Abglanz der himmlischen höchst beglückend sein? dachte sie und schalt sich gleichzeitig eine törichte alte Frau, die eine weibliche Eitelkeit an den Tag legte, deren sie sich in ihrer Jugend geschämt hätte. In Zukunft würde sie für ihre innerlich noch ungefestigten Novizinnen jedenfalls mehr Geduld aufbringen, nachdem sie am eigenen Leib erfahren hatte, wie empfänglich die Frauen für Schönheit und Komplimente waren. Vielleicht bestand ja darin die Lehre einer Emma von Ingelheim, deren Augen so dunkel gewesen sein sollen »wie die Fittiche des Raben ...«

Die Stunden in der Kaiserpfalz waren Hildegard wie im Fluge vergangen, und als sie sich voneinander verabschiedeten, stand die Sonne schon tief am Himmel.

»Wir werden uns wohl nicht mehr wiedersehen«, meinte sie, nachdem sie Friedrich, auf seinen Wunsch hin, mit dem Zeichen des Kreuzes gesegnet hatte.

»So sag mir noch ein Abschiedswort«, bat er, als hätte er heute nicht schon genug fromme Sprüche zu hören bekommen, »sag mir eines, das mir zum Wahlspruch meines Lebens dienen kann.«

Hildegard trat zwei Schritte zurück, damit die Worte des Lebendigen Lichtes sich nicht mit weltlichen Gefühlen vermischten; dann erst antwortete sie dem König:

»Lasse all dein Denken auf Gott ausgerichtet, und du wirst gute und gerechte Werke verbringen. Denn wie die Sonne in das Firmament gesetzt ist und die irdische Schöpfung beherrscht, damit nichts sie überwinde, so kann auch kein Gläubiger, der Herz und Sinn auf seinen Gott gerichtet hält, von Ihm vergessen werden. Die Früchte deines Handelns aber überlasse Ihm, dann wirst du leben in Ewigkeit.«

Nun, dachte sie, ist wirklich alles gesagt. Ohne ihren Ritter noch einmal eines Blickes zu würdigen, stieg sie auf ihr Pferd und trabte davon.

Was weiter geschah, verzeichnete später der Chronist Volmar:

»Wenige Monate nach dem für beide Seiten beglückenden Besuch der Prophetissa in Ingelheim brach König Friedrich nach Oberitalien auf, wo ihm in den meisten Städten gehuldigt würde. Seines rötlichen Bartes wegen wurde er von den Menschen dort scherzhaft *Barbarossa* genannt.

Bald darauf – wir schrieben das Jahr 1155, und wieder war es kurz vor Johannis – empfing Friedrich I. ohne Wissen der Römer von Papst Hadrian IV. die Kaiserkrone. Doch seine Dankbarkeit schien sich in Grenzen zu halten, denn noch im selben Jahr verweigerte er dem Papst den *Marschalldienst* und lehnte es ab, ihm die Steigbügel seines Pferdes zu halten – weiß Gott eine unfreundliche Geste!

Kurz darauf kam es zu einem Aufstand der Römer. Ihr Anführer, Arnold von Brescia, der vor Jahren dem Papst Eugen schon zugesetzt hatte, wurde von Friedrich gefangengenommen und Papst Hadrian ausgeliefert. Etwa zur gleichen Zeit erhielt nun unsere Meisterin auf dem Rupertsberg ein Schreiben Friedrichs, in dem dieser sie mit den Worten begrüßte:

›Friedrich, durch Gottes Gnade römischer Kaiser und immerwährender Herrscher, entbietet der Herrin Hildegard von Bingen seine Gunst und guten Wünsche.‹ Und er ließ sie wissen:

›Wir machen Deiner Heiligkeit bekannt, daß Wir nunmehr in Händen halten, was Du uns bei Deinem Besuch in Ingelheim vorausgesagt hattest, und daß Wir nun nicht mehr müde werden, uns mit aller Kraft für die Ehre des Reiches zu mühen. Darum erbitten Wir aus innerstem Herzen von Deiner Liebe, daß Du mit Deinen Dir anvertrauten Schwestern zu Gott dem Allmächtigen beten mögest, damit Er Uns bei all Unserem irdischen Tun mit Seiner Gnade unterstütze.

Du darfst gewiß sein, daß Wir bei jedwedem Anliegen, das Du Uns vorträgst, weder auf die Freundschaft noch den Haß irgendeines Menschen Rücksicht zu nehmen gedenken, sondern nur nach Recht und Gerechtigkeit urteilen werden.‹

Die Praeposita aber befand sich zu der Zeit wieder in einem solchen Dilemma, daß sie dem Schreiben längst nicht die Beachtung schenkte, die ihm gebührt hätte. Nur als ich vom deutschen Kaiser als *Friedrich Barbarossa* sprach, konnte ich ihr ein winziges Lächeln entlocken. – Wer von ihren schier endlosen Prüfungen und Kämpfen erfährt, wird sie verstehen und bedauern.«

18

Sturmwolken

Nur allzu schnell waren der Zauber von Ingelheim und Hildegards Hochgefühl wieder verflogen. Schon auf dem Rückweg quälten sie unheilvolle Gesichte, sobald sie, ermüdet von den ungewohnten Eindrücken, die Augen schloß:

Sturmwolken, welche die Sonne verdunkelten, brauten sich über dem Rupertsberg zusammen. Trübsale brachen über Hildegard herein, und wieder würde sie bittere Tränen vergießen, weil die Luftgeister ein weiteres Mal ihre Netze voll eitler Wünsche und Sehnsüchte auswarfen, auf daß die jungen Nonnen sich darin verfingen. Schon sah sie, wie einige Töchter ihr finstere Blicke zuwarfen und insgeheim schlecht über sie sprachen. Sie könnten das »unausstehliche Gerede über Disziplin und Gehorsam nicht mehr ertragen, mit dem man sie fügsam machen wolle«, tuschelten sie einander ins Ohr. Die Mater solle doch endlich ihr Prophetenhorn beiseite legen, durch das sie Unmögliches verlange, von sich selbst und von anderen. Auch ihre immer noch behelfsmäßigen Wohn- und Arbeitsstätten empfanden die Töchter aus gutem Hause als Zumutung; die meisten von ihnen waren Besseres gewöhnt. All diese Vorwürfe und Klagen trafen Hildegard sehr; sie wußte kaum damit umzugehen, bis Gott ihr andere, weisere Schwestern schickte, die ihr bei allen Fährnissen zur Seite standen.

Die Prophetissa seufzte tief. Sollten die Unstimmigkeiten im eigenen Haus denn bis an das Ende ihrer Tage andauern? Noch nie hatte der Lichtherrliche ihr erlaubt, sich länger als für ein paar Augenblicke den Freuden dieses Lebens hinzugeben oder sie gar für dauerhaft zu halten. Wie geträumt erschien ihr nun ihre heutige Begegnung mit dem jungen König. Ach, selbst diese Episode gehörte bereits der Vergangenheit an.

Hastig spornte sie ihr Pferd an und mahnte auch die saumseligen Begleiter zur Eile. Sie wollte vor Anbruch der Dunkelheit daheim sein. Unsommerlich zeitig fiel heute der Abend über den Fluß, trotz des strahlend hellen Tages. Im Kloster würden sie schon beim Schlußhymnus im Vespergottesdienst angelangt sein, während sie hier draußen mit dem Gezirpe der Grillen vorlieb nehmen mußte, die sich ganz wund rieben in ihrem zermürbenden Bettelgesang um Regen. Das Jahr war bisher außergewöhnlich trocken gewesen; im Frühlenz hatten überdies Tausende von Heuschrecken die Felder kahlgefressen. Plagen, wie sie in der Bibel standen ...

Als Hildegard endlich den Rupertsberg erreicht und sich und das Pferd mit dem Nötigsten versorgt hatte, strömten die Besucher, das Gesinde und die Schwestern schon aus dem Hauptportal der Klosterbasilika, wo die Komplet gerade vorüber war. Noch ehe Hildegard sich unbemerkt zum stillen Gebet an den Marienaltar zurückziehen konnte, kamen Clementia und Theresia von Lavanttal mit verstörten Mienen zur Praeposita hinüber und wünschten sie zu sprechen.

Vor allem Theresia, die Betreuerin der Novizinnen, machte einen niedergeschlagenen Eindruck; sie gestand der Mater auch gleich ihre Unzufriedenheit mit sich selbst, weil sie »den ganzen Tag nur tauben Ohren« gepredigt habe. Zu guter Letzt seien einige der jüngeren Mädchen mitten im Gespräch davongegangen und hätten sich im Sommerhaus versteckt. Dort hätte man sie lachen und singen hören; nicht einmal zum Stundengebet wären sie freiwillig herausgekommen.

»Vielleicht hat ja eine Art Übertragung stattgefunden«, vermutete Hildegard.

»Eine was?«

»Nun, die Leichtigkeit des Seins, von der ich heute in Ingelheim ein wenig kosten durfte, mag sich auf meine Töchter übertragen haben, da eine innere Verbindung zwischen uns besteht.«

Theresia gefiel Hildegards Entschuldigung ganz und gar nicht. Seit ihren frühen Erfahrungen mit Jacoba war sie zu einer unerbittlichen Streiterin für Zucht und Ordnung geworden und geißelte sich selbst heimlich blutig, wie Hildegard einmal bei einer Untersuchung ihrer schwachen Lungen festgestellt hatte, so daß Rücken und Schultern von dicken Narben übersät waren.

»Aber bei den erwähnten Töchtern, Mater, hat sich diese

Leichtigkeit, wenn ich deiner Theorie überhaupt folgen soll, in *Leichtfertigkeit* verwandelt, in Ungehorsam und Übermut. Das dürfen wir nicht dulden, und wärest du heute nicht in einer anderen Stimmung als sonst, würdest du mir sicher recht geben.«

Hildegard legte ihr begütigend die Hand auf den Arm: »Ich weiß, sie begehren gegen die Ordensregeln auf wie alle Jahre wieder. Gleich morgen werde ich mit ihnen reden.«

»Ich fürchte, da ist nichts mehr zu reden, Mater. Eine von ihnen, die kecke Regintrud, hat heute abend bereits ihre Ordenskleidung abgelegt und behauptet, niemals so etwas wie Berufung gespürt zu haben, sondern nur auf Geheiß ihrer Eltern hier zu sein.«

»Aber gerade dann müssen wir uns ihrer annehmen, Theresia. Du weißt doch, unsere größte Sorgfalt hat den Schwachen zu gelten, so will es Benediktus. Wir haben die Sorge für kranke Seelen übernommen, nicht Gewaltherrschaft über Gesunde.«

Das war das Stichwort für Clementia. Mit bebender Stimme berichtete sie, im Hospital habe es einen ernsten Zwischenfall gegeben. Dort sei eine junge Frau erschienen, die an den Folgen einer Abtreibung litte, die ein Pfuscher vorgenommen habe. Die Infirmarin wäre ohne den Beistand der Medica wohl überfordert gewesen; jedenfalls schwebe die Patientin zwischen Leben und Tod. Gerade hätten sie noch für die Unglückliche gebetet, denn mehr könne man wohl nicht mehr für sie tun.

Hildegard ließ die beiden stehen und eilte los, trotz aller Müdigkeit mit geflügelten Füßen. Clementia wurde wirklich abständig und alt. Da unterhielten sie sich in aller Gemütsruhe über widerspenstige Novizinnen, die sich im Sommerhaus die Zeit mit Gesang vertrieben, während drüben im Hospital eine arme Frau verblutete – denn darauf liefen diese laienhaften Eingriffe doch meistens hinaus.

Völlig außer Atem betrat die Praeposita schließlich den

Krankensaal, den sie kreuzförmig um einen Gottesdienstraum hatte anlegen lassen, damit alle Patienten ihren Blick auf den Altar richten konnten und daran gemahnt wurden, daß die Heilung des Körpers nur über die Seele möglich war. Oda, die Infirmarin, stand, hinter einem Vorhang verborgen, am Bett ihrer bewußtlosen Patientin und versuchte, den kaum noch wahrnehmbaren Puls zu fühlen. Hildegard tat es ihr gleich, legte allerdings zwei Finger in die rechte Armbeuge der jungen Frau statt wie Oda an ihr linkes Handgelenk. Der Puls ging rasend schnell wie bei einem Menschen, der kurz vor dem Ersticken stand und dessen Seele zum Scheiden gezwungen war. Hildegard schlug die Decke zurück und sah das Blut zwar langsam, aber unaufhörlich über die Laken in das frische Strohpolster rinnen.

»Was hast du ihr gegeben?«

»Betonikawein und mehrere Kaltwasserwickel um die Oberschenkel. Aber ich glaube, es ist nichts zu machen, Mater. Die Blutung will nicht zum Stillstand kommen.« Und schluchzend fügte Oda hinzu: »Die arme Bertha! Es ist meine Schuld! Ich hätte sie nicht zu dieser Pfuscherin gehen lassen dürfen. Aber ich konnte ja nicht ahnen, was Bertha vorhatte! Nun ist alles zu spät. Es ist immer dasselbe: Wenn wir uns weigern, den Frauen ausleitende Mittel zu geben, gehen sie zur nächstbesten Engelmacherin und bezahlen mit ihrem Leben. – Wie oft habe ich mich schon gefragt, ob es da nicht richtiger wäre, daß *wir* tun, was sie wollen.«

»Nicht doch, Oda«, versuchte Hildegard die junge Infirmarin zu beruhigen, die erst seit Jahresbeginn bei ihnen war, so daß die meisten Schwestern nicht einmal ihren Namen kannten. »Zur Trauer und Selbstanklage ist jetzt nicht die Zeit. Ich werde Berthas Venen zum Herzen hin massieren. Du kochst derweil Efeublätter aus, die wir ihr dann umbinden. Sie scheint mir nämlich eher vom cholerischen Typ zu sein, wie man an ihrem kräftigen Körperbau und den dunklen Haaren sieht. Betonikawein aber hilft nur bei großen blonden Phlegmatikerinnen.«

Immer noch weinend, tat die Infirmarin, wie Hildegard ihr geheißen. Derweil entfernte die Praeposita sämtliche Tücher und Bandagen Berthas, um ihre Beine hochzuheben und durch sanfte Druckmassage das Venenblut zum Herzen zu leiten. Auch äußerlich hatte Bertha Quetschungen und Blutergüsse am ganzen Unterleib.

Hildegard erkannte, daß man ihr mehrfach Gewalt angetan hatte; Gewalt bei der Empfängnis des Kindes und ebenso bei der Abtreibung. Und sie erkannte überdies, daß die Leiden der Gequälten, die ihr Bewußtsein in diesem Leben nicht wiedererlangen würde, bald vorüber wären. Ihr Fleisch war am ganzen Körper aufgedunsen, selbst im Gesicht, das trotz des ständigen Blutverlustes ein unnatürliches Wangenrot zeigte, so tief, daß man die Haut darunter nicht mehr sehen konnte, so wie man bei einem Apfel die Haut unter der Röte nicht sah. Die Wangenröte aber war der feurige Hauch der Seele, und wenn sie so fest auf der Haut lag, war sie ein Merkmal des Todes. Dennoch ließ Hildegard der Sterbenden die gekochten Efeublätter von Oda um Nabel und Oberschenkel wickeln, damit die Infirmarin es lernte.

»Sprich mir von der Beseelung des Ungeborenen«, bat Oda, die mit Hildegard zusammen die Nachtwache halten wollte, obwohl sie nicht weniger erschöpft von ihrem langen Tag war als die Praeposita. Andere Schwestern hatten sich angeboten, dies für sie zu übernehmen, wurden aber von den beiden Medicae fortgeschickt.

Die Beseelung des Ungeborenen war ein wunderschönes Thema, und Hildegards Antwort ließ auch nicht lange auf sich warten:

»Wenn die Frau den männlichen Samen empfangen hat, wird das Kind in der Verborgenheit des Mutterschoßes mit all seinen Gliedern vollständig ausgebildet, Oda, so, wie ich es im Scivias beschrieben habe. Nach angemessener und von

Gott bestimmter Zeit wird jenes Gebilde dann vom Geist des Lebens berührt wie von einem kräftigen warmen Wind, der das Kind ganz durchdringt. Dann hat es seine Seele empfangen und zeigt durch die Bewegung seines Körpers an, daß es lebt, so wie die Erde sich öffnet und ihre Früchte hervorbringt, wenn der Tau darauf gefallen ist«, erklärte sie. »In der vierten Schau meines ersten Visionszyklus zeigte sich mir die Seele als Feuerkugel, die das Herz des Kindes in Besitz zu nehmen schien. Sie war ohne Körperumrisse, reiner Geist, berührte sein Gehirn und ergoß sich in alle Glieder, kräftigte die ganze Gestalt und machte sie lebensfähig ...«

»Und weißt du auch, wann das geschieht?«

»Ja, Oda, ich glaube schon: Bis zum siebzigsten Tag ist die Seele des Kindes *um* die Mutter, danach ist sie *in* der Mutter. Und es macht keinen Unterschied, wie von manchen immer noch gerne behauptet wird, ob diese Seele in einen männlichen oder weiblichen Körper eintritt. Und kein Mensch hat das Recht, in diese Vorgänge einzugreifen oder sie zu unterbrechen.«

Lange schwiegen sie, streichelten der Sterbenden die kalten Hände und gaben ihr vorsorglich Hanf gegen etwaige Schmerzen, bis Oda plötzlich meinte:

»Ich bin dir für deine Worte sehr dankbar, Mater! Wenn es so ist, wie du sagst – und ich habe nicht den geringsten Zweifel daran –, hätte ich meine Gartenraute bei Bertha so und so nicht anwenden dürfen, denn sie war mindestens im vierten Monat schwanger, als sie zum erstenmal zu uns kam, ihre ganze greuliche Geschichte erzählte und anschließend flehte: *Macht es weg!*«

»Ich weiß, was sie euch erzählt hat. Ihre Geschichte ist ihr ja auf den Leib geschrieben. Aber höre, Oda: Laß die Finger von der Gartenraute! Abgesehen davon, daß ich hier bei uns keinerlei Methode des *Austreibens von Materie* dulde, wie es anderswo genannt wird, ist Gartenraute viel zu gefährlich. Es wird dir kaum möglich sein, ihre Menge genau zu dosieren, und nur ein paar Samen zuviel sind schon tödlich«, warnte Hildegard. »Gartenraute, ob die gelben Köpfe oder nur ihr Öl, ist ebenso schlimm wie das höllische Bilsenkraut.«

»Nicht schlimmer als die Hölle, in die ich Bertha geschickt habe, indem ich ihr die Hilfe verweigerte, um die sie bat«, beschuldigte sich immer noch die Infirmarin und berichtete um Mitternacht, da sie das Bild wohl loswerden mußte, von dem durch Feuer gereinigten Metallstab, welchen eine bekannte Abtreiberin in Bingen der armen Bertha tief in den Leib gestoßen habe. Als wäre die Tortur allein nicht schon schlimm genug, habe man ihr währenddessen noch Schwefel unter die Nase gehalten, damit die Frucht einer Vergewaltigung, der Teufel selbst, aus ihr fahre. In Kaskaden aus Flüssigkeit und Blut sei dies nach stundenlanger Folter wohl auch geschehen.

»So schweig doch, um Himmels willen! Geht es um sie oder um dich?« herrschte Hildegard die Infirmarin an. »Woher willst du wissen, ob nicht ein Teil Berthas deinen gräßlichen Worten lauscht? Auch diese geschändete Frau ist eine Braut Christi und hat ein Recht darauf, sich zur Stunde des Todes mit Seinem Licht zu vermählen! Ich werde nicht zulassen, daß sie bis zuletzt an dieses Jammertal auf Erden erinnert wird, dem sie gerade entrinnen darf! – Sprich du jetzt laut die vorgeschriebenen Gebete, während ich den Propst hole, damit er ihr die Sakramente erteilt.«

Hildegard brauchte dringend frische Luft. Ohne Odas Erwiderung abzuwarten, war sie zur Tür hinaus.

Nach der letzten Ölung entspannte sich Berthas Körper, und zu den Laudes hörten die Blutungen auf. Nachdem alles Leben aus ihrem Leib herausgeronnen war, stieß sie einen befreienden Seufzer aus, dem kein Einatmen mehr folgte.

»Trockne nun deine Tränen, Oda. Diese Frau hier hatte einen schöneren Tod, als er den meisten Menschen vergönnt ist: Sie durfte schmerzfrei und ohne Angst in der Umarmung Gottes einschlafen«, versicherte Hildegard.

Zur Arbeitszeit nach der Non, welche die Infirmarin sonst gern mit der Zusammenstellung von Heilkräutern für die Klosterapotheke ausfüllte, nahm die Praeposita sie mit in das Skriptorium, um ihr eine, wie sie sagte, »aufschlußreiche Miniatur« zum *Scivias*-Codex zu zeigen. »Klara, unsere beste Künstlerin, arbeitet gerade daran. Sie hat ihre Illustration, meinem Visionstext folgend, *Die Seele und ihr Zelt* genannt. Du verstehst, warum du es dir ansehen sollst, nicht wahr?«

Oda nickte erfreut. Sie hatte das Skriptorium über der Klosterküche noch nie von innen gesehen. Zusammen mit der Bibliothek nahm es das gesamte Obergeschoß ein und besaß zu jeder Seite drei hohe, bleiverglaste Fenster, die wie ein Filter wirkten und ein gedämpftes, wunderbar reines Licht erzeugten. Um dieses Tageslicht bis zur Neige nutzen zu können, waren die Kopistinnen und Malerinnen sogar von einem Teil der Stundengebete entbunden worden.

Obwohl zehn Schwestern über ihre Tische gebeugt saßen, wobei jede einen Platz am Fenster hatte und ein eigenes Lesepult für die Originalvorlagen und Manuskripte, herrschte eine andächtige Stille in diesem Raum. Nur das Kratzen der Federkiele und Bimssteine war zu hören sowie ein gelegentliches Rascheln, wenn ein Pergamentbogen mit einem eisernen Stab geglättet oder umgewendet wurde.

Oda dachte an die ständige Geräuschkulisse in den großen Krankensälen, an die Kakophonie menschlicher Schmerzenslaute und pflegerischer Tätigkeiten. Verglichen damit waren die zarten Geräusche hier der reinste Ohrenschmaus. Auch der Geruch nach Kreide und Tinte, vermischt mit einem Hauch Lavendel aus unbekannter Quelle, gehörten einer anderen Welt an als die schlechte, von Blut, Schweiß und Exkrementen geschwängerte Hospitalluft. Und was Odas Augen dann zu sehen bekamen, war eine nochmalige Steigerung der ohnedies schon wohltuenden Sinneseindrücke:

Auf Klaras Tisch, zwischen Stößen reichbemalter Blätter, war ein zweigeteiltes Pergament aufgespannt, dessen linke, indigoblau grundierte Seite die *Belebung des ungeborenen*

Kindes zeigen sollte. Es war genau der Augenblick dargestellt, in dem sich die Seele in Form eines großen, auf die Spitze gestellten Quadrates in den Leib des Embryos ergoß, während dieser im Schoß seiner Mutter ruhte.

Besonders gut gefiel der Infirmarin der Einfall Klaras, die goldene Seelenform mit vielen geöffneten Augen zu verzieren und das blaue Himmelszelt mit weißen Sternchen zu übersäen. Auch die feine Kolorierung von Blau, Smaragdgrün und Goldtönen fand sie weitaus harmonischer als die starken Kontrastfarben sonstiger Miniaturen.

O Mensch, du bist geliebt, denn Gott hat dich gewollt, hatte die Malerin in schöner Schrift unter das Bild gesetzt, und der übernächtigten Oda stiegen wieder Tränen in die brennenden Augen, als sie diese Worte las.

»Und wer ist das?« Sie wies auf mehrere noch unvollendete Männer- und Frauengestalten, welche die Schwangere mit Schalen voller Kugeln in den Händen umstanden.

»Das sind die Vorfahren des Ungeborenen. Die Käsekugeln in den dargebrachten Schalen versinnbildlichen ihren Beitrag zu den Anlagen des Kindes, seinem Wesen, seiner Gestalt. Über die letzte Schale oben links wollte ich noch einen Dämon setzen, der sein Gift zwischen die Kugeln mischt, vielleicht in Form eines Pilzes. Was meinst du dazu, Mutter?«

Klaras Augen strahlten vor Begeisterung über ihr halbvollendetes Werk und die vielfältigen Gestaltungsmöglichkeiten, die sich noch boten.

»Es wird wunderschön, Klara«, bestätigte die Praeposita, »und ich lasse dir völlig freie Hand. Denke nur daran, daß du den Text illustrieren, das heißt beschreiben, nicht aber deuten sollst.«

»Ja, Mater. Nur läßt sich das manchmal schwer voneinander trennen. – Hier drüben, auf der noch freien Hälfte, möchte ich übrigens in fünf kleineren Szenen von unten nach oben die Mißhandlungen und Versuchungen durch Dämonen darstellen, welche die Seele durchgemacht haben muß, bevor sie ihre Heimat im Himmlischen Jerusalem erreicht«, erklärte Klara, indem sie auf die rechte Seite des Blattes deutete, die bisher nur durch Nadelstiche markiert und durch feine Linien vorgezeichnet war.

»Wie viele Miniaturen sollen es denn werden?« erkundigte Oda sich voller Bewunderung.

»Fünfunddreißig – so wie wir auch fünfunddreißig Deckfarben haben und dazu noch Gold und Silber.«

»Und wie lange braucht ihr dafür?«

»Oh!« Klara lachte vergnügt und schaute mit einem Ausdruck der Zärtlichkeit auf ihre Pergamentstapel. »An einer Initiale arbeiten wir einen Tag, an einer aufwendigeren Miniatur oder Titelseite ungefähr eine Woche.«

»So lange?«

»Ja, Gott sei Dank! Ich kann mich immer nur schwer von einem fertigen Blatt trennen und möchte bis zuletzt noch Verbesserungen daran vornehmen.«

»Für jede abgeschriebene Zeile wird uns nämlich eine Sünde vergeben!« scherzte die Kopistin vom Nachbartisch.

Da sie eine einladende Kopfbewegung machte, ohne dabei ihre Arbeit zu unterbrechen, schaute Oda auch ihr über die Schulter. Diese schon etwas ältere Schwester beschäftigte sich mit der ersten Seite des Codex und war gerade dabei, die schon berühmt gewordenen Einleitungsworte der Prophetissa: »Und es geschah in meinem dreiundvierzigsten Lebensjahr ...« in lateinischen Buchstaben unter die allererste Miniatur zu malen.

»*Ecce quadragesimo tertio temporalis cursus mei anno ...*«, entzifferte Oda. Sie hätte kaum sagen können, was sie mehr beeindruckte: die kunstvolle Kalligraphie der Texte, die, wie sie erfuhr, seit Karl dem Großen in Kleinbuchstaben oder *Minuskeln* abgefaßt wurden – abgesehen von den *Majuskeln* am Satzanfang –, um Zeit und kostbares Pergament einzusparen, oder die Darstellung der Prophetissa auf der vorangestellten Miniatur. Diese zeigte die Meisterin, während sie eine göttliche Offenbarung empfing, und Oda wunderte sich, daß es überhaupt jemand gewagt hatte, diesen Vorgang zu illustrieren. Die Malerin hatte die Prophetissa auf leuchtend goldenem Grund unter den Torbogen eines stilisierten Klostergebäudes gesetzt. In der Hand hielt Hildegard einen Griffel, auf den Knien lag eine große Wachstafel, und die Füße hatte sie auf einen Hocker gestellt. Auch ihr Schreiber Volmar mit dem Pergament unter dem Arm war nicht vergessen worden. Aufmerksam schaute er durch ein Fenster zu, als warte er nur darauf, in das Geschehen mit einbezogen zu werden. Hildegard selbst blickte mit größter Konzentration in die Höhe, denn von dort senkte sich die fünffache Flamme des Heiligen Geistes auf ihr Haupt, einer göttlichen Hand gleich, berührte und durchdrang es mit seiner feurigen Energie.

Das Lebendige Licht aber sprach zu mir: Schreibe auf, was du siehst und hörst, hatte die Illustratorin, die in diesem Fall auch die Kalligraphin des Einleitungstextes war, mit zarter Feder daruntergeschrieben.

»Kennt Propst Volmar diese Miniatur schon?« fragte Hildegard, ohne zu verraten, was sie selbst davon hielt.

»Nein, Mater, noch nicht.«

»Nun, es wird ihm gefallen, sich auf so liebenswürdige Weise als mein Symmista verewigt zu sehen.«

»Nicht wahr? Das Anrührendste an dieser Miniatur ist der Gesichtsausdruck der beiden Personen«, unterstrich Oda die Worte der Meisterin. »Was für eine Kunst!«

Sie mochte sich kaum trennen von den Malerinnen und ihren Werken; überhaupt schien ihr das Skriptorium der schönste und heiligste Raum im ganzen Kloster zu sein, eine Insel der Ruhe geradezu, und so war sie überaus erfreut, als Klara sie zum Schluß einlud, vorbeizuschauen, sooft die Zeit es ihr erlaubte.

»O Mensch, du bist geliebt, denn Gott hat dich gewollt«, wiederholte die Infirmarin, glücklich lächelnd, auf dem Weg zum Hospital.

Während Friedrich I. in Italien seine Machtansprüche durchsetzte und sich in Rom zum Kaiser krönen ließ, wäre die »Herrin Hildegard von Bingen« froh gewesen, von seinem Angebot der Protektion bereits ersten Gebrauch machen zu dürfen; aus Richtung des Disibodenberges nämlich, dieser *Brutstätte des Unfriedens*, wie sie ihn nannte, zogen neue Sturmwolken herauf – dunklere denn je zuvor.

Hildegard brauchte das Siegel auf dem Brief des Abtes gar nicht erst zu brechen, um zu wissen, daß ihr ein weiterer Machtkampf bevorstand. Monatelang waren all ihre Anfragen und Mahnungen, die einstigen Schenkungen der Nonnen nun endlich herauszugeben, unbeantwortet geblieben; Abt Kuno hatte viel Zeit gehabt, sich neue Ärgernisse auszudenken.

»Wie groß ist die Torheit des Menschen, der sich nicht selbst bessert, sondern die Missetaten im Herzen des anderen sucht und die Kunde von dem, was er dort fand, nicht zurückhält, sondern ausbrechenden Wassern gleich überall verbreitet«, hatte sie ihm vor einem Jahr geschrieben, bevor sie auf Kunos Bitte einging, ihm aus ihrer Schau heraus etwas über den Schutzpatron der Mönche, den heiligen Disibod, zu offenbaren.

»O Mensch, warum schläfst Du und hast keinen Geschmack an guten Werken, die vor Gott wie ein Chorgesang erklingen?« richtete sie dem Abt im Namen des Lebendigen Lichtes aus. »Du schlägst mir ins Gesicht, wenn Du meine Kinder in ihre Leiden zurückstößt, ohne auf mich zu schauen, der ich doch den Irrenden zur Herde zurücktrage. Du scheust Dich nicht, den Menschen zu zerbrechen, den Du nicht erschaffen hast. Du schützest und pflegst ihn nicht, salbst nicht einmal seine Wunden. Mit Gewalt willst Du ihn bessern. Jetzt aber ist für Dich die Zeit Deines Dahinschwindens gekommen, und Gott, der Dich erschaffen hat, will Dich dennoch nicht verlorengehen lassen ...«

Harte Worte, gewiß, aber was hätte Hildegard ihm antworten sollen, nachdem er ihr in seinem Brief zuvor ja schon gestanden hatte: »Ich bin nicht in der Lage, die mir innewohnende Nachlässigkeit aus eigener Kraft von mir abzuschütteln ...«?

Wenn das Lebendige Licht zur Besserung gemahnte, mußte die Prophetissa diesen Aufruf weitergeben, ob es dem Empfänger nun gefiel oder nicht. In der Hoffnung, den Abt dadurch wieder ein wenig aufzurichten, hatte sie ihrem Brief dann auch noch den gewünschten Offenbarungstext hinzugefügt, einen Lobgesang auf Sankt Disibod. Doch eine Reaktion darauf war ausgeblieben.

Seither hatte Abt Kuno sich in Schweigen gehüllt, und was er nun von der Praeposita verlangte, konnte nur demselben kranken Geist entsprungen sein wie vor fünf Jahren seine beschämende Rolle im Spiel um Richardis: Ohne eine Begründung, geschweige denn ein Wort des Bedauerns, forderte er Propst Volmar zurück! Hildegard las es mit bebenden Lippen und zitternder Hand; am liebsten hätte sie sich sofort auf ihr Pferd geschwungen, um Kuno zur Rede zu stellen. Nicht einmal ein Friedrich Barbarossa würde ihr diese Aufgabe abnehmen können. Für den Abt sei die Zeit seines Dahinschwindens gekommen, hatte das Lebendige Licht schon vor einem Jahr prophezeit, also war es an ihr, Kuno vorher zur Vernunft zu bringen.

Am nächsten Tag aber fühlte Hildegard sich zum Reiten zu schwach; sie fror mitten im Sommer und hüllte sich in ihr Bärenfell, und mit jedem weiteren Tag, den sie verstreichen ließ, verschlimmerte sich ihr Zustand. Wieder konnte sie weder stehen noch gehen und litt unter schrecklichen Schmerzen an Kopf und Gliedern. Die Qualen ihrer letzten schweren Krankheit vor dem Auszug vom Disibodenberg erfuhren diesmal noch eine Steigerung. Und während Hildegard ihre Töchter mit den Worten zu trösten versuchte: »Gott schlägt jeden Menschen, den er annimmt, und je mehr dieser geprüft wird, desto mehr wird er geliebt«, munkelte man im Kloster bald, die Meisterin sei »auf den Tod erkrankt«.

Wenn sie selbst einmal über ihren Zustand sprach, so klagte sie zu Beginn über »eine trockene Hitze, durch die ihr Körper zusammengeknetet« würde, »wie wenn lehmige Erde mit Wasser zusammengemengt wird«, und nach etlichen Tagen auch noch über »Atemnot, so daß die Adern mit dem Blut, das Fleisch mit dem Saft und das Mark mit den Knochen vertrockneten, als müßte die Seele aus dem Leibe scheiden«.

Oda, die Infirmarin, tat alles, um Hildegards beängstigend hohe Körpertemperatur zu senken. Sie flößte ihr den Saft aus Eibischblättern und -wurzeln ein und verordnete ihr eine Fieberdiät aus gerösteten Kichererbsen. Als die gewünschte Wirkung ausblieb, bereitete sie einen Himbeerkrauttee und legte der Kranken anschließend die noch warmen Blätter auf den Bauch. Die Meisterin selbst hatte diese Kombination von Tee und Magenwickel stets als ihr *Allheilmittel gegen rätselhaftes Fieber* empfohlen, bei ihr selbst jedoch nützte es überhaupt nichts. Dann fiel Oda ein, daß man in Oberitalien, wo die Fiebermücken über den Sümpfen tanzten, das Essen gern mit Onyxessig würzte und daß auch Hildegard in ihrer Heilkunde, an der sie gerade arbeitete, geschrieben hatte: »Wer starkes Fieber hat, lege einen Onyxstein fünf Tage lang in Weinessig ein, und wenn er den Stein wieder herausgenommen hat, dann würze er damit alle seine Speisen, und die Fieber werden vergehen, weil die gute Wärme des Onyx, gemischt mit der Wärme des Essigs, die Schadsäfte vertreibt, aus denen bestimmte Fieber entstehen.«

Allein, dieser Versuch schlug ebenso fehl wie der bewährte Meisterwurzwein, und nachdem Hildegard sich jedes weitere »Herumdoktern« an ihr verbeten hatte, dabei aber täglich schwächer wurde, verständigte der zutiefst bekümmerte Propst ihre Freunde und Verwandten, damit sie Abschied von ihr nähmen.

Volmar war zu der Zeit nur noch ein Schatten seiner selbst, da er ja, wie er meinte, Hauptgegenstand der Streitigkeiten war, der neue Zankapfel zwischen seinem Abt und der geliebten Meisterin. So gab er sich die Schuld an Hildegards Krankheit und litt schwer daran.

Gertrud von Stahleck, die als erste an Hildegards Lager eilte, erkannte den Propst kaum wieder. Wie ein geprügelter Hund schlich er die Korridore auf und ab und war dermaßen ruhelos, daß es ihn kaum einen Augenblick im Krankenzimmer hielt.

Nachdem Gertrud der Infirmarin einen halben Tag lang geholfen hatte, Hildegards glühenden Leib mit Kaltwasserwickeln zu kühlen – denn das war die einzige Behandlung, welche die Kranke sich noch gefallen ließ –, schlug diese plötzlich die Augen auf, lächelte, da sie die Besucherin erkannte, und brachte die Kraft auf, sich eine Weile wie in alten Zeiten mit ihr zu unterhalten. Hildegards erste Frage galt Hermann. Gertrud aber schaute an ihr vorbei aus dem Fenster und gab nur ausweichend Antwort.

»Ich weiß, du hältst mich für schwerkrank und möchtest mich schonen«, flüsterte Hildegard. »Noch aber bin ich nicht völlig aus diesem Leben geschieden, wenn ich auch zeitweilig nicht mehr ganz darinnen war. Verheimliche also die Wahrheit nicht länger vor mir, denn das würde mich nur noch kränker machen.«

»Wenn du es durchaus wissen willst: Hermann wurde von Friedrich, unserem königlichen Neffen, zur Strafe des *Hundetragens* verurteilt. Er und zehn andere Grafen mußten in Worms vor dem versammelten Volk und den Fürsten eine Meile weit mit einem Hund auf dem Arm umherlaufen«, sagte Gertrud so unbeteiligt, wie sie es vermochte, damit Hildegards Schmerzen nicht durch Mitgefühl noch schlimmer würden, denn die sogenannte *Harnescharre* galt als die größte Schmach, die einen Edelmann treffen konnte.

»War es wegen des Mordkomplottes? Die Strafe ist doch längst verjährt!«

»Nein, Hermann hatte eine Fehde mit Erzbischof Arnold von Mainz, der mir ebenfalls recht machthungrig zu sein scheint – doch von solchen Dingen verstehe ich nichts. Jedenfalls haben mein Herr Gemahl und andere Adelige in Arnolds Bistum Kirchen geplündert, Burgen zerstört und Höfe verwüstet, als der Erzbischof auf Reisen war. Natürlich wähnen Hermann und die anderen sich im Recht. Friedrich bemühte sich, den Streit zu schlichten, hat Hermann und die anderen bei einer Gerichtssitzung in Worms schließlich aber zu jenem Hundetragen verurteilt. Den wohl auch nicht ganz unschuldigen Bischof hat er seines Alters wegen zwar ungestraft gelassen, aber darauf bestanden, daß Arnold ihn auf dem Italienfeldzug begleitet ...«

»O Gertrud, in welch einer Zeit leben wir nur!« stöhnte die Prophetissa.

»Du selbst hast sie des öfteren die *weibische* genannt.«

»Damit, liebe Gertrud, meine ich eine Epoche, die von den drei Lastern der Habgier, Verzweiflung und weltlichen Traurigkeit geprägt ist, von denen die Männer nicht weniger befallen sind als die Frauen. Auch Schwäche, Feigheit, Eitelkeit, Torheit und Lüsternheit gehören zu den Eigenschaften dieser weibischen Zeit.«

»Dein Begriff wird oft als Beleidigung der Frauen mißverstanden.«

Hildegard hob ihre abgezehrte Hand und ließ sie wieder fallen: »Welches meiner Worte wird nicht mißverstanden. Aber höre, Gertrud!« Sie hob ihren Oberkörper und umklammerte den Arm der Freundin. »Wir – du und ich – müssen an unsere Kraft kommen, wir beide. Nur darum sollten wir Gott bitten ... Wie könnten wir sonst seine Botschafter sein?«

»Mir genügt es, seine Dienerin zu sein«, antwortete bescheiden die Pfalzgräfin.

Hildegards Griff wurde noch fester. »Nein, das genügt nicht mehr!« sagte sie beschwörend, bevor sie zurück auf ihr Kissen sank.

Gleich am nächsten Morgen ließ sie sich in ihr Oratorium bringen, um dem Lichtherrlichen zu versprechen, zu gehen, wohin Er es ihr befahl, wenn Er nur die Geißel dieser Krankheit von ihr nähme, die jedermann als Seine Strafe ansah. Augenblicke später bestand sie darauf, daß zwei Schwestern sie auf ein Pferd setzten und das Tier vorwärts führten, wobei sie die Mater an den Händen hielten. Kaum hatten sie auf diese Weise eine kurze Strecke bewältigt, fühlte Hildegard ihre Kräfte zurückkehren, und wenngleich ihre beiden Begleiterinnen sie mit aller Macht daran zu hindern versuchten, ritt die eben noch Schwankende nun in wilder Entschlossenheit allein ihres Weges.

Monde waren verflossen, seitdem Hildegard sich das letztemal draußen aufgehalten hatte. Um so mehr genoß sie nun die Schönheit der Natur an diesem besonderen Tag. Waren die Farben des Sommers immer schon so intensiv gewesen? Die Erde duftete nach dem nächtlichen Regen wie mit heiligen Wassern getauft, zu neuem Leben erwacht auch sie, und der Himmel leuchtete so blau, daß der Reiterin der Atem stockte; dabei hätte sie vor Freude laut singen mögen, im Wettstreit mit den Vögeln ringsum im Gebüsch. Sie raffte ihre Röcke hoch und legte ein Bein vor sich aufs Pferd, als wäre sie der junge Held aus einer Rittergeschichte, der auf diese Weise sein Selbstbewußtsein zur Schau stellen wollte. Heldenmut aber brauchte sie in der Tat, denn sie begab sich geradewegs zum Berg der Vergangenheit zwischen Nahe und Glan, in die Höhle des Löwen. Bereits nach sechseinhalb Stunden hatte sie die Klosterpforte erreicht; viel schneller hätte auch eine Gesunde nicht am Ziel sein können. Was dann geschah, erzählte sie anderntags ausführlich dem Symmista und ihren Töchtern:

»Ohne mich anmelden zu lassen, stürmte ich geradewegs in den Kapitelsaal zu Abt Kuno und den Brüdern. Ich begründete meinen Überfall nicht, sondern las ihm sogleich die Leviten, zürnend wie ein Racheengel. Mit einer Stimme, die der meinen kaum ähnlich klang, rief ich:

Das hell strahlende Licht spricht: Du sollst als Vater über den Propst und meine Töchter wachen, als Schützer ihres

Seelenheils! Die Güter aber, welche sie mit ins Kloster gebracht haben, gehören weder dir noch deinen Brüdern. Vielmehr sollte eure Stätte den Schwestern Zuflucht sein. Wollt ihr aber in eurem Widerstand verharren, so seid ihr nicht besser als Antiochus, von dem geschrieben steht, er habe den Tempel des Herrn ausgeraubt. Und falls einige von euch die Absicht haben, das Erbe meiner Töchter an sich zu bringen, so spreche Ich, der Ich Bin: Ihr seid die ärgsten Räuber! Und falls ihr versuchen solltet, den Nonnen ihren Seelsorger zu entziehen, so sage ich weiterhin: Ihr seid wie die Söhne Belials. Dann aber wird das Strafgericht Gottes euch vernichten.«

»Und dann?« fragte Theresia. Vor Aufregung hatte sie hektische Flecken auf Wangen und Hals. »Wie haben die Brüder darauf reagiert?«

»Oh, zunächst waren sie alle wie erstarrt. Keiner mochte mich ansehen oder das Wort an mich richten. Sie fühlten sich wohl völlig überrumpelt. Dann aber erhob Kuno sich schwerfällig von seinem Sitz. Jede Farbe war aus seinem Gesicht gewichen, als er mit bleichen Lippen versprach, uns nicht länger vorzuenthalten, was uns zustünde. Er versprach, auf unsere Ländereien ganz zu verzichten, und als Beweis seines guten Willens ließ er mir das Güterverzeichnis der ehemaligen Jungfrauenklause überbringen, in welchem über unsere Mitgift ja regelmäßig Buch geführt wurde.«

Mit Händen und Füßen spendeten die Schwestern Beifall. Endlich würden sie nicht mehr von Jahr zu Jahr um ihren Lebensunterhalt bangen müssen.

»Und was wird mit mir?« erklang leise die Stimme des Symmista.

»Du wirst natürlich bei uns bleiben, Volmar, allein schon um die nötigen Verträge und Dokumente für uns aufzusetzen. Denn so ungeschickt ich in weltlichen Geschäften auch bin, werde ich mich, aus Schaden klug geworden, doch niemals mehr auf mündliche Zusicherungen verlassen.«

Die Töchter konnten ihr Glück an jenem Tag kaum fassen: Mater Hildegard, die vor zwei Tagen noch den Saum ihres Schleiers zerbissen hatte, um nicht vor Schmerzen zu schreien, war nicht nur auf wundersame Weise genesen, sondern hatte durch den Ausbruch ihres heiligen Zornes auf dem Disibodenberg auch einen Sinneswandel herbeigeführt.

»Woher nahmst du nur den Mut zu solch starken Worten?« fragte Theda.

»Ich nahm ihn nicht, ich bekam ihn geschenkt. Außerdem trug ich den Stein der Redner bei mir.«

Sie holte einen himmelblauen Chalzedonstein aus der Tasche ihrer Kukulle und zeigte ihn allen. »Ihr wißt doch: *Wer seine Rede besonnen und ruhig vortragen will, soll einen Chalzedon in der Hand halten, den er mit seinem Atem angefeuchtet und erwärmt hat. Er kann auch mit seiner Zunge daran lecken und wird daraufhin ruhiger zu den Menschen sprechen.*«

»Aber du warst doch gar nicht ruhig und besonnen. Du warst doch außer dir vor Zorn!« sagte Clementia verwundert.

»Ich *gab vor*, zornig zu sein. Das ist etwas anderes. Das Leben ist ein Spiel, Clemma, also spiel es«, scherzte Hildegard und wandte sich zum Gehen. Obwohl sie sehr lange bettlägerig gewesen war, hatte sie viel Schlaf nachzuholen – gesunden Schlaf ohne quälende Fieberträume.

Zwei Tage später, am Johannistag 1155, starb Hildegards größter Widersacher, Abt Kuno, und bald nach seiner Beisetzung richtete sie ein Schreiben an seinen Nachfolger Helenger, um ihm ihre Sicht der Dinge darzulegen, bevor er sich durch Informationen anderer ein womöglich falsches Bild machte:

»O Vater – der Würde nach! Wie gerne sagte ich: Vater in der Tat! Ich lebte einst an jener Stätte, wo Gott Dich nun als Seinen Stellvertreter hingesandt hat. Einige Deiner Brüder aber tobten wider mich wie gegen einen finsteren Vogel oder ein schreckliches Untier, richteten ihre gespannten Bogen auf mich, als wollten sie mich mit Pfeilen spicken. Ich aber weiß mit Sicherheit, daß Gott mich um Seiner Offenbarungen willen von jener Stätte entfernt hat. Denn durch Seine Worte und Wunder ward meine Seele dermaßen erschüttert, daß ich frühzeitig gestorben wäre, hätte ich jenen Berg nicht verlassen. Diejenigen aber, die mich mit Wohlwollen aufnahmen, sollen gesegnet sein, und auch denen, die den Kopf über mich schüttelten, möge der barmherzige Gott Seine Gnade gewähren ...«

Abt Helenger antwortete ihr umgehend und in großer Demut: »Seiner geliebten Mutter Hildegard, liebenswerter als jede Kostbarkeit, wünscht Helenger, ihr Sohn und nur dem Namen nach Hirte über die Herde des heiligen Disibod, alles was besser ist als irdische Güter ...« und bat sie dann nach weiteren Worten der Selbstkritik um »ein Trostschreiben an meine Niedrigkeit, damit das Buch des ewigen Lebens Euren Namen enthalte in Sion.«

»Ich glaube, mit einem Mann wie ihm werden wir uns endlich einigen können«, sprach voller Zuversicht die Praeposita.

Volmar aber wiegte zweifelnd seinen mächtigen Kopf, der Hildegard immer an den eines Löwen erinnerte. »Erwarte nur nicht, daß sich nun alles von heute auf morgen regeln läßt, Mater. Wir sollten den Disibodenbergern auf jeden Fall vorschlagen, unsere Liegenschaften dort gegen ihren Landbesitz in unserer Nähe einzutauschen. Erst wenn das geschehen ist, können wir die noch ausstehenden Geldbeträge anmahnen.«

»Ach, Geld!« sagte Hildegard. »Was das betrifft, kann ich ihnen entgegenkommen, um die Sache zu beschleunigen. Und überhaupt fürchte ich nichts und niemanden mehr. Allerdings wird auch niemand mehr ein leichtes Spiel mit mir haben – es sei denn, ich will es so.«

Volmar vernahm es mit Wohlgefallen.

»Gott hat einer schwachen Frau die Gabe verliehen, mächtige und weniger mächtige Männer zu beschämen«, lautete sein Kommentar in der *Vita*.

19

Von der Weiblichkeit Gottes

Der Mensch muß alle Erfahrungen so lange wiederholen, bis er daraus gelernt hat, dachte Hildegard, als eines Tages eine neue Gefährtin der Engel in ihr Leben trat, eine Seelenverwandte, die sie bar aller selbstsüchtigen Wünsche lieben konnte, ohne sich an sie zu binden. Dem inneren Abstand entsprach auch der äußere, denn Elisabeth von Schönau lebte im Nonnenkonvent eines Doppelklosters unweit von St. Goarshausen, drei bis vier Reitstunden vom Rupertsberg entfernt.

Die Biographie der dreißig Jahre Jüngeren zeigte indessen auffallende Ähnlichkeiten mit der Hildegards: Beide stammten aus Adelsfamilien am Mittelrhein und wurden schon als kleine Mädchen den Benediktinerinnen zur Erziehung übergeben. Auch äußerlich ähnelten die beiden Nonnen einander, als wären sie leibliche Verwandte: Beide besaßen sie große, strahlend blaue Augen und einen überzarten Körper, den Elisabeth durch strenge Askese zusätzlich schwächte, während Mater Hildegard dies für unsinnig und übertrieben hielt und ihre eigenen Schützlinge stets davon abzubringen versuchte. Ihrer Schmächtigkeit und Zartheit entsprechend, hatten die beiden zudem das *luftige* Temperament gemein, das nach Hildegards Beobachtungen zwar häufig körperliche Schwächen und sich daraus ergebende Krankheiten verursachte, dafür aber dem Streben nach geistiger Weite und Gottesnähe zuträglich war.

»Die erste Mutter der Menschheit war ähnlich dem

Äther geschaffen, denn wie der Äther alle Sterne in sich trägt, so trug sie selbst unberührt und ohne Schmerz die Menschheit in sich«, hatte die Prophetissa sich kürzlich noch für ihr *Buch von der verschiedenartigen Natur der Geschöpfe* notiert.

Was die beiden Nonnen aber mehr als alles andere verband, waren Elisabeths Visionen, die ihr jedoch erst vom dreiundzwanzigsten Lebensjahr an widerfuhren, einige Monate nachdem Hildegard ihre Arbeit am *Scivias* abgeschlossen hatte.

Auf Drängen ihres Bruders Egbert begann die junge Benediktinerin nun ebenfalls niederzuschreiben, was sie sah. Egbert, der zuvor Kanonikus von St. Cassius und Florentius in Bonn gewesen war, hatte sich auf Bitten seiner Schwester Mitte der fünfziger Jahre der Schönauer Mönchsgemeinschaft angeschlossen und kümmerte sich bald sehr eingehend um die Anerkennung und Verbreitung von Elisabeths Visionstexten.

Während die Prophetissa, nach ihren eigenen Worten, ständig im *Schatten des Lebendigen Lichtes* lebte und bei ihren Schauungen selten in Verzückung geriet, erfuhr Elisabeth ihre Gesichte nur an bestimmten Tagen, vor allem zu Kirchenfesten, und stets im Zustand der Ekstase. Durch den Inhalt ihrer Botschaften mit ihrem Aufruf zur inneren Wandlung stieß die Schönauerin allerdings immer wieder auf Ablehnung, selbst in Kreisen der Kirche, so daß sie sich eines Tages hilfesuchend an die *Meisterin in Bingen* wandte. Dort endlich fand sie Verständnis und Ermutigung, denn Hildegard versuchte der jungen Seherin so zu begegnen, wie sie selbst es sich vor Jahren von Bernhard von Clairvaux erhofft hatte.

Am Anfang ihrer Freundschaft stand ein Briefwechsel, und auch das erlebte Hildegard nicht zum erstenmal. Auf zehn eng beschriebenen Pergamentseiten weihte Elisabeth die »ehrwürdige Meisterin der Bräute Christi in Bingen« ein wenig langatmig, doch um so vertrauensvoller in alle ihre vergangenen und gegenwärtigen Prüfungen ein. Zunächst beklagte sie sich bitter darüber, daß einige Klosterbrüder sie wegen ihrer *Gabe der Prophetie* verunglimpften und daß die Mönche überdies Briefe gefälscht und unter Elisabeths Namen in Umlauf gebracht hätten, um ihr zu schaden.

»Sie verleumden mich mit der Behauptung, ich hätte den Tag des jüngsten Gerichtes vorausgesagt, was zu prophezeien ich mir aber niemals angemaßt hätte, da die Kenntnis über diesen Zeitpunkt ja wohl keinem Sterblichen zuteil werden kann«, verteidigte sie sich, um dann von einem Engel zu erzählen, der ihr eines Sonntags erschienen wäre, als sie sich »in gewohnter Weise in geistiger Entrücktheit« befand. Er habe eine Geißel über ihrem Haupt geschwungen und sie im Zorn geschlagen, weil sie seinem Befehl, die Menschen öffentlich zur Buße aufzurufen, noch nicht gefolgt sei. Er habe ihr seinen Schweigefinger auf den Mund gelegt und gesagt:

»Bis zur neunten Stunde wirst du stumm sein, dann aber offenbaren, was der Herr an dir getan.«

Um ebendiese Stunde hatte Elisabeth dann weisungsgemäß mit einem befreundeten Abt über die Botschaft des Engels gesprochen, vor allem über seine Worte: »Tut Buße, denn das Reich Gottes ist nahe!«, damit der Abt diese Ermahnung an seinen Orden und andere kirchliche Würdenträger weitergeben konnte. Einige jener Leute hätten ihm auch mit Achtung zugehört, andere aber mokierten sich über den vermeintlichen Engel, mit dem die Nonne so vertrauten Umgang haben wollte, und bezeichneten ihn als Truggebilde. Doch der Engel erschien Elisabeth noch ein zweites Mal, auf daß sie den Abt in seinem Tun bestärke, und dieser ließ sich nicht beirren und suchte weitere Geistliche an ihren Wohnorten auf, um die Mahnreden aus dem Himmelreich unter die Menschen zu bringen. Er verkündete mit großer Festigkeit, daß der Zorn Gottes über alle kommen werde, sofern sie Ihn nicht durch Zeichen ihrer

Buße davon abbrächten. Obwohl dies später von Elisabeths Gegnern immer wieder behauptet wurde, erklärte der Abt niemals – so versicherte sie der Meisterin Hildegard –, von welchen Strafen die Welt bedroht sei, falls die Menschheit weiterhin in Finsternis wandelte. Im übrigen seien viele Zuhörer dieser Bußpredigten so sehr von Furcht vor dem bevorstehenden Strafgericht ergriffen worden, daß sie während der Fastenzeit ernsthaft Verzicht übten und sich ganz dem Beten und Almosengeben widmeten.

Am Mittwoch vor Ostern, fuhr Elisabeth fort, sei ihr in einer Ekstase, nach heftigen körperlichen Schmerzen, erneut jener Schutzengel erschienen und habe ihr gesagt: »Quäle dich nicht, wenn das, was ich dir vorausgesagt habe, nicht an *dem* Tag eintrifft, den ich dir nannte, denn der Herr ist durch die Reue, welche viele gezeigt haben, besänftigt worden und hat den Zorn von Seinem Volke abgewandt.«

Auf Elisabeths Frage, ob sie denn nicht um so mehr zum Gespött der Menschen würde, wenn das, was sie hätte verbreiten lassen, nun nicht einträfe, erhielt sie die Antwort: »Du sollst alles, was dir in dieser Angelegenheit geschieht, geduldig und mit Gleichmut hinnehmen. Richte deinen Blick auf den, welcher den Spott der Menschen ertrug, obwohl Er der Schöpfer der ganzen Welt ist. Der Herr prüft deine Geduld hiermit zum erstenmal.«

Elisabeth schloß ihre lange Epistel mit den Worten: »Ich habe Euch all diese Ereignisse so ausführlich dargestellt, damit Ihr meine Unschuld und die des Abtes erkennen und auch anderen erklären könnt. Überdies bitte ich Euch, mich in Eure Gebete einzuschließen und mir einige Worte des Trostes zu schreiben, so wie der Geist Gottes es Euch eingibt.«

Den Gefallen tat die Prophetissa ihr gern, konnte sie der kleinen Nonne ihre Bedrängnisse doch nur allzu gut nachfühlen. *Horche und gehorche!* Weiß Gott, die Sprache kannte sie. Am selben Abend ließ sie Hiltrud kommen und diktierte ihr einen einfühlsamen Trostbrief an Elisabeth, dem auch bald eine Einladung auf den Rupertsberg folgte.

Obgleich mißtrauische Zeitgenossen die Nonne aus Schönau zunächst für eine jener »Möchtegern-Visionärinnen« hielten, die sich selbst mit oder ohne die Hilfe von berauschenden Kräutersubstanzen in eine überhitzte, zu Trugbildern führende Gemütsverfassung versetzten, zweifelte Hildegard keinen Augenblick an der Echtheit von Elisabeths Erfahrungen. Die Glut ihrer Gottesliebe sprach schließlich aus jeder Zeile ihrer Briefe. Und warum sollte nicht auch einer jüngeren Schwester geschehen sein, was Siward von Uppsala einst die »Erweckung des Schlangenfeuers« genannt hatte, welches »das Gehirn des Menschen mit einem Strom flüssigen Lichtes überschwemmt«?

Da auch Volmar plötzlich zu den Zweiflern gehörte und die Gabe der Prophetie allein seiner verehrten Meisterin zugestehen wollte, hielt Hildegard ihm einen Satz aus der Johannesoffenbarung entgegen, den sie auch Elisabeth nicht vorenthalten wollte:

»Wenn die Welt wegen der Sünden der Menschen auf ihre völlige Zerstörung zusteuert, wird die weibliche heilige Kraft des Herrn wirksam und Wunder tun.«

Gleich nach der ersten Begegnung mit Hildegard wußte Elisabeth der mütterlichen Freundin von einer Vision zu berichten, in der sie eine Halle gesehen habe, von oben bis unten voller Bücher. All dieses niedergeschriebene Wissen, so habe der Engel ihr erklärt, müsse bis zum Jüngsten Gericht offenbart werden. Und er zeigte seinem Schützling ihr eigenes, noch ungeschriebenes Werk mit den Worten: »Dies ist das *Buch der Wege Gottes*, welches von dir verfaßt werden soll, nachdem du die Schwester Hildegard besucht und gehört hast.«

»Und wirklich«, so schrieb Elisabeth, »beginnt die Prophezeiung sich zu erfüllen.«

Auch diese Geschichte mochten viele der jungen Seherin nicht abnehmen; die Ähnlichkeit ihres Buchtitels zu Hildegards *Scivias – Wisse die Wege* erschien ihnen allzu offensichtlich. Die Prophetissa aber beharrte darauf, daß Elisabeths Schrift inhaltlich und formal eigenständig sei, und machte ebenso wie Bruder Egbert, der inzwischen Abt des Doppelklosters zu Schönau geworden war, ihren ganzen Einfluß geltend, die Kritiker zum Schweigen zu bringen. Ungehindert konnte die junge Nonne fortan niederschreiben, was ihr gezeigt wurde. Auch sie mußte *auf der Zeit reiten*, um ihren Auftrag zu erfüllen. Hildegard sah mit Besorgnis, daß die Freundin wie eine Kerze war, die an beiden Enden brannte und daher wohl allzu früh verlöschen würde.

Innerhalb von drei Jahren verfaßte Elisabeth nun drei Schriften, neben dem *Buch der Gotteswege* auch noch eine Schau über die *Himmelfahrt Mariens* und eine phantasievolle Vision über die *heilige Ursula und ihre elftausend Gefährtinnen*. Bei den letzten beiden Texten zeigte sich der Unterschied zu Hildegards Schriften dann recht deutlich.

Die Werke der Schönauerin waren nicht Ausdruck des gleichgerichteten Hörens, Sehens, Wissens und Schreibens und boten auch nicht, wie die der Prophetissa, eine umfassende Schau des ganzen Kosmos, sondern bezogen sich auf einzelne Ereignisse, so wie die Ursula-Vision, mit der Elisabeth endlich die lang ersehnte Anerkennung fand, weil diese Heilige den Rheinländern besonders ans Herz gewachsen war.

Bereits im Jahre 1106 hatte man in Köln bei der Erweiterung der Stadtmauer einen alten römischen Friedhof mit einer unglaublichen Ansammlung von Knochen entdeckt, die man für die Gebeine der legendären Märtyrerinnen hielt. Dieser Fund galt in der Kirchengeschichte als besonderes Ereignis. Und auch Hildegard fühlte sich der Heiligen und ihren Jungfrauen eng verbunden, war sie doch just im Jahre 1106 der Klausnerin Jutta anvertraut worden, und sie erinnerte sich noch gut an die Neuigkeiten aus Köln und die Freude der Mönche auf dem Disibodenberg, als sie ebenfalls Reliquien der heiligen Ursula erhielten.

Durch Elisabeths Schrift wurde die Legende von den elftausend Jungfrauen nun noch weiter verbreitet, was Hildegard sehr begrüßte; vom Ursula-Mythos ebenso inspiriert, widmete sie der Freundin die zur gleichen Zeit entstandene Sequenz O *Ecclesia – De Undecim Milibus Virginibus.* Hildegard verband darin eindrucksvolle Bilder aus dem *Hohen Lied* mit denen der Apokalypse, welche sie in der Verschmelzung der Einzelseele – versinnbildlicht durch die heilige Ursula – mit der göttlichen Allseele gipfeln ließ.

Den dritten Vers mochte Elisabeth besonders gern. Sie besaß eine etwas leise, aber angenehm weiche Stimme; und Hildegard zeigte ihr, wie sie ihre Lieblingsworte dank einer besonderen Atemtechnik dennoch klangvoll vortragen konnte.

»Mit großer Sehnsucht verlangt es mich, zu dir zu kommen und im himmlischen Brautgemach mit dir zu ruhen, auf fremden Pfaden zu dir zu eilen, wie die Wolken in reinster Luft Saphiren gleich ziehen«, sangen sie gelegentlich gemeinsam, und jeder, der ihnen zuhörte, ahnte etwas von der Tiefe ihrer Sehnsucht nach Vollendung. *Krank vor Liebe* waren sie, diese beiden Christusbräute.

An einem Sonntag im Frühherbst kam Elisabeth von Schönau mit einem Korb voller Trauben, Nüsse, buntem Weinlaub und roten Beeren zum Berg der Prophetin.

»Der neunte Monat ist Reifezeit. Keine schrecklichen Gewitter verzerren mehr sein Gesicht. Allen wertlosen Saft nimmt er von den Früchten, damit sie gut zu genießen sind. All das trägt dieser Monat wie in einem Sack sicher durch die Zeit«, zitierte sie ein *Monatsbild* der Meisterin, während sie ihr den Geschenkkorb überreichte.

Sie hat schon wieder abgenommen, ist mager wie eine Kornähre, dachte Hildegard und komplimentierte die Besucherin gleich an ihre Tafel, die auf einem kleinen Podest quer vor den Tischreihen der Schwestern im Refektorium stand. Das Mittagsmahl hatte schon begonnen, Elisabeth aber ließ alle Speisen, selbst die Brunnenkressesuppe und goldgelben Birnenfladen, weiterreichen, nahm nur ein Stückchen trockenes Dinkelbrot und tunkte es in warmen gelöschten Wein. Um so andächtiger lauschte sie den Worten der Vorleserin am Pult gegenüber, welche unverkennbar von Meisterin Hildegard selbst stammten: »Als Gott dem Menschen ins Angesicht schaute, gefiel er Ihm sehr gut, hatte Er ihn doch nach Seinem Bilde geschaffen. Der Mensch sollte kraft seiner Einsicht mit dem Instrument seiner Stimme alle Wundertaten Gottes verkündigen, dessen Werk er ist. Gott wird vom Menschen erkannt, denn um Seinetwillen sind alle Geschöpfe erschaffen worden. Nur ihm hat Er gestattet, Gott durch seinen Verstand im Kuß der wahren Liebe zu loben und zu preisen ...«

Danach herrschte wieder tiefes Schweigen, und obwohl Elisabeth die benediktinische Zeichensprache zur Genüge aus dem eigenen Kloster kannte, war es ein Schauspiel besonderer Art, die lautlosen Gesten der Schwestern vom erhöhten Tisch der Äbtissin aus zu beobachten: Die eine machte eine Schwimmbewegung mit der Hand, weil sie Fisch gereicht haben wollte, eine andere bat mit fest zusammengepreßten Händen um Käse, und eine dritte faßte sich an den Hals, damit man ihr den Krug mit Weinessig zum Würzen des Rübensalats reichte.

Die Augen der Praeposita ruhten derweil voll mütterlicher Zuneigung auf zwei kleinen Mädchen, die an dem Tag Küchendienst hatten und eifrig Tongeschirre auf- und abtrugen. Mit einemmal verdüsterte sich Hildegards Miene. Sie winkte die Mädchen zu sich heran und ermahnte sie, ungeachtet des auch für die Äbtissin geltenden Schweigegebotes, mit großem Nachdruck:

»Ich bitte euch beide, Gertrud und Richardis, hütet euch während der nächsten vierzehn Tage vor jedem bösen Gedanken und jeder unrechten Tat!«

Die Mädchen senkten beschämt die Köpfe; die Mater würde schon wissen, warum sie ihnen das sagte, auch wenn sie selbst es nicht verstanden. Die Nonnen aber, die in der Nähe saßen, krausten die Stirn und wunderten sich.

Nur Elisabeth ahnte, was die Freundin gesehen hatte, und ließ es sich nach dem Essen bei einem Spaziergang durch die Rupertsberger Weingärten noch einmal von ihr bestätigen.

»Die Kinder werden in den nächsten beiden Wochen sterben, nicht wahr?«

»Ja, Liebe, so ist es. Ich sah sie ... Ach, wozu es dir erzählen. Du hast ja selbst Schwierigkeiten, das Menschsein zu verstehen!« Und sie begann Elisabeth, noch bevor diese sich darauf einstellen konnte, mit heftigen Worten Vorwürfe zu machen, weil sie mit ihren ständigen Hungerkuren und anderen Kasteiungen ihren Leib ganz und gar niedertrete und sich aufführe wie eine jener Katharerinnen, welche die Askese auch bis zum Äußersten trieben, um ihre fleischliche Hülle zu vernichten.

»Du wirst von Dämonen gequält, bist magersüchtig, leibesfeindlich und verliebt in den Tod!« warf sie ihr vor. »Und glaube bloß nicht, daß dies ein Zeichen besonderer Frömmigkeit ist! Wer sich durch zu große Enthaltsamkeit die notwendigen Speisen entzieht, den bläht der Hochmutsteufel auf. Aus dem Grund verabscheut Gott solche unvernünftige Askese.«

Sprachlos hatte Elisabeth diesem Ausbruch zugehört. Sie wußte kaum, wie ihr geschah. Selbst wenn sie eine Zurechtweisung verdient haben sollte, erschien der Vergleich mit den Katharern doch ebenso unpassend wie übertrieben. Wahrscheinlich war die Mater durch ihre Vision vom frühen Tod der beiden blutjungen Mädchen doch stärker aus dem Gleichgewicht gebracht worden, als sie es sich eingestehen mochte. Elisabeth zählte bis zehn und verzichtete auf jede Gegenrede, vielmehr dankte sie der Freundin dafür, daß sie durch sie hatte lernen dürfen, wie entscheidend das rechte Maß – *discretio* – im Leben einer Visionärin sei. Auch in der Benediktusregel werde ja ausdrücklich auf den mittleren Weg zwischen den Extremen verwiesen.

»Ich habe sogar schon von deinem Kastanienmus genascht, Mater Hildegard, weil du immer sagst, daß die Edelkastanie die *discretio* versinnbildlicht und durch ihre gespeicherte Sonnenkraft nützlich gegen jede Schwäche im Menschen ist.«

Das endlich schien Hildegard ein wenig zu besänftigen.

»Dann ist es ja gut«, sagte sie, »aber denke immer daran, dich auf dem *mittleren* Weg zwischen den Extremen zu bewegen.«

Und sie bestand darauf, ihren Gast noch eine Stunde lang herumzuführen und in die Geheimnisse der Obsternte, des Traubenkelterns und Kornmahlens einzuweihen.

Erst nach dem sonntäglichen Vespergottesdienst, als sie sich bis zum Beginn der Komplet in Hildegards kleines Haus zurückziehen durften, fand Elisabeth den Mut, über ihr eigentliches Problem zu sprechen.

»In einer apokalyptischen Vision sah ich eine Frau über die Ungerechtigkeit der Welt weinen. Sie war mit der Sonne bekleidet, stellte aber weder die Jungfrau Maria noch die Ekklesia dar, wie mir zuteil wurde, sondern das Menschsein des Gottessohnes. Als ich meinem Bruder von dieser Vision erzählte, empörte er sich darüber, daß mir das Menschsein des Erlösers nicht in der Gestalt eines Mannes gezeigt wurde ...«

Hildegard lachte leise. »Und was meinst du dazu?«

»Nun, wenn Christus Gott und Mensch in einer Person ist, warum sollte er dann nicht zugleich männlich und weiblich sein?«

Zum erstenmal an diesem Sonntag im September schloß Hildegard die Freundin in die Arme und drückte sie fest an sich.

»Genauso sehe ich es auch! – Des Vaters Thron, so kam es mir einmal, wurde niemals durch einen allein ausgefüllt. Ihm zur Seite nimmt die Weisheit den Platz der Mutter ein und ist dem Vater Ergänzung und Hilfe.«

»Was für ein großartiges Bild!« sagte Elisabeth. »Meinem Bruder Egbert würde es allerdings nicht gefallen.«

»Bestimmt nicht!« meinte auch Hildegard und nahm es als gutes Zeichen. »Bei der Stärke des Mannes, auf die er so stolz ist, vergißt er nur zu oft, daß es ja ein *schwaches Weib* war, welches das fleischgewordene Wort – die Welt! – hervorbrachte. Wir dürfen nicht nachlassen, die Menschen auf die Kraft hinzuweisen, die in der Schwäche liegt.«

Beflügelt von so viel Übereinstimmung selbst bei den eigenwilligsten Themen, entwickelten die beiden noch am selben Abend ein Konzept, an dem sie so bald wie möglich die anderen Schwestern teilhaben lassen wollten: »Wir veranstalten ein Symposium wie bei den alten Griechen!« schlug Hildegard mit leuchtenden Augen vor. »Wir werden einen ganzen wunderschönen Tag mit Musik, Vorträgen und Lesungen zur *Weiblichkeit Gottes* füllen. Die jungen Schwestern werden weiße Schleier über herabwallendem Haar tragen und goldene Fingerringe. Wir werden in Kerzen und Blumen schwelgen! Ein Fest für Seele, Geist und Sinne werden wir feiern ...«

»Und für den Glauben«, ergänzte Elisabeth.

»Gewiß, das alles geschieht ja um des Glaubens willen. Wir werden dem frauenfeindlichen Satan, dessen erstes Opfer Eva war, die weibliche Zärtlichkeit Gottes entgegensetzen, die in Personen wie Ekklesia und Maria verkörpert wird, wobei der Gottesmutter ein besonderer Platz gebührt, da sie das fleischgewordene Wort geboren hat. Aber es gibt auch noch die Sophia, Sapientia, Philosophia, Scientia Dei, Caritas ... und der Synonyme mehr. Sie alle bringen ja Gott auf die Welt! – Die Weiblichkeit Gottes bringt die Welt in die Stofflichkeit, damit die Welt zurück zum göttlichen Geist geführt wird!« schloß Hildegard ihren Exkurs und verstummte.

Und auch Elisabeth hing nun ihren eigenen Gedanken nach, denn die Kraft, *die aus der Schwäche geboren wird*, war ein großes Thema, zu dem es noch viel zu sagen geben würde. Bis auf das Knistern des Feuers im Kamin, das Hildegard an kühlen Abenden gern anzündete, weil sie »auf ihre alten Tage«, wie sie meinte, immer kälteempfindlicher wurde, war es nun totenstill im Hause der Äbtissin.

Hildegard kam in den Sinn, daß sie auch Gertrud von Stahleck zu jenem Symposium einladen sollte. Ihr Mann hatte nach seinem Ehrverlust durch das Hundetragen überraschend auf sein Amt als Pfalzgraf verzichtet, um Mönch im Zisterzienserkloster Ebrach zu werden. Dort aber war er vor kurzem gestorben, und die untröstliche Gertrud spielte nun mit dem Gedanken, sich ebenfalls in ein Kloster zurückzuziehen, am liebsten in der Nähe von Hermanns Grabstätte. Auch sie war eine Freundin der Weisheit und dürstete nach der Zärtlichkeit Gottes.

»Das, was wir suchen, ist das, was sucht«, erklärte Hildegard, bevor sie sich am Abend in ihre Schlafräume begaben.

Jetzt konnte Elisabeth ihr doch nicht ganz folgen. »Und wo ist das Objekt in deinem Satz?«

»Das ist es ja: Es gibt keines«, lautete die rätselhafte Antwort.

Visionsschrift II
Die Wahrheit

»Schreib, Volmar, schreib! Die Zeit verrinnt uns wie Sand zwischen den Fingern ...«

»Das kommt dir nur so vor!«

»Mag sein. Mir ist mitunter, als müßte ich das Werk vieler Leben in einem einzigen vollbringen. Schreib also:

Der zehnte Monat gleicht einem sitzenden Menschen. Er eilt nicht mehr mit der ganzen Kraft seiner grünenden Lebensfrische dahin und hat auch nicht mehr die volle Lebenswärme. Der sitzende Mensch faltet sich zusammen, um der Kälte zu entgehen. Er zieht sich jetzt ein Kleid über, damit er es warm hat. Wenn der Mensch im Alter zu frieren beginnt, so ist das aber auch ein Zeichen, daß er weiser wird. Durch seine Reife der kindischen Sitten überdrüssig geworden, gibt er seinen Wankelmut und alle Leichtfertigkeit auf. Er meidet die Gesellschaft stupider Menschen, die ihn mit ihrer Unwissenheit doch nur täuschen würden. Durch die Alterskälte lassen die vielfältigen Gelüste des Fleisches in ihm nach. So ist auch der zehnte Monat des Jahres bei aller Grünkraft nicht mehr ganz angenehm, da infolge der Trockenheit und Kälte die Zweige der Bäume entlaubt werden. Die Seele aber, geschaffen als lebendiger Geisteshauch Gottes, der in Wahrheit die Weisheit selber ist, belehrt den Menschen, daß er festhalten soll, was von Gott kommt ...«

Hier konnte Hildegard einen Seufzer nicht unterdrücken. »Wahrhaftig, auch ich werde alt, mein Symmista! Wer hätte das jemals für möglich gehalten? Keine sechs Winter haben sie meinem zerbrechlichen Leib nach seiner Geburt einst geben mögen, und nun stehe ich bereits vor dem sechzigsten meines Lebens!« Mit einer müden Handbewegung schob sie eine widerspenstige graue Haarsträhne unter ihren Schleier zurück.

Volmars Feder kleckste, weil er den Schreibfluß mitten im Satz unterbrochen hatte, um die Prophetissa zu betrachten. In seinen Augen hatten die letzten zwanzig Jahre sie kaum verändert. Meist lag ein heller Glanz auf ihrem Gesicht, der sich mit der Zeit verstärkt hatte, so daß die wenigen Mimikfalten der Haut sich darin nahezu auflösten.

Während andere Menschen in ihrem Alter sich langsam von der Welt zurückzogen, war die Praeposita gezwungen, ihren Wirkungskreis ständig weiter auszudehnen. Es verging kein Tag mehr ohne Besucherströme von nah und fern, ohne Grußadressen und Bittbriefe von Erzbischöfen und Päpsten, Königen und Äbten aus ganz Europa. Sie alle versprachen sich Segen von einer visionären Botschaft der Seherin und legten Wert auf den persönlichen Kontakt.

»Heute«, kam Volmar ihrer Frage zuvor, »hat man uns nur Erfreuliches ins Haus geschickt, und zwar sämtliche Bestätigungsurkunden für den Rupertsberg, von namhaften Zeugen unterzeichnet.«

Zufrieden schabte er mit seinem Messerchen den Tintenklecks vom Pergament, der die Gestalt einer Eidechse angenommen hatte.

»Endlich!« Auch Hildegard vernahm die Nachricht mit großer Erleichterung.

»Nicht wahr? Wir haben nun acht Gehöfte der Mönche gegen unseren Landbesitz eingetauscht, ihnen aber, deinem Wunsch entsprechend, alles übrige gelassen und darüber hinaus eine beträchtliche Summe gezahlt, damit sie nur ja keinen Grund zur Klage mehr finden. Die Brüder vom Disibodenberg haben nun keine Ansprüche mehr an uns. Über alle weiteren Schenkungen dürfen wir frei verfügen.«

»Das ist gut!« bestätigte Hildegard. »Sehr gut! Nun, da der Herr meinen Kopf von allen weltlichen Sorgen um Einkünfte und Besitz befreit hat, kann ich mich um so intensiver darum bemühen, die Schau, die er mir derzeit wieder schickt, zu Klang werden zu lassen. Bilder zu Worten und Worte zu Bildern ...«

Acht Jahre nach der Vollendung des *Scivias*, während die Tinte der letzten Seiten zu Hildegards heilkundlichem *Buch von der verschiedenartigen Natur der Geschöpfe* noch kaum getrocknet war, offenbarte das Lebendige Licht ihr nun täglich weitere Einsichten in das Zusammenspiel zwischen Schöpfer, Mensch und Kosmos. Nur schwer ließ sich die überwältigende Schönheit der Bildfolgen in Worte fassen:

Ein hochgewachsenes, überirdisches Wesen wurde ihr da gezeigt, ein Gigant mit strahlendem Antlitz. Bis in den lichtblauen Äther hinein ragte sein Haupt, während er von den Schultern bis zu den Hüften in leuchtenden Wolken stand, von den Hüften bis zu den Knien in irdischer Atmosphäre, und von den Knien bis zu den Waden im Erdboden selbst; seine Füße schließlich reichten tief hinunter in die Wasser des Abgrundes. ER selbst war es, der Beherrscher aller Zeiten und Welten. In göttlicher Ruhe verweilend, wandte er sein Haupt in den ersten vier Visionen langsam von Osten nach Westen und vom Norden zum Süden. Im fünften Gesicht schaute er über die ganze Welt, um im sechsten die vier Zonen der Erde in Bewegung zu setzen.

Gleich im ersten Bild hatte sich vor dem Mund des unbewegten Bewegers eine blendend weiße Wolke in Form einer Posaune gebildet und mit brausendem Klang gefüllt. Wann immer das mächtige Wesen in diese Posaune blies, sandte sie drei Winde aus, die sich zu Feuer-, Licht- und Sturmwolken formierten. Die Feuerwolke aber war von wunderbaren Lebewesen bevölkert; sie standen für die Tugenden oder Gotteskräfte und hatten die Aufgabe, den Lastern entgegenzutreten, die von einer dunklen Wolke ausgespien wurden, welche aus dem Norden kam. Ein gewaltiger Kampf zwischen den Mächten des Lichtes und der Finsternis, wie Hildegard ihn ganz ähnlich schon in ihrem Mysterienspiel *Ordo virtutum* geschildert hatte, entfaltete sich vor den Augen der Visionärin – und denen des Ewigen Zeugen, dem sie bei Seiner Schau zusehen durfte.

Nur allzu bekannt kamen ihr die Wortgefechte und Auseinandersetzungen auf den Bühnen der Welt und in jeder Einzelseele vor, prallten doch selbst im Kloster die verschiedenen Charaktere der Töchter immer wieder aufeinander, schienen Wahrhaftigkeit und Lüge, Zorn und Geduld ebenso unvereinbare Gegensätze zu sein wie die weltliche und himmlische Liebe. Daraus ergab sich, so folgerte Hildegard später, daß jedes dieser gegensätzlichen Paare einen krank machenden und einen heilenden Faktor besaß. Die Verantwortung des Menschen aber bestand darin, immer wieder neu zu entscheiden, welche Seite er wählen wollte.

Je länger Hildegard sich in die Schau dieses Kräftespieles vertiefte, desto klarer erkannte sie dessen Struktur und Komplexität. Schließlich nannte sie dem Symmista fünfunddreißig Tugend- und Lasterpaare, welche in den Schichten des menschlichen Bewußtseins wirkten und ihre Botschaften über die fünfunddreißig Wirbelkörper der Wirbelsäule in das Nervensystem weiterleiteten.

»Wobei«, sagte sie, »die fünfunddreißig Tugendkräfte dazu dienen, die Trennung der Seele von ihrer himmlischen Heimat wieder rückgängig zu machen.«

Die erste Schau befaßte sich, dem Bild des Giganten folgend, dessen Haupt bis in den lichten Äther reichte, mit den sieben Wirbeln der Halswirbelsäule und den fünf Sinnesorganen. Dementsprechend konnte die Seherin das erste Kräftepaar, die Liebe zum Himmlischen oder die Liebe zur Welt, den Augen zuordnen, das zweite, die Ausgelassenheit oder Disziplin, den Ohren, die Vergnügungssucht oder Bescheidenheit der Nase und den Sieg Gottes oder die Feigheit der Haut.

Wie schon die übrigen Laster, so erschien Hildegard auch die *Feigheit* in einer zwitterhaften, nur teilweise einem Menschen ähnlichen Gestalt. Einen menschlichen Kopf mit einem langen Hasenohr trug jene *Ignatia*, und sie tat kund:

»Ich will es mit niemandem verderben und jedem zu Gefallen sein, damit ich selbst nicht zu kurz komme. Ob die Menschen nun Gutes oder Böses tun, ich werde ihnen nicht entgegentreten, sondern lieber meinen Mund halten, als meine eigene Existenz aufs Spiel zu setzen.«

Ferner sah die Prophetissa einen schwarzen Nebel, Regengüsse und Gewitter, worin die Seelen der Menschen umhergejagt wurden, die ihre Feigheit in der Welt nicht überwinden konnten. *Ignatia* entgegen trat jedoch die *Divina Victoria*, die göttliche Siegerin, in einer glänzenden Ritterrüstung. Den Schutzschild und die Waffen Gottes tragend, durchbohrte sie mit ihrer Lanze den Kopf eines Löwen und sprach:

»Ich erhebe das Schwert der starken Gotteskräfte, das alle Ungerechtigkeiten tilgt. Hart werde ich gegen dich sein, Ignatia, denn du bist Asche von Asche, und was du begehrst, ist minderwertig und gering. Ich aber will kein Leben in Asche und keine Welt der Eitelkeit und Sinnlosigkeit. Ich besiege Haß und Neid, Lüsternheit und Selbstbetrug …«

»Aber wieso läßt du die Siegerin Gottes erst an fünfter Stelle auftreten?« wunderte sich Volmar beim ersten gemeinsamen Diktat.

»Weil es mir so gezeigt wurde, mein Symmista. Ich glaube aber auch, daß der Mensch zunächst seine Liebe zum Himmlischen entdecken muß, um daraufhin Disziplin, Bescheidenheit und Barmherzigkeit zu üben, bevor er mit den Waffen dieser Tugenden das Böse bekämpfen kann. Im Vertrauen auf Gott ist der Mensch sodann auf den Weg des Lebens gelangt. Infolgedessen symbolisieren die beiden letzten Paare dieser ersten Schau die Ganzheit des Menschen.«

»Die Ganzheit?«

»Ja, Volmar. Weshalb erstaunt dich das so? Das sechste Paar, Zorn und Geduld, ist den Knochen, Sehnen und Muskeln des menschlichen Körpers zugeordnet, kurz allem, was ihn bewegt, und das siebente, die Vergnügungssucht wider die Gottessehnsucht, den Abwehrkräften. Erst nachdem die fünf vorausgehenden Seelenkräfte durch Geduld und die Sehnsucht nach Gott ergänzt wurden, ist der Mensch auf dem Weg zur Vollständigkeit. Die Seele seufzt tief auf, wenn sie bedenkt, woher sie kommt und was sie ist, ohne daß der Mensch weiß, woher seine Seufzer kommen. Auf diese Weise wird der Schaden wettgemacht, der durch solche Untugenden wie Zorn oder Vergnügungssucht verursacht wurde.

Du überschreitest alle Grenzen der Wahrheit und Ehrbarkeit und mißachtest ein vernünftiges Leben, hörte ich die Sehnsucht nach Gott der Vergnügungssucht vorhalten. *Ich aber weiß, daß alles weltliche Leben wie Gras verdorrt. Daher sehne ich mich nach einem anderen, unvergänglichen Sein. Ich lebe in himmlischer Harmonie, von Engeln und guten Geistern umgeben. Gar nicht genug kann ich mich ihrer Gemeinschaft erfreuen; niemals werde ich mich von ihnen trennen.«*

In Hildegards zweiter Vision zeigte Gott sich ihr von Westen nach Norden schauend, wobei er von den Schultern bis zu den Hüften in leuchtenden Wolken stand. Dem einmal gewählten Schema folgend, ließen sich die Tugend- und Lasterpaare, die Hildegard hier sah, den ersten acht Brustwirbeln, der Magen- und Darmtätigkeit sowie den Verdauungsorganen zuordnen wie auch der Schwangerschaft im allgemeinen. Die Enthaltsamkeit kämpfte dort gegen die Schlemmerei, die Freigiebigkeit gegen Engherzigkeit, die Frömmigkeit gegen die Gottlosigkeit, der Friede gegen die Streitsucht, die Glückseligkeit gegen die Schwermut, das rechte Maß gegen die Maßlosigkeit und das Seelenheil gegen den Atheismus.

Den Wert der *Discretio* als Grundlage für die Urteilskraft und das Unterscheidungsvermögen hatte Hildegard im Gespräch mit ihren Töchtern immer schon hervorgehoben und die besondere Rolle dieser Eigenschaft im Wechselspiel mit den anderen einmal so beschrieben:

»Alle Tugenden müssen sich der *Discretio* beugen, als wäre sie das Firmament, das über sie herrscht, auf daß sie nicht im Überschwang höher aufsteigen, als ihnen zuträglich ist, oder in der Neigung zu weltlichen Dingen tiefer fallen, als Gott es ihnen bestimmt hat.«

Im *Ordo virtutum* hatte Hildegard die *Discretio* singen lassen:

»*Ich, die Urteilskraft, bin das Licht und die Ordnung aller Geschöpfe, bin der Gleichmut Gottes. Mich hat Adam durch seine Zügellosigkeit vertrieben.*«

Und selbst Papst Anastasius, dem Nachfolger Eugens, hatte sie zu Beginn seiner kurzen Regierungszeit mehr *Discretio*, im Sinne von Urteilskraft, empfohlen, als sie ihm schrieb:

»Daher, o Mensch, der Du auf dem päpstlichen Throne sitzest, verachtest Du Gott, wenn Du das Böse nicht von Dir weist, sondern in die Arme schließt, indem Du es bei lasterhaften Menschen stillschweigend duldest. Die ganze Erde wird durch immer neue Irrlehren in Verwirrung gestürzt, denn der Mensch liebt, was Gott zunichte gemacht hat. Und Du, o Rom, liegst wie in den letzten Zügen. Du wirst so erschüttert werden, daß die Kraft Deiner Füße versagen wird, auf denen Du bis jetzt gestanden. Höre also Ihn, der lebt und nicht aus dem Weg geräumt werden kann: Die Welt ist jetzt voller Ausschweifung, später wird sie in Traurigkeit versinken und noch später so sehr in Schrecken sein, daß es den Menschen nichts ausmacht, getötet zu werden. Zu alldem gibt es bald Zeiten der Ausgelassenheit, bald Zeiten der Zerknirschung, bald Zeiten, in denen es vor Bosheit nur so blitzt und donnert. Denn das Auge stiehlt, die Nase wittert, der Mund tötet. Vom Herzen aber geht Heilung aus, wenn das Morgenrot wieder sichtbar wird, als ginge es zum ersten Male auf. Unbeschreiblich ist, was dann aus neuem Verlangen und in neuem Eifer erblüht ...«

Mit diesem Appell an sein Unterscheidungsvermögen hatte Hildegard Papst Anastasius bereits vor fünf Jahren aufgefordert, seine Handlungsschwäche zu überwinden und den Kampf gegen das Böse aufzunehmen.

Und auch jetzt ging es wieder um *Discretio*, dieses Lieblingsthema der Benediktiner. Auf ihrer Wachstafel hielt die Prophetissa die wichtigsten Bilder der zweiten Vision in vorläufigen Formulierungen für Volmar fest, den *Mann mit der Feile*:

»Die Discretio ist eine Fürstin im Palast des Königs. Sie wandelt auf den Pfaden des Mondes und in den Bahnen der Sonne. Sie beleuchtet alles wie die Strahlen der Sonne. Sie ist das Fundament des Lebens und die Säule der Dreifaltigkeit. Christus ist der Maßstab des Lebens. Discretio aber ist die Mutter der Tugenden; sie steigt von unten nach oben wie auf einer Leiter. Sie ist wie das Auge und die Fruchtbarkeit des Monats Mai. Die goldenen Strahlen der Sonne fallen aus einer Wolke auf sie.«

Den Widerpart spielte *Immoderatio*, die Maßlosigkeit:

»Eine Gestalt trat auf«, berichtete Hildegard, »die war wie ein Wolf gebildet, der zusammengekauert, aber sprungbereit auf der Lauer lag, um gleich alles an sich zu reißen, was sich ihm bieten würde. *Alles, was ich mir wünschen und aussuchen kann, will ich genießen und auf nichts verzichten,* hörte ich ihn mehr knurren als sprechen. *Ich habe nicht die geringste Lust zur Enthaltsamkeit. Warum sollte ich nicht ausnützen, was ich habe und bin? Was mir an Spiel und Lust entgegenkommt, das greife ich auf. Sollte ich mein Herz etwa festbinden, wenn es vor Freude springt? Oder einen Aderlaß machen, wenn mir die Adern platzen vor Lust? Und wenn ich etwas zu sagen habe, warum sollte ich schweigen? Wie ich geschaffen bin, so lebe ich mich aus. Und wie ich nun einmal bin, so bleibe ich auch...*«

Ein Lächeln überflog Hildegards Gesicht, während sie dem Wolf der Maßlosigkeit lauschte. Hatte sie nicht an dem Tag, als sie von ihrem denkwürdigen Besuch in Barbarossas Kaiserpfalz zurückkehrte, die Novizin Regintrud ganz ähnlich argumentieren gehört? Und hatte sie der Kleinen, die für das Klosterleben wenig geschaffen war, wie sich bald zeigen sollte, nicht damals schon vorgehalten, was sie jetzt aus dem Munde *Discretios* noch einmal vernahm:

»Du benimmst dich wie ein wildes Tier, wie ein junger, bissiger Hund bist du, der noch nicht gezähmt wurde. Ich aber sage dir: Alles, was in der Ordnung Gottes steht, antwortet einander. Die Sterne funkeln vom Licht des Mondes, und der Mond leuchtet vom Feuer der Sonne. Alles dient einem höheren Prinzip und überschreitet niemals sein Maß. Du aber nimmst weder Rücksicht auf Gott noch auf seine Geschöpfe. Du bringst Krankheit und Zerstörung und wirst zum Fraß für die Würmer.«

Die Gestalten *Discretios* und *Immoderatios* lösten sich nun auf; vor den Augen der Seherin bildete sich ein Meer in unendlicher Ausdehnung, das gänzlich mit Schwefel vermischt war und in hellen Flammen stand. In dieses Feuermeer aber wurden die Seelen der Menschen getaucht, die sich zu ihren Lebzeiten in Gedanken, Wort und Tat der Maßlosigkeit verschrieben hatten. Und sie hörte die Stimme des Lebendigen Lichtes sprechen: *»Was du siehst, ist wahr. Die Menschen, die in all ihren Taten kein rechtes Maß haben, sollen sich das Joch des Gehorsams auferlegen und keine fetten Speisen mehr essen, wollen sie ihre bösartigen Plagegeister verjagen.«*

»Keine fetten Speisen ... Glaubst du, das allein genügt?« – erkundigte sich Hiltrudis, der die Prophetissa diesen Abschnitt diktierte, da Propst Volmar an dem Tag anderenorts die Interessen der Rupertsbergerinnen wahrnehmen mußte.

»Die fetten Speisen sind nur ein Sinnbild für alle Arten von Überfluß und ungesunder Verschwendung, Hiltrud. Es geht darum, daß sich die Menschen wieder in die Harmonie von Seele und Körper, Schöpfer und Schöpfung einschwingen, denn die Maßlosigkeit hat weder im Himmel noch auf Erden eine Heimat. Die *Discretio* dagegen hat ihren Ursprung im Heiligen Geist; mit ihr gab Gott dem Menschen das Unterscheidungsvermögen von Gut und Böse und damit auch Verantwortung: Der Mensch soll Gott sein in der Welt.«

»Niemandem außer dir würde ich das glauben«, gestand

Hiltrudis und schätzte sich glücklich, auch beim Diktat der dritten Schau dabeisein zu dürfen.

Hier stand der Gigant von den Hüften bis zu den Knien in der irdischen Lufthülle und schaute von Norden nach Osten. Folglich waren die Kräftepaare den unteren Brust- und Lendenwirbeln zugeordnet, den inneren Organen, dem Stoffwechsel und den Sexualorganen.

»Der gesamte dritte Teil«, sagte Hildegard, »bezieht sich auf die Kindheit und Jugend des Menschen so wie der vorhergehende auf die Schwangerschaft und der erste auf das Leben vor der Geburt. Die Zeiten des Erwachsenseins und des Alters werden noch folgen.«

Lange vertiefte sie sich in diese dritte Schau: Hochmut und Demut, Neid und Nächstenliebe, Ruhmsucht und Gottesfurcht kämpften da miteinander im Schlachtfeld des menschlichen Herzens. Der Gehorsam bemühte sich mit allen Kräften, den Ungehorsam zu besiegen, der Glaube den Unglauben, die Hoffnung die Verzweiflung und die Keuschheit die Wollust.

Hiltrudis, die sich große Mühe gab, in ihrer Arbeit der verstorbenen Richardis nachzueifern, fand an der Beschreibung der Nächstenliebe, *Caritas*, besonderen Gefallen. Die Worte zergingen ihr auf der Zunge, während sie buchstabierte und niederschrieb:

»Die Liebe trägt ein tiefblaues Kleid mit zwei breiten Streifen aus Gold und Edelsteinen. Diese Streifen, welche vom Saum bis zum Kragen hinaufführen, sind als Symbole für die beiden Gebote der Gottes- und der Nächstenliebe zu sehen. Denn du sollst dich zwar der Süße Seiner Liebe hingeben, aber ebenso der Liebe zu dir selbst und deinen Mitmenschen. Gott, die Liebe selbst, hat den Menschen entworfen, der Seinem Spiegelbild gleich in Ihm verwurzelt ist, so wie man im Wasser das Spiegelbild eines jeden Geschöpfes erblicken kann. Daher besitzt auch der Mensch in seiner Seele die Fähigkeit, alles so zu ordnen, wie er es will. Und ihrem Widersacher *Invidia*, dem Neid, welcher alle

Seelenkräfte durcheinanderbringt, wußte *Caritas* entgegenzuhalten:

O, du schmutziger Scharfmacher! Du bist ein übles Gift, das die Schöpfung vernichtet. In deinem Hochmut rühmst du dich, mehr Menschen an dich binden zu können, als es Sand gibt am Meer. Doch in Wirklichkeit bist du selbst gebunden und bereits besiegt. Ich, die Nächstenliebe, lebe Tag für Tag die Tugend des Gleichmuts, und in der Nacht breite ich meinen Mantel aus, um Schmerzen zu lindern und Wunden zu salben. Daher bin ich die liebste und würdigste Freundin am Throne Gottes, und Er verheimlicht mir keine Entscheidung. Ich trage ein königliches Brautkleid; alles, was Gottes ist, gehört auch mir.«

Auch die Beschreibung der Gottesfurcht, *Timor Domini*, erfüllte Hiltrudis mit Staunen. Zeigte diese sich doch über und über mit Augen bedeckt, zum Zeichen ihrer Gabe, die ganze Schöpfung zu erfassen und in der Weisheit der Erkenntnis zu verweilen.

»Du bist schändlich und verderbt, weil du nichts achtest und alles an dich reißt«, hielt die Gottesfurcht der Ruhmsucht vor. »Was kann ein Mensch ohne göttliche Gnade ausrichten? Nichts! Du willst alles tun, was dir in den Sinn kommt. Doch sobald du damit anfängst, wird Gott dir deinen Kopf nach unten drehen und deine Füße nach oben. In deiner oberflächlichen Eitelkeit ziehst du die übelsten Krankheiten an und wünschst dir nicht einmal das wahre Leben. Ich aber ehre Gott und stehe zu meinen Fehlern. Wie könnte ich mir nur einbilden, daß ich mir selbst die himmlischen Freuden zu beschaffen vermag? Das kann erst geschehen, wenn ich den Gestank der Sünden und den Pomp der Welt meide und auch das Verlangen des Fleisches überwinde.«

Unter den Lastern aber war es mehr als alles andere das Bild der Wollust, welches eine seltsame und beunruhigende Faszination auf Hiltrudis ausübte.

»Die Wollust sah aus wie eine nackte Frau, die mit angezogenen Beinen lässig auf der rechten Körperseite lag«, hatte Mater Hildegard ihr als letztes Bild diktiert. »Feuerrot war ihr Haar und die Farbe ihrer Augen ungewöhnlich hell. An den Füßen hatte sie weiße Schuhe mit so großen Klumpen von Schmutz, daß sie darauf weder gehen noch stehen konnte. Sie roch nach dem Schleim der Fäulnis, der aus ihrem Mund hervorquoll. An ihrer rechten Brust säugte sie einen jungen Hund, an der linken eine giftige Schlange. Mit ihren Händen riß sie die Blüten von den Bäumen und Gräsern, wobei sie deren Duft mit der Nase einsog. Alle, die sich ihr näherten, wurden von ihrer feurigen Aura wie Heu verbrannt. Sie räkelte sich und sprach:

Ich will den Menschen, der das Ebenbild Gottes ist, in den Schmutz ziehen, auch wenn es Gott nicht gefällt. Ich habe meine eigene Herrlichkeit und bin nun mal zur Lust geschaffen. Die Erde folgt ebenso ihren eigenen Gesetzen wie der Himmel. Wenn die Natur des Fleisches Gott wirklich so zuwider wäre, warum hat Er es dann so eingerichtet, daß es sich in Wollust so leicht befriedigen läßt?«

Hiltrud nickte verständnisvoll. Mit ähnlichen Worten pflegten sich nicht nur die verführten Mädchen und die von allzu häufigen Schwangerschaften heimgesuchten Ehefrauen zu rechtfertigen, die bei Oda im Hospital Hilfe suchten, sondern sogar die jungen Mitschwestern, wenn sie in ihren einsamen Kämpfen gegen das Keuschheitsgebot unterlegen waren. Und selbst die heiligmäßige Mater schien zu wissen, was es bedeutete, von Versuchungen geplagt zu werden. Wie sonst hätte sie in der Vorrede zum *Scivias* schreiben können:

»Wenn sich in meinem Körper die fleischliche Begierde regt, flößt sie mir die Lust zum bösen Werke ein, und ich vollbringe es. Auch ich kenne die Lust des Fleisches zur Sünde. Und doch wollte ich diesen sinnlichen Gelüsten nicht folgen, denn ich weiß ja, daß auch ich unschuldig und rein erschaffen bin. Von Schuld überwältigt, vernachlässige ich Gott ...«

Und an anderer Stelle hatte sie gesagt: »Sogar heiligen Menschen zeigt Satan seine Schändlichkeiten und sein Blendwerk. Denn wenn es dem Menschen geschieht, daß er in Fleischeslust einschläft, so wird er möglicherweise von den Leibern lebender Menschen träumen, mit denen er einmal verkehrte, und es wird ihm vorkommen, als ob er sich im Wachzustand mit ihnen vergnügte.«

»Woran denkst du, Hiltrud?« fragte die Mater schon zum zweitenmal.

»An die häßliche Tochter des Schmieds, die man uns diesen Frühlenz mit Handfesseln an die Bank vor die Südpforte gebunden hatte. War es bei ihr nun die Wollust, deren Opfer sie wurde, oder etwas anderes?«

»Sprichst du von Paula, jener armseligen Kreatur, die nicht vom Verkehr mit einem Ziegenbock lassen wollte?«

Hiltrudis nickte verlegen und senkte den Kopf, um ihr Erröten zu verbergen. Die Mater hatte zuweilen eine äußerst direkte Art, die Dinge beim Namen zu nennen.

»Nun, wer sich auf diese Weise erniedrigt, beleidigt die göttliche Natur des Menschen, mißbraucht und beleidigt sogar das Tier. Diese Frau war von Dämonen besessen, als man sie zu uns schleppte, Hiltrud. Du hast sie ja selbst gesehen ...«

In der Tat, das hatte sie: Zerrissen war Paulas Gewand; geschwürig die Haut, kotverschmiert die nackten Füße, stank sie wie die Pest. Dennoch hatte Mater Hildegard sie im Gästehaus einquartiert und verlangt, daß diese ganz und gar Verkommene jeden Tag gebadet, gesalbt und in frische Kleider gesteckt wurde. Und beten sollte man sie lehren.

Die Schwestern sträubten sich, meuterten. »Eine wie die läßt sich nicht mehr zum Menschen machen. Heute säubern und salben wir sie, und morgen wälzt sie sich wieder im Dreck. Wir verschwenden nur unsere Zeit und Kraft. Und beten lernen wird die nie!«

»O doch, sie wird!« behauptete Hildegard und ließ keine Widerrede gelten.

Die Bade- und Gebetsrituale wurden fortgesetzt, bis die Kranke nach achtundvierzig Tagen nicht mehr brüllte und um sich schlug, sobald man sie anrührte, bis sie das Paternoster sprach und ihre geschundene Haut sich erholte. Und damit sie nicht zurückkehren mußte an den Ort, wo man sie nur geschlagen und herumgestoßen hatte, so daß sie schließlich im Viehstall ihre einzige Zuflucht sah, durfte sie als Küchenhilfe auf dem Rupertsberg bleiben.

»Nein«, sagte Hildegard, »Wollust war das gewiß nicht, und überhaupt hat die Wollust eher ihren Ursprung im Haß des Teufels auf die Fruchtbarkeit der Frau. Wenn nämlich die Frau Kinder zur Welt bringt, nimmt sie dadurch an der Schöpfung Gottes teil. Das aber versucht der Teufel zu verhindern, indem er den Menschen zu schändlichen Leidenschaften und tierischem Verhalten treibt. – Und nun ist es genug für heute, ich bin so müde, daß ich kaum noch Worte finde.«

»Darf ich morgen wieder mitschreiben, auch wenn Propst Volmar bis dahin zurück sein sollte?« bat Hiltrudis so flehentlich, daß ihr der Wunsch gewährt wurde.

In Hildegards nächster Vision, da der Gigant von den Knien bis zu den Waden in der Erde stand, ging es um die Materie, die Lebenskraft und die Fruchtbarkeit. Der Mensch, aus der Erde entstanden, war aus dem gleichen Stoff wie der Sohn Gottes und hatte somit dessen Menschwerdung erst ermöglicht, schloß die Prophetissa aus dem, was sie sah.

Dieser vierten Körperregion, zu der auch das Kreuzbein des Menschen, die Muskeln seines Gesäßes sowie der Ober- und Unterschenkel zählten, ordnete sie acht Kräftepaare zu:

Die Ungerechtigkeit und die Gerechtigkeit, die Bequemlichkeit und die Tapferkeit, die Gottvergessenheit und die Heiligkeit, die Unbeständigkeit und Beharrlichkeit, die Sorge um das Irdische und die Sehnsucht nach dem Himmlischen, die Hartherzigkeit und die Herzensgüte, die Habsucht und die Weltverachtung, die Zwietracht und die Eintracht.

Im fünften, dem Alter gewidmeten Teil schließlich, in welchem der Gigant mit seinen Füßen in den Abgründen des Wassers stand, bezog sich die Körpersprache auf die menschlichen Zehen.

»In den Füßen liegt die Stärke des Menschen, denn sie reinigen alles, heiligen alles und tragen alles; sie verankern die Geschöpfe in der Erde«, diktierte Hildegard.

Die letzten fünf Kräftepaare: die Schrulligkeit und Ehrfurcht, das Umherschweifen und die Festigkeit, die Magie und den Gottesdienst, den Geiz und die Genügsamkeit, den Weltschmerz und die himmlische Freude, betrachtete Hildegard als dem ganzen Körper übergeordnet, wobei das Leiden des *Weltschmerzes* den Menschen zu jeder Zeit befallen konnte und daher auch in jedem Leben eine besondere Rolle spielte.

In Hildegards Vision besaß der Weltschmerz das Aussehen einer Frau. Hinter ihrem Rücken stand ein vertrockneter, entlaubter Baum, dessen dürre Äste und Zweige die Frauengestalt fest umfangen hielten, so daß sie sich nicht mehr bewegen konnte. Ihre Füße waren aus Holz, Kleider besaß sie nicht. Aus einer schwarzen Wolke, die einen fürchterlichen Gestank verströmte, drangen böse Geister auf sie ein. Während sie sich seufzend zu ihnen zurückbeugte, sprach sie folgende Worte: »Was soll mir mein Leben? Zum Unglück geschaffen, vegetiere ich ohne jeden Trost dahin. Würde Gott mich kennen, könnte er mich doch nicht einer solchen Not aussetzen. Wozu bin ich überhaupt auf dieser Erde? Ich weiß ja nicht einmal, wer ich bin. Ach, wäre ich doch nie geboren!«

»Im Weltschmerz«, sagte die Prophetissa, »hat der Angriff Satans auf die menschliche Seele seinen Höhepunkt erreicht; der Weltschmerz führt seine Opfer in Mutlosigkeit, Angriffswut und Perversionen und äußert sich in schrecklichen körperlichen und geistigen Krankheiten …«

»Jetzt verstehe ich auch, weshalb du uns allein fünfzehn verschiedene Mittel gegen ein Übermaß an Schwarzgalle gegeben hast, das ja für die Melancholie verantwortlich ist, wie du sagst«, bemerkte Hiltrudis und zählte vom Chalzedonstein über Dinkel, gelöschten Wein und Aronstabelixier bis zu »Flohsamen, über jedes Essen gestreut«, sogleich einige davon auf.

»Sie alle dienen dazu, den Mangel an Fröhlichkeit auszugleichen«, bestätigte die Prophetissa. »Dabei entscheidet letzten Endes die Beziehung des Menschen zum Kosmos über seine Lebensfreude oder Niedergeschlagenheit.«

»Weißt du schon, wie du dein neues Werk nennen willst?« erkundigte sich der Symmista, der von seiner Reise zurückgekehrt war, heute aber ein wenig matter wirkte als sonst.

»*Liber vitae meritorum* – das Buch von den Lebensverdiensten«, antwortete Hildegard mit großer Bestimmtheit. »Während *Scivias* eine Glaubenskunde war, ist dieses hier eine Lebenskunde, denn es geht darin ja um die sittliche Entscheidung des Menschen. Wer es liest, wird sich wieder auf die dort erwähnten Werte besinnen, statt ohne Halt und Ziel dahinzutreiben.«

»Wollen wir's hoffen«, brummte Volmar, und Hiltrudis lachte hinter vorgehaltener Pergamentrolle, weil der Propst, wie ihr schien, gerade selbst unter einem Anflug von Weltschmerz litt.

Auch Hildegard schaute ihm prüfend ins Gesicht und ließ ihre Hand ein wenig länger als nötig auf der seinen ruhen, während sie die Aufzeichnungen noch einmal miteinander durchgingen.

»Noch ein paar Sätze, bevor wir uns schlafen legen«, sagte sie schließlich. »Es genügt, wenn Volmar allein sie aufnimmt. Willst du nicht ruhen, Hiltrud?«

Doch Hiltrud schüttelte den Kopf und blieb, wollte den behutsamen Hinweis einfach nicht verstehen.

»Nun gut!« Hildegard seufzte, fuhr sich über die brennenden Augen. Die Holzkohlefeuer, die sie heute als zusätzliche Wärmequelle benutzten, qualmten doch arg in ihren allzu kleinen Pfännchen.

»Wo waren wir stehengeblieben? – Ach ja: Indem der Mensch sich der Seelenkräfte oder Tugenden besinnt, welche ja die Kräfte Gottes sind, kann der gesamte Kosmos gereinigt und geheilt werden. Sie führen aus der Zersplitterung in die Einheit und halten das Ganze zusammen ... Hast du das, mein lieber Symmista?«

»Gewiß doch! Sorge dich nicht.«

»Gut! Wenn wir Menschen daher in Übereinstimmung mit den Plänen Gottes bleiben, so wirkt der Herr große Wunder an uns und durch uns. Und der Heilige Geist wird das Seine tun, damit wir von Tugend zu Tugend aufsteigen können. Auch Christus ist ja nur aus Liebe zu uns in die Welt gekommen, um uns ein lebendiges Vorbild zu sein, damit wir jene höheren Werte anstreben und unser Heil finden können ...«

»Und Satan?« unterbrach Hiltrud das Diktat, weil ihr die Frage nach dem Bösen in der Welt keine Ruhe ließ.

»Oh, die Versuchungen Satans werden von Gott beherrscht, so wie er auch die Elemente beherrscht, auf daß sie uns nicht vorzeitig vernichten«, erklärte die Prophetissa und setzte voller Emphase hinzu: »Ich verspreche jenen Menschen, die sich wirklich ändern wollen, daß der Schöpfer sie durch die Kraft Seiner Gnade aus ihrer Verblendung holen und davon befreien wird – das ist die Botschaft des *liber vitae meritorum*, des Buches von den Lebensverdiensten.«

»Haben wir nicht die Deutung des sechsten Bildes vergessen, in dem Gott die vier Zonen der Erde in Bewegung setzte?« Volmars Müdigkeit, sein ständiges Gähnen ließen sich kaum noch übersehen, doch niemals würde er schlafen gehen, bevor nicht das letzte Wort zu Papier gebracht war.

»Ich dachte, das hätte Zeit bis morgen.« Auch Hildegard fühlte sich stets völlig ausgelaugt, wenn sie ihre Visionen stundenlang in Worte gefaßt hatte. »Nun gut, höre und schreibe auch noch die Deutung des letzten Bildes nieder:

Am Ende aller Tage wird Gott Seine Macht zeigen und die Grenzen der Welt erschüttern. Er wird die Asche hinwegfegen, mit der die Elemente verdunkelt waren. Die Sünden, die den Menschen beschmutzten, werden verschwinden, und alle Macht des Teufels wird gebrochen sein. Dann werden ein leuchtend roter Himmel und eine reine Erde erscheinen und die Elemente in neuem Glanz erstrahlen. Durch sie wird auch der Mensch gereinigt wie der goldene Kreis eines Rades. An Leib und Seele gereift, werden ihm die tiefsten Geheimnisse offenbart, welche ihm bisher verschlossen waren. Die glücklichen Menschen werden sich Gott ergeben, und Er wird ihnen die volle Freude des Lebens schenken.«

20
Laß deine Quellen nach draußen strömen

Obwohl Hildegard die Anspannung ins Gesicht geschrieben stand und sie oft tief über ihre Gebetbücher gebeugt, eher einem kranken flügellahmen Vogel als einer berühmten Prophetin gleichend, im Chorgestühl kauerte, um ungeachtet ihrer Schmerzen die kanonischen Stunden zu singen, wußten doch nur die drei engsten Vertrauten von dem Martyrium, das sie zu erdulden hatte, während sie ohne Unterlaß nach den rechten Worten schürfte, damit die Welt sich dem neuen Visionswerk öffnete.

Es war, als hätte sie mit der Arbeit an ihrer Sittenlehre alle Mächte der Finsternis zugleich auf den Plan gerufen. Des Nachts von Fieberdämonen und schweren Wahnvorstellungen heimgesucht, fühlte Hildegard sich am Morgen wie zerschlagen, die Glieder wollten ihr kaum gehorchen, und bald gab es in ihrem Körper keine Stelle mehr, die nicht vor Hitze oder Schmerzen gebrannt hätte.

»Mein Leib wird derzeit wie in einem Ofen gekocht«, erklärte sie zuweilen denen, die ihr beistehen wollten, als müsse sie sich rechtfertigen für das, was ihr geschah, oder als fürchtete sie, die Töchter könnten ihrer und der nicht enden wollenden Leiden überdrüssig werden.

»Ich werde mich wappnen müssen, damit ich den Ränken des Teufels standhalten kann, denn dieser Kampf geht nicht gegen Fleisch und Blut, sondern gegen die Mächte und Gewalten der Finsternis«, hatte sie Volmar mit sonderbar flachen, verwackelten Buchstaben in das Wachs ihrer Tafel geritzt, als sie sich einmal zu keinem Diktat aufraffen konnte. Doch gab sie solcher Schwäche selbst in den sechzig schlimmsten Tagen ihrer dreijährigen Leidenszeit nur höchst selten nach. Die Prophetissa war wie besessen davon, auch diesen neuen Auftrag bald auszuführen, von dem sie spürte, daß er nicht der letzte sein würde, mochte sie auch noch so oft an ihre körperlichen Grenzen stoßen.

Tagsüber half ihr das Mitgefühl mit den Leiden der zahllosen hilfsbedürftigen Rupertsbergpilger ein wenig über die eigenen Qualen hinweg, am Abend aber bemühte sie sich immer wieder vergeblich, ihren Geist über den schwachen Leib zu erheben; nur selten gab es ein Entrinnen.

In einer bitterkalten Februarnacht, als der Schnee beängstigend schnell um das Kloster wuchs, vermochte Hildegard kaum noch zu sitzen oder zu liegen; durch schreckliche Schmerzen in jedem einzelnen Rückenwirbel von ihrem Lager getrieben, bettete sie sich schließlich mitsamt ihrem Bärenfell auf dem hölzernen Fußboden, lediglich in ihr langes strähniges Haar gehüllt, denn Haube und Hemd hatte sie sich in einem Erstickungsanfall bereits vom Leib gerissen. Nach einer Weile fiel sie in einen bleiernen Schlaf, und ihr träumte von einem Cherub inmitten eines lodernden Feuers, in welchem sich der Spiegel aller Gottesgeheimnisse befand. Dieser Cherub erhob nun sein Flammenschwert und schlug alle bösartigen Luftgeister in die Flucht, welche die Kranke bislang gequält hatten.

»O weh, so müssen wir schwinden, ohne diese Person hier zu ergreifen«, hörte Hildegard die Dämonen zetern, während sie langsam wieder zu Bewußtsein kam.

Sie richtete sich auf und fühlte sich ein wenig besser. Der Himmel ist ja auf deiner Seite, der Sieg des Geistes über die Materie zum Greifen nah, sagte sie sich ohne Unterlaß – bis die Torturen eines Nachts jedes dem Menschen erträgliche Maß überschritten. Schon am frühen Abend hatte Hildegard, von apokalyptischen Visionen heimgesucht, Clementia fortgeschickt, ihre greise Schwester, und auch Oda, die Infirmarin. Vollkommen sinnlos erschienen ihr jetzt die kalten Waschungen und wechselnden Tinkturen, und auch tröstende Worte hatte sie ein für allemal genug gehört. Da es ihr nun einmal so bestimmt zu sein schien, würde sie ihr Leben noch in dieser Nacht dem Tode bringen, und nur der ewige Eine sollte Zeuge sein.

Stunden später, als Hildegards Haut vom Fieber dampfte und ihr die Sinne bereits zu schwinden begannen, gewahrte sie ganz dicht vor ihrem Antlitz eine windhauchkühle Brise aus gesegneteren Gefilden, die ihr das Atmen erleichterte. Die Schmerzen jedoch linderte der Jenseitshauch nicht.

»Warum bettelst du nicht endlich um Erlösung, Hochmütige?« hörte sie Stimmen aus dem Schattenreich höhnen. »Was ist so besonders an dir, daß du es deinem Christus ersparen willst, deine Leiden auf sich zu nehmen? Fordert doch alle Welt nichts anderes von ihm.«

Hildegard stieß sie fort, die Schatten und satanischen Stimmen. »Nein!« war das einzig verständliche Wort, das dabei aus ihrem Munde kam. Außer den Geistern würde sie ohnehin niemand hören. Das Abthaus besaß dicke Mauern, und der Schnee tat ein übriges, jeden Schrei zu ersticken.

Ob es Hochmut war oder Erbarmen mit den körperlichen Schmerzen des Einzigen, der ihres Erbarmens nicht bedurfte, brauchte die Prophetissa auch jetzt nicht zu kümmern. Schon als Kind hatte sie den Erlösungstod für ihre Sünden nicht annehmen wollen. Lieber sich selbst gekreuzigt fühlen, den Dornenkranz über den Augen und die Lanze zwischen den Rippen. Wer über die Grenze allen Schmerzes wuchs, würde sich selbst erlösen.

Gegen Morgen, als aus der Kirche oder Ewigkeit die Gesänge der Laudes an ihr Ohr wehten, sah sie im Dämmerschlaf mehrere Heilige an ihrem Bett stehen.

»Den Schmerz, den du zu erdulden hast, mußt du gern tragen«, sagten sie zu ihr. Dann berieten sie miteinander über Hildegards Schicksal.

»Wird sie nun mit uns gehen oder nicht?« fragten einige.

»Nein, Vergangenheit, Gegenwart und Zukunft gestatten es ihr noch nicht«, antworteten andere. »Wenn sie aber ihr Werk vollbracht hat, wollen wir sie mit uns nehmen.«

»O glückliche Seele, sei voller Zuversicht«, riefen daraufhin alle zusammen, »erhebe dich dem Adler gleich, denn die Sonne hat dich hervorgebracht, und du hast es nicht gewußt!«

Und Hildegard verstand, daß sie nicht länger im Todesschatten verweilen mußte, daß sie sich vielmehr den Mächten der Finsternis aus eigener Kraft entziehen konnte, indem sie sich wieder ganz dem Licht hingab.

Keine weitere Krise sollte dieser Schreckensnacht folgen, und obwohl die Krankheit damit noch lange nicht besiegt war, verliefen die Fieberschübe nun weniger heftig, und die Pausen zwischen den Schmerzattacken wurden länger.

Hildegard lernte wieder laufen und sprechen wie ein kleines Kind, lernte reiten und singen und den Töchtern wieder Mutter sein. Die Trauermienen der Schwestern entspannten sich, und auch die mächtigen Schneewälle rings um das Kloster schmolzen langsam dahin.

Eines Morgens jedoch fand Volmar die Prophetissa zur vereinbarten Arbeitszeit in seltsam verkrampfter Haltung auf der Kante ihres Sessels sitzen. Die Wachstafel auf ihren Knien war vollkommen leer, und in Hildegards Blick zeigte sich Verzweiflung, als sie endlich zu sprechen begann:

»Meine Schriften, Briefwechsel und Privatgespräche genügen Ihm nicht mehr, Volmar. *Gehe hinaus und predige!* lautet mein neuer Auftrag. Eine Posaune Gottes soll ich sein, die aller Welt Sein Erlösungswerk verkündet. Mehr noch: Von Kloster zu Kloster ziehend und von Stadt zu Stadt, soll ich in Zukunft den Bußpredigern gleich die Volksmassen bewegen. Kannst du dir das vorstellen? *Laß deine Quellen nach draußen strömen, und auf den Plätzen verteile deine Wasser* – so steht es geschrieben, und so befahl der Herr es mir in dieser Nacht.«

Auch der Symmista konnte sein Erschrecken nicht verhehlen. Um Zeit zu gewinnen, zählte er flugs alles auf, was gegen diese Mission sprach:

»Überstürze nichts, Mater! Keiner von uns würde je

deine innere Stärke bezweifeln, doch in den Augen der Welt wirst du nur eine wehrlose, gebrechliche Frau sein, noch dazu aus dem Schutzraum des Klosters. Draußen aber herrscht das Recht des Stärkeren, wie du weißt. Auch wenn du unterwegs so oft wie möglich in befreundeten Klöstern übernachten kannst, wirst du die verkommenen Herbergen nicht jedesmal meiden können. – Wie willst du diese und andere Reisestrapazen überstehen, die selbst junge und kräftige Mannsbilder scheuen? Und dann der schlechte Zustand der Straßen mit ihrem Gesindel, den Räubern und Wegelagerern. Wer wird dich davor schützen? Einstweilen wissen wir ja nicht einmal, in welche Himmelsrichtung du dich begeben sollst. Schlimmstenfalls wird dein Pferd dich nicht einmal über die halbwegs passablen Römerstraßen tragen dürfen, sondern muß mit den maroden Bergpfaden aus der Karolingerzeit vorliebnehmen, was Gott verhüten möge. Wahrlich ein Alptraum!«

»Es gibt ja auch noch die Wasserwege, und da wäre ich vor Strauchdieben sicher«, versuchte Hildegard ihn zu beruhigen, was ihr aber schwerfiel, da sie ja selbst noch nicht wußte, wohin die Reisen gehen, geschweige denn, wie lange sie dauern sollten. Ihr bereitete der Gedanke, die Töchter womöglich für Monate allein lassen zu müssen, das meiste Unbehagen. Schon jetzt gab es zwei oder drei, die sich vernachlässigt fühlten und in Briefen an die Angehörigen darüber geklagt hatten, daß die Mater zu viel Zeit mit ihrer Schreibarbeit und den Besuchern verbrächte und überdies allzu oft krank daniederläge. Es hatte der Praeposita tiefen Kummer bereitet, nicht von den Töchtern selbst, sondern von deren Familien darauf angesprochen zu werden. Wenn sie nun auch noch diese Predigtreisen auf sich nähme, würde sie ihren Pflichten im Kloster tatsächlich kaum noch gerecht werden können.

»Wo ich die Dienerin Gottes sein wollte, soll ich nunmehr Seine Botschafterin werden«, sagte Hildegard und wußte nicht, ob sie dies bedauern oder begrüßen sollte.

Hilfesuchend sah sie Volmar an, doch der kaute an einer Frage, die sie von ihm nicht erwartet hätte.

»Was meinst du, Mater: Wozu braucht Gott seine großen Liebenden, die Heiligen? Wozu braucht er Menschen wie dich?«

»Ich bin keine Heilige, Volmar, und werde niemals eine sein«, widersprach sie ihm ein wenig ungehalten. »Und was die *großen Liebenden* betrifft, so denke ich, daß sie einen besonderen Dienst zu verrichten haben. Ob sie sich dazu aber, wie es von mir verlangt wird, unter das fahrende Volk mischen müssen, wage ich zu bezweifeln. Und ob auch das Predigen zu jenen besonderen Liebesdiensten gehört, ob ich es überhaupt darf, weiß ich ebensowenig. Schließlich bin ich ja keine Priesterin, und das oft geforderte Laienrecht zur Predigt wird es bei uns niemals geben.«

»Wenn du eine Botschafterin des Herrn sein sollst, so wird Er selbst dich zu allem weiteren ermächtigen«, versicherte Volmar und täuschte sich auch diesmal nicht.

Wenige Tage nach ihrem Gespräch überbrachte ein Bote aus Mainz dem Rupertsberg ein Schreiben, in dem Erzbischof Arnold die »verehrte Meisterin von Bingen« zu einer »apostolischen Reise« ermunterte. Sogar die Route hatte er schon für sie festgelegt: Die Prophetissa sollte den Main hinauffahren und in Mainz, Wertheim, Würzburg und Bamberg Station machen, um Ansprachen in den dortigen Klöstern und Kirchen zu halten.

Die Notwendigkeit sei groß, hieß es in dem erzbischöflichen Schreiben. Die Zeiten gingen ihrem Ende entgegen, und die Menschen seien dem Untergang geweiht, wenn sie sich nicht endlich zur Umkehr entschlössen. Im Sumpf ihrer Begierden versinkend, sehnten sie sich nach Gottesnähe und Befreiung, ohne es zu wissen. Die *Prophetissa Teutonica* möge alsbald kommen und die Menschheit jene Worte lehren, die Gott ihr eingegeben habe.

Hier ließ der Symmista den Brief sinken und sah Hildegard erwartungsvoll an.

»Und? Wirst du reisen?«

»Wir werden reisen, Volmar, denn du wirst mich begleiten und Hiltrudis ebenfalls. Wir werden die Herausforderung annehmen – und vielleicht sogar genießen. Allein, die Zeiten werden wir nicht ändern. Die gingen nämlich immer schon ihrem Ende entgegen.«

Die erste Reise war noch kurz und bequem, zumal die ganze Gesellschaft sich für die wenigen Tage im Hause des Mainzer Domkantors, einem Bruder Hildegards, einquartieren konnte.

Drei oder vier Jahre mochten seit dem letzten Familientreffen vergangen sein, und als sie einander endlich im kleinen Kreis beim Frühstück gegenübersaßen, fühlte Hugo sich befangener, als er es wahrhaben mochte. Würde die Berühmtheit der Schwester, die ihr von außen so wenig anzusehen war, einen familiären Umgang überhaupt noch zulassen? Während der Kantor seine Unsicherheit überspielte, indem er sich mit gesundem Appetit dem Essen widmete, schien Hildegard in weiten Fernen zu verweilen und nahm nur winzige Bissen zu sich.

Als befände sich nur ihr Körper am Tisch des Bruders, ihr Geist aber auf einer ganz anderen Wahrnehmungsebene, dachte Volmar, der neben ihr saß. Nach einer Weile aber zuckte Hildegard unmerklich zusammen – ein Zeichen, so vermutete der Symmista, daß ihr Geist sich wieder mit dem Körper vereint hatte. Mit einem Ausdruck der Verwunderung betrachtete sie die nußbraune Paste auf ihrem Stückchen Brot, roch daran und sah Volmar und Hiltrudis an.

»Aalpastete zum Frühstück?« fragte sie. »Gänseeier, Trüffel und gezuckerte Torten?« Und da die beiden nur zustimmend nickten, weil die Erziehung es ihnen untersagte, mit vollem Mund zu sprechen, wandte sie sich an Hugo:

»Dein Tisch biegt sich unter den Speisen wie der Tisch eines Fürsten, Bruderherz. Ist das nicht ein wenig übertrieben? Wir alle vier sind doch nichts weiter als Arbeiter im Weinberg des Herrn.«

»Es geschieht ja auch nur zu Ehren der berühmten Prophetissa«, beeilte Hugo sich klarzustellen, doch seiner Schwester konnte er so leicht nichts vormachen.

»O nein, du hast immer schon gerne und gut gelebt«, widersprach sie ihm. Und die Zöglinge deiner Domschule leidenschaftlicher geliebt, als du solltest, fügte sie in Gedanken hinzu, behielt es aber einstweilen für sich. Seit gestern abend schon bedrückte sie die Erkenntnis, daß ihr Bruder selbst noch als alter Mann der Schwäche für seine Chorknaben nachgab. So viel irdisches Verlangen hatte sie in Hugos Augen gelesen, als er ihr nach den Chorälen zum Vespergottesdienst seine beiden hübschen Solisten vorstellte, so viel uneingestandenen Schmerz. Alle Welt mochte er täuschen, seine Schwester nicht. Bei aller Frömmigkeit waren die Bermersheimer von jeher ein heißblütiges Geschlecht gewesen; und Hugo, der sich in seiner Jugend mit seinem Bruder Rorich, dem späteren Kanonikus in Tholey, so heftig zu streiten pflegte, daß Hildegard mehr als einmal vermitteln mußte, neigte überdies dazu, anderen die Schuld zu geben, wenn es zu persönlichen Mißhelligkeiten kam, statt an sich selbst zu arbeiten.

Als hätte sich etwas von ihren Gedanken auf ihn übertragen, sagte Hugo plötzlich:

»Es hat mir gut gefallen, Hildegard, was du gestern über die Einheit von Gedanken, Wort und Tat als Voraussetzung zur wahren Menschlichkeit gepredigt hast.« Er wischte sich die Eigelbreste aus den Mundwinkeln, bevor er fortfuhr: »Und auch, daß du den Leuten empfohlen hast, ihr Verbundensein mit Gott zu pflegen, indem sie sich so oft wie möglich bewußt mit ihm verbinden … scheint mir genau das zu sein, was die Menschen in Zeiten wie diesen brauchen.«

Hildegard wiegte zweifelnd den Kopf. »Ich bin mir da nicht so sicher, Hugo. Wer so sehr ohne Hoffnung ist, daß er sich selbst und somit auch alle Gebete aufgegeben hat, *der* sollte es hören. Diese Menschen aber werde ich mit meinen Predigten kaum jemals in Kapitelsälen und Kathedralen erreichen. Die Sehnsucht nach Gott ist ja jeder Seele mit auf den Weg gegeben, ob der Mensch es nun weiß oder nicht.«

»Wenn du auch die Gottlosen erreichen willst, so mußt du auf den Marktplatz gehen, Schwester, und dort reden.«

»Ja, mag sein.« Hildegard erhob sich, obgleich sie kaum etwas zu sich genommen hatte. »Doch zunächst möchte ich in deinen kunstvollen Garten gehen. Kommst du mit? Ich sehe deine Seerosenteiche und die zu Schwänen geschnittenen Hecken so gern.«

Vergeblich versuchte Hugo, die Schwester bei Tisch zu halten, und begleitete sie schließlich hinaus.

Während sie Wasserspiele bewunderten und Rosenrondelle umrundeten, überhörte Hugo alle behutsamen Fragen nach seinem Gefühlsleben, um sich statt dessen nach Männerart über die Politik des Kaisers Friedrich zu ereifern, insbesondere über den Druck, den Barbarossa auf den Erzbischof ausgeübt hatte, damit dieser sich seinem zweiten Italienfeldzug anschloß. Als Arnold endlich nachgab, verweigerten ihm die eigenwilligen Mainzer den Kriegstribut, und seitdem befand er sich erst recht in der Zwickmühle, behauptete der Domkantor. Erzbischof Arnold hatte den Bürgern von Mainz vor wenigen Tagen gedroht, sie vor seiner Abreise nach Italien allesamt zu exkommunizieren, falls sie ihre Meinung nicht änderten.

»Ich sah dich gestern mit ihm sprechen, Hildegard. Was hast du ihm gesagt?«

»Daß ihm Gefahr droht, denn so sah ich es im Geiste. Ihm bleibt hier auf Erden nicht mehr viel Zeit, Hugo. Doch was ich ihm zu sagen hatte, mochte er nicht hören, und so sollte ich um der Diskretion willen auch dir gegenüber lieber schweigen.«

»Hm. – Und wie findest du es, daß dieser Rotbart, an

dem du offenbar niemals etwas auszusetzen hast, die zehnjährige Beatrix von Burgund geheiratet hat?«

»Ach, Hugo, das ist doch Schnee von gestern. Hast du keine anderen Sorgen?« Sie nahm des Bruders fleischige Hand – wie die des Vaters früher fühlte sie sich an – und spielte mit dem riesigen roten Rubinring an seinem Finger.

»Wir haben uns als Kinder einmal sehr nahegestanden, weißt du noch? Ich jedenfalls habe dich bewundert. Du warst so viele Jahre älter als ich und so gebildet. Und du hast mir als erster das Singen beigebracht.«

»Ich habe dich ebenfalls bewundert, Schwesterchen! Du warst soviel jünger als ich und hast uns herrliche Geschichten von Löwen, Drachen und einem schneeweißen Einhorn erzählt. *Es frißt nur reine Kräuter und macht beim Gehen Sprünge*, hast du gesagt, ich weiß es noch wie heute. *Vor den Menschen flieht es und ist daher schwer zu fangen. Vor Männern hat es Angst, doch hinter Frauen geht es her. Nur blutjunge Mädchen, nicht zu klein und nicht zu bäuerlich, haben die Gabe, es zu fangen. Das Einhorn liebt es, mit seinen Füßen in Blumenwiesen zu versinken, und unter seinem Horn hat es einen Knochen, der so durchsichtig ist wie Glas, so daß ein Mensch sein Gesicht darin sehen kann wie in einem Spiegel.*«

Dem Domkantor lief die Nase vor Rührung, und er mußte sich schneuzen, Hildegard aber lachte fröhlich.

»O je! Als kleines Kind soll ich schon so etwas erzählt haben?«

»Ich glaube, ein kleines Kind warst du nie.«

»Was war ich dann?«

Unter einem Weidenbaum war die Prophetissa stehengeblieben und streckte nun beide Hände erst nach den Zweigen und dann nach dem Bruder aus, so wie sie es vor mehr als einem halben Jahrhundert in Bermersheim oft getan hatte. Hugo drückte ihre Hand so fest, daß sein Rubinring ihr in den Finger schnitt.

»Wer du früher warst, weiß ich nicht. Ich weiß ja nicht

einmal, wer du heute bist«, gestand er. »Ich denke, wir sollten uns öfter sehen.«

Hildegard nickte. »Ja, Hugo, das denke ich auch.«

»Ich werde euch besuchen, dich und die gute alte Clemma, sobald du von deiner apostolischen Mainfahrt zurück bist. Was sind deine nächsten Stationen?«

»Miltenberg und Wertheim ... Oh, wie ich mich schon auf die gemächliche Flußfahrt mit dem Treidelschiff freue! Das Reisen, habe ich festgestellt, ist ein Fest für die Sinne, Hugo! Von Miltenberg aus sollte ich die Mönche in Amorbach besuchen und dann den Grafen von Wertheim, der durch ein tragisches Unglück seine ganze Familie verlor, wie er mir schrieb. Anschließend werde ich in der alten Stadt des heiligen Kilian dem Klerus und Volk Gottes Willen kundtun. Von Würzburg aus geht es dann zu Pferd weiter, zuerst nach Kitzingen, zum Kloster der heiligen Thekla. Dort werde ich die Äbtissin Sophie aufsuchen, der ich kürzlich im Namen des wahren Lichtes Mut zusprechen mußte, als sie törichterweise mit dem Gedanken spielte, ihr Amt niederzulegen. *Wenn auch nur ein einziger Funke in deinen Schützlingen aufleuchtet, so verlasse sie nicht, damit der Räuber sie nicht raubt*, mußte ich sie wissen lassen, der Schau gehorchend. Ich hoffe, es hat ihr geholfen ... Unsere letzte Station«, hier seufzte sie vor Erleichterung, »ist Bamberg. Davor aber liegt der Steigerwald mit dem Zisterzienserkloster Ebrach.«

»So wirst du gewiß auch Abt Adam besuchen, den Freund des großen Bernhard?«

»Ja, Hugo, wenn ich dann noch halbwegs bei Kräften bin. Und dann erwarten mich in Bamberg noch die Mönche des Michelsberges – auch sie schrieben mir etliche Briefe – sowie mein guter Freund, Erzbischof Eberhard. – Wußtest du, daß er Gertrud von Stahleck vor zwei Jahren ein Spital seines Bistums überlassen hat, damit sie dort ein eigenes Kloster gründen kann?«

»Nein, ich habe nur gehört, daß Gertrud im Würzburger Dom ihre Schenkungsurkunden für den Rupertsberg feierlich hat darbringen lassen. Hugo von Stein soll die Dokumente zum Altar getragen haben. Bischof Eberhard ist dabeigewesen, Arnold von Mainz und viele andere ... Es müssen beträchtliche Schenkungen sein, nicht wahr?«

»Ja. Was das betrifft, sind wir nun aller Sorgen ledig. In zweiundzwanzig Ortschaften besitzen wir eigene Güter, wozu dank der Großzügigkeit meiner Geschwister ja auch unser Elternhaus mit seinen Ländereien zählt. Außerdem verfügen wir über zwölf Zinsgüter und den Zehnten an Korn und Wein aus drei weiteren Dörfern ... Ach, es gäbe noch so viel zu erzählen, Hugo! Aber sieh, Volmar steht oben auf der Terrasse und winkt mir. Gespräche, Verpflichtungen ... es ist an der Zeit, daß wir Abschied nehmen, Bruderherz.« Und nach einem Kuß auf die weiche, glattrasierte Wange: »Übrigens solltest du deinen Rubinring nicht ständig tragen. Seine Kraft ist zu stark und wird dich auf die Dauer eher schwächen.«

»Und du solltest deinen Reiseplan noch einmal überdenken. Du bürdest dir zuviel auf!« sagte der Domkantor und hätte seine federleichte Schwester am liebsten um die Taille gefaßt und tüchtig herumgewirbelt, so wie er es früher in Bermersheim getan hatte, wenn er das eigenwillige Kind zur Besinnung bringen wollte.

»Was das angeht, brauchst du dir keine Sorgen zu machen, Hugo. Du weißt, ich bin zäh! Überdies braucht der Herr meinen gebrechlichen Körper wohl noch.«

Hand in Hand, wie in längst vergangenen Zeiten, schritten sie über den knirschenden weißen Kies des Hauptwegs zurück zum Haus, und der Domkantor spürte endlich wieder verwandtschaftliche Gefühle, die er so lange vermißt hatte.

Ihre Entschlossenheit zum *besonderen Liebesdienst*, wie Hildegard es vor ihrem Aufbruch im Gespräch mit Volmar genannt hatte, sollte ihr von nun an keine Atempause mehr gönnen. Als die Reisegruppe endlich von ihrer Mainfahrt zum Rupertsberg zurückkehrte, war schon wieder der Winter ins Land gezogen, und während Hildegard sich unverzüglich zu ihrer Stellvertreterin und den erwartungsvollen Töchtern begab, versuchte Volmar seine Chronik zu vervollständigen, bevor die Zeit die Ereignisse überholte. Vor allem zwei Daten waren ihm wichtig: Der erste Novembertag des Jahres 1159, an dem Erzbischof Arnold seine Drohung wahr machte und die Mainzer für ihren Ungehorsam mit Exkommunikation bestrafte, und zuvor, am ersten September des gleichen Jahres, der plötzliche Tod des Papstes Hadrian, der sich auf die Seite der freiheitsliebenden Städte und damit gegen die Interessen des Kaisers Friedrich gestellt hatte.

»Papst Hadrian hinterließ ein uneiniges Kardinalskollegium, wodurch es zu einer fatalen Doppelwahl kam«, faßte Volmar die Geschehnisse zusammen. »Kaum hatte die Mehrheit der Bischöfe Alexander III. zu seinem Nachfolger gewählt, stellten die Staufer mit Viktor III. einen Gegenpapst auf, und dieser wurde noch dazu von Friedrich Barbarossa, seinem Verwandten, anerkannt. Eine peinliche, ja verhängnisvolle Geschichte! Zur Stunde weiß niemand, was noch daraus werden soll.«

»Der Kaiser wird seinen Irrtum früher oder später einsehen müssen«, sagte die Praeposita dazu. Mehr nicht.

»Könntest du nicht deinen Einfluß geltend machen und ein mahnendes Wort an ihn richten, Mater? Auf dich würde er vielleicht hören!«

»Wenn die Zeit reif ist, werde ich es tun, mein Freund. Jetzt ist nicht der rechte Augenblick.«

Eine weitere Stellungnahme war ihr nicht zu entlocken. Volmar schob es auf Hildegards Arbeitsüberlastung und ließ die Sache, wenn auch mit unguten Gefühlen, auf sich beruhen. Das *Buch der Lebensverdienste* mußte noch zum Abschluß gebracht werden, ebenso die Illustrationen zum *Scivias*; die Gebete und Gottesdienste aber liefen ab wie bisher, und Kirchenfeste ohne neue Kompositionen der Meisterin waren undenkbar geworden. Und während die Kranken, welche aus immer entfernteren Orten zum Rupertsberg gekarrt wurden, versorgt sein wollten, wuchsen die zu beantwortenden Bittschreiben auf Hildegards Tisch langsam zum Berg. Immer wieder mußten sie Absagen an junge Mädchen schicken, welche dem Kloster beitreten wollten, in dem nun achtzig Nonnen friedlich miteinander lebten.

»Wenn das so weitergeht«, sagte die Praeposita zum Entsetzen ihrer Vertrauten, »müssen wir bald wieder bauen.«

Kaum waren die langen Wintermonate überstanden, bat der Klerus zu Trier um eine Pfingstpredigt der berühmten Seherin. Weitere Einladungen folgten bis hinunter nach Lothringen.

Also wieder unterwegs sein, ohne auszuruhen, dachte Hildegard. Worte in den Wind sprechen, zuhören, schweigen, in versteinerten Gesichtern lesen und in seltenen Augenblicken auch einmal den Funken sehen, der sich in den Herzen der Menschen entzünden ließ. Ob er wieder verlöschen oder zum brennenden Feuer würde, lag in der Macht eines anderen.

»Sie sollen dich doch endlich in Ruhe dein Werk vollbringen lassen! Du bist Äbtissin, Komponistin, Heilerin und Prophetin! Das ist weiß Gott genug!« begehrte Volmar auf, doch Hildegard hatte wie immer ihre eigene Sicht der Dinge: »Es sind doch nicht die Menschen, Lieber, sondern der Heilige Geist, von dem ich angetrieben, nein, geradezu genötigt werde, diese Reisen zu unternehmen. Übrigens werde ich diesmal wohl auf deine Begleitung verzichten, mein Symmista. Wer weiß, wie lange wir dem Rupertsberg fernbleiben müssen; es ist ja eine gehörige Strecke bis hinunter nach Metz. Jedenfalls wäre es mir eine große Beruhigung, wenigstens dich hier zu wissen.«

Schweren Herzens fügte Volmar sich ihren Wünschen,

bestand aber darauf, ihr einen zuverlässigen Führer mit auf den Weg zu geben sowie einen Pferdeknecht und außer Hiltrudis noch zwei Laienschwestern.

Im vierten Monat, von dem Hildegard in ihrem *Jahreskreis* geschrieben hatte, er sei *voller Lebensgrüne und Wohlgeruch, auch wenn es in ihm schrecklich donnern könne*, packte sie wieder ihren Mantelsack, befestigte Gebetbuch und Geldbeutel an einem Gürtel unter der Kukulle und ließ sich in den Seitensattel ihres Pferdes helfen. Es war ein windiger, unentschlossener Morgen, hochgetürmt die Wolken, bald Sonne, bald Regen verheißend. Zunächst ritten sie noch recht gemächlich an der Nahe entlang bis zur Ortschaft Kirn, wo sie bei anbrechender Dunkelheit in einem Gasthaus einkehrten, um Kräfte zu sammeln, bevor es am nächsten Tag hinauf in die Berge des Hunsrück gehen sollte.

Hildegard, die zum erstenmal in ihrem Leben außerhalb eines Klosters übernachtete, fühlte sich nicht wenig beklommen, als sie sich dem Gasthaus »Zum Bären« näherten. Zunächst fielen ihr die große gelbe Hornlaterne über der Tür auf und die windschiefen Klappläden vor den Fenstern. Wenzel, ihr Führer, der das Verhandeln mit Wirtsleuten gewöhnt war, ging voraus, die Damen folgten zögernd. Ein Schwall unangenehmer Gerüche nach ungewaschenen Körpern, abgestandenem Wein und zu scharf gebratenem Fleisch schlug ihnen entgegen, beißender Rauch trieb Tränen in die Augen, Geschrei und dröhnendes Gelächter betäubte die Ohren. Die Praeposita hätte es niemals für möglich gehalten, daß menschliche Stimmen so sehr lärmen konnten, doch schien es hier der normale Umgangston zu sein. Sie würde sich wohl an den Großangriff auf ihre Sinne gewöhnen müssen, wollte sie diese Nacht schadlos überstehen. Und auch an die vielen Menschen, vorwiegend Mannsleute, zusammen mit den wenigen Frauen in einen Raum gesperrt, der kaum größer schien als daheim auf dem Rupertsberg das Aderlaßhaus. Nur in der Mitte der Stube hatte man ein wenig Platz für eine Feuerstelle gelassen, denn dort waren zwei dreckverschmierte Jungen damit beschäftigt, große, fetttriefende Fleischspieße hin und her zu drehen. Während Hildegard und die Schwestern noch unschlüssig in der Nähe der Tür standen, hatte Wenzel sich schon zum Wirt begeben, dessen stämmige Statur dem Namen seines Hauses alle Ehre machte.

Die Temperatur des Bären gleicht der des Menschen, das bedeutet, daß er manchmal auch kalt sein kann, hatte Hildegard in ihrem Naturkundebuch geschrieben. *Wenn er warm ist, hat er eine laute Stimme und ist mild. Aber wenn er kalt ist, hat er eine heisere Stimme und ist zornig, während er sich in der Begierde sanftmütig verhält, da er diesen Zustand liebt. Diejenigen Bären aber, die sich der Begierde enthalten, sind eher zornig ...*

Der Unterschied zwischen Bär und Mensch schien in der Tat nicht allzu groß zu sein, schon gar nicht in einer Umgebung wie dieser. Viel zu warm hatten die Menschen es hier und viel zu laut; der Lärmpegel war so hoch, daß Wenzel brüllen mußte, um vom Wirt verstanden zu werden. Hildegard vernahm mit Unbehagen, was auch jeder andere in der Gaststube hören konnte: Er befinde sich, so verkündete der von Volmar Instruierte, in Begleitung einer Seherin, die Gottes Stimme vernommen habe, einer Äbtissin von solcher Heiligkeit, daß sie Kaisern und Päpsten gebieten könne.

Einige stutzten, andere lachten heftiger als nötig. Auf den Wirt dagegen schien der Spruch Eindruck zu machen, denn die Schwestern bekamen sogleich die begehrten Strohlager in Kaminnähe zugewiesen, dort hatten auch die besseren Kaufleute ihre Schlafplätze. Zuvor aber durften sie an der langen Tafel Platz nehmen, und zwar in der Mitte statt an deren Ende, wo ihnen nur noch die von den anderen Gästen verschmähten Reste zugefallen wären. Als erstes wurden die Fleischtöpfe herumgereicht, und so gern Hildegard sich für den morgigen Tag gestärkt hätte, brachte sie es doch nicht über sich, etwas von den Bratenstücken zu nehmen, die außen ganz schwarz waren, innen aber blutig und roh.

Sie begnügte sich lieber mit Weißkohl und Brot. Auch das pausenlose Reden bei Tisch minderte den Appetit der schweigegewohnten Schwestern und mehr noch die körperliche Nähe zu den anderen Gästen, die vielen schmutzigen Finger in den Schüsseln und die fettigen Mäuler an den wenigen Holzbechern, die sie miteinander teilen mußten. Wein bekamen alle reichlich eingeschenkt, auch nach dem Essen noch, als das erste Sauflied erklang, als Karten gespielt und um Gewinn oder Verlust gestritten wurde. Zu guter Letzt gefiel es einem jungen Hitzkopf, der an dem Abend bereits einiges beim Würfeln verloren hatte, die »heilige Klosterfrau, welche Gottes Stimme vernommen haben wollte«, mit lästerlichen Reden zu traktieren. Er glaube an keinen Gott; in einer Welt wie dieser weise nichts auf dessen Existenz hin, wiederholte er mehrmals mit schwerer Zunge und war sichtlich stolz auf seine Überlegenheit.

»Aber du liebst doch den roten Wein, den du trinkst, und das Geld, das du dir spätestens morgen beim Würfelspiel wiederholen wirst«, vermutete Hildegard, »und gewiß auch das Gefühl, des Abends vor dem Einschlafen einen gefüllten Magen und einen Platz im Warmen zu haben.«

»Erraten, Eure Heiligkeit!« höhnte der junge Mann.

»Nun, da du zugibst, dies alles zu lieben, glaubst du auch an Gott, denn Gott ist die Liebe. Und weil es einem jeden Menschen so geht, daß er irgend etwas liebt – sein Weib, seinen Besitz oder gar sich selbst –, gibt es in dem Sinne keine Ungläubigen«, sagte die Praeposita sehr freundlich und hatte die – wenn auch etwas gequälten – Lacher auf ihrer Seite.

In der Nacht allerdings, an der Seite von Hiltrudis und dennoch in Tuchfühlung mit schwitzenden, schnarchenden, verdauenden Leibern, kam sie kaum zur Ruhe. Irgendwann ging sie sogar hinaus vor die Tür, setzte sich, in ihr Bärenfell eingehüllt, auf einen Stein, um die Sterne am Firmament zu betrachten – kalt und einsam sahen sie aus –, und atmete auf, als es endlich tagte. Die Morgenröte von Osten, die sie so oft beschrieben und besungen hatte, erfüllte sie wieder mit Heiterkeit und Zuversicht.

Bei der nächsten Übernachtung im Weinort Trittenheim sollten sie es dann auch besser treffen. Das Wirtshaus hieß »Zur Sonne« und wurde von einem freundlichen Ehepaar geführt, das den Fußboden der Gaststube ganz mit Binsen ausgelegt und mit wohlriechendem Thymian und Minze besprenkelt hatte; durch seine insgesamt angenehmeren Manieren schien es weniger pöbelhafte Gäste anzuziehen als der Bärenpatron in Kirn. Obwohl Hildegard es dem großspurigen Wenzel verboten hatte, sein Sprüchlein über *die Seherin, die Gottes Stimme vernahm*, noch einmal irgendwo zum besten zu geben, schien die Wirtin auch ohne Belehrung etwas von den besonderen Fähigkeiten der Meisterin aus Bingen zu spüren. Spät am Abend, als alle Gäste versorgt waren, wandte sie sich an Hildegard, die noch aufrecht auf ihrem Schemel nahe der Tür saß, statt sich wie ihre Begleiterinnen auf der Ofenbank auszustrecken, und bat etwas scheu, aber um so entschlossener um ein kleines Stückchen Stoff aus Hildegards Umhang oder eine Locke von ihrem Haar. Und auf die Frage, was sie denn damit vorhabe, antwortete sie, daß sie es sich auf Brust und Hals legen wolle; denn dort werde sie seit einiger Zeit von einer Geschwulst geplagt.

»Und wie kommst du darauf, daß ein Stückchen Stoff oder ein paar Haare von mir dir helfen können?«

Die Frau kniete nieder und legte ihren Kopf in Hildegards Schoß. »Weil Ihr in großer Gottesnähe, wenn nicht gar Heiligkeit leben müßt, Mater, denn anders ist es nicht zu erklären, daß Eure Augen so sehr leuchten und Ihr von einem solchen Glanz umgeben seid.«

Sie hatte noch kaum zu Ende gesprochen, da schloß Hildegard sie in die Arme, legte ihr die Hände auf und benetzte die kranken Stellen mit dem Rupertsberger Weihwasser, das sie stets in einem Fläschchen bei sich trug. »Im Namen dessen, der gesagt hat: *Ihr werdet eure Hände den Kranken auflegen, und sie werden gesunden*, soll diese Krankheit von dir weichen, und du sollst geheilt sein«, sprach sie und fügte hinzu: »Du wirst deine frühere Gesundheit bald wiedererlangen. Und so Gott will, werde ich auf dem Rückweg noch einmal nach dir schauen.«

Die nächste Nacht, den Freitag vor Pfingsten, konnten die Schwestern dann schon in Trier verbringen; dort hatten sie ein ganzes Haus für sich allein, denn Hildegards Neffe Arnold, dem es gehörte, war vor kurzem Propst von Sankt Andreas in Köln geworden.

Im Vertrauen darauf, daß zum Fest des Heiligen Geistes dieser selbst aus ihr sprechen werde, legte Hildegard sich für ihre große Pfingstpredigt auf dem Domplatz lediglich die einleitenden Worte zurecht.

»Ich armes Geschöpf, dem es an Gesundheit, Kraft und Bildung fehlt, bin im geheimnisvollen Licht der Schau belehrt worden, der Trierer Geistlichkeit folgende Worte zu sagen«, begann sie mit etwas belegter Stimme. Noch nie hatte sie vor einer so riesigen Menschenmenge gepredigt, noch nie Tausende von Augenpaaren auf sich gerichtet gesehen, während sie sprach. Die Euphorie, die dies in ihr auslöste, empfand sie zunächst als störend; wie die Hauptdarstellerin auf einer Bühne kam sie sich vor und hatte doch lediglich Instrument sein wollen. Nach einem Stoßgebet um Selbstvergessenheit vergingen die unliebsamen Gefühle, und Hildegard konnte vorbringen, was ihr eingegeben wurde, ohne sich dabei zu beobachten:

»Die Magister und Prälaten in dieser Stadt haben Gottes Gerechtigkeit vergessen und schlafen; deshalb ist das Morgenrot guter Werke bei ihnen verschwunden, das ein Spiegel des ewigen Lichtes ist und die ganze Welt erleuchten sollte. Auch der warme Mittagswind der Tugend ist in diesen Männern erkaltet, denn ihr Denken und Handeln ist nicht mehr durchglüht vom Feuer des Heiligen Geistes. Ganz verdorrt stehen sie da, ohne lebendiges Grün, zum Winter erstarrt. Das Abendrot der Barmherzigkeit ist bei ihnen schwarz geworden wie Ruß, denn sie vollziehen das Leiden Christi nicht mehr nach, das Leiden des Einzigen, der sich in die Menschlichkeit hinabbegeben hat, um uns zu Seiner Göttlichkeit emporzuheben. Der kalte Wind des Nordens aber weht in denen, die ihren Eigenwillen zum Schaden anderer durchsetzen. Noch einmal: Die, von denen ich spreche, offenbaren sich nicht im Morgenrot guter Werke, strahlen nicht in der Mittagssonne der Tugenden und verabschieden sich im Abendrot nicht vom Einfluß des Bösen, sondern verschließen sich, von Eigenwillen bestimmt, in der Kälte ihres Herzens. Deshalb traktiert auch der Teufel sie mit drei Pfeilen aus dem finsteren Norden: Den des Neides und Stolzes richtet er gegen das verblaßte Morgenrot, den der Gottvergessenheit gegen Süden und den der Falschheit gegen das Abendrot.«

Hier machte Hildegard eine Pause und studierte, auf ihren Äbtissinnenstab gestützt, die Mienen der Zuhörer. In den vorderen Reihen, dicht vor der Rednertribüne, standen die Geistlichen, unter ihnen der ehrgeizige Erzbischof Hillin, den Hildegard unlängst in einem Brief schon ermahnt hatte, angesichts des moralischen Verfalls innerhalb der Kirche auf seinem Weg nicht zu erlahmen. »Du ermüdest schnell, und zwar nicht nur im Tun guter Werke, sondern sogar beim Beten im Gottesdienst«, hatte sie ihm geschrieben. Er soll damals recht zerknirscht gewesen sein, aber auch ihm konnte sie weitere Vorwürfe nicht ersparen. Gott hatte sie nun einmal hierhergeschickt, damit sie den hohen Herren ins Gewissen redete, mochten auch viele anderes von ihr erwartet haben: begeisternde Visionsbilder, tröstende Worte, Balsam für die Seele. Heute morgen, als sie zum Dom geritten war und es kaum ein Durchkommen gab, weil so viele Menschen die Straßen säumten, hatte Hildegard es kaum fassen können, daß all diese Leute einer kleinen Nonne wegen zusammengeströmt sein sollten und nicht, um einen Landesfürsten oder Kaiser zu empfangen. Bevor sie die ersten Worte gesprochen hatte, waren sogar

Beifallsrufe zu hören gewesen, und zu Anfang der Rede hatten einige noch miteinander gelacht oder getuschelt, jetzt aber standen alle betroffen da; das Schweigen lastete schwer auf dem Platz. Hildegard beschloß, den Leuten noch einmal die ganze Menschheitsgeschichte vor Augen zu führen; vielleicht erkannten sie dann selbst den gegenwärtigen Zustand der Welt.

Sie suchte in ihrer Kleidertasche nach dem Chalzedonstein, den sie beim Reden gern in der Hand hielt, und beschrieb dann in allen Einzelheiten Aufbau und Beschaffenheit des Universums mit seinen kosmischen Kräften, um anschließend das Alte Testament und seine Hauptpersonen zu beleuchten, angefangen mit Adam, Kain und Abel über Noah und Abraham bis Moses und Jona; sie endete mit der Menschwerdung des Gottessohnes.

»Mit Ihm aber erstrahlte das Morgenrot in neuer Pracht, entbrannte der Mittag in seiner Glut, färbte das Abendrot den Himmel purpurn«, sagte die Prophetissa, und ihre großen blauen Augen leuchteten vor Begeisterung über dieses Bild. »Selbst der Norden tobte nicht mehr mit kalten Winden, denn das Leiden Christi hatte alles ins rechte Maß gebracht, bis mit dem ersten Tyrannen nach Seiner Zeit die Ungerechtigkeiten und Leiden wieder ihren Anfang nahmen.« Hildegard hatte jetzt alles um sich herum vergessen; ihre Stimme wurde schneller, lauter, und mit feuriger Zunge beklagte sie noch einmal den Machthunger der Kirchenfürsten, ihre Liebe zum Mammon.

»Ihre Gotteshäuser lassen sie vergolden, ihre Kinder aber unbekleidet«, warf sie ihnen vor. »Auch den weltlichen Machthabern werden sie ein Ärgernis sein. *Wie lange sollen wir diese räuberischen Wölfe noch erdulden?* werden sie sich ereifern. *Wir wollen nicht, daß solche Leute über uns herrschen mit Gütern, Äckern und anderen weltlichen Geschäften, über die doch wir, die Fürsten, eingesetzt sind.* Und die Mächtigen werden zum Kampfe rüsten.«

Die Stimme der Prophetissa bebte vor Erregung, als sie

von der Zerstörung der Klöster, Kirchen und Städte sprach, die kommen mußte, wenn diese Mißstände nicht bald behoben würden. Und damit die Laien unter ihren Zuhörern sich nicht mit Schadenfreude über den gescholtenen Klerus erhöben, wies sie darauf hin, daß niemand vom Strafgericht verschont bleiben werde, der sich in dieser lauen, weibischen Zeit nicht von seinem leichtfertigen Lebenswandel verabschiede.

»In früheren Visionen sah ich die Stadt Trier, von einem goldenen Glanz erleuchtet, im Feuer ihrer Gläubigen festlich erstrahlen; jetzt aber ist es ekelhaft von ausschweifenden Sitten umfangen und von allerlei Lastern entstellt, die nur durch Buße getilgt werden können«, rief sie und machte wieder eine Pause, damit die Botschaft ihre Wirkung nicht verfehlte.

Mehr als zwei Stunden dauerte ihr Vortrag schon, wie sie am Stand der Sonne ablesen konnte, und immer noch blieben die Menschen; einige knieten oder hockten auf dem harten Boden, aber kaum jemand hatte den Platz verlassen. Hildegard brachte es nicht übers Herz, sie allesamt ohne Trost nach Hause zu schicken. Als Mahnerin verstand sie sich, nicht als Bußpredigerin, die gekommen war, den Weltuntergang heraufzubeschwören, und so verschwieg sie ihren Zuhörern nicht, daß sich ihr in der Schau auch bessere Zeiten voller Gerechtigkeit und Frieden gezeigt hatten, welche den Strafgerichten folgen sollten.

Der Zerfall der bisherigen Ordnung würde eine neue hervorbringen. Zentrum dieser Erneuerung aber sollten nicht etwa die höchsten Institutionen der Kirche sein, sondern eine kleine Zahl reformfreudiger Ordensleute in den Klöstern. Sie würden »zur ersten Morgenröte zurückfinden, so wie es auch zu Anfang, im frühen Christentum, mit einer kleinen Zahl begonnen hat«, betonte die Prophetissa. Ermattet schloß sie die Augen und empfand wieder dieses Schwindelgefühl, als sie noch einmal über den Inhalt ihrer Predigt nachdachte.

Wie würde die hohe Geistlichkeit auf die Maßregelungen reagieren, wie das Fußvolk in ihrem Rücken? Jetzt erst fiel ihr ein, daß es höchst gefährlich sein konnte, die Gemüter der Menschen in Aufruhr zu versetzen. Der von fanatischen Rednern entfesselte Volkszorn hatte in der letzten Zeit mehr als einmal zu Gewaltaktionen gegen Kircheneinrichtungen und Priester geführt. Und weitere blutige Kämpfe würden folgen ... Etwa in Mainz, denn noch ehe der Mond seinen nächsten Kreislauf beendet hätte, würde Erzbischof Arnold, den Papst Alexander zu Ostern gebannt hatte, von seinen Gegnern ermordet werden, so wie Hildegard es ihm zuvor prophezeit hatte. Und während die Prophetissa nun auf dem Domplatz zu Trier stand, von ihrer flammenden Rede erschöpft, lief vor ihrem inneren Auge blitzschnell ein ganzes Drama ab:

Sie sah Erzbischof Arnold vor dem Portal der Klosterkirche St. Jakob hilflos verbluten, und das Grauen, das sie dabei empfand, ließ sie beinah ohnmächtig werden. Sie rieb sich die Augen, blinzelte, damit die Schreckensvision verschwand, und bemerkte, daß der Dompropst zu ihr auf die Tribüne gekommen war.

In einer Demutsgeste ergriff er Hildegards Hände und bat mit bewegter Stimme um eine Abschrift ihrer heutigen Worte, »damit die Nachwelt sowohl vom Zorn Gottes als auch von Seiner Barmherzigkeit unterrichtet werde und erkenne, daß Ihr wahrhaftig die geliebte Mitwisserin Seiner Geheimnisse seid«.

Und Hildegard, nun ebenfalls gerührt, versprach ihm, seinen Wunsch zu erfüllen, was ihr aber nur möglich sein würde, wenn Hiltrudis wenigstens einen Teil der Worte niedergeschrieben hatte, welche der Mater zum Pfingstfest über die Lippen gekommen waren. Das Zungenreden ließ sich nun einmal nicht vorformulieren.

Auch Erzbischof Hillin trat jetzt zu ihr, um sich mit den Worten: »Gott hat dich gesandt, mächtige Männer zu beschämen«, für den Vortrag zu bedanken und weitere Predigten »unter dem Marktkreuz und an der Porta Nigra« vorzuschlagen. Nachdem Hildegard zugestimmt hatte, bat Hillin, noch eine Frage stellen zu dürfen, welche der Meisterin vielleicht seltsam erscheine, ihm und den Bürgern der Stadt Trier aber sehr am Herzen liege.

»So sagt schon, worum es geht!«

»Es ist die Frage nach unserem größten Heiligtum, Prophetissa.«

»Sprecht Ihr vom verschwundenen Heiligen Rock?« Hildegard lächelte. »Denkt nur, Abt Bertulf, den ich gestern besuchte, hatte dasselbe Anliegen.«

»Ihr wart draußen in St. Echarius, vor den Toren der Stadt?«

»Ja, warum nicht. Es gibt gute Illustratoren unter den Mönchen dort. Möglicherweise kann ich sie mit einem Codex zu meinem zweiten Visionsbuch beauftragen.«

»Gewiß, ehrwürdige Mater!«

»Nun zu Eurer Frage, Bischof: Der Heilige Rock wird zum Ende dieses Jahrhunderts wiederaufgefunden. Dies aber«, so die Prophetissa, »werden wir wohl beide nicht mehr erleben.«

Es kam ihr gar nicht so ungelegen, länger im Haus ihres Neffen zu bleiben als geplant. Statt gleich weiterzuhetzen, konnte sie die Zeit zwischen den Predigten gut für ihre Lieder und Kompositionen nutzen. Zwei ihrer schönsten Werke widmete sie der Stadt Trier: Im ersten verherrlichte sie Sankt Maximin, den Schutzpatron der ihm geweihten Benediktinerabtei, in der seit zweihundert Jahren auch die Gebeine des Heiligen ruhten.

»*Columba aspexit per cancellos fenestre* ...«, dichtete die Meisterin aus Bingen zunächst in lateinisch, später auch in deutsch: »Die Taube lugte durch der Fenster Gitter, und sogleich stieg vor ihrem Angesicht Balsamduft auf von Maximin, dem Leuchtenden. Der Sonne Glut entbrannte und erhellte das Dunkel, aus dem eine Gemme entsprang im Tempel dieses reinen Herzens voller Güte ...«

Je länger sie an den Versen feilte, desto deutlicher vernahm sie die dazu passenden Melodien sowie die Stimmen derer, die sie singen würden. In der Vertonung, überlegte Hildegard, müßte die erste Zeile besonders hervorgehoben werden, denn die Taube symbolisierte nicht nur den Heiligen Geist, sondern auch die Christusbraut und Ekklesia; das Fenster aber die Gnade des Erlösers, durch welche sich die himmlischen Mysterien offenbaren.

In der fünften Strophe dieser Sequenz wandte sie sich an die verunsicherten Geistlichen von Trier, und zwar mit einer Hymne auf ihr Priesteramt und die Schönheit der Liturgie, als wolle sie damit Abbitte für die harten Worte der Pfingstpredigt tun: »O Diener des heilsamen Öls, die ihr waltet im lieblichsten Grün der Königsgärten, zur Höhe steigt ihr empor, wenn ihr das heilige Opfer an Widdern darbringt.«

Den Priestern und jungen Mönchen von Sankt Maximin würde es nicht schwerfallen, Hildegards Bildersprache zu verstehen, kannten sie doch Balsam und wohlriechende Düfte dank der Johannesoffenbarung als Symbole für die Gebete der Heiligen und wußten aus dem Buch Exodus, welche Rolle die Opferung von Widdern spielte. Die Musik, so hoffte Hildegard, würde dann ein übriges tun, die Herzen aller Zuhörer, ob geistlich oder weltlich, zu erheben.

In ihrer zweiten Komposition *O Euchari* pries die Prophetissa schließlich den Missionar Echarius, der im dritten Jahrhundert Bischof von Trier wurde, und ließ die letzte der acht Strophen mit einem Gebet für alle Gläubigen der Stadt enden: »Nun bitte du, Echarius, mit klarer Stimme bei Gottes Sohn für diese Schar, daß sie in Seinem Dienst nicht nachlassen, sondern immerfort ein lebendiges Opfer an Seinem Altar darbringen möge.«

21
Befreite Seelen

Sie wolle nur eben zum Wochenmarkt gehen, um ihre Hand aufzuhalten, wenn zum Schluß die Gemüseabfälle verschenkt würden, empfahl sich Jacoba.

»Unser *überstoffliches Brot*, das wir täglich erbitten, stillt zwar den Hunger unserer Seele, läßt den Magen aber weiter knurren«, versuchte sie noch zu scherzen, bevor sie die Brettertür hinter sich zuzog.

Die Mitschwestern nickten nur und fuhren fort, mit großer Fingerfertigkeit ihre Körbe zu flechten, als stünden die Abnehmer dafür bereits Schlange. Sie selbst würden sich niemals dem Vorwurf der Diesseitigkeit aussetzen wollen, indem sie solche leichtfertigen Bemerkungen machten. Bei Jacoba aber war das etwas anderes; sie gehörte zu den *Vollkommenen* und mußte eigentlich nicht arbeiten oder gar für ihren Lebensunterhalt betteln gehen, da sie von der Gemeinschaft ernährt wurde. Ihre Worte waren über jeden Zweifel erhaben.

Auf den Stufen zur Straße blieb sie erst einmal stehen, um tief durchzuatmen. In der fensterlosen Kellerwohnung, die sie mit vier anderen teilte, bekam man oft kaum Luft. Jacoba haßte den ständigen sauren Geruch nach Schweiß und Leibern in unschicklicher Nähe.

Es war ein feuchter Herbsttag im Witumonat. Die ganze Nacht über hatte es geregnet, und sie mußte achtgeben, daß sie nicht gleich bei den ersten Schritten bis zu den Knöcheln im Morast versank. Sie versuchte, von Stein zu Stein zu hüpfen, rutschte mit ihren bloßen Füßen aber immer wieder ab. Der Regen hatte die Gosse überflutet und allerlei stinkende Abfälle hochgeschwemmt, darunter Fäkalien, denen man kaum ausweichen konnte. Immer derselbe Eiertanz, dachte Jacoba und beeilte sich weiterzukommen; in der Innenstadt würde es bessere, zum Teil sogar gepflasterte

Straßen geben. Seitdem die Katharer in Köln auch von den weltlichen Machthabern unter haarsträubenden Vorwänden verfolgt und eingekerkert wurden, hatten Jacoba und ihre Mitstreiterinnen die Unterkunft so oft wechseln müssen, daß sie bisweilen vergaß, wo sie gerade wohnten. Seit einigen Wochen war es jenes feuchte, dunkle Kellerloch in der Nähe von St. Gereon.

Der erste Mensch, der mir jenseits der neuen Stadtmauer begegnet, soll einer von uns sein und mir eine Botschaft von Anselm bringen, wünschte Jacoba sich mit der Inbrunst eines Kindes und umklammerte dabei das Kupferetui an ihrem Gürtel, worin das Johannesevangelium verborgen war, das Heilige Buch der Katharer. In der letzten Zeit hatten sich ihre Wünsche schon manches Mal auf beinah wundersame Weise erfüllt. Jacoba führte es darauf zurück, daß auch sie nun zu den *Vollkommenen* gehörte. Und obwohl sie selbst sich niemals mit diesem Namen geschmückt hätte, erfüllte es sie doch mit Stolz, von ihren Brüdern und Schwestern so genannt zu werden, denn in der ganzen Stadt gab es bisher nicht mehr als zwei Dutzend Vollkommene; alle anderen waren gewöhnliche Gläubige.

Am heutigen Tag schien ihr das Wünschen indessen nicht viel zu helfen; kaum hatte sie die Würfelpforte passiert, kam ihr ein Rattenfänger entgegen. Über seiner Schulter trug er eine lange Stange, an der die frisch erlegten Ratten- und Mäusekadaver baumelten.

»Satansbraten!« fauchte Jacoba, als sie von der Stange gestreift wurde, so daß ihr Kopftuch herunterrutschte und das verfilzte Haar freigab.

Ratten und Mäuse konnten freilich auch als eine Botschaft aus dem Kerker verstanden werden. Drei Wochen waren seit Anselms Verhaftung vergangen, und Jacoba wußte bis heute nicht, wohin man ihn gebracht hatte.

Während sie ihre vom Schlamm schwer gewordenen Rocksäume über die lange Heerstraße durch den Stadtteil Niederich schleppte, murmelte sie das katharische *Vater-*

unser, welches ihre Gegner zur Unterscheidung vom eigenen das *häretische* nannten. Als Gebet der Engel vor dem Thron Gottes blieb es den Vollkommenen vorbehalten; diese aber wiederholten es beinah ununterbrochen, wenn sie einmal erfahren hatten, wie sehr das Alltagsgeschehen damit in den Hintergrund trat. Nur wer zeigte, daß er nicht zu dieser Welt gehörte, würde unabhängig von Satan sein, dem Schöpfer der vergänglichen Stofflichkeit. Und Jacoba wollte keine Bindung mehr an eine stoffliche Welt, in der ihre Seele erstickte. Erst seitdem man allerorten Scheiterhaufen um die Katharer und ihr Gottesbild errichtete, vermochte sie ihre Gebete mit aufrichtiger Hingabe zu sprechen; in all den Jahren im Kloster, so schien es ihr jetzt, hatte sie lediglich die Lippen bewegt.

Mit der Anrufung des Herrn beschäftigt, ging Jacoba an St. Andreas vorbei durch die Hacht in Richtung der Domkirche St. Peter und weiter zur neu erbauten Laurenzkirche. Überall lag Weihrauchduft in der Luft; es war schier unglaublich, wie viele Gotteshäuser es im heiligen Köln schon gab, und alle paar Jahre wurden es mehr. Die Katharer dagegen brauchten weder Kirchen noch Tempel; ihre Predigten und Gebete konnten überall stattfinden.

Nach einer Weile wurde die Gegend so belebt, daß Jacoba sich doch lieber auf ihre Füße konzentrierte, statt das Paternoster zu sprechen. Hausfrauen mit Kindern an der einen und Einkaufskörben an der anderen Hand nahmen die ganze Straßenbreite ein und wurden von Händlern mit ihren vollbeladenen Karren unter Flüchen beiseite gedrängt. Dazwischen bahnten sich die Herrschaften hoch zu Roß, ungeachtet des aufspritzenden Schlammes, ziemlich rücksichtslos ihren Weg. Die gegenseitigen Beschimpfungen wollten kein Ende nehmen; hätte Jacoba noch eines weiteren Beweises für die Grausamkeit dieser Welt und das scheußliche Gebaren der Menschen bedurft, hätte sie ihn hier binnen kürzester Zeit gefunden. Es war eine Qual, sich unter diesen Leuten zu bewegen.

Ein paar Straßenzüge weiter schien an diesem Tag etwas Besonderes geboten zu werden, denn viele Menschen strebten in die Richtung von St. Martin oder Maria im Kapitol, und Jacoba folgte ihnen, einem inneren Antrieb nachgebend, statt durch die Marktpforte nach links hinunter zum Heumarkt abzubiegen.

»Was ist denn los?« erkundigte sie sich bei einer Dachdeckerin, die ebenfalls mit geschultertem Werkzeugkasten im Strom der Eiligen mitlief, als hätte sie nichts Besseres zu tun. Vor einigen Jahren hatte Jacoba Frauen wie sie noch heimlich um ihre Tätigkeit in luftiger Höhe beneidet. Nie hätte sie sich einst im Kloster träumen lassen, daß man in der Stadt als Bierbrauerin, Metallarbeiterin oder Dachdeckerin sein Brot verdienen konnte. Diese hier fixierte sie mit einem merkwürdigen Blick, und Jacoba bereute es beinah, sie angesprochen zu haben; möglicherweise wurde man in diesen Tagen ja bereits der Ketzerei verdächtigt, wenn man nur sein Haar unter einem großen Kopftuch verbarg und schwarze Kleider trug wie alle Kathareinnen – aber viele harmlose Witwen ebenso.

»Man sagt, eine hellsichtige Nonne predigt das Strafgericht Gottes«, antwortete die Dachdeckerin schließlich und schritt schneller aus.

»Eine hellsichtige Nonne?« wiederholte Jacoba und beschleunigte nun auch ihre Schritte. Bald hatte sie sich der alten Marienkirche genähert, die auf einem Hügel lag. Der Abhang darunter war schwarz von Menschen und die Predigt bereits im vollen Gange. Schon nach den ersten Worten fand Jacoba ihre Ahnung bestätigt: Die kleine schwarze Gestalt, welche dort oben auf den Stufen vor Maria im Kapitol stand, konnte niemand anders sein als Mater Hildegard. Gut zwanzig Jahre, ein halbes Menschenleben, waren seit ihrem Besuch auf dem Disibodenberg vergangen, doch allein an der Stimme hätte die abtrünnige Tochter die Mater jederzeit wiedererkannt. Jacoba wurden die Augen feucht, so vertraut erschien ihr der leichte rheinische Singsang immer noch. Die Mater hatte ihr sicherlich mehr bedeutet, als ihnen beiden damals bewußt gewesen war. Und wäre jene allzu makellose Schöne nicht erschienen, der Jacoba sich im Wettbewerb um Hildegards Liebe von vornherein unterlegen fühlte, wäre vielleicht manches anders gekommen.

Vermutlich predigte die Prophetissa schon eine Weile, denn die Zuhörer standen ganz in ihrem Bann und waren nicht zu bewegen, Jacoba, die so klein und schmächtig war wie ein Kind, ein wenig Platz zu machen, damit sie sich nach vorne schieben konnte. So blieb sie in der hintersten Reihe und hörte die Mater vom Reichtum der Stadt Köln sprechen, deren Einkünfte die der Stadt Trier um das Zehn- bis Fünfzehnfache überträfen. Und während die Zuhörer mit »Oh!« und »Ah!« antworteten und Jacoba sich überlegte, woher Hildegard das wohl wüßte, war diese bereits bei den Bischöfen angelangt, welche »weißleuchtende Kleider« trügen »und an den Fingern edelsteinbesetzte Ringe«. Dies aber hätte Jesus ihnen nicht befohlen.

»Obgleich Gott es den Reichen erlaubt, zur Unterstützung der Armen Reichtümer zu besitzen, ist es doch die Gestalt der Armen, die Seinem Bild entspricht und die Er liebt!« rief die Prophetissa laut genug, damit alle es hörten.

Oh, wie sehr sie doch Jacoba und vielen anderen aus der Seele sprach! Sie könnte eine von uns sein und ahnt es nicht einmal, dachte ihre ehemalige Schülerin. Die nächsten Worte gingen beinah unter im Beifall der Menschen: »Wegen eures ekelhaften Reichtums und Geizes und etlicher anderer Eitelkeiten unterweist ihr eure Schutzbefohlenen nicht und gestattet auch nicht, daß sie Belehrung bei euch suchen«, warf sie den Hirten der Kirche im Namen dessen vor, der da war und ist und der kommen wird.

»Eure Zungen sind stumm, statt von der Gerechtigkeit des Herrn zu künden. Wenn ihr aber einmal euren Mund aufmacht, so hämmert ihr gleich im Übermaß auf die Leute ein. Deshalb fehlt euren Predigten auch jeder Glanz, so als leuchteten am Firmament die Sterne nicht. Ihr schaut ja nicht auf Gott und verlangt auch nicht, Ihn zu schauen, sondern betrachtet nur euer eigenes Werk. Ihr tut und laßt, was ihr wollt, und urteilt ganz nach eurem Belieben. Wem soll das dienen? Mit eurem leeren Getue verscheucht ihr bestenfalls im Sommer die Fliegen! Wahrhaftig, ihr seid kein Halt für die Kirche, sondern verkriecht euch in die Höhle eurer Gelüste. Eine Feuersäule solltet ihr sein, den Menschen vorausgehen und sie aufrufen, Gutes zu tun. Tag müßtet ihr sein und seid doch Nacht. Sucht euch also aus, auf welcher Seite ihr stehen wollt!« schleuderte die Prophetissa ihren Zuhörern mit erhobener Stimme und geballten Fäusten entgegen. Im Eifer des Wortgefechts war ihr der Äbtissinnenstab aus der Hand geglitten und in einem unangenehm hohl klingenden Stakkato die Stufen heruntergehüpft.

Zufall oder wohlinszeniertes Echo des Gesagten? rätselte Jacoba und frohlockte insgeheim über diese Predigt. Noch nie hatte sie so starke Worte von der Mater vernommen; es wunderte sie nur, daß sich die Menschen hier, und vor allem auch die Geistlichen, so viel von ihr sagen ließen. Doch um so besser, befand Jacoba, denn wenn diese berühmte Ordensfrau, die Prophetin Deutschlands, wie sie genannt wurde, die Mißstände im Lande so deutlich beim Namen nannte, würde sich das in Windeseile herumsprechen. Und dann ..., ja, dann gab es vielleicht doch noch Hoffnung, daß auch andere Menschen der von Satan geschaffenen Welt den Rücken kehrten, um sich dem Licht des Urgottes außerhalb des Kosmos zuzuwenden. Und der Kampf gegen die Katharer, die dies als einzige längst erkannt hatten, würde vorüber sein ...

Doch kaum hatte Jacoba ihre Aufmerksamkeit wieder der Predigt zugewandt, zerschlug sich jede Hoffnung auf Verständnis für die Ihren. Sie brauchte eine ganze Weile, um zu begreifen, wen Mater Hildegard nach ihrer Pfaffenschelte nun anprangerte: »Ich aber, der ich bin, sage zu denen, die auf mich hören: Es wird sich ein Volk erheben, das vom Teufel verführt und gesandt ist«, begann sie den zweiten Teil ihrer Rede. »Äußerlich werden sie kaum Aufsehen erregen mit ihren bleichen Gesichtern und geschorenen Häuptern; sie kleiden sich in schäbige Gewänder von verblichener Farbe und geben sich ruhig und gesittet. Sie verabscheuen Habgier und Gewinnsucht, besitzen kein Geld und üben eine solche Enthaltsamkeit, daß sie scheinbar über jeden Tadel erhaben sind. Sie werden sich an die Herren der Welt heranmachen und sie fragen: Warum duldet ihr diese Menschen – und damit sind unsere Kirchenleute hier gemeint –, warum duldet ihr diese Menschen, welche die ganze Erde mit ihren schmutzigen Schändlichkeiten vergiften? Sie sind der Trunksucht und der Ausschweifung ergeben, und wenn ihr sie nicht aus eurer Umgebung verjagt, wird eure ganze Kirche zugrunde gehen. So werden die Häretiker über euch sprechen, denn der Baalsdienst des verweltlichten Klerus und die menschliche Verworfenheit sind die Ursachen für ihre Ketzerei. Im Hochmut ihres aufgeblähten Geistes behaupten die Katharer, alle gewöhnlichen Sterblichen an Keuschheit und Enthaltsamkeit zu übertreffen, doch insgeheim treiben sie mit jenen Weibern Unzucht, deren sie sich angeblich enthalten«, verkündete die Prophetissa, und Jacoba, die ihr eben noch für ihre Worte die Füße hätte küssen mögen, stiegen Tränen der Wut und Enttäuschung in die Augen. Wie kam Hildegard dazu, so etwas zu sagen? Woher wollte sie überhaupt wissen, was die Katharer *insgeheim* trieben?

»Das, was von den angeblich *Reinen* zu sehen ist«, ging es weiter, »ist falscher Schein, hinter dem sich das wahre Gesicht des Antichristen verbirgt.«

»Tötet die Satansbrut!« erklang der erste Zwischenruf, dem sich sofort weitere anschlossen.

Gleich werden die ersten Steine fliegen, dachte Jacoba und blieb trotzdem wie gelähmt stehen. Auch Hildegard schien die Gefahr zu spüren, denn sie kehrte nach einer besänftigenden Geste rasch zu ihrem eigentlichen Anliegen zurück, indem sie ihre Zuhörer wieder auf die eigenen Fehler verwies: »Diese unglücklichen, vom Teufel verführten Menschen werden wie eine Rute sein, um euch zu züchtigen, weil ihr Gott nicht in Lauterkeit anbetet. Sie werden euch so lange peinigen, bis ihr euch von all euren Bosheiten und Missetaten gereinigt habt, denn ihr alle habt ihnen den Nährboden bereitet!«

Jacoba verlor den Faden, weil sie über die seltsame Rolle nachdachte, die den Katharern damit zugewiesen wurde, und hörte erst wieder hin, als die Prophetissa sagte:

»Die Menschen, die vor diesen Zeiten lebten, hatten *gegen* ihren Willen viele lebensgefährliche Kämpfe zu bestehen, aus denen sie sich nicht zu retten vermochten. In euren Zeiten aber werdet ihr wegen eures Eigenwillens und eures verderbten Lebenswandels Kriege erleben, die euch vernichten.«

»Kommt auf die Katharer zurück!« tönte es aus den vorderen Reihen. »Ja, bringt sie um, die Ketzerfressen!«

Hildegard schien zunächst nicht darauf eingehen zu wollen, sagte aber nach kurzem Nachdenken: »Also gut. Aber dann erlaubt mir, euch folgendes Pauluswort vorzuhalten: *Ketzer sind notwendig, damit die Bewährten offenbar werden unter euch, aber man darf sich nicht mit ihnen einlassen.«* Und als Hohngelächter erklang, dem wieder Mordgeschrei folgte, fügte die Prophetissa mit großem Nachdruck hinzu: »Gewährt diesen Leuten keinen Wohnsitz, verjagt sie aus ihren Schlupfwinkeln, damit nicht eure ganze Stadt vergiftet werde, doch tötet sie nicht, denn auch sie sind nach Gottes Bild geschaffen. Vertreibt sie, aber tötet sie nicht!«

Nachdem die Unruhe und das Geraune auf dem Platz vor dem Kapitolshügel sich wieder gelegt hatte, bemühte die Prophetissa noch einmal ihr Bild vom »Morgenrot der Gerechtigkeit«, mit dem sie gern ihre Predigten beendete, und versprach den Menschen, bevor sie ihnen schweigend den Abschlußsegen erteilte: »Eure letzten Dinge werden besser sein als die ersten.«

Als hätte er nur auf sein Stichwort gewartet, trat nun der Domdekan Philipp von Heinsberg näher, der Hildegard zur

Predigt nach Köln geladen hatte, um sich für »die aufrüttelnden Worte der Meisterin« zu bedanken. Andere Würdenträger folgten seinem Beispiel, so daß von Hildegards kleiner Gestalt bald nichts mehr zu sehen war. Auch die gewöhnlichen Zuhörer stürzten nach vorn, um einen Blick auf die Heilige zu werfen oder ihr Gewand zu berühren, und während Jacoba noch überlegte, ob sie die Mater meiden oder aufsuchen sollte, kam eine junge Frau auf sie zu, die sie unschwer als eine der Ihren erkannte, beugte ihr Knie und forderte sie auf: »Segnet!« Obwohl Jacoba erschrak und es mehr als verwegen fand, an diesem Ort und zu dieser Stunde das *melioramentum* genannte Grußritual zwischen Gläubigen und Vollkommenen durchzuführen, mochte sie sich doch nicht verweigern. Was hatten sie schon zu verlieren?

»Der Herr segne dich!« sagte sie leise.

Nach der dritten Wiederholung war es an der jungen Frau zu wünschen: »Verzeiht uns, gute Christen. Bittet Gott, daß Er mich zu einem guten Ende führe und vom schlechten Tod befreie«, woraufhin Jacoba antworten mußte: »Der Herr führe dich zu einem guten Ende und bewahre dich vor einem schlechten Tod.«

Daraufhin hätte die Gläubige, in der Jacoba ihre Mitschwester Walburga erkannte, eine ehemalige, nun aber geläuterte Dirne aus dem Stadtteil Oversburg, sich erheben können, doch dazu kam es nicht mehr, weil sie von zwei derben Fäusten gepackt und hochgerissen wurde. Und auch Jacoba spürte um ihren Hals einen Männerarm, der sie in den Würgegriff nahm. Beide Frauen wehrten sich aus Leibeskräften und schrien: »Loslassen, wir haben nichts getan! So laßt uns doch los!«

Im Nu waren sie von Neugierigen umringt, die Zeuge sein wollten, wie die beiden Büttel ihnen die Hände fesselten und auf den Rücken banden. Das aber wurde ihnen vereitelt, denn plötzlich stand, niemand hatte sie kommen sehen, die Prophetissa vor ihnen und erkundigte sich mit scharfer Stimme, was da vorgehe.

»Wir haben zwei Ketzerinnen bei ihrem Teufelswerk erwischt!« bekam sie zur Antwort.

»Was haben sie denn getan?«

»Die eine kniete vor der anderen, welche häretische Gebete sprach.«

»Das habt ihr gehört?«

»Wir sahen es, das genügt!«

»Ihr irrt euch«, entgegnete Hildegard ruhig. »Diese beiden Frauen hier wollten lediglich die Worte Gottes auf sich wirken lassen wie viele andere auch. Ich verbürge mich für sie, denn in der einen erkenne ich eine meiner Töchter aus unserer Zeit auf dem Disibodenberg!«

Sie wartete, bis die beiden Männer sich entschuldigt hatten und fortgegangen waren, dann schloß sie die schluchzende Jacoba fest in ihre Arme. Walburga stand eine Weile unschlüssig daneben, mochte aber nicht in der Menge untertauchen, bevor sie ihrer Glaubensschwester die Nachricht, wegen der sie hergekommen war, nicht wenigstens ins Ohr geflüstert hatte. Jacoba erbebte in Hildegards Armen, blieb aber stumm. Als sie sich von der Mutter gelöst hatte, war Walburga verschwunden.

Daraufhin gebot Hildegard den Zuschauern, die immer noch herumstanden, mit einer energischen Handbewegung, nun nach Hause zu gehen, was diese auch bereitwillig taten. Ob sie wohl weiß, wieviel Macht sie dank ihrer Ausstrahlung über die Menschen hat? fragte sich Jacoba, als sie endlich allein mit der Mater am Fuß des Wiesenhügels stand, dessen Boden völlig aufgeweicht war vom Regen und der heutigen Massenversammlung.

»Laß dich ansehen, Tochter!« Zwei müde Augenpaare begegneten einander, überbrückten Raum und Zeit.

»Woran hast du mich überhaupt erkannt, nach all den Jahren?« fragte Jacoba.

Hildegard lächelte und dachte an die Todesnacht der Meisterin Jutta, dachte an Amselchoräle zur Weihnachtszeit und an das Bärenfell aus Echternach für ein frierendes kleines Mädchen, sah es durch den verschneiten Klausengarten huschen. *Ave generosa et intacta puella ...*

»An den hochgezogenen Schultern«, sagte sie. »Wie geht es deinem Sohn?«

»Er hat die Welt der Täuschungen schon vor Jahren verlassen dürfen, Mater.«

»Was für Täuschungen?«

»Nun, Satan als Schöpfer der Stofflichkeit hat die göttliche Urenergie in eine Welt der Täuschungen gebracht. Diese Welt der Täuschungen gilt es zu überwinden, um in die Welt der höheren Wirklichkeit zurückzukehren, in der das geistige Licht herrscht.« – »Ach, Jacoba, Jacoba!« Hildegard seufzte. Sie konnte kaum noch stehen vor Erschöpfung, und das Gespräch versprach anstrengend zu werden. Ihr ehemaliger Schützling sagte ihre neuen Glaubenssätze mit derselben monotonen Stimme auf, mit der sie einst im Aderlaßhaus die Säftelehre der Medica hergebetet hatte.

»Und Anselm?«

Jacoba senkte den Kopf, begann wieder zu weinen. So gut sie sich mit einem freudigen Tod für ihre eigene Person abfinden konnte, so schwer fiel ihr die Vorstellung, daß Anselm ihn erleiden sollte.

»Wenn es stimmt, was Walburga mir eben sagte, werden sie ihm und den anderen morgen den Prozeß machen. Sie müssen unserem Glauben abschwören, oder sie werden zum Tod auf dem Scheiterhaufen verurteilt. Sie hungern schon seit Tagen aus Protest und sind sehr geschwächt.«

Hildegard legte ihr die Hand auf das Kopftuch; so müde sie auch war, konnte sie der verzweifelten Frau doch immer noch ein bißchen von ihrer Kraft übertragen. »Sie werden niemanden mehr töten, das versichere ich dir. Hast du nicht gehört, was Gott ihnen durch mich in der Predigt befahl?«

»Doch, aber ...«

»Der Domdekan wird heute noch den Erzbischof benachrichtigen. Es ist bereits alles in die Wege geleitet, die Urteile auszusetzen. Hab Vertrauen.«

»Vertrauen in wen?«

Jacoba hob das Gesicht, und ihr Anblick dauerte die Mater. Kaum über vierzig, sah sie aus wie eine Sechzigjährige mit ihren eingefallenen Wangen; selbst die Iris ihrer Augen war ergraut. Hildegard wies auf Jacobas Herz.

»ER ist in dir, hast du das schon vergessen? *Wißt ihr nicht, daß ihr Tempel Gottes seid, und daß der Geist Gottes in euch wohnt? Der Tempel Gottes aber ist heilig, und dieser Tempel seid ihr* ...«

»Paulus an die Korinther«, murmelte Jacoba.

»Ah, du weißt es also noch! Dann solltest du auch Vertrauen in dein Selbst haben, das göttlich ist, nicht wahr? – Weißt du was? Komm heute nach Anbruch der Dunkelheit zu mir, dann reden wir weiter. Außerdem brauchst du wohl ein Paar Schuhe, bevor es Winter wird. Ich würde dir gerne eins geben.«

Jacoba lächelte; die Mater war unverbesserlich. »Eine Ketzerin im Haus des Domdekans?« fragte sie.

»Nein, nein. Ich wohne im Kloster Sankt Ursula. Du kannst ruhig kommen, niemand wird uns stören.«

St. Ursula lag in Niederich, unweit von St. Gereon. Jacoba mußte ohnehin dort vorbei, wenn sie nach Hause ging. »Dann komme ich gern!« versprach sie.

Bereits an der Würfelpforte mußte sie ihre Pläne ändern, denn dort kamen ihr die beiden Korbflechterinnen entgegen. Ganz aufgelöst und außer Atem waren sie; ein Zuhause, sagten sie, gäbe es nicht mehr, nachdem drei Uniformierte mit einem Befehl gekommen wären, alles zu durchsuchen, und ihnen die Kellerwohnung verwüstet und alle daraus vertrieben hätten. Stundenlang liefen sie nun zu dritt von einem Ende der Stadt zum anderen und mußten schließlich, da ihnen nichts Besseres einfiel, am Kunibertusturm unten am Rheinufer Schutz vor dem wieder einsetzenden Regen suchen. Dort verließ Jacoba am frühen Abend die beiden anderen; sie sagte ihnen nicht, wohin sie ging, und verbat sich auch jede Begleitung, denn sie mochte weder die Mater noch ihre Mitstreiterinnen in Verlegenheit bringen.

Der kalte Regen prasselte jetzt so heftig auf sie nieder, daß Jacoba es kaum wagte, den Kopf zu heben. Die Kleider klebten ihr am Rücken, als sie endlich das Ursula-Kloster erreicht hatte, wo Mater Hildegard sie am Kaminfeuer eines kleinen Gästehauses erwartete. Gleich nach der Begrüßung wurde Jacoba von einer Magd in den Baderaum geführt; dort stand schon ein Holzzuber mit heißem Wasser bereit, darin ein kleines Leinensäckchen mit einem Pflanzenbrei aus Kastanienblättern schwamm, eines von Hildegards bewährten Vorbeugemitteln gegen Erkältungskrankheiten. Der Duft erfüllte Jacoba mit Wehmut, erinnerte er sie doch an längst vergangene, bessere Zeiten.

»Der Kastanienbaum ist sehr warm, er hat große Kraft und bezeichnet die Weisheit. Seine Blätter und Früchte sind sehr nützlich gegen jede Schwäche im Menschen. Man koche das Grün und die Schalen im Wasser und lasse sie verdampfen ...«, flüsterte sie, während sie ihr erstes Bad seit Wochen genoß; in der Kellerwohnung war dieser Luxus nicht möglich gewesen und in all den Schlupfwinkeln davor auch nicht.

Anschließend bekam sie frische Kleider in Weiß, Hildegards Lieblingsfarbe, sowie ein Paar lederne Schuhe, die aus einem Stück gearbeitet und oben zusammengenäht waren. Dann bat Hildegard ihren Gast zu Tisch; mit Rücksicht auf die Speisevorschriften der Katharer bot sie weder Fisch noch Fleisch an, sondern braune Biersuppe, warmen Fenchel-Selleriesalat und Kürbispudding. Der Geschmack jeder dieser Speisen beschwor wieder Erinnerungen an den Disibodenberg herauf, dem einzigen Zuhause, welches Jacoba jemals gehabt hatte. Nach Art der Benediktinerinnen beteten, aßen und tranken sie in völligem Stillschweigen, und Jacoba war dankbar, daß sie sich auch hinterher, am Kaminfeuer, nicht sogleich über den wahren oder falschen Glauben unterhalten mußte.

Hildegard erzählte Geschichten vom Rupertsberg und verschwieg auch nicht die vielen inneren und äußeren Schwierigkeiten, die sie und die Töchter hatten überwinden müssen, bevor sie nun endlich alle in Harmonie zusammen leben konnten. Sie sprach von Clemmas Tod vor wenigen Wochen, mit dem diese sich so schwer getan, und rühmte die vielen jungen Novizinnen und den frischen Wind, den sie ins Kloster gebracht hätten. Opferbereiter als die früheren kämen sie ihr vor. Auf dem Rückweg von ihrer Predigtreise werde sie in Koblenz die zwölfjährige Tochter einer befreundeten Familie abholen; dieses Mädchen, Beatrix, erinnere sie im Wesen und Aussehen sehr an eine andere in dem Alter, damals ...

Meint sie nun mich oder Richardis von Stade? überlegte Jacoba und berichtete, da die Antwort nicht mehr wichtig war, von der kleinen Schule, die Anselm für die Kinder ihrer Glaubensgemeinschaft gegründet hatte. Sie verstummte bald wieder, biß sich auf die Lippen, denn nun hatte sie als erste jenes Thema angesprochen, das sie wohl beide lieber vermeiden wollten. Zum Glück schien Hildegard mit ihren Gedanken gerade woanders zu sein. Zwar war ihr Blick auf Jacoba gerichtet, doch schaute sie an ihr vorbei in Sphären, zu denen gewöhnliche Sterbliche keinen Zugang hatten. Nach einer Weile schüttelte sie sich leicht und fragte:

»Du machst dir große Sorgen um Anselm, nicht wahr?«

»Ja, Mater. Er war Diakon in unserer Gemeinschaft. Sie werden ihn brennen sehen wollen.«

»Nein, nein. Gleich morgen früh nach dem ersten Hahnenschrei will ich einen Boten zum Erzbischof schicken – oder selbst zu ihm gehen. Man muß brennen, ohne getötet zu werden, verglühen, ohne daß man ausgelöscht wird. Verstehst du das?«

»Gewiß.«

Und dann kam sie doch, die unvermeidliche Frage, auf die Jacoba die ganze Zeit gewartet hatte: »Was hast du – außer der Armutsbewegung – bei jenen Leuten gefunden, das du bei uns entbehrtest?«

Nun gut, es mußte wohl sein. Jacoba holte tief Luft: »Seitdem ich als unreifer Klosterzögling auf dem Disibodenberg heimlich Petrus Abaelardus studierte, Mater, gefällt mir der Weg der Erkenntnis besser als der des reinen Glaubens. Hinzu kommt, daß die Frauen bei den Katharern mehr Freiheiten haben als überall sonst. Zum Beispiel darf ich Priesterin bei ihnen sein.«

»Ich verstehe. Du zählst dich zu den *Vollkommenen*«, sagte Hildegard mit einer Spur von Ironie.

»Nicht ich, Mater. Die einfachen Gläubigen nennen uns so. Ich bin lediglich eine Eingeweihte, die das *consolamentum* bekommen hat, was bedeutet, daß der Heilige Geist nun in mir wohnt.«

»Er wohnt in jedem Menschen, Jacoba, doch erzähl mir von diesem – *consolamentum*. Ist es so etwas wie ein Sakrament?«

»Nein, nur ein Ritus. Er bedeutet Geisttaufe und Feuertaufe in Christus. Sakramente, die sich ja des Stoffes bedienen, zum Beispiel des Wassers, kennen wir ebensowenig wie Kirchengebäude, Kruzifixe, Schmuck und Bilder. Mit dem *consolamentum* wird der Gläubige in die Gemeinschaft der Vollkommenen aufgenommen.«

Sie zögerte, wußte nicht, wie weit sie mit der Offenbarung dieser Geheimnisse gehen durfte, entschied dann aber, daß die Prophetissa sie besser von ihr erfuhr als von jenen voreingenommenen Schwätzern, welche die Riten der Katharer nur vom Hörensagen kannten.

»Nach sieben Paternostern, einem Reuegebet und dem Empfang des Johannesevangeliums wird dem Einzuweihenden durch einen Offizianten und alle anderen Vollkommenen die Hand aufgelegt, denn so steht es schon in der Apostelgeschichte beschrieben. Danach ist er vom Heiligen Geist beseelt, frei von Sünden und folglich erlöst.«

Die Mater schloß die Augen, rieb sich die Stirn. »Und wenn er wieder sündigt?«

»Das kann er nicht, denn er hat mit der Welt ja nichts mehr zu tun.«

»Ah! Verstehe. Wo die Welt an sich schon böse ist, kann es keine Sünde geben!« rief Hildegard und spürte ihre Gelassenheit langsam dahinschwinden wie das Brennholz im knisternden Kaminfeuer. »Aber wie kommt dann das Gute in die böse Welt? Sag! – Kann denn die Welt nicht zugleich schön und der Mensch Sünder sein?

Hat nicht der Mensch, welcher sündigt, einfach nur falsch entschieden? Muß er nicht jeden Tag neu überlegen, ob er Mitspieler oder Gegenspieler Gottes sein will? Darin liegt schließlich seine Verantwortung!«

Jacoba stand auf und sah aus dem Fenster hinaus in die Nacht, hörte die Regenstürme über die Dächer jagen und fror, obwohl sie von Wärme umgeben war. Sie hatte sich mit diesem theologischen Disput nun doch auf Glatteis begeben und verlor den Boden unter den Füßen. Wie konnte sie glauben, daß sie eine Prophetissa dazu bringen konnte, ihre Ansichten zu überprüfen?

»Es hat von Anbeginn an nur eine Sünde gegeben, und zwar den Bruch mit Gott; alle weiteren sind daraus entsprungen«, sagte sie leise. »Kein Katharer würde es jemals Luzifer gleichtun wollen.«

Hildegard hatte sich ebenfalls erhoben und stand nun so dicht hinter Jacoba, daß diese den Atem der Mater im Nacken spürte, als sie sagte: »Ihr besteht auf euren zwei Prinzipien: Aus dem Guten kommt Licht und Geist, aus dem Bösen entsteht Materie und Finsternis – ist es nicht so?«

»Ja.«

»Es gibt aber nur eine Wirklichkeit, Jacoba, in der Gott, Mensch und Welt untrennbar miteinander verbunden sind. Bei aller Liebe kann ich euren Dualismus deshalb nur verurteilen!«

»Schau dir lieber an, wie wir leben, statt die Lehre zu verurteilen!« flehte Jacoba. »In der letzten Zeit sind sogar Stimmen bei uns laut geworden, die behaupten, daß Jesus und Satan die Manifestation *eines* Gottes sind, welcher den Teufel für seinen Heilsplan braucht«, versuchte sie noch eine Brücke zu schlagen, mußte dann aber, da die Mater nur unwillig schnaubte, zugeben: »Das behaupten die unechten Dualisten. Die meisten von uns schließen sich dieser neuen Sicht nicht an.«

Hildegard nahm sie bei den Schultern, drehte sie um und zwang sie, ihr in die Augen zu sehen, die nun vor Zorn funkelten.

»Das schlimmste ist, daß ihr euch weigert, Gott die Schöpfung der stofflichen Welt zuzuschreiben. Dabei ist der Schöpfer doch selbst vom Himmel gestiegen, um den Menschen in seine Arme zu schließen!« sagte sie voller Leidenschaft.

Danach schwiegen sie beide, bis das Feuer im Kamin erloschen war und Jacoba die kleine Kammer aufsuchte, in der sie diese Nacht verbringen sollte, da sie keine Bleibe mehr hatte.

»Und wenn«, sagte sie leise, nachdem die Mater ihr einen letzten Kuß auf die Stirn gedrückt hatte, »es in unserem Glauben doch etwas zu entdecken gibt, das über den Dualismus hinausgeht?«

Hildegard lächelte gequält, erwiderte aber nichts mehr.

Als sie anderntags zur Klosterkirche hinübergehen wollte, um mit den Ursulinen das Morgenlob zu singen, fand sie die kleine Kammer nebenan leer. Jacoba hatte ihr Bettzeug sorgfältig zusammengelegt und hinter das Kruzifix über ihrem Kopfende einen versiegelten Umschlag gesteckt, den Hildegard sogleich an sich nahm. Noch vor dem Frühstück setzte sie mit Hilfe ihrer Schreiberin einen Brief an den Erzbischof auf, damit dieser es nur ja nicht vergaß, alle noch nicht vollstreckten Todesurteile an den Katharern aufzuheben. Sie mahnte den berittenen Boten zur Eile und gab ihm im voraus den doppelten Lohn. Eigentlich hatten die Prophetissa und ihre Gefährtinnen an dem Tag so früh wie möglich nach Werden an der Ruhr aufbrechen wollen, der nächsten Station auf dieser dritten Predigtreise, doch Hildegards innere Stimme sagte ihr, daß sie Köln noch nicht verlassen dürfe.

»Begleite mich in die Stadt«, bat sie Hiltrudis, nachdem sie ihr das Nötigste über Jacoba und deren Verbindung zu den Katharern mitgeteilt hatte.

Ungeachtet ihres Alters stürmte Hildegard, von Unruhe getrieben, bis zum Domplatz; dort machte sie kurz halt, als wüßte sie nicht so recht weiter, um dann aber festen Schrittes rheinwärts zu streben. Ein sanfter milchiger Nebel lag über dem Fluß, wie häufig im Herbst, und während Hiltrudis die heimischen Weinberge auf der anderen Seite vermißte, deren Kuppen an solchen Tagen wie losgelöst von der Erde über der Dunstschicht schwebten, fand Hildegard die verschwommenen Konturen hier in der flachen Kölner Flußlandschaft besonders reizvoll. In der Höhe des Saphirturmes stießen sie plötzlich auf einen Pulk von Menschen. Alle strömten die Uferstraße entlang gen Süden zum Stadtteil Oversburg, und die beiden Nonnen schlossen sich ihnen an.

»Weißt du, was das bedeutet?« fragte Hiltrudis die Mater.

»Ich fürchte, ja.« Hildegard beschleunigte ihre Schritte, um so viele Menschen wie möglich zu überholen. »Auf dem Holzmarkt finden wieder Verbrennungen statt. Oder riechst du es etwa nicht?«

»O Gott, du hast recht!« Hiltrudis bekreuzigte sich, als sie den Rauch und das Feuer wenig später vor Augen hatten. Und dann ging alles so schnell, daß sie ihrer Gefühle kaum noch Herr wurde:

Am Ufer des Rheins, auf jenem Holzmarkt, hatte man mehrere Scheiterhaufen errichtet; einer war schon fast niedergebrannt, die Menschenkörper bis zur Unkenntlichkeit verkohlt. Auf einem zweiten, größeren, band der Henker soeben drei Verurteilte an Holzstühlen fest.

»Der mittlere ist Anselm!« stieß Hildegard hervor und schrie auch schon seinen Namen. Sie versuchte, sich nach vorn zu drängeln, so energisch sie eben konnte, zog damit aber nur den Zorn der Zuschauer auf sich, die keinen Augenblick dieses willkommenen Nervenkitzels versäumen wollten. Auch Hildegards mit lauter Stimme vorgetragene Forderung, auf der Stelle zum Scharfrichter vorgelassen zu werden, wurde nur mit Spott und Hohn beantwortet.

Vergebens bemühte Hiltrudis sich, sie zurückzuhalten: »Du kannst jetzt nichts mehr für ihn tun, Mater, es ist zu spät!«

»Sag du mir nicht, was ich tun kann!« Hildegard riß sich los und gebrauchte nun sogar ihre Ellenbogen, um sich den Weg zum Feuer zu bahnen. Doch Ordensfrau oder nicht, so viel Hartnäckigkeit ging den Schaulustigen zu weit, und Hildegard bekam von grober Hand einen Schlag in die Seite, der sie taumeln ließ.

»Wißt ihr denn nicht, wen ihr vor euch habt, gemeines Pack!« schimpfte nun Hiltrudis. »Es ist die Prophetissa aus Bingen, die euch gestern noch vor St. Maria die Leviten gelesen hat!«

»Und ich bin der Heilige Vater!« höhnte der Grobian.

Offensichtlich waren hier andere Menschen zusammengekommen als gestern vor dem Kapitol. Die *Seherin, die Kaisern und Päpsten gebieten konnte*, fand bei ihnen kein Gehör. Schützend legte Hiltrudis ihren Arm um die Mater und zog ihn auch nicht zurück, als ein erregtes Raunen durch die Menge ging, weil der Scharfrichter jetzt wieder seine Pechfackeln zur Hand nahm, um das Reisig in Brand zu stecken.

In der Ferne glaubte Hiltrudis eine Frauenstimme zu hören, die ein wohlbekanntes Lied sang, doch das konnte nur eine Sinnestäuschung sein. Wer sollte an einem solchen Ort des Grauens Hildegards *O virga ac diadema* kennen?

»Jacoba!« rief die Mater; also hatte der Gesang auch ihr Ohr erreicht. »Warte!«
Das Prasseln des Feuers wurde jetzt lauter, die Schreie der aufgepeitschten Menge – oder kamen sie aus dem Flammen? – immer schriller. Und Hildegard versuchte ein drittes Mal, sich nach vorn zu kämpfen.

Jacoba stand so dicht am lodernden Scheiterhaufen, wie die Hitze es eben zuließ, und niemand hinderte sie daran. Anselm hatte seinem Glauben nicht abgeschworen, natürlich nicht, und die sechs anderen waren ebenfalls fest geblieben. Wer abschwor, würde damit auch das *consolamentum* verleugnen und in der Stofflichkeit wiedergeboren werden, statt Befreiung zu erlangen. Kein Katharer wollte ein weiteres Leben in dieser Welt. Auch Jacoba nicht. Der freiwillige Tod war die höchste Tugend. Sie stand so still wie eine Statue, die barfüßige, weißgekleidete Statue eines Engels; mochten andere weinen und schreien, sie wartete und sang. Mater Hildegard konnte Gedanken lesen; das wußte die Tochter, und sie spürte ihre Anwesenheit in der Menge.

Brennen, ohne getötet zu werden, verglühen, ohne daß man ausgelöscht wird, hatte die Mater gestern gefordert, doch Jacobas Weg war ein anderer. Im selben Augenblick, in dem Anselms Kopf nach vorn auf die Brust sank, stieg sie singend zu ihm ins Feuer. Als Kind hatte sie einmal die Geschichte von den weißen Schwänen gehört, welche sangen, wenn sie starben. Hildegard könnte sie ihr erzählt haben. Bevor Jacoba das Bewußtsein verlor, sah sie noch die blauen Augen der Mater, die vorn in der Menge stand und beide Hände zum Segen erhoben hatte.

Erst Monate später, als sie wieder daheim auf dem Rupertsberg war, brachte Hildegard es über sich, jenen versiegelten Umschlag zu öffnen. Sie hatte einen Abschiedsbrief von Jacoba erwartet, fand aber ein Pergament mit einer Prophezeiung der Katharer aus dem Jahre 1148, welche besagte, daß in achthundertundfünfzig Jahren eine *Kirche der Liebe* ausgerufen werde, die folgende Eigenschaften und Merkmale besitzen wird:

Sie lebt nicht als feste Form, sondern nur im Einvernehmen der Menschen untereinander.
　Sie hat keine Mitglieder außer jenen, die sich ihr zugehörig fühlen.
　Sie hat keine Konkurrenz, denn sie wetteifert nicht.
　Sie hat keinen Ehrgeiz, denn sie wünscht nur zu dienen.
　Sie zieht keine Landesgrenzen, denn das entbehrt der Liebe.
　Sie kapselt sich nicht ab, denn sie sucht alle Gruppen und Religionen zu bereichern.
　Sie achtet alle großen Lehrer aller Zeiten, welche die Wahrheit der Liebe offenbarten.
　Wer ihr angehört, übt die Wahrheit der Liebe mit seinem ganzen Sein.
　Wer dazu gehört, weiß es.
　Sie trachtet nicht, andere zu belehren; sie trachtet nur, zu sein und durch ihr Sein zu geben.
　Sie lebt in der Erkenntnis, daß die ganze Erde ein lebendes Wesen ist und wir ein Teil von ihr sind.
　Sie weiß, daß die Zeit der letztlichen Umwandlung gekommen ist: fort von der Ichhaftigkeit aus freiem Willen, zurück in die Einheit.
　Sie macht sich nicht mit lauter Stimme bekannt, sondern wirkt in den feinen Bereichen des Seins.
　Sie verneigt sich vor allen, die den Weg der Liebe aufleuchten ließen und dafür ihr Leben gaben.
　Sie läßt in ihren Reihen keine Rangfolge zu und keinen starren Aufbau, denn der eine ist nicht größer als der andere.
　Sie verspricht keinen Lohn, weder in diesem noch in jenem Leben, nur die Freude des Seins in Liebe.
　Ihre Mitglieder erkennen einander an der Art zu handeln, an der Art zu sein und an den Augen und an keiner äußeren Geste als der geschwisterlichen Umarmung.

Sie kennen weder Furcht noch Scham, und ihr Zeugnis wird immer gültig sein, in guten wie in schlechten Zeiten.

Die Kirche der Liebe hat kein Geheimnis, kein Mysterium und keine Einweihung außer dem tiefen Wissen um die Macht der Liebe und darum, daß die Welt sich ändern wird, wenn wir Menschen dies wollen; aber nur, indem zuerst wir selbst uns ändern.

Alle, die sich dazugehörig fühlen, gehören dazu. Sie gehören zur Kirche der Liebe.

22

Von des Kaisers Bart, dem Gegenpapst und dem Antichristen

Nach neun Jahren sollten sie einander noch einmal begegnen, die *Prophetissa Teutonica* und ihr edler Ritter aus Ingelheim. Friedrich war gerade von seinem zweiten Italienfeldzug zurückgekehrt und hatte die Stadt Mailand nach langer Belagerung völlig zerstören lassen; Hildegard war eben erst von den Strapazen ihrer dritten Predigtreise genesen, hatte gegen die Katharer gewettert und das Leben ihrer verlorenen Tochter auf dem Scheiterhaufen der Irrtümer verlöschen sehen. Mit ungleichen Waffen kämpften sie, ungleiche Freunde – waren sie es noch?

Hildegard suchte im Gesicht des *Kaisers von Gottes Gnaden* nach Spuren seiner Selbstherrlichkeit, las Machthunger in den Augen und Menschenverachtung in den Mundwinkeln. Der Schmelz der Jugend war dahin, nachgedunkelt das erdbeerblonde Haar. Würden Worte ihn überhaupt noch erreichen? Sie brauchte ihren einstigen Gönner mehr denn je; um eine Schutzurkunde für den Rupertsberg zu erbitten, war sie seiner Einladung zum Hoftag nach Mainz gefolgt. Mahnen durfte sie ihn, warnen auch, nicht aber zurechtweisen, wie er es vielleicht verdient hätte, noch nicht. Über seinen Gegenpapst sprachen sie daher nicht, wohl aber über Friedrichs Wunsch, Gott möge ihm und seiner kindlichen Gemahlin Beatrix von Burgund nach achtjähriger Ehe einen Erben schenken.

»Ich werde inständig dafür beten«, versprach die Prophetissa. »Gewiß wird dir ein wohlgefälliger Thronfolger nicht versagt bleiben.«

Sie fühlte sich nicht besonders stark an jenem Tag, spürte neue Visionen und Krankheiten nahen; die Konversation fiel ihr schwer, sogar das Zuhören. Hatte Friedrich damals schon eine so markige, befehlsgewohnte Stimme gehabt? War sie damals nicht weich wie Samt gewesen, oder hatte er in Ingelheim ihretwegen Kreide gefressen wie der böse Wolf im Kindermärchen?

Er sprach jetzt voller Stolz von den Gebeinen der Heiligen Drei Könige, welche zu den Mailänder Beuteschätzen gehörten. Er habe die Absicht, sie von seinem Kanzler, dem Erzbischof Rainald von Dassel, als Dank für treue Dienste in dessen Heimatstadt Köln überführen zu lassen.

»Sind sie denn echt, diese Reliquien? Hast du sie mit eigenen Augen gesehen?« erkundigte sich Hildegard mehr aus Höflichkeit als Interesse.

»Den Schrein habe ich gesehen und die Hülle, die ihn umgibt. Sie stammt aus dem islamischen Palmyra. Unsere Gelehrten gehen davon aus, daß die Gebeine, besser gesagt die Häupter der Könige, Anfang des sechsten Jahrhunderts nach Mailand gelangten.«

»Ah, ja.« Hildegard wunderte sich selbst über ihre Teilnahmslosigkeit, denn wenn Friedrich Wort hielt, würden die Kölner bald eine der größten Kostbarkeiten des christlichen Abendlandes besitzen.

Sie starrte auf des Kaisers Bart – war er immer schon so rot gewesen? – und brachte ohne Umschweife ihren Wunsch nach einem Schutzbrief vor, der ihr sogleich gewährt wurde. Die Prophetissa hatte ihre Arme nach alter Gewohnheit in die Ärmel ihrer Kutte geschoben, und Barbarossas Hände mußten sich mit ihren Ellenbogen begnügen, als er seinem

Versprechen Nachdruck verleihen wollte, jeden Angriff auf den Rupertsberg mit kaiserlichen Truppen zu ahnden.

Schon am Tag darauf, dem 18. April 1163, ließ er das entsprechende Dokument aufsetzen und durch die anwesenden Erzbischöfe von Bamberg und Salzburg sowie die Bischöfe aus Utrecht und Lüttich und vier weiteren Städten bezeugen. Mit den hochachtungsvollen Worten: *Nos interventu et petione dominae Hildegardis venerabilis abbatissae* begann die Urkunde, in welcher der *verehrten Äbtissin Hildegard* außer kaiserlichem Schutz auch noch einmal ausdrücklich die vor fünf Jahren dem Disibodenberg abgerungenen Besitztümer und Rechte bestätigt wurden.

»Niemals werden meine Soldaten den Rupertsberg behelligen«, gelobte Barbarossa seiner »Sybille vom Rhein« beim Abschied. Und er hielt Wort.

Als zwei Jahre später kaiserliche Truppen im Kloster Johannesberg wüteten und die papsttreuen Städte Mainz und Bingen brandschatzten, so daß der Himmel bis tief in die Nacht blutrot gefärbt war und der Feuerschein auch auf dem Rupertsberg zu sehen war, blieb Hildegards Abtei verschont. Eine Insel im Meer der Flammen. Es schrien die Sterne, der Mond war errötet, und die Sonne schämte sich aufzugehen. Die Praeposita legte das Gesicht in die Hände und verharrte so in ihrem Betstuhl bis zum Morgengrauen.

Wie konnte er es wagen, der *Kaiser von Gottes Gnaden*? Hatte er nicht schon genug Unheil angerichtet? Immer länger wurde sein Sündenregister. Vor Monaten erst war er zornig aus Italien zurückgekehrt, wo er sich ein ganzes Jahr lang vergeblich bemüht hatte, einen Vorstoß gegen Rom zu unternehmen. Das machtbewußte Venedig aber konnte diesen Plan vereiteln, indem es sich mit anderen oberitalienischen Städten gegen den deutschen Kaiser verbündete. In der Zwischenzeit war Gegenpapst Viktor IV. gestorben, und alle Welt hoffte, daß Barbarossa sich nun endlich mit Alexander III. versöhnte. Statt dessen bestätigte der Kaiser 1164 einen zweiten Gegenpapst, den sein Kanzler Rainald von Dassel zuvor nach eigenem Gutdünken aufgestellt hatte. Allein, nicht seinem Kanzler galt der Zorn des Kaisers, sondern den papsttreuen Erzbischöfen. In Mainz ließ er Konrad von Wittelsbach von seinem Sitz vertreiben und über Salzburg die Acht erklären, nachdem der einstige Vermittler zwischen Papst und Kaiser, Erzbischof Eberhard, gestorben war. Aus dem Ritter, der in weibischer Zeit für hehre Ideale kämpfen sollte, war ein Tyrann geworden, der die Schwäche der Bischöfe dazu benutzte, um seines Machthungers willen eine Kirchenspaltung herbeizuführen.

»O König, es ist dringend geboten, daß Du in Deinen Handlungen vorsichtig bist«, hatte Hildegard ihn damals in einem ihrer Briefe gemahnt. »Gib acht, daß der höchste König Dich nicht zu Boden streckt wegen der Blindheit Deiner Augen, die nicht sehen, wie Du das Zepter zum rechten Herrschen in Deiner Hand halten mußt.«

Eine Antwort auf dieses Schreiben erhielt Hildegard nicht mehr, und auch die Geburt des Thronerben Friedrich im Sommer 1164 und des zweiten Sohnes im Herbst 65 erschienen dem Kaiser nicht mehr mitteilenswert. Die persönliche Freundschaft zwischen ihm und der Prophetissa hatte seine Politik nicht überdauern können, sein Schutz aber blieb ihr erhalten.

Wenige Wochen nach Barbarossas Racheakt an den romtreuen Rheingauern ritt Hildegard in Richtung Sankt Goarshausen, um die Meisterin des Nonnenkonvents zu besuchen, Elisabeth von Schönau, die schwer erkrankt war. Durch ihren Bruder Egbert, einen Studienfreund Rainald von Dassels, hatte sie sich hinreißen lassen, den Kaiserpapst anzuerkennen, selbst in ihren Visionen, und so war auch ihr Kloster von den Brandschatzern und Plünderern verschont geblieben.

Obwohl die beiden Freundinnen einander niemals aus den Augen verloren hatten, war das vor Jahren von ihnen geplante Rupertsberger Symposium zur *Weiblichkeit Gottes* niemals zustande gekommen. Wenn Elisabeth sich nicht gerade extremen Bußübungen unterwarf, um auf diese Weise die Mißstände in der Kirche überwinden zu helfen, wie sie meinte, arbeitete sie zusammen mit ihrem Bruder unermüdlich an ihren Visionsschriften. In der Zwischenzeit litt sie unter Lähmungen, Depressionen, Magersucht, Wahnvorstellungen und Selbstmordgedanken, die sie mit Hildegards Hilfe allmählich überwand. Gemeinsam suchten sie einen Weg, die in der Vision empfangenen Anweisungen mit ihrer Rolle als Prophetinnen zu vereinbaren.

»Menschen sind darüber empört, daß Gott sich in diesen Tagen herabläßt, Seine große Gnade im schwachen Geschlecht zu verherrlichen«, hatte Elisabeth in ihrem *Liber visionum* geschrieben. »Aber warum kommt es ihnen nicht in den Sinn, daß etwas Ähnliches in den Tagen unserer Väter geschah, als die Männer ihrer Trägheit frönten, die Frauen aber mit dem Heiligen Geist erfüllt wurden, so daß sie zu Kämpferinnen, Regentinnen und Prophetinnen wurden, welche ruhmreiche Siege über die Feinde Israels erringen konnten? – Ich spreche von Frauen wie Hulda, Debora, Judith, Jael und ihresgleichen.«

»Deine maßlose Askese ist eine Sucht, die du mit Fanatikern wie den Katharern teilst«, warf Hildegard ihr vor, als sie am Krankenlager der Freundin saß und ihre Handgelenke streichelte, die so dünn waren wie die beiden Kerzen auf dem Schönauer St.-Ursula-Altar. »Du kannst deine Seele nicht vom Leib emanzipieren. Alle Süchtigen versuchen das und scheitern letztlich daran.«

Elisabeths schmale Lippen – von zu langem Schweigen verzehrt, dachte Hildegard – verzogen sich ein wenig. »Du solltest mich nicht mit den Katharern vergleichen«, widersprach sie matt. »Egbert hat bereits dreizehn Reden gegen sie veröffentlicht, und mir wurde in einem Gesicht gezeigt, daß sie wie giftige Schlangen in die Kirche eingedrungen sind und danach trachten, sie zu zerfleischen.«

Wäre Elisabeth bei Kräften gewesen, hätte Hildegard gern mit ihr über Jacobas Freitod und die für die Wende zum dritten Jahrtausend prophezeite *Kirche der Liebe* gesprochen; so aber schien es ihr wichtiger, auf die krank machenden Seelenqualen der Freundin einzugehen: »Wehre dich nicht, wenn du Schreckliches siehst oder träumst, Liebste. Selbst die Heiligen müssen sich mit dem Bösen auseinandersetzen und es irgendwie einfügen.«

»Einfügen? In was?«

»In ihr Bewußtsein, Elisabeth. Denn wenn sie die Schattenwelt abspalten, werden sie krank.«

»Krank werden wir vor Sehnsucht nach Erlösung, du nicht weniger als ich, gib es nur ruhig zu. Und ich leugne die Existenz des Schattens ja gar nicht. Nur macht es mir mehr Freude, in die Sonne zu sehen.«

»Mir auch«, gestand Hildegard.

Elisabeth schloß die Augen und schien ausruhen zu wollen, sagte aber nach wenigen Atemzügen mit auffallend rauher Stimme:

»Die Darstellung vom *Ende der Zeiten*, die ich vor Wochen bei euch im Skriptorium sah, hat mich nächtelang um den Schlaf gebracht. Kannst du dir das vorstellen?«

»Ich kann mir alles vorstellen. Meinst du die Darstellung vom Antichristen, der die Ekklesia angreift?«

»Ja, genau die.« Elisabeth schauderte jetzt noch bei dem Gedanken an die drei Szenen auf dieser Miniatur in ihren matten Gelb-, Rot- und Brauntönen. »In das Feld oben links hatte deine Illustratorin die fünf apokalyptischen Bestien gesetzt, welche die fünf zukünftigen Zeitalter versinnbildlichen sollten, wie du sagtest. Es waren ...«

»Der feurige Hund, der rotgelbe Löwe, das fahle Pferd, das schwarze Schwein und der graue Wolf«, ergänzte Hildegard und beschrieb selbst die übrigen Motive, damit der Kranken die Qual der Wortsuche erspart blieb: »Rechts oben thronte Christus als Eckstein des himmlischen Jerusalem, denn genauso zeigte er sich mir in der Vision. Aus der Mitte seines Leibes sah ich die *Morgenröte der Gerechtigkeit* entspringen. Die ganze untere Hälfte des Blattes aber nahm der Antichrist ein, von Klara als monströser Kopffüßler dargestellt, der die blutende Ekklesia angreift.«

»Sie hatte von ihrem Nabel bis an die Stelle, an der man die Frau erkennt, verfärbte und schuppige Flecken«, zitierte nun Elisabeth mit weit geöffneten Augen aus dem *Scivias*. »An derselben Stelle des weiblichen Erkennungsmales erschien ein unförmiges schwarzes Haupt mit glühenden Augen, eselsgleichen Ohren und dem Maul eines Löwen ... Der Illustratorin aber hast du erlaubt, das Eselsohr des Antichristen in Form eines aufgerichteten Phallus darzustellen ...«

»... um die Vergewaltigung Ekklesias durch den Widersacher der Keuschheit zu zeigen, ja. Nimmst du Anstoß daran?«

»Ich weiß nicht; jedenfalls verfolgen diese Bilder mich, vor allem, wenn ich Fieber habe.«

Voller Mitgefühl sah ihre mütterliche Freundin sie an: Trübe waren Elisabeths sonst so klaren Augen, dicht wie eine Wolke, dahinter der blaue Himmel nicht mehr zu erkennen war.

»All diese Motive sind doch nur Symbole für die Perversionen in unserer irdischen Welt und stehen im Gegensatz zur wahren Vereinigung zwischen Braut und himmlischem Bräutigam, Elisabeth, das weißt du doch. Aber es ist gut, daß du durch die Bilder hindurchgegangen bist, dann können sie dich während des Ablösungsprozesses deiner Seele vom Körper nicht mehr in Verwirrung stürzen.«

Die Kranke drehte sich zur Wand. »Danke, Mater. Das wollte ich von dir hören«, flüsterte sie.

Hildegard mußte sich erheben, um ihren Schmerz zu verbergen. Sie kannte die Anzeichen des Todes nur allzu gut: Das aufgedunsene Gesicht und die eingefallenen bläulichen Schläfen, die verdunkelte Stimme, die umwölkten Augen, in denen die Seelenkraft, die *Viriditas*, nicht mehr zu finden war. So wenige Werke hatte die Seele noch im Körper zu vollbringen, daß sie sich wie ein Mensch verhielt, der überlegte, wann er aus seiner Wohnung fortgehen und sein Haus verlassen sollte. Erst sechsunddreißig Jahre zählte Elisabeth, und älter würde sie nicht werden.

Jutta, Richardis, Jacoba, Clemma ... sie alle waren der Mater schon vorausgegangen, während ihr eigenes Testament an die Töchter zwischen Manuskripten und Schriftwechseln vergilbte.

»Ich ermahne euch, o Töchter Gottes, daß ihr einander liebt, damit ihr den Engeln gleich hell strahlendes Licht seid in der Welt und starke Streiterinnen, so wie euer Vater Benediktus es lehrte«, hatte sie in der harten Gründerzeit auf dem Rupertsberg niedergeschrieben. »Der Heilige Geist schenke euch Seine Gnade, denn nach meinem Tode werdet ihr meine Stimme nicht mehr hören, welche so oft in Liebe unter euch ertönte ...«

Stöhnend versuchte Elisabeth, sich auf den Rücken zu drehen, um der Mater Lebewohl zu sagen und sie zuvor ein letztes Mal nach ihren Plänen zu fragen: »Was wirst du als nächstes tun? Auf Reisen gehen, eine Visionsschrift verfassen?«

Und Hildegard erzählte ihr von dem zerstörten Augustinerkloster auf der anderen Rheinseite, das sie vor wenigen Tagen erworben hatte. In der Kirche ruhten die Reliquien des heiligen Giselbert, was die kaiserlichen Truppen aber nicht davon abgehalten hätte, auch dieses Kloster in Brand zu setzen. Sie wolle es nun so bald wie möglich wiederaufbauen lassen, um dreißig Schwestern aus nichtadeligen Familien aufnehmen zu können. Bisher habe es immer an Raum für diese Bräute Christi gefehlt.

»Wirst du dann auch dort wohnen?«

»Nein, Elisabeth. Ich gehöre auf den Rupertsberg. Aber ich werde mich zweimal in der Woche mit einem Nachen über den Rhein rudern lassen, um meine Töchter am anderen Ufer zu besuchen.«

»Ich bin auch eine Tochter vom anderen Ufer, nicht wahr?« bemerkte Elisabeth, und ihr Atem ging schwer. »Wann soll das neue Kloster denn fertig sein?«

»In einem Jahr, so Gott will.«

»Schade ... Wir werden uns niemals dort treffen können ...«

Hildegard drückte ihr einen letzten Kuß auf die schweißnasse Stirn. »Wenn nicht dort, dann an einem schöneren Ort.«

3. Teil

Eibingen
(1165–1179)

Der Mensch sollte Gott sein in der Welt.
(Hildegard von Bingen)

23
Lingua ignota und Exorzismus

Viel zu selten habe ich ihm gesagt, wie lieb er mir ist, dachte Hildegard, als sie Propst Volmar endlich einmal wieder beim Schreiben zusah. Den Pergamentkodex auf seinem Schreibpult mit dem Lineal festhaltend, sann er mit verträumtem Gesichtsausdruck ihren Worten nach.

»Muzimia – die Muskatnuß, Aieganz – der Engel, Korzinthio – die Prophetin«, genüßlich wiederholte er die Vokabeln der *lingua ignota*, die Hildegard aus reiner Freude am Wortspiel erfand. »Viriscal – der Bart ist dein eintausendundachtes Wort, Zauberin.«

»Ja, mein Symmista.«

Immer noch hielt ihr Blick ihn liebevoll umfangen. Die Kapuze war ihm in den Nacken gerutscht und enthüllte einen silbernen Haarkranz auf dem fast kahlen Kopf und die großen, wie angeklebt aussehenden Ohren. Was hatten sie in den Jahrzehnten nicht alles fassen müssen! Hildegards Entzücken, Hildegards Klagen, so viel Schönheit, soviel Schmerz ... Nur einen gab es, der immer zuhörte: Volmar, das Ohr. Die geistige Zuneigung, die sich den körperlichen Ausdruck versagte, erfand ihre eigenen Spielarten der Liebe: einander an den Lippen hängen und in den Augen liegen, auf der Haut spüren, was der andere dachte, beim gemeinsamen Tun mit seiner Aura verschmelzen. Eine Berührung der Hände als Geste der Verbundenheit war selten und kostbar genug.

An einen einzigen Kuß erinnerte sich Hildegard. Ja, sie hatte Propst Volmar vor Freude auf den Mund geküßt, als Abt Kuno ihn nach langem Hin und Her hatte gehen lassen müssen; später auf dem Rupertsberg, im Angesicht der

Töchter, tat sie das nicht mehr, es wäre ihr unpassend erschienen. Dabei hatte sie wohl mit keinem Menschen so viel Zeit verbracht wie mit dem Symmista, und ganz besonders liebte sie das Zungenreden mit ihm.

»Ich habe ein Lied in der lingua ignota geschrieben«, verriet sie ihm jetzt. »Höre:

>*O orchis Ecclesia*
>*armis divinis praecincta*
>*et hyazintho ornata*
>*tu es caldemia*
>*stigmatum loifolum*
>*et urbs scientarum*
>*O tu es etiam crizanta*
>*in alto sono et es chorzta.*«

Volmar strich sich schmunzelnd über den Bart, durchkämmte ihn mit zwei Fingern. »Dein Sprachgemisch ist nicht gerade leicht zu verstehen, Mater. Ich weiß, daß *orchis* auf lateinisch soviel wie *immensa* bedeutet, und *caldemia* heißt *aroma*, *loifolum* bedeutet *populorum* und *chorzta* heißt soviel wie *gemma* ... aber die anderen Vokabeln?«

»Wir müssen es nicht übersetzen, Volmar, auch der *Mann mit der Feile* nicht. Ich möchte die Worte vertonen, so, wie sie sind, damit sich die Wirkung meiner *unbekannten Sprache* durch eine unerhörte Melodie noch steigern läßt.«

»*Sie werden in einer neuen Sprache reden*, hieß es bereits beim biblischen Pfingstwunder«, bemerkte der Symmista.

»Ja. Und das erinnert mich daran, daß es draußen endlich Sommer wird.« Hildegard klappte die Tafel zusammen und erhob sich. »Schluß für heute! Ich möchte barfuß durchs Gras laufen, mit den Fußsohlen Grün einatmen.«

Doch Volmar war mit seinen Gedanken noch bei den Sprachklängen. »Mein Lieblingswort«, gestand er, »ist *livionz.*«

»Der Heiland, ich weiß. Es ist Sonntagmorgen, mein

frommer Volmar. Und wir sollten jetzt hinausgehen und mit bloßen Füßen in blühenden Wiesen versinken«, wiederholte Hildegard.

»Warte! Vorher mußt du mir noch einen Brief an den Kaiser diktieren. Schau nicht so entgeistert, du weißt ja, Paschalis ist vor kurzem gestorben, und dein Rotbart hatte nichts Eiligeres zu tun, als den dritten Gegenpapst aufzustellen: Calixt III.«

Hildegard faßte sich an den Kopf, stöhnte. »Mein Rotbart, wie du ihn so gerne nennst, wird allmählich zum Alptraum. Kein Tag mehr, an dem man mir nicht Schändliches über ihn zuträgt, angefangen mit der Heiligsprechung Karls des Großen, die er in der Aachener Pfalzkapelle selbst vollzog, anstatt sie dem Papst zu überlassen ...«

»Das war nur folgerichtig, Hildegard, und taktisch geschickt. Da Friedrich Barbarossa darauf besteht, sein Amt unmittelbar von Gott bekommen zu haben, braucht er auch keinen Vermittler. Der Gegenpapst durfte der Heiligsprechung des ersten abendländischen Kaisers *durch* den Kaiser lediglich seine Zustimmung geben. Friedrichs Werkzeug durfte er sein, mehr nicht.«

»Noch schlimmer scheint mir, was im Jahr darauf geschah, als er Papst Alexander aus Rom vertrieb ...«

»Ja, ich weiß. Er und sein famoser Kanzler! Es war wieder Rainald von Dassel, der die deutschen Truppen mit dem schamlosen Schlachtruf: Sankt Peter, hilf! auf das römische Heer gehetzt haben soll, worauf der Papst sich auf ein Boot rettete und den Tiber abwärts floh.«

»Das alles ist ungeheuerlich!« empörte sich Hildegard. Sie sollte Barbarossa wirklich einen geharnischten Brief schreiben. »Wir leben im Zeitalter des *feurigen Hundes*, Volmar«, fügte sie hinzu, »wie unter gierigen Wölfen müssen die Menschen jetzt unter einander leiden.«

»Die Ritter Friedrichs haben ihre Strafe bereits bekommen.«

»Du meinst die Malaria?«

»Du weißt es schon? Das halbe Heer wurde dahingerafft. Auch Rainald von Dassel ist unter den Opfern.«

»Ja, ich weiß. Spätere Generationen werden seinen Namen allerdings nur mit der Überführung des Königsschreins nach Köln in Verbindung bringen.« Hildegards Stimme bebte vor Zorn. »Du hast gewonnen, Volmar. Wir schreiben einen Brief an Friedrich Barbarossa und verzichten auf jede Anrede oder gar Höflichkeitsfloskel, damit er gleich weiß, was die Stunde geschlagen hat.« Sie holte tief Luft und sagte dann: »*Der da IST, spricht: Die Widerspenstigkeit zerstöre Ich, und den Widerstand derer, die Mir trotzen, zermalme Ich durch Mich selbst. Wehe diesem bösen Tun der Frevler, die Mich verachten! Das höre, König, wenn du leben willst! Sonst wird Mein Schwert dich durchbohren!*«

Sie verstummte und legte den Kopf auf die Seite, richtete ihren Blick nach oben, als wartete sie auf eine Eingebung.

»Ist das schon alles?« fragte Volmar, um sie in dem Fall lieber allein zu lassen. Er wußte, daß Hildegard nach einer großen Vision vor fünf Jahren wieder regelmäßig Eingaben über das *Wirken Gottes* empfing, wovon sie bisher nur den Prolog in eine endgültige Fassung gebracht hatten, dies aber so gründlich, daß der Symmista ihn auswendig hätte hersagen können: »Es war im Jahre 1163 der Menschwerdung des Herrn unter Friedrich dem Kaiser, als die Unterdrückung des römischen Stuhls noch anhielt. Da erscholl eine Stimme vom Himmel und sprach zu mir:

Armes Wesen, du Tochter vieler Leiden, ausgezehrt bist du von den häufigen und schweren Krankheiten deines Körpers, und trotzdem hat dich die Tiefe der Geheimnisse Gottes durchströmt. Die Menschen sollen dadurch ihren Schöpfer erkennen lernen und sich nicht länger weigern, ihn in Ehrfurcht anzubeten. Deshalb zeichne auf, was du mit deinem inneren Auge schaust und mit dem Ohr deiner Seele vernimmst, aber nicht wie dein Herz es möchte, sondern wie Mein Zeugnis es will, der Ich ohne Anfang und Ende des Lebens bin. Diese Schau ist nicht von dir erfunden, sondern von Mir vor Beginn der Welt festgesetzt ...«

»Ja, das ist alles!« sprach die Prophetissa in Volmars Gedanken. »Manche Gesichte sind schwer zu ertragen, und was das Leben Kaiser Friedrichs betrifft, so wird es ein tragisches Ende nehmen. Ich sah ihn nämlich während eines dritten Kreuzzuges irgendwo im Morgenland beim Baden ertrinken. – Dies aber, mein Symmista, werden wir beide nicht mehr erleben.«

»Erzähl mir mehr aus dieser Schau!« bat Volmar, von dem heftigen Wunsch geplagt, soviel wie möglich über die zukünftige Weltgeschichte zu erfahren, deren Zeuge er nicht mehr sein sollte.

Doch den Gefallen tat Hildegard ihm nicht. »Nein, nein, keine Wahrsagerei, Lieber! Verzeih, daß ich dich unbedacht in Aufregung versetzte. Du weißt, ich maße mir nicht an, die Zukunft der Menschen zu erfragen, weil es zum Heil der Seele nun einmal besser ist, sie nicht zu kennen. – Und jetzt, mein Freund, halte ich es hier drinnen nicht länger aus. Ich kann es kaum noch erwarten, mich von der sonnendurchwärmten Luft umarmen zu lassen.«

»Geh nur voraus, ich ordne rasch noch meine Notizen und folge dir dann.«

Volmar mochte Hildegard nicht länger aufhalten, wußte er doch, wie gut ihr dieser Wiesenspaziergang tun würde. Die Wucht der neuen Visionen hatte die Mater so sehr getroffen, daß sie seit einem Jahr wieder mehr krank war als gesund. »Damit ich mich nicht in Geistesaufgeblasenheit erhebe, wirft Gott mich immer wieder auf mein Lager nieder«, sagte sie selbst dazu und freute sich über jede Atempause zwischen den Schmerzen, über jede Stunde, die sie auf den Beinen sein konnte.

An diesem leuchtenden Sommersonnenmittag ließ sie sich sogar wieder einmal nach Eibingen übersetzen. Sie liebte es, unter der Obhut des Fährmannes in dem sanft schaukelnden Nachen zu sitzen, den warmen Wind zu schmecken und hinunter in das Wasser zu schauen, das die Farbe des Himmels angenommen hatte, oder hinauf in die hauchzarten Federwolken, welche der Sonne in ihrer blonden Strahlenpracht den Hof machten.

Hildegard hatte ihren Fuß noch nicht an Land gesetzt, als sich ihr eine Frau näherte, die einen blinden Knaben im Arm trug und unter Tränen darum bat, die Mater möge ihm ihre heilenden Hände auflegen. Diese nickte kurz, schöpfte mit der linken Hand Wasser aus dem Fluß und segnete es mit der rechten. Dann sprengte sie es dem Kind, das erst durch die Hand eines Frevlers blind geworden war, über die gemordeten Augen. Nachdem sie ihr Heilgebet gesprochen hatte, hob der Knabe den Kopf, um zum erstenmal seit langer Zeit wieder ins Gesicht seiner Mutter zu blicken. Hildegard freute sich mit den beiden, wies die Dankesworte aber zurück. Sie sei nur ein Werkzeug und habe nichts besonderes vollbracht. Von einem Wunder wollte sie nichts hören, die Menschen dafür um so mehr.

Obwohl Hildegards Kommen unangekündigt war und sie den Sonntag fast immer auf dem Rupertsberg verbrachte, hatten sich auf geheimnisvolle Weise auch andere Kranke am Bootssteg versammelt, die jetzt vor ihr auf die Knie fielen, sofern ihre Gebrechen das erlaubten. Die Mater segnete sie alle, bevor sie das bereitgestellte Pferd bestieg und die knappe Meile hinauf zum Tochterkloster ritt. Gewiß würde sich die Heilung des blinden Kindes in Windeseile herumsprechen. Hildegard mußte damit rechnen, daß auf dem Heimweg noch mehr Kranke um Hilfe baten.

Zunächst aber freute sie sich auf die Töchter in Eibingen. Schon von weitem sah sie die schlanke Gestalt einer Schwester, die damit beschäftigt war, die Rosensträucher im Dreieck zwischen Hauptgebäude und Kirchenapsis zu gießen. Das konnte nur Hazzecha sein, jenes kleine Mädchen aus Bingen, das Hildegard seinerzeit auf ihrer Reise nach Ingelheim von seiner Stummheit befreit hatte.

»Wir werden uns wiedersehen«, hatte Hildegard dem

Mädchen vor dreizehn Jahren prophezeit, und so geschah es. Seit ihrem ersten Tag in der Gemeinschaft der Benediktinerinnen, der Hazzecha sich gegen den Willen ihrer Familie angeschlossen hatte, scheute sie keine Mühe, weder im religiösen noch im weltlichen Tun, so daß sie auf Hildegards Wunsch bald zur Klostervorsteherin ernannt wurde. Ihre größte Tugend war und blieb die Schweigsamkeit – Hazzecha wählte die Worte so sorgsam, als hätte sie Angst, ein zweites Mal die Sprache zu verlieren; allein zu ihren Pflanzen, die sie hingebungsvoll pflegte, redete sie gern und viel.

»Wie prachtvoll deine Rosen sind!« rief Hildegard ihr entgegen. »Überreich an Blüten! Und sieh nur, die Knospen wollen schier platzen vor Lust.«

Liebevoll half Hazzecha ihr vom Pferd. Sie hatte nur den einen Wunsch, es der Mater recht zu machen, und war glücklich über jedes Lob aus deren Mund.

»Ich habe gespürt, daß du heute kommst«, meinte sie. »Propst Volmar hat uns berichtet, wie krank du in den letzten Monaten warst; wir haben Tag und Nacht für deine Genesung gebetet. – Was hat dir denn gefehlt?«

Gerührt von so viel aufrichtigem Mitgefühl, beantwortete Hildegard ihr diese Frage ausführlicher, als sie es sonst zu tun pflegte. Hazzechas Wissensdurst war schier unstillbar, vor allem, wenn es um die Heil- und Pflanzenkunde ging; sie würde von einer genauen Beschreibung der Krankheitssymptome gewiß Nutzen ziehen.

Also erzählte Hildegard »vom heftigen Wehen des Südwindes«, der ihr in einer Gewitternacht jenes Leiden bescherte, und von den Schmerzen des Körpers, die so quälend waren, daß sie nach einem halben Jahr mit dem Tode rang und sich fühlte, als ob ihre Seele aus diesem Leben scheiden müßte. »Dann aber«, sagte sie, »verband sich ein anderer, wäßriger Wind mit dieser Hitze; dadurch wurde mein Fleisch wieder ein wenig erfrischt, so daß es nicht völlig vom Brand verzehrt wurde. Viele Monate fand ich mich auf diese Weise heimgesucht und wußte doch gleichzeitig durch eine

Schau, daß mein Leben noch nicht beendet sein würde. Es wird sich wohl noch eine Weile dahinziehen, dieses lange, allzu zähe Leben.«

»Gottlob!« sagte Hazzecha und drückte dankbar Hildegards Hand.

Während des Gesprächs waren sie langsam über den Innenhof zum Kapitelsaal hinübergeschlendert, in dem sich nach und nach auch die übrigen Schwestern einfanden, um die Mater nach ihrer langen Abwesenheit stürmisch zu begrüßen. Bei einem Umtrunk mit Quellwasser und gelöschtem Wein ließ Hildegard sich vom Abschluß der Reparaturarbeiten an den Dächern der Klosteranlage berichten und von allem, was die Nonnen in den letzten Monaten bewegt hatte. Auch in Eibingen gab es eine Wäscherei und Spinnerei, eine Näh- und Backstube und sogar eine Bienenzucht nebst Kerzengießerei. Im Gegensatz zu manch anderem Kloster wäre es den dreißig jungen Nonnen hier niemals in den Sinn gekommen, einen Unterschied zwischen der körperlichen Arbeit und den kontemplativen Aufgaben zu machen. Sie betrachteten das Schafescheren oder das Keltern des Weines ebenso als Gottesdienst wie das Feiern der Liturgie. Mit ihrer Opferbereitschaft und Tatkraft wären sie wohl die besseren Pionierinnen auf dem Rupertsberg gewesen, ging es Hildegard durch den Kopf. Alles ging diesen Töchtern aus einfachen Verhältnissen leicht von der Hand. Das Federvieh im Küchenhof gedieh bei ihnen ebenso prächtig wie die Heilpflanzen im Kräutergarten, und gewiß würde keine der Schwestern jemals den würzigen Kerbel mit dem todbringenden Schierling verwechseln, so wie es jüngst auf dem Rupertsberg geschehen war.

Mir scheint, ich sollte mich vom Standesdünkel der Bermersheimer verabschieden, dachte die Praeposita, als sie in die fröhlichen Gesichter der Eibingerinnen sah, und ebenso von der Meinung, daß bürgerliche und adelige Mädchen sorgfältig voneinander getrennt leben müssen. Die

Binsenweisheit, nach der man Ochs und Esel nicht in einen Stall sperren sollte, war am Ende so weise gar nicht.

Selbst der Gesang zur Non, an der Hildegard zur Freude aller teilnahm, hatte in Eibingen etwas Handfestes; rein und ungezwungen entfalteten sich die Stimmen, so, wie es dem Wesen der Sängerinnen entsprach. Keine versuchte die andere zu übertreffen, keine hielt sich aus falscher Scham zurück, und ebendies sorgte für einen selten kraftvollen, harmonischen Klang.

Beglückt kehrte Hildegard zur blauen Stunde, bevor die Dunkelheit sich wie ein Vorhang über den Fluß senkte, zum Rupertsberg zurück. Auf dem Tochterkloster schien ein besonderer Segen zu ruhen; in den drei Jahren seit seinem Bestehen hatte es nicht einen einzigen ernsthaften Konflikt gegeben, und so, wünschte sie, sollte es auch bleiben.

Mehr als erschöpft war der Symmista, steif gefroren und sattelwund. Dennoch eilte er gleich nach seiner Rückkehr aus Brauweiler an Hildegards Krankenlager, um ihr vom Exorzismus an jener Sigewiza zu berichten, deren Leiden die Mater seiner Meinung nach auf sich genommen hatte, selbst wenn sie das niemals zugeben würde.

Wie gut, daß es Volmars Chronik gab! Wer zwischen den Zeilen zu lesen verstand, würde die Zusammenhänge unschwer erkennen:

»In einer Offenbarung wurde unserer Prophetissa durch ihre himmlischen Boten mitgeteilt, daß in Köln eine junge und schöne Adelige lebte, die vom Teufel besessen sei«, hatte er dort bereits im Frühjahr 1168 notiert. »Kurz darauf sah Hildegard in der Schau, wie Satan diese Frau ganz und gar mit seinem schwarzen Schatten und Rauch verdunkelte, denn *der böse Geist*, so lautete die Antwort auf ihre Frage, *fährt niemals in seiner wahren Gestalt in einen Menschen, sondern bewegt dessen Glieder von außen und schreit und tobt aus ihm wie durch ein Fenster. Die Seele eines solchen Opfers aber ist regelrecht eingeschlafen und weiß nicht, was der Körper tut.*«

Erst ein halbes Jahr nach dieser Vision erhielt die Prophetissa einen Brief des Abtes von Brauweiler, in dem dieser das siebenjährige Leiden jener Sigewiza beklagte und all die vergeblichen Mühen aufzählte, die ihre Familie bereits auf sich genommen hätte, bevor man sie nach Brauweiler zum Heiligtum des wundertätigen Sankt Nikolaus brachte, damit sie dort von ihrer Besessenheit befreit würde. Drei Monate lang hatten Abt Gedolph und seine Mönche nun einen Exorzismus nach dem anderen versucht, um den bösen Geist aus der Frau zu vertreiben. Der aber blieb hartnäckig; er verhöhnte die Brüder und schwang unflätige und blasphemische Reden, bis sie ihn eines Tages so hart bedrängten, daß er nach erneuter Beschwörung erklärte, er werde den Körper Sigewizas nur verlassen, wenn man Hilfe bei einer alten Frau am Oberrhein suchte. Ihr Name, so stieß er unter gellendem Gelächter hervor, sei *Schrumpelgardis*.

Abt Gedolphs Brief schloß mit der demütigen Bitte: »Eure Heiligkeit möge uns brieflich alles mitteilen, was Gott Euch in dieser Sache eingibt oder in der Schau offenbart.«

Hildegard hätte sich am liebsten gleich auf ihr Pferd geschwungen und die Fünftagereise nach Brauweiler angetreten, um der jungen Frau selbst beizustehen, doch dazu war sie immer noch zu krank, mochte dies aber zunächst nicht einsehen. Propst Volmar hatte seine ganze Überredungskunst einsetzen müssen, bis sie einwilligte, ihn an ihrer Stelle zu den Mönchen von Sankt Nikolaus zu schicken, mit genauen Anweisungen der Prophetissa, wie der Exorzismus durchzuführen sei.

»Gelungen oder nicht?« lautete dann auch ihre erste Frage, als sie den Symmista, noch im Reisemantel, eintreten sah.

Volmar schüttelte betrübt den Kopf. »Erst schien es so, doch der Schein trog, wie so oft«, orakelte er, bevor er der Reihe nach zu erzählen begann: »Es wurde alles so gemacht, wie du es angeordnet hast ...«

»Der da Ist, hat es angeordnet, ich gab es nur weiter«, unterbrach ihn Hildegard.

»Nicht einmal von mir würdest du dir eigene Verdienste zusprechen lassen, nicht wahr«, sagte Volmar lächelnd. »Nun gut: Zunächst übermittelte ich Abt Gedolph den Befehl des Allmächtigen, daß Sigewiza während der Prozedur weder an der Seele noch an irgendeinem Glied ihres Leibes verletzt werden dürfe. Sodann wählten die Mönche sieben Priester aus ihrem Konvent, die eine Zeitlang beten, fasten und sich kasteien mußten, bevor sie am festgesetzten Tag in der Kirche mit der Kranken und einer großen Anzahl von Gläubigen das Meßopfer feierten. Nach der Kommunion stellten sie sich im Kreis um Sigewiza herum – sie verhielt sich zu dem Zeitpunkt noch ganz ruhig –, und sechs von ihnen befahlen dem Teufel mit den vorgeschriebenen Worten im Namen von Abel, Noah, Abraham, Melchisedek, Jakob und Aaron, daß er ausfahre. Der siebte aber sprach im Namen von Jesus Christus. Atemlose Stille herrschte in der Kirche, als er den Spruch aus deinen Anweisungen vortrug, den auch ich besonders liebe:

Und die Höhe, die keine Höhe berührt, und die Tiefe, die keine Tiefe begrenzt, und die Breite, die keine Breite umfaßt, befreie die Frau vom Gestank deiner Nichtswürdigkeit und all deinen Machenschaften, so daß sie dich von nun an weder spürt noch kennt. Und wie du vom Himmel getrennt bist, so möge der Heilige Geist dich von ihr trennen. Und so weit du entfernt bist von jeder Glückseligkeit, sei auch entfernt von ihr! Und so wie du niemals nach Gott verlangt hast, so verlange jetzt auch nicht nach dieser Frau ...

Nachdem der siebte Priester zu Ende gesprochen hatte und jedermann in der Kirche, einschließlich der Kranken, zutiefst ergriffen war, verlas ich auch noch deinen Spruch aus dem letzten Abschnitt deines Briefes:

Ich ungelehrte und armselige Frau gebiete dir, o gottloser Geist, kraft der Wahrheit, in der ich dies alles geschaut und gehört habe, für dauernd und nicht nur im vorübergehenden Rausch aus diesem Menschen auszufahren!

Sogleich begann der böse Geist zu heulen und zu toben,

so daß die Gläubigen zusammenfuhren und nicht wußten, ob sie dem Schauspiel weiter zusehen oder sich von ihm abwenden sollten. Nach einer halben Stunde aber legte sich die Raserei, und der Plagegeist verließ den Körper der Frau, den er so lange besetzt hatte. Sigewiza streckte den Umstehenden ihre Hände entgegen, damit ihr aufgeholfen wurde; sie schien von den erlittenen Torturen völlig ausgelaugt zu sein. Mit unsicheren Schritten wankte sie zum Altar des heiligen Nikolaus, um sich dort niederzuwerfen und unter Tränen für ihre Befreiung zu danken. Das Volk jubelte, die Glocken läuteten, und die Mönche stimmten ein brausendes *Te Deum* an, doch noch während sie sangen geschah es, daß der alte Feind auf Gottes geheimen Ratschluß hin zurückkehrte und sich zum Entsetzen aller Anwesenden schlimmer aufführte als je zuvor. Selbst eine erneute Beschwörung und eine zweite Lesung deines Briefes konnte ihn nicht besänftigen. Wieder versuchte Abt Gedolph, den Dämon in die Enge zu treiben, und als er ihn schließlich anherrschte, wie er es nur wagen könne, dieses Geschöpf Gottes, kaum daß er es verlassen hatte, gleich wieder in Besitz zu nehmen, brachte der Geist unter Stöhnen hervor:

›Ich entfloh voller Schrecken vor dem Zeichen des Kreuzes. Da ich aber nicht wußte, wohin ich gehen sollte, habe ich den mir vertrauten Körper wieder eingenommen.‹ Und er wiederholte, daß er nur in Gegenwart der alten Schrumpelgardis weichen werde …«

»Und? Hast du Sigewiza mitgebracht?« war alles, was die Prophetissa nach Volmars ausführlicher Schilderung noch wissen wollte.

»Nein, aber ihre Freunde werden sie bald herbringen.«

»So sollten wir gewappnet sein, mein Lieber, denn nun sind wir es, die den Exorzismus durchführen müssen.« Hildegards Augen glänzten bei diesen Worten – ob vom Fieber oder von der neuen Herausforderung, hätte Volmar nicht sagen können.

Am nächsten Morgen ließ sie alle Schwestern im Kapitelsaal zusammenkommen und erklärte ihnen das Wesen der Besessenheit, damit auf dem Rupertsberg niemand mehr Vorurteile gegen diese Krankheit hegte oder der Betroffenen gar Schuld zusprach.

»Es handelt sich um einen von Gott erlaubten Einfluß des Teufels über den Leib eines Menschen«, so die Prophetissa. »Dabei können dessen körperliche und geistige Kräfte geschädigt werden, seine innerste Seele aber wird nicht berührt.« Und sie betonte noch einmal: »Besessenheit ist nicht mit Sünde gleichzusetzen; das Opfer kann im Grunde völlig unschuldig sein.«

Die Frage, warum Gott so etwas dann überhaupt zulasse, blieb auch diesmal nicht aus. Alle Jahre wieder beschäftigte sie das Gemüt der einen oder anderen Novizin.

»Weil die Menschen in ihrer Anmaßung immer wieder die scheußlichsten Verbrechen begehen«, antwortete die Prophetissa. »Gott läßt Seine Freunde durch Unglück und Krankheiten demütigen, um sie vom Bösen zu reinigen. Auf Sein Geheiß hin bewegen die Dämonen ja auch die Stürme über Wasser und Land, speien die Pest aus und rufen alles erdenkliche Unheil hervor. Die Auserwählten aber werden nach einer solchen Reinigung wie funkelnde Juwelen erstrahlen ... Doch kehren wir zurück zu unserem Gast Sigewiza: Ich habe euch diese Dinge gesagt, weil ich möchte, daß ihr sie als euresgleichen behandelt.«

Die Töchter versprachen, die Ermahnungen der Mater zu beherzigen und sich nicht durch Äußerlichkeiten verwirren zu lassen, fühlten sich aber dennoch höchst unbehaglich, als man ihnen die Besessene eines Mittags tatsächlich ins Haus brachte.

Es war nach der Non; die Schwestern gingen ihrem Tagewerk nach, Volmar hatte sich zur Prüfung der Handwerkerrechnungen nach Eibingen übersetzen lassen, und Mater Hildegard arbeitete gerade mit Hiltrud an der zweiten Schau *Vom Bau der Welt* ihres neuen Visionsbuches.

»Alsdann erschien mitten in der Brust der erwähnten Gestalt, die ich im südlichen Himmel erschaut hatte, ein Rad von wunderbarem Aussehen. Es hatte Zeichen in sich, die es jenem Bilde ähnlich machten, das ich vor achtundzwanzig Jahren gesehen hatte, damals in der Gestalt von einem Ei, nachzulesen in der dritten Vision des Buches *Scivias* ...« So viel hatten sie in einer halben Stunde miteinander erarbeitet, bis Hildegard den Faden verlor und nicht weiterwußte. Die Übertragung der Visionsbilder in eine angemessene Sprache war immer noch Schwerarbeit, vor allem, wenn der *Mann mit der Feile* fehlte.

Mitten hinein in ihr Ringen um Worte platzten nun die Freunde Sigewizas, um der Prophetissa jenen unheimlichen Gast anzuvertrauen, der seit Jahren die Gemüter der Menschen durch sein abscheuliches Gebaren verstörte. Auch jetzt gefiel sich der Dämon darin, die zotigsten Worte auszustoßen; zwischendurch fauchte er wie eine Wildkatze, obendrein bespuckte und kratzte er jeden, der Sigewiza anzufassen versuchte. Mit einiger Mühe gelang es Hildegard, Oda und Hiltrudis, sie schließlich in die Wohnung der Schwestern zu bringen, wo sie der Kranken dann nicht mehr von der Seite wichen. In Stunden der Entspannung, wenn sie schlief, besaß die junge Frau das Gesicht eines Engels, und es dauerte jeden, der sie sah, daß der Dämon ein so schönes Menschenkind in seine Gewalt gebracht hatte, denn zur Fratze wurden Sigewizas Züge, sobald der böse Geist aus ihr schrie. Sie zitterte dann am ganzen Körper, rollte wild mit den Augäpfeln und führte unkontrollierte, abstoßende Bewegungen aus. Aufgrund ihrer Beobachtungen glaubte Hildegard, in den Krankheitserscheinungen die Folge einer religiösen Ekstase zu erkennen, deren reiner, jenseitiger Inhalt allerdings in sein Gegenteil verkehrt war. Später sah sie in der Schau, daß der Dämon sich in all den Jahren dreimal recht ungemütlich in seiner Haut gefühlt hatte: einmal, als Sigewizas Familie sie von einem Heiligtum zum anderen schleppte, zum zweitenmal, als das Volk

Almosen für sie spendete, und zum drittenmal, als er beim Exorzismus in der Nikolauskirche gezwungen wurde, aus dem Leib zu fahren. Folglich, schloß die Prophetissa, sollten wir uns verstärkt all diesen Dingen widmen.

Sie schickte einen Boten zu den Nachbarklöstern und bat alle Schwestern und Brüder, die Rupertsberger Nonnen vom Fest Mariä Lichtmeß bis zum Ostersamstag durch Fasten, Gebete, Almosenspenden und körperliche Buße nach Kräften zu unterstützen, damit die Besessene geheilt wurde. Während der ganzen Zeit, in der dies geschah, fluchte und lästerte der unreine Geist, sosehr er nur konnte; zuweilen aber überkam es ihn, gegen seinen Willen Jesus Christus zu rühmen, so daß viele, die ihn hörten, zutiefst erschüttert waren und Läuterung gelobten, doch meist war der Dämon kaum zu verstehen.

Auch er verfügt über eine Lingua ignota, dachte Hildegard; allerdings gehorcht seine Grammatik anderen Gesetzen als meine eigene und sollte wohl besser unentschlüsselt bleiben.

Nach entbehrungsreichen Wochen kam endlich der lang ersehnte Karsamstag, an dem sich außer Sigewiza und dem gesamten Konvent auch eine große Volksmenge in der Kirche des Sankt Rupertus versammelt hatte, um an der Taufwasserweihe teilzunehmen. Als der Priester sich über das Taufbecken neigte, das Wasser anhauchte und den Heiligen Geist anrief, welcher »über den Wassern schwebte«, wurde die Besessene von Furcht ergriffen, so daß sie am ganzen Körper bebte und schließlich wie rasend mit den Füßen auf den Boden stampfte. Der Geist, der in ihr war, schäumte vor Wut; Hildegard aber hörte eine Stimme zu ihm sprechen: »Weiche, Satan, aus dem Leib dieser Frau, und gib dem Heiligen Geist Raum darin.«

Und sie sah – und nur sie –, wie der unreine Geist Sigewizas Körper durch den Unterleib verließ.

»Von Stund an war sie befreit und blieb«, so Volmar in seiner Chronik, »fortan gesund an Leib und Seele, solange sie auf dieser Welt lebte. Glücklicherweise hatte Gott es nicht zugelassen, daß sie durch die Quälereien des Dämons vom Glauben abfiel«, fügte er hinzu. »Sigewiza sollte den Rupertsberg nie mehr verlassen und trat bald nach ihrer Heilung dem Nonnenkonvent bei. – Mater Hildegard aber wurde von nun an öfter gebeten, bei einer Besessenen den bösen Geist auszutreiben.«

Visionsschrift III
Das Leben

Und wieder der zerspringende Schädel, die brennenden Eingeweide, das rasende Herz und das kochende Blut – diesmal vierzig Tage und vierzig Nächte lang. Eine glühende Schlange schlummerte am unteren Ende der Wirbelsäule, die ihre Höhle verlassen wollte, sobald sie erwachte, sich auseinanderrollte und nach oben schoß – und keine Öffnung im Scheitel fand, durch die sie entweichen konnte. Ein Flammenstoß folgte dem anderen; kaum ein menschlicher Körper konnte solchen Gewalten standhalten.

Diesmal litt Hildegard nicht geduldig und stumm, diesmal bäumte sie sich auf, zerbiß ihren Schleier und schrie nach einem Ende der Tortur, mochte es den Töchtern auch kalt über den Rücken laufen, wenn sie die Mater so klagen hörten. Ein mehr als zerbrechliches Gefäß hatte der Herr ihr zum Tempel der Seele gegeben; zerspringen mußte es, wenn man es zu lange im Feuerofen ließ. Sigewiza war geheilt, ihre Exorzistin aber glaubte, vor Schmerzen den Verstand zu verlieren.

»Damit ich mich im Übermaß der Offenbarungen nicht überhebe, ward mir ein Stachel ins Fleisch gebohrt, ein Bote Satans, auf daß er mich mit Fäusten schlage.« So demütig äußerte sich der Apostel Paulus über eigene Leidenserfahrungen, tröstete sich Hildegard, und er war doch auch *nur* ein Mensch gewesen wie die anderen Jünger und alle Heiligen zu jeder Zeit – oder etwa nicht? Was blieb vom Menschen am Ende seines Weges, wenn alle Unreinheiten im Fegefeuer körperlicher Qualen verbrannt waren? Das reine Licht, das keine Nacht kennt? Und war sich das Licht dann noch seines Lichtseins bewußt? Meine Gedanken knarren gleich einer Wassermühle in der Dürrezeit, fand Hildegard und sah in der Schau, wie die bösen Geister sie verspotteten und unter Hohngelächter sprachen: »Pah! Diese da muß sterben, und ihre Freunde, mit denen sie uns in Verwirrung stürzte, werden Tränen vergießen!«

Sie aber wußte es besser und überlebte selbst dieses wochenlange Martyrium, mochte ihr Körper sich am Ende auch so ermattet fühlen, so bar jeder Grünkraft wie welkes Gras im Winter.

Kaum flauten die Schmerzwellen ein wenig ab, wurden der Prophetissa Männer- und Frauenklöster im fernen Schwabenland gezeigt, und eine Stimme befahl der Kranken dringlicher, als ihr lieb war, wieder auf Reisen zu gehen, um die Mißstände in jenen heruntergekommenen Gemeinschaften beim Namen zu nennen und zu beseitigen. Schüttelte sie weinend den Kopf, weil Alter und Krankheit sie die strapaziöse Reise fürchten ließen und sie auch immer noch voller Scheu vor den Menschen war, so nahmen die Schmerzen zu. Flüsterte sie: »Später vielleicht ...«, fühlte sie sich ein wenig besser. Doch als sie endlich zu gehorchen versprach, wurde sie mit einer Vision belohnt, für die sie auf der Stelle ihr Leben gelassen hätte: »Der Schönste und Innigstgeliebte erschien mir«, vertraute sie ihrer Wachstafel an. »Sein Anblick gab mir großen Trost und durchströmte mein Innerstes wie Balsamduft. Und ich wünschte mir sehnlichst, ihn bis an das Ende meiner Tage immer nur anschauen zu dürfen. Er gebot meinen Quälgeistern, mich nicht länger zu peinigen, worauf diese mit großem Geheul von mir wichen. *Wozu sind wir eigens hergekommen, wenn wir uns jetzt davonmachen müssen?* schrien sie, bevor sie endlich das Weite suchten.«

Bald nach dieser Erscheinung nahmen Hildegards Kräfte wieder zu. Sie fühlte sich, als wäre sie von den Toten auferstanden, und keine Macht der Welt konnte sie davon abhalten, nun sogleich den Willen des Herrn zu erfüllen. Zweiundsiebzigjährig, begab sie sich auf ihre vierte große Predigtreise.

Wieder war es Frühlenz und des Morgens noch so frisch, daß die Wege von Reif bedeckt waren wie von Schnee und die Köpfe der schnaubenden Pferde vor ihren Reitern im weißen Dampf zerflossen. Zunächst ging es die alte, bequeme Heerstraße entlang, und schon in Bermersheim, das seit Jahren dem Rupertsberg gehörte, verbrachte die Reisegruppe ihre erste Nacht, damit die Prophetissa dort ihre letzte noch lebende Schwester besuchen konnte. Zwei Tage später ritten sie weiter und bewunderten die neuen Stadtviertel in Worms und auch in Speyer, wo nun eine breite Prunkstraße zum Kaiserdom führte. Hier hatte Bernhard von Clairvaux zu Weihnachten 46 seine bahnbrechende Kreuzzugspredigt gehalten, entsann sich Volmar und flüsterte es Hildegard ins Ohr; Günther von Henneberg, an dessen Grab sie nun verweilten, war damals gerade zum Bischof ernannt worden. Anders als die meisten seiner Amtsbrüder hatte er sich jenem Zug ins Heilige Land nicht anschließen mögen, wohl aber viele Jahre später dem zweiten Abenteuer des Kaisers in Italien, das ihm zum Schicksal wurde, denn dort erlag Bischof Günther der Pest.

Hildegard hatte ihn als ebenso wohltätigen wie verführbaren Menschen gekannt und daher manches mahnende Wort an ihn gerichtet. Und nicht nur an ihn, denn der Sittenverfall in der Welt und in den Klöstern nahm überall zu. Auch die weißen Mönche des heiligen Bernhard in Maulbronn und die Benediktiner in Hirsau, die sie anschließend aufsuchten, besaßen Briefe von Hildegard, worin jede Zeile ihrer Besorgnis Ausdruck gab. Der Hirsauer Abt Manegold, ein mehr oder weniger hilfloser Zeuge des ständigen Unfriedens unter seinen Mönchen, war vor fünf Jahren in Resignation gestorben. Sein Nachfolger brauchte nun ebenfalls den Rat der Prophetissa und mehr noch ihre warnenden Hinweise, denn »wie Schiffbrüchige auf dem Meer der Leichtfertigkeit« hatte Hildegard seine Schützlinge in der Vision dahintreiben sehen. Zur größten Herausforderung aber wurde ihr das Doppelkloster in Zwiefalten. Über die Zuchtlosigkeit der Mönche und Nonnen dort zerrissen sich die Kritiker der Kirche bereits landauf, landab die Mäuler. Der greise Abt Bernhard hatte soeben zum drittenmal in dreißig Jahren sein Amt niedergelegt, weil Unmoral und Eigensinn seiner Mönche ihn immer wieder an den Rand der Verzweiflung trieben. Etliche Briefe hatte Bernhard mit Hildegard gewechselt, ohne dem Übel abhelfen zu können.

»Du solltest diese erbärmlichen Kreaturen in Grund und Boden verdammen«, schimpfte Volmar auf dem Weg nach Zwiefalten. Am Abend zuvor waren sie nur knapp und wie durch ein Wunder einem Überfall zweier aus dem Kerker zu Augsburg entflohenen Strolche entronnen, und der Propst gab jenen verkommenen Klöstern die Schuld an all den Unannehmlichkeiten. Hätten die Brüder und Schwestern im schwäbischen Süden verstanden, was Gott von ihnen erwartete, brauchte Er ihnen jetzt nicht die betagte Prophetissa zu schicken. Doch Hildegard wollte von allzu großer Härte nichts wissen.

»In der Schau sah ich, daß Gott sich niemals für die Schuld der Menschen rächt, solange sie im Licht des Glaubens leben«, entgegnete sie. »Das gilt sogar für sündhafte Gesetzesübertretungen, denn Gott liebt den Menschen sehr. Deshalb werde ich mich hüten, vernichtende Worte auszusprechen, solange mir diese nicht ausdrücklich befohlen wurden.«

Dennoch hielt sie den Mönchen zu Zwiefalten anderntags im Kapitelsaal eine flammende Rede:

»Euer Geist gleicht einer sturmschwangeren Wolke«, warf sie ihnen vor. »Bald überläßt er sich dem Zorn, bald der Triebhaftigkeit und viehischem Schmutz. Obgleich ihr im Königspalast eures Klosters seid, wollt ihr eure Lenden nicht zähmen. Schämt ihr euch nicht, die ihr dem Eselsstall entrissen und vom höchsten Herrn in Seinen heiligen Dienst gestellt seid, wie Dummköpfe wieder in den Eselsstall zurückzulaufen? Ach, welcher Schmerz über dieses Elend!«

Weniger drastisch redete sie den Benediktinerinnen des Nachbarklosters ins Gewissen, da diese ihr schon brieflich Besserung gelobt hatten: »Wenn eine Frau die eheliche Bindung an einen Gatten verschmäht: Welch großer Adel ist in ihr! Die bräutliche Verbindung mit dem höchsten König steht ihr zu, weil sie einem irdischen Mann entsagt hat«, erinnerte sie die Nonnen und mahnte gleichzeitig zur Zurückhaltung: »Ihr Jungfrauen seid doch keine Tänzerinnen, die jedermann mit ihrer Darbietung gefallen wollen! Lustwandelt also weder bei offenen Türen, noch winkt auf der Straße leichtfertig den Leuten zu, als ob ihr draußen das liebtet, was ihr in der Umarmung des Königs verschmäht. Eine Frau, die nicht die Gemeinschaft mit einem irdischen Manne sucht, soll sich auch nicht unnötig in der Öffentlichkeit aufhalten, sondern im Verborgenen bleiben wie die Taube im Felsenspalt, damit der Habicht – das Begehren eines Mannes – sie nicht raube.«

Hildegard schloß mit den Worten: »Ich beschwöre euch, geliebte Töchter, zieht durch eure Reinheit Christus wieder an, von dem ihr euch durch eure Fehltritte so weit entfernt habt«, und atmete auf, als alles gesagt war. Sie konnte es diesmal kaum erwarten, den Heimweg anzutreten. Auf dem Rupertsberg wartete die *Vita St. Disibodi* auf Vollendung, um die Abt Helenger sie kurz nach ihrer wundersamen Genesung gebeten hatte, und auch die Arbeit an ihrer neuen Visionsschrift, dem *Buch der Gotteswerke*, ließ keine weltliche Ablenkung mehr zu. Es hatte die Prophetissa Mühe genug gekostet, sich während der Predigtreise nicht ganz und gar von den Bildern dieser Schau überwältigen zu lassen, nicht mit ungeteilter Aufmerksamkeit den Worten des Lebendigen Lichtes zu lauschen, dessen Offenbarungen sie bis ins Innerste erschütterten.

Sieben Jahre lang rang Hildegard mit jedem einzelnen Satz der über dreihundert Kapitel in ihrem letzten und tiefgründigsten theologischen Werk, und nahezu die Hälfte der

Zeit mußte sie ihre Formulierungen vom Krankenbett aus diktieren, denn »diese Kosmosvisionen«, gestand sie dem Symmista, »sind an der Grenze dessen, was ein Mensch betrachten kann.«

Gleich im ersten, ebenso prächtigen wie geheimnisvollen Bild wurde ihr gezeigt, welches Prinzip der gesamten Schöpfung zugrunde liegt: Hildegard schaute die Gestalt eines Menschen; von seinem Antlitz aber ging ein solch überirdischer Glanz aus, daß es, so die Seherin, »leichter gewesen wäre, in die Sonne zu blicken als in dieses Gesicht«.

In den anschließenden Erläuterungen ihrer »Himmelsstimme« wurde diese Menschengestalt die *Verkörperung der Liebe* genannt, *caritas*. Ihr Haupt war von einem Goldreif umgeben; darüber erschien das Gesicht eines älteren Mannes, der die Güte Gottes bezeichnete. Mit seinem Bart berührte er den Scheitel der Liebesgestalt, von deren Nacken aus sich ein Flügelpaar erhob, *die Gottes- und die Nächstenliebe*, und über dem Goldreif zusammentraf. Die Außenseite des rechten Flügels schmückte der Kopf eines Adlers; aus seinen Augen sah die Betrachterin als Sinnbild für die Kontemplation »der Engel Glanz wie in einem Spiegel strahlen«.

Die entsprechende Seite des rechten Flügels trug ein Menschenhaupt, das wie »die Sterne funkelte«. Beide Gesichter waren nach Osten gewandt, »weil die Gottsuchenden sich dorthin wenden sollen, wo die Stätte der Heiligkeit und Quelle der Glückseligkeit zu finden ist«. Von den Schultern der Liebesgestalt in ihrem leuchtend roten Gewand – ein Hinweis auf den *Gottessohn, der Fleisch angenommen hat, um die verlorene Menschheit heimzuführen* – reichten zwei weitere Flügel bis zu den Knien hinunter. In ihren Händen trug sie ein schneeweißes Lamm, das Symbol der *Milde*, während sie mit den Füßen ein giftiges schwarzes Untier und eine Schlange zertrat, die *Zwietracht* und den *Satan*.

Mit klangvoller Stimme stellte sich der rotgekleidete Christus Hildegard nun als »die höchste, die feurige Kraft« vor, »die jeden Lebensfunken entzündet hat. Ich bestimme alles, was da ist, nichts Sterbliches trübt Mein Wesen. In der Schönheit der Felder flamme Ich, in den Gewässern leuchte Ich und brenne in Sonne, Mond und Sternen. Mit jedem Lufthauch erwecke Ich alles zum Leben. In jedem Geschöpf bin Ich die verborgene feurige Kraft, denn alles, was lebt, hat seine Wurzeln in der Liebe, in Mir.«

Lange beschäftigte sich die Stimme dann mit der Erschaffung des Menschen, »nicht wie die übrige Schöpfung von einem Allmachtswort erweckt, sondern nach Gottes Ebenbild und als Manifestation Seines Willens gestaltet, so wie es von Ihm schon vor Beginn der Zeiten festgelegt war. Denn als Gott sein Werk vollbracht hatte, überließ Er die ganze Schöpfung dem Menschen, damit er in ihr wirken könne, und zwar in derselben Weise wie der Schöpfer selbst. So ist Er ihm Diener und Stütze zugleich, denn alles, was existiert, entzündet sich durch Ihn, ohne Ursprung und Ende. Gott ist das Leben, und das Leben ist Gott; Seine Einheit aber zeigt sich in dreifacher Kraft: Die Ewigkeit wird der Vater genannt, das Wort ist der Sohn, und der Lebenshauch, welcher beide verbindet, der Heilige Geist. Dieses Dreierprinzip ist auch im Menschen erkennbar, besteht er doch aus Seele, Leib und Geist.«

In immer neuen Redewendungen offenbarte Christus die Liebe als Ursache der Schöpfung, so daß die Seherin nach einer Zeit höchster Konzentration in einen ungewöhnlichen, ekstatischen Zustand geriet, aus dem sie sich auch nach jener Eröffnungsvision nicht so leicht wieder lösen konnte. Irgend etwas in ihr hatte nachgegeben, als hätte sich eine neue Tür in ihrem Inneren aufgetan. Hildegard fühlte, wie eine kaum zu beschreibende Energie ihr Rückgrat und den Hals hinauf bis in den Kopf stieg, diesmal verbunden mit den angenehmsten Empfindungen, anders als in den Stunden der Torturen. In ihren Ohren ertönte das sanfte Rauschen von Wasser, gleichzeitig spürte sie, wie ein Strom silbernen Lichtes in ihr Hirn floß, während sie selbst sich immer mehr ausdehnte und schließlich ihr Körperbewußtsein ganz und gar verlor. Diese Ausdehnung bis hinein ins Universum war von einem nie gekannten Glücksgefühl begleitet, so daß sie völlig überwältigt war von dem, was ihr widerfuhr, und nicht imstande gewesen wäre, irgendwelche äußeren Dinge zu verrichten. Auf dem Höhepunkt ihrer Erfahrungen nahm sie ein Meer von Bewußtsein wahr; ihr Körper schien nur noch eine leuchtende ätherische Lufthülle zu sein, die in einer schimmernden Welt des reinen Seins dahintrieb. Wieder entsann die Prophetissa sich Siwards von Uppsala und seiner Studien. Hatte er nicht damals, vor mehr als dreißig Jahren, von einer *Wohnung des Lichtes* und einer *Wohnung der Töne* gesprochen, als er seine indischen Quellen zitierte?

Gern wäre Hildegard dieses eine Mal so lange wie möglich im Zustand der Verzückung geblieben, doch schon bedrängten sie weitere Bilder und zwangen ihren Geist, sich zu sammeln: Wieder leuchtete über dem Scheitel der *Caritas*, dem Symbol für Christus, das bärtige Gesicht des Vaters auf. Der Sohn aber umfing jetzt mit seinen weitgespannten feurigen Armen ein gewaltiges, sich drehendes Rad, das aus sechs miteinander verbundenen konzentrischen Kreisen aufgebaut war wie die mystischen Mandalas in den fernöstlichen Schriften des besagten Bischofs aus Uppsala. Hildegard sah dort die Elemente in ihren Luft-, Wasser- und Feuersphären kreisen, sah die Gestirne und Planeten und die Winde, welche mit den Grundkräften des Menschen, seinem Denken, Sprechen, Fühlen und Handeln in Verbindung standen. Der dreifaltige Gott, der das purpurrote Kosmosrad als sein Herzenswerk in den Händen hielt, hatte ja, so hieß es wie zur Erinnerung, die Welt mit den Winden verstärkt, mit den Sternen erleuchtet und mit der Erde befestigt, aus deren Stoff er dann zum Ausdruck seiner Liebe das Gewand für seine Inkarnation schuf.

Im Fadenkreuz des Rades aber, mitten im Weltenbau, wurde Hildegard der Mensch vor seiner kleinen braunen Erdkugel gezeigt. Das hocherhobene Haupt hatte er im Wissen um das Gute gen Osten gewandt, die Arme weit ausgebreitet, so daß seine Hände die Geschöpfe ringsum berührten und ebenso das Netz zu fassen bekamen, in das die Elemente eingebunden waren. Von der Peripherie des Universums her sandten kosmische Kräfte ihm unaufhörlich ihre Energien zu, damit er seine Aufgabe erfüllen konnte, als Partner Gottes in der Welt zu wirken. Verbunden mit allem Lebendigen, verflochten in die Abläufe der Natur und doch selbst Einfluß nehmend, hatte der Mensch, die Krone der Schöpfung, eine exemplarische Stellung in der Welt, mit der er gemeinsam im Herzen des Sohnes wohnte, welcher als Liebesgestalt wiederum aus dem Herzen des Vaters hervorging.

Voller Ergriffenheit schaute Hildegard auf das kreisende Weltenrad mit seinen verschiedenen Formen und Sphären. Alles war Bewegung, kosmischer Tanz, Werden und Vergehen, und das Rad, ein Symbol der Vollkommenheit und Schöpfungseinheit hinter der Vielfalt, erinnerte sie an die bunten Rosettenfenster in den Kathedralen. Alle Phänomene, ob sichtbar oder nicht, befanden sich in ständigem Wechselspiel und beeinflußten einander, seien es Elemente oder Körpersäfte, Temperamente oder Temperaturen, Jahreszeiten und Lebensalter oder Leib und Seele des Menschen, der für das Gleichgewicht der Kräfte mitverantwortlich war. Entzog er sich dieser Verantwortung oder handelte gegen das kosmische Liebesprinzip, hatte er die Folgen zu tragen: Krankheiten oder Naturkatastrophen.

Wie sehr alles in der Schöpfung mit allem verbunden war, wurde der Seherin in den nächsten beiden Visionen über die *Natur des Menschen* und die *Gliederung seines Leibes* noch einmal bis in die kleinste Einzelheit vorgeführt. Jeder Zoll des menschlichen Körpers schien dort dem Weltenbauplan des Schöpfers wie auf einem architektonischen Grundriß zu entsprechen, so der Brustraum dem Äther, das Gehirn den Kräften der Sonne, die Tränen dem Regen, die Sinnenwelt dem Sternenzelt, die Augen den Gestirnen, die Brauen der Mondbahn … schier unerschöpflich waren die Zuordnungen.

»Der Mikrokosmos«, schloß die Prophetissa, »ist ein präzises Abbild des Makrokosmos: wie oben, so unten, wie außen, so innen, wie im Einzelnen, so im Großen und Ganzen. Gott hat die Gestalt des Menschen nach dem Bauwerk des Weltgefüges gebildet, einem Künstler gleich, der seine Werke schafft, indem er vorgegebene Formen benutzt. Und wie Er das gewaltige Instrument des Universums nach harmonischen Regeln geschaffen hat, so hat Er auch die Glieder und Proportionen des Menschen genau abgemessen. Der innere Mensch dagegen ist der Erde gleich geschaffen, welche mit Steinen und Bäumen befestigt wurde. Sein Fleisch ist wie der Boden, seine marklosen Knochen sind wie die Steine, die markhaltigen dagegen wie die Bäume. Die Seele aber, der die Wünsche des Fleisches entgegenstehen, ist das Firmament des gesamten Organismus. Vier Flügel besitzt sie: die Sinne, das Erkennen, das Wollen und die Einsicht. Mit diesen vier Flügeln hat die Seele Augen. Sie schaut damit voraus und zurück, denn sie besitzt das Wissen um Gut und Böse.«

Über das *Wirken der Seele* im Leib konnte Hildegard sich gar nicht oft genug auslassen, und auch ihre beiden Schreiberinnen, wenngleich sie in jenen Tagen besonders stark beansprucht wurden, schien dieses Thema zu faszinieren.

»Die Seele steht auch den Gedanken zu Diensten. Diese sind gleichsam die Schreibtäfelchen der Seele, auf denen sie sich verewigt, denn die Seele untersucht alle Taten eines Menschen sehr gründlich, bevor sie durch den Körper vorgenommen werden«, zitierte Hiltrudis besonders gern, wenn sie sich zwischen dritter und sechster Stunde zum Diktat bei der Mater einfand. Den einen über den anderen

Tag wurde sie dabei von Walburga abgelöst, einer jungen, begabten Nonne aus dem Skriptorium.

Propst Volmar hingegen bestand darauf, nur ja keine einzige Passage zu verpassen; er schien geradezu süchtig nach jedem Wort der neuen Kosmosvisionen zu sein und gönnte sich keine Ruhepause, mochte Hildegard ihn seines kränklichen Aussehens wegen auch noch so oft zur Schonung mahnen. Sie wußte nicht, was sie mehr beunruhigen sollte: wenn Volmar bis spät in die Nacht über den Texten hockte, um ihnen den letzten Schliff zu geben, oder wenn er sich aus reiner Gutmütigkeit öfter als nötig zum Tochterkloster nach Eibingen übersetzen ließ, obwohl in den Dörfern auf der anderen Rheinseite gerade eine Typhusepidemie wütete und auch die Familie des Fährmanns bereits zu den Opfern zählte.

»Du kannst dich ja selbst kaum für einen Augen-Blick – im wahrsten Sinne des Wortes, Hildegard – von deiner Kosmologie lösen«, verteidigte Volmar seine Arbeitswut, als sie einander eines Morgens in die rotumränderten Augen sahen. »Wie sollte es mir, deinem Symmista, da anders gehen? Deine jüngsten Visionen zeigen Gott und sein Werk in tiefer Einheit. Für mich sind sie der reinste Seelenbalsam, und auch manch anderem werden sie in Zukunft schwere Lasten von der Seele nehmen. Gottes Liebe als Herzkraft des Weltgeschehens – eine schönere Botschaft gab es nie.« Hildegard dankte ihm mit einem Lächeln, das Volmar mehr bedeutete als jeder noch so erquickende Schlaf. »Ja, du hast natürlich recht, Lieber. Dennoch wäre ich schon zufrieden, wenn ich den Menschen bloß verständlich machen könnte, was ich selbst nur mit Mühe verstehe«, meinte sie und beschrieb ihm mit ihrer fünften Schau eine Jenseitsvision, welche auch der Symmista höchst verwirrend fand: Die Prophetissa sah den Erdenkreis in fünf Gebiete aufgeteilt, die sogenannten *Stätten der Läuterung*, von denen allein das östliche Gebiet, der Ort der aufgehenden Sonne und der befreiten Seelen, in hellem Licht erstrahlte, während der Westteil, als Ort der Reinigung für leichtere Verfehlungen, verdunkelt war und der Süden in drei Regionen zerfiel, in denen scheußliche Strafgerichte und Peinigungen zur Sühne größerer Untaten stattfanden. Nicht viel angenehmer zeigte sich der menschenfeindliche Norden, denn hoch oben tobten bei größter Kälte tosende Stürme, die den dorthin Verbannten schrecklich zusetzten. Sogar außerhalb des Erdkreises lauerten noch allerlei Schrecken und Finsternisse, eins in Gestalt des geöffneten Mauls eines Untieres, bereit, alles auf der Stelle zu verschlingen, was sich ihm näherte. Diese für die Seherin nur vage erkennbaren Finsternisse beherbergten, so hieß es, die Orte der Verworfenen, die Gott ihr Leben lang verleugneten und sich vom Guten abwandten, um statt dessen teuflischen Eingebungen zu folgen.

Ganz anders der besagte Osten: Dort erblickte die Prophetissa in einigem Abstand von der Erdkrümmung eine gefiederte rote Kugel, eingefaßt von einem saphirfarbenen Kreis. Zwischen den beiden unteren Flügeln, welche den Erdenkreis umfingen, erhob sich ein aus »lebendigen Steinen« errichtetes Gebäude bis zu jenem Sonnenball, und von dort aus, zwischen zwei weiteren, nach oben gestreckten Flügeln, führte eine hell leuchtende Straße zu einem funkelnden Gestirn. Die Kugel wurde Hildegard als »Eifer Gottes« bezeichnet, welcher das All mit seinen breiten Flügeln beschirmt, und das funkelnde Gestirn als »Gabe des Heiligen Geistes«. Kugel und Gestirn standen im Osten, weil dort »der Ursprung einer Gerechtigkeit liegt, die den menschlichen Verstand überragt, da sie auf himmlischen Geheimnissen beruht, und weil sich dort der Strafeifer des Herrn in seiner ganzen Macht und Liebe zeigt«.

Nach umfangreichen Erklärungen zu jenen Regionen der Läuterung folgten Zitate und Auslegungen bestimmter Teile der Johannesoffenbarung, die sich mit den vier Rössern – dem weißen, roten, schwarzen und fahlen – als Sinnbildern für die Weltzeitalter befaßten. Nur kurz war die Pause, die der Prophetissa und ihren Mitarbeitern nach diesem recht schwierigen Kapitel gewährt wurde. Einen Tag und eine Nacht lang verblaßte die Schau, verstummte die Stimme, um dann mit noch größerer Intensität wieder einzusetzen. Zwei ganze Wochen wurden dem gewaltigen Panorama der sieben Schöpfungstage gewidmet, wobei die anschließenden Wiedergaben ihrer wörtlichen, allegorischen und moralischen Bedeutung die meiste Zeit und Achtsamkeit beanspruchten. Der siebente Tag endlich wurde als »Tag der Segnung und des Sohnes« bezeichnet, denn er gehörte Christus, dem Logos oder Ewigkeitswort des Kosmos. Allein Ihm als Gott-Mensch war es bestimmt, die Welt zur Vollendung zu führen.

In der Nacht nach dem letzten Tag im Schöpfungszyklus erkrankte plötzlich der *Mann mit der Feile*. Apokalyptische Träume von Peinigungen und Torturen folterten ihn. Höllenqualen vermischten sich mit Himmelswonnen – wenn es welche waren, denn leider vergingen sie, bevor der verstörte Volmar sich darauf einstellen konnte. Um Mitternacht vermeinte er, die Stimme des Psalmisten David zu hören, der am sechsten Schöpfungstag sprach: *Ich habe euch gesagt: Ihr seid Götter und allzumal Kinder des Allerhöchsten.*

»Das bedeutet«, hatte die Stimme des Lebendigen Lichtes gesprochen und Hildegard wiederholt: »Ich sprach zu euch Menschen: Ihr seid Götter, weil der Mensch über jedes Geschöpf herrscht, indem er es ganz nach seinen eigenen Bedürfnissen und seinem Gutdünken behandelt. Denn wie der Mensch dem allmächtigen Gott mit Glaube, Furcht und Liebe begegnet, so schaut die Kreatur angstvoll auf den Menschen und liebt ihn, solange sie von ihm behütet wird ...«

Genau darin, vermutete nun Volmar, lag die Einbruchsstelle Luzifers, konnte doch im gottgleichen Menschen leicht das Verlangen entstehen, eine eigene Welt zu erschaffen, eine Gegenwelt zur bestehenden Schöpfung. Schon vermeinte Volmar in seinem Fieber, die Stimme der zürnenden Gottheit zu hören, welche an ihn, den Rupertsberger Seelsorger und Symmista, das Matthäuswort richtete: *Wahrlich ich sage euch: Ich kenne euch nicht.*

Dieser vernichtende Satz, das hatten sie in der fünften Schau erfahren, war wie folgt zu verstehen: »Ich, der Ich bin, sage euch auf das bestimmteste: Ihr, die ihr allein nach euren Leidenschaften und Gelüsten handelt, seid ganz und gar ausgelöscht. *Ich kenne euch nicht,* da ihr eurer Seele das Sehnen verbietet und sie nötigt, den Willen des Fleisches zu tun und keine Hilfe bei Mir zu suchen. Wer aber kann jemandem antworten, dessen Stimme und Worte er nicht hört? Niemand! Ihr richtet ja keinen Hilferuf an Mich! Und welche Gabe sollte wohl dem gegeben werden, der gar nichts verlangt, sondern mit verschlossenen Lippen vor dem Geschenk flieht? Wahrhaftig keine. Jene Menschen, die nicht im Sehnen ihrer Seele nach Mir aufschreien, die nicht aus tiefstem Herzen nach Mir verlangen, die Mich vergessen haben, als hätte Ich ihnen nicht ihr Gewissen gegeben, die kenne Ich nicht …«

Von irrationalen Ängsten wie von Furien getrieben, gehorchte das Traum-Ich des Propstes dem Sehnen seiner Seele und tat, wie ihm geheißen, so daß er am Ende schweißgebadet von seinem eigenen Geschrei erwachte. Ihm war speiübel, in sein Gedärm schienen sich Nattern und Skorpione verbissen zu haben, und er mußte in den Nebenraum taumeln, um sich zu erleichtern.

Nachdem der Symmista zum erstenmal in all den Jahren nicht zur Arbeitszeit erschienen war, trieb es Hildegard noch vor der Sext ins Haus des Propstes, und da er ihr auch dort nicht entgegenkam, in seine Schlafkammer. Ein besorgter Blick in sein wächsernes Gesicht verriet ihr, daß zu falscher Rücksichtnahme keine Zeit war, daß vielmehr sie selbst den Kranken jetzt gleich untersuchen mußte.

»Und?« fragte Volmar, nachdem ihre Fingerspitzen seinen Leib beklopft und ihre Ohren, die zuvor vom lästigen

Schleier befreit werden mußten, an seinem Herzen gelauscht hatten.

Hildegard hob den Kopf, schaute Volmar lange an.

»Höre, mein Freund ...«, unendlich sanft glätteten ihre Fingerspitzen die tiefen Kerben zwischen Volmars Nasenflügeln und Mundwinkeln, bevor sie fortfuhr: »Mir scheint, auch dich hat das Eibinger Magenfieber erwischt. Damit ist leider nicht zu spaßen. Ich werde dir den Leib mit meinem Balsam aus Olivenöl und Hirschmark salben – so Gott will wird davon auch das Fieber vergehen – und verordne dir außerdem strenge Bettruhe. Du darfst für drei Wochen dein Haus nicht verlassen, um die anderen nicht anzustecken.«

Schweren Herzens schickte der Symmista sich darein und blieb der kurzen sechsten Schau Hildegards *Vom Sinn der Geschichte* ebenso fern wie der siebenten über die *Vorbereitung auf Christus* und auch noch der wunderschönen achten über *Das Wirken der Liebe*, in der die Prophetissa den Brunnen des Lebens erblickte und mitten darin die Liebe, die Demut und den Frieden in Gestalt von drei schönen jungen Frauen.

Zunächst aber, so berichtete sie dem unersättlichen Kranken bei einer ihrer täglichen Visiten, sei es um die Welt der Engel gegangen und die Rolle dieser Licht- und Spiegelgestalten in der Heilsgeschichte. Sie stünden den Menschen sehr nahe, seien Brüder und Wahrer ihres Seelenheils und hätten lediglich um dieser Aufgabe willen einen anderen Entwicklungsweg genommen als ihre Schützlinge.

»Der einen Gattung von Geschöpfen wurde es bestimmt, dem Irdischen verhaftet zu bleiben, der anderen, im Himmlischen zu weilen. Dem Engel fehlt die Erschwernis des irdischen Leibes, der Mensch aber wirkt mächtiger mit Leib und Seele, als er es ohne diese Beschwernis tun könnte.«

»Sprich mir vom Sturz des ersten Engels«, bat Volmar.

»Ja, weißt du's denn nicht mehr? Du selbst hast doch diese Geschichte vor Wochen noch niedergeschrieben.«

Hildegard gab dem Kranken reichlich vom warmen Lorbeerrotwein zu trinken, damit er ihr nicht ganz an Leib und Geist austrocknete, und wiederholte ihm zuliebe die Worte aus der vierten Schau:

»Jener eine Engel aber sonderte sich ab, obwohl er doch spüren mußte, daß er mit all seinem Glanz Gott zu dienen und die Welt zu erhellen hatte. Ihn jedoch zog das Dunkle mehr an, und er sprach bei sich: *Was wäre das für ein herrlich Ding, wenn ich aus eigenem Willen Werke vollbringen könnte, die ich Gott allein tun sehe!* Ein ganzer Schwarm von Geistwesen, die ihm anhafteten, stimmte ihm zu und rief: *Ja, wir wollen den Thron unseres Herrn nach Norden setzen, gegen den Allerhöchsten!* Und sie beschlossen, für alle Zeit Streit und Zwietracht mit den Dienern Gottes zu säen ... Glaube mir, viel gescheiter ist es, zu einem Leidenden wie dir vom Lobgesang der Engel zu sprechen. Du weißt, ich hörte mehr als einmal ihre herrlichen Stimmen. Zahlreicher als der Sand im Meer waren sie, vielfältiger als alles Tönen, das lebendige Wesen hervorbringen, und leichter als der Glanz, der von Sonne, Mond und Sternen in den Gewässern funkelt. Wunderbarer ist dieser Klang als die Musik des Äthers, die aus dem Brausen der Winde entsteht. Und doch vermögen diese himmlischen Sänger mit all ihrem Jubel die Gottheit nicht zu erfassen, weshalb sie auch immer wieder Neues in ihren Stimmen hinzuerfinden ...«

»Gerade so wie unsere Meisterin Hildegard«, unterbrach Volmar die Prophetissa, doch sie schüttelte den Kopf. »O nein, Lieber, das kannst du nicht vergleichen. Doch ich glaube, ich habe dich ermüdet und sollte dich jetzt lieber schlafen lassen.«

Volmar legte sich auf die Seite, mit hochgezogenen Knien, damit der Leib weniger schmerzte.

»Warte, geh noch nicht ... mir ist, als sähe ich selbst, was dir gezeigt wurde«, brachte er unter Stöhnen hervor. »Hältst du das für möglich? Sobald ich die Augen schließe, kommen mir Bilder: Ich sehe die Vernichtung des Menschengeschlechts durch die Sintflut, die Zeiten davor, das Heer der abtrünnigen Engel ...«

»Vergiß die gefallenen Engel, Volmar! Du weißt doch: Gott hat all den Glanz und die Herrlichkeit, die jene verloren, den Menschen geschenkt.« Da sie sein Gesicht nicht sehen konnte, wußte Hildegard nicht, ob ihre Worte den Fiebernden erreichten, den sie gerne von seinen quälenden Phantasien befreit hätte, bevor sie ihn verließ. »Gott hat den Menschen so sehr geliebt, daß Er ihm den Platz Luzifers anbot.«

»Durch Wasser und Feuer vollzieht Er sein Gericht an den Menschen. Da Gott ihn aus diesen Elementen gestaltet hat, wird der Mensch auch durch beide bedrängt«, ächzte Volmar, während er versuchte, die furchterregenden Bilder mit den Händen abzuwehren. Er atmete schwer, wurde allmählich aber ruhiger, um dann, immer noch mit dem Gesicht zur Wand, die Patriarchen und Propheten der siebenten Vision zu beschreiben, als wäre er selbst dabeigewesen.

Hildegard hielt seine Schultern umfangen, damit er sich ein wenig entspannte. Es erstaunte sie nicht, daß der Symmista, nun, da er lebensgefährlich erkrankt war, ebenfalls mit den Augen seiner Seele sah. Die Übertragung von Gedanken und Bildern konnte kaum ausbleiben, nachdem sie und der Propst einander in all den Jahren so tief verbunden gewesen waren.

»Vor den Propheten brauchst du dich aber nicht zu fürchten. Sie weisen doch schon auf die Inkarnation des Wortes hin, auf den menschgewordenen Gott«, sagte sie nur.

»Der Erlöser«, wiederholte Volmar mehrmals flüsternd. »Versprich mir, daß du die neunte Schau erst diktierst, wenn ich wieder dabei bin. Versprichst du es?«

Die Prophetissa küßte ihn zärtlich auf die zuckenden Augenlider, blieb die Antwort aber schuldig.

24
Der Geist wird des menschlichen Wissens überdrüssig

Zwei Tage später war der Symmista nicht mehr zu sprechen imstande. Als Hildegard den wie tot Daliegenden besuchte, hielten seine Hände eine Wachstafel umklammert, darauf er in wackeligen Buchstaben geschrieben hatte:

Die trinitanische Trilogie:

I. Glaubenskunde:
(Scivias)   Der Weg   (= der Vater)

II. Lebenskunde:
(Liber vitae meritorum)   Die Wahrheit   (= der Sohn)

III. Weltkunde:
(Liber divinorum operum)   Das Leben (???) (= der Heilige Geist)

Nun war Volmar es, der sich vermittels der Tafel verständigen mußte. Hildegard nahm sie behutsam an sich, um die verkrampften Hände des Kranken zu massieren. Sie verstand seine Botschaft sehr wohl: Bis zum letzten Atemzug würde der geliebte *Mann mit der Feile* ihr helfen wollen, die Visionstexte in ein Ordnungsschema zu fassen, befürchtete jedoch, den Abschluß der Arbeit nicht mehr zu erleben. Die drei tief in das Wachs gegrabenen Fragezeichen standen für seine Zweifel.

»Einmal aber wird es nach dem Willen Gottes geschehen, daß wir dich nicht mehr mit leiblichen Augen sehen. Dann wird unsere Trauer groß sein«, hatte Volmar sie vor ihrer dritten Predigtreise in einem Anflug von Schwermut verabschiedet und würde nun doch als erster gehen, denn keines der verabreichten Heilmittel vermochte seinen Zustand zu bessern. Der Typhus hatte den über Siebzigjährigen trotz aller Pflege vollkommen ausgezehrt. Er konnte nichts mehr bei sich behalten, und seine Körpertemperatur schwankte ständig zwischen hohem Fieber und Unterkühlung.

»Bitte, verlaß mich jetzt nicht, mein Symmista, es ist noch so viel zu tun«, flüsterte Hildegard so leise, daß Volmar sie nicht hören konnte.

Dann war ihr warmer Atem an seinem Ohr, wieder und wieder, bis seine bläulichen Lippen sich zu einem Lächeln verzogen. Ob es ihm half, daß sie eines ihrer Lieder sang? Nur für Volmar stimmte sie es an und wiegte dabei den federleicht gewordenen Kranken wie ein Kind in den Armen. Obwohl Volmar wenige Jahre jünger war, hatte er sie in der letzten Zeit häufig seine »dulcissima mater« genannt und sie ihn ihren Sohn. Die Praeposita gefiel sich in der Mutterrolle, auch bei Volmar, sah sie doch mit Rührung, wie kindlich das vorgerückte Alter sogar diesen erfahrenen Klosterverwalter wieder werden ließ. Musik, glaubte sie, wäre jetzt genau das Richtige für sein weiches Gemüt.

»*Caritas abundat omnia* ...«, sang Hildegard, denn dieses Lied hatte sie Volmar einst gewidmet, ohne es ihn wissen zu lassen. »Von der Tiefe bis hoch zu den Sternen überflutet Liebe das All ...«

Weiter kam sie nicht. Wie sollte sie singen, wenn ihr ein Kloß in der Kehle saß und ungeweinte Tränen die Stimme erstickten.

»Die Liebe ist allem zugetan, da sie dem höchsten König den Friedenskuß gab«, flüsterte Hildegard, bevor sie, von Schmerz überwältigt, in den Garten flüchtete.

Der Symmista starb stumm einen langsamen, qualvollen Tod. Obwohl sämtliche Körperfunktionen längst versagten, war er nicht bereit, die Mater und ihr Werk kampflos aufzugeben. Nur seine Mimik ließ erkennen, wie heftig er sich wehrte und litt, denn zu Bewußtsein kam Volmar nicht mehr. Als Hildegard den Geschmack seines nahenden Todes auf ihren Lippen spürte, ließ sie einen Priester aus Bingen kommen, damit er dem Sterbenden die Sakramente gab.

Zum Disibodenberg würde sie erst später, nach der Beerdigung, einen Boten schicken, aus Furcht, die habgierigen Brüder könnten ihr den Leichnam des Propstes streitig machen und auch noch seine letzte Ruhestätte für sich beanspruchen. Wie aber sollte sie dann täglich Zwiesprache mit ihm halten, ihm Blumen und Gebete bringen und seine Lieblingsworte aus dem Johannesevangelium auf den Grabstein meißeln lassen:

Ich bin der Weg, die Wahrheit und das Leben; niemand kommt zum Vater außer durch mich. Glaubt mir: Der Vater und ich sind eins.

Dieses Zitat hatte den Symmista ja noch wenige Tage vor seinem Tod zu den drei Titeln ihres gemeinsamen Lebenswerkes inspiriert, welches er die *Trinitanische Trilogie* taufte; es war sein letzter Liebesdienst, und Hildegard würde die beschriebene Wachstafel als sein Vermächtnis in besonderen Ehren halten.

Neun weitere Tage blieben ihr nach der letzten Ölung durch den Priester noch zum Abschiednehmen. Dann eines Morgens aber öffnete Volmar plötzlich die Augen, richtete sie mit einem Ausdruck tiefsten Entzückens auf die Mater und hauchte in ihren Armen sein Leben aus.

Und wieder Winter, Weihnachten und ein neues Jahr: 1174, und kein Chronist mehr auf dem Rupertsberg, der die wichtigen von den unwichtigen Ereignissen trennen würde, um sie für die Nachwelt festzuhalten. Ganz und gar abgeschnitten von ihrem bisherigen Sein fühlte Hildegard sich, bildete Luftwurzeln wie in ihrer Kinderzeit. Volmar war nicht nur der einzige Mann in ihrem Leben gewesen, sondern das einzige menschliche Wesen auf Erden, von dem sie sich verstanden geglaubt hatte. Erst jetzt wurde ihr bewußt, wie symbiotisch ihre Beziehung gewesen war, wie außergewöhnlich die Verwandtschaft ihrer Seelen. Der Tod des Symmista, so schien es ihr, entvölkerte die Welt. Tagelang schloß Hildegard sich im Propsthaus ein, stand am Fenster, ohne hinauszuschauen, saß an Volmars Tisch und spielte gedankenverloren mit seinen Schreibutensilien, führte den Federkiel an ihre Lippen, den er sich, einer alten Gewohnheit folgend, an seinem letzten Arbeitstag noch hinter sein greises Ohr geklemmt hatte.

Im Licht eines auffallend schönen Silberkandelabers aus seinem Familienbesitz sichtete sie Volmars sorgfältig geordnete Papiere und vergoß heiße Tränen über der *Vita Hildegardis*, als sie bei der Lektüre seine vertraute Stimme zu hören glaubte. Der Symmista hatte seine *heilige Meisterin* in der Beschreibung ihrer äußeren und inneren Qualitäten so sehr idealisiert, daß aus der geplanten Biographie ein *Hohes Lied der Liebe* geworden war. Wenn er es nicht ganz für sich allein geschrieben hatte, dachte Hildegard, dann allenfalls für die Augen der Freundin und gewiß nicht, um die Neugier zukünftiger Leser zu befriedigen. Sie würde es jedenfalls rechtzeitig vor ihrem Tod verschwinden lassen, damit es nicht in die falschen Hände geriet. Was Volmar und sie verbunden hatte, gehörte ihnen allein. Und überhaupt, so versuchte sie sich über den ärgsten Schmerz hinwegzuhelfen, gab es nur eine wirkliche Liebesgeschichte: die zwischen Gott und Mensch. Alles andere waren vergleichsweise unbedeutende Bindungen, vergänglich wie die Zeit.

Als die Praeposita es nach drei Tagen für angebracht hielt, ihre Klausur zu verlassen, damit man sich draußen nicht unnötig um sie sorgte, hatte sie das Gefühl, sehr lange fortgewesen und der Welt vollkommen abhanden gekommen zu sein – oder die Welt ihr. Sie ließ sich von einer Laienschwester im Kloster herumführen wie eine Fremde, und obwohl sie überall höfliche Anteilnahme zeigte, schien ihr Innerstes unberührt.

Im Skriptorium fand Hildegard die Kopistinnen immer noch so hingebungsvoll in ihre Arbeit vertieft, als sollte ihnen wirklich für jede Zeile eine Sünde vergeben werden. Klara drückte der Mater sogleich voller Stolz ein Stück kostbares Velin in die Hand, das aus der zarten Haut junger Lämmer hergestellt wurde und sich viel feiner anfühlte als die meist etwas filzigen Schafshäute. Den »König der Pergamente« nannte es die Künstlerin, und dabei leuchteten ihre Augen vor Begeisterung über die Möglichkeiten der Malerei und ihrer Materialien noch ebenso intensiv wie vor zwanzig Jahren. Klaras Schöpferkraft schienen keine Grenzen gesetzt. Die anderen wuschen ihre Pinsel und dachten dabei über die Aufteilung des Blattes nach; Klara aber hatte gleich das fertige Bild vor Augen, sah schon die Farben auf dem Goldgrund funkeln wie Edelsteine auf einem Reliquienschrein. Während sie sprach, hatte sie ihr Stück Velin am Tisch befestigt, mit Kreide weich gemacht und mit einem Eisen geglättet. Als nächstes würde sie die Umrisse ihres Motivs durch feine Nadelstiche markieren, und das Abenteuer konnte beginnen ... Was für ein Vergnügen, jedesmal wieder! Erwartungsvoll schaute Klara die Mater an; diese aber nickte ihr kurz zu und ging weiter. Nicht einmal gefragt hatte sie, was dort entstehen sollte.

Als Kind bin ich zu Hause immer in den Stall gegangen, wenn ich Kummer hatte, ging es Hildegard durch den Kopf. Ich habe mein Gesicht an den Leib einer wiederkäuenden Kuh gelegt und dem Singen ihres Blutes in den Adern gelauscht. Das allein wirkte schon beruhigend. Auf ihren Stock aus Kastanienholz gestützt, stieg sie die Treppe hinunter, ein wenig steif in den Knien. »Was meinst du, Volmar«, murmelte sie, »sollte man die jungen Lämmer nicht lieber auf den Wiesen herumspringen lassen, statt ihnen die Haut abzuziehen, damit meine Visionen darauf Platz finden?«

Sage, was du siehst und hörst, und schreibe es auf ... Wie sollte es ohne den Symmista überhaupt weitergehen? Wer würde sie nun täglich ermutigen, das Werk zu vollenden? Mit Hiltrud würden sie Ewigkeiten an einem einzigen Text sitzen; für ihr ständiges Schaben und Korrigieren konnte das Pergament überdies gar nicht filzig und dickfellig genug sein. *Horche und gehorche* ... Ach, Volmar!

Ihre nächsten Schritte führten die Praeposita ins Hospital; auch dort hatte sie in der letzten Zeit viel zu selten vorbeigeschaut. Oda und ihre Helferin standen über aufgerissene Münder gebeugt, ritzten vereitertes Zahnfleisch mit einem Rosendorn auf, bestrichen Zahnstummel mit einer seltsam riechenden gelben Substanz, die Hildegard nie zuvor gesehen hatte. Die Tinktur werde aus dem Angstsekret der Marienkäfer gewonnen, so wurde ihr erklärt, und lindere die Schmerzen der Zahnfäule.

»Wie tüchtig ihr doch seid!« Hildegard lächelte müde. »Ich bin nur froh, daß ich mich nicht mehr um Zähne und Münder kümmern muß. Es hat mich immer Überwindung gekostet.«

Ich hätte sie fragen sollen, wie, um alles in der Welt, sie diesen Marienkäfersaft gewinnen und bis zum Winter aufbewahren, fiel es ihr draußen an der frischen Luft ein. Wie schwerfällig ihr Verstand in der letzten Zeit geworden war! Im Alter, dachte sie, wird der Geist des menschlichen Wissens wahrhaftig überdrüssig.

Selbst im Laboratorium, wo sie sich immer so gern aufgehalten hatte, warf sie nur einen flüchtigen Blick auf die Regale mit den Flaschen, Krügen und Phiolen. Ein jedes Ding schien an seinem Platz zu sein, auch ohne ihre ordnende Hand, ebenso in der geräumigen Bibliothek, deren Bestände an Codices, Bibeln und Herbarien sich dank vieler Spender nun durchaus mit denen der großen Klöster messen konnten. Alles lief reibungslos ab, die Gottesdienste in der Kirche nicht weniger als die Arbeiten in der Küche oder im Pilgerhaus, dem schönsten und saubersten in der ganzen Region; der Organismus dieses Klosters schien vollkommen selbständig zu arbeiten. Hildegard schloß die Augen und versuchte, sich den Rupertsberg ohne sie vorzustellen: Es war ganz einfach.

Am Ende ihres Rundgangs inspizierte sie noch den Obstgarten, damit ihre steifen Glieder wieder in Bewegung kamen. Sie schrieben immer noch den ersten Monat im Jahr, doch im Rheinland war der Winter bisher ausgeblieben; sie erlebten vielmehr einen richtigen Vorfrühling: Schneeglöckchen und Krokusse steckten ihre Spitzen aus der Erde, und drüben in Eibingen zeigten sich bereits die Weidenkätzchen. Die Rupertsberger Gärtner hatten Anweisungen bekommen, die empfindlichen Bäume zum Schutz vor allzu kräftigen Sonnenstrahlen mit einer Kalkmasse zu beschmieren. Der Pflanzensaft war schon bis in die Äste hochgestiegen – käme jetzt der Frost, würde alles verderben. Hildegards Fingerspitzen prüften die Knospen und fanden sie so groß wie in gewöhnlichen Jahren erst kurz vor Sankt Benedikt. Als wäre die Natur bestrebt, mir die Trauerzeit um Volmar zu verkürzen, dachte sie voller Rührung, denn mit der Natur, diesem Spiegel aller Gotteswunder, hatte sie sich stets im Einklang gefühlt. Auffallend unberechenbar war dieser Winter bisher gewesen. Der erste und letzte Schnee fiel zu Allerheiligen, danach wurde es wieder warm wie im *Windumemonat*, dem Monat der Weinlese; es gab heftige Gewitter, und ein Sturm jagte den nächsten. Auch auf dem Rupertsberg hatte es größere Schäden an Dächern und Schornsteinen gegeben. Volmar und Hildegard waren sich über die Ursachen der Katastrophen vollkommen einig gewesen; die Elemente wurden schließlich durch jeden Gedanken, jede Tat beeinflußt, das zeigten die Visionen deutlich.

Wie traurig aber war es derzeit um die Tugendkräfte der Menschen bestellt! Sie erlebten eine Epoche des Niedergangs, geprägt von Ungerechtigkeit und Gewalt, von Hungerepidemien auf der einen und verschwenderischer Prachtentfaltung auf der anderen Seite. Auch der ständige Machtkampf zwischen dem Kaiser und Papst Alexander wirkte sich aus. Seit fünfzehn Jahren bestand das unheilvolle Schisma nun schon, das mit Barbarossas erstem Gegenpapst begonnen hatte und mit dem letzten noch nicht zu Ende war. Der allgemeine Werteverfall ließ sich nicht mehr übersehen. Wie sollten die Elemente da nicht klagen und ebenfalls aus dem Ruder laufen?

Wenn ich noch einmal vor vielen Menschen spreche, werde ich mich ganz einfach ausdrücken, damit ein jeder begreift, was ich meine, nahm die Prophetissa sich bei ihrem Spaziergang durch den Obstgarten vor. Das Netz von Lichtfäden in der Hand des Menschen, das Weltenrad in der Brust des Schöpfers würden als Einheitssymbole nicht einmal von allen Lesern der Visionsschriften verstanden werden. Zu den einfachen Leuten aber sollte sie lieber von der Notwendigkeit sprechen, Gedanken, Worte und Taten in Einklang zu bringen. *Ihr müßt tun, was ihr sagt, sagen, was ihr denkt, und aufhören, in Gedanken andere zu verletzen*, werde ich sie beschwören, sagte sich Hildegard. Wenn ich noch einmal lehre, dann nichts anderes als das.

An einen Nußbaum gelehnt, den *warmen, bitteren*, blieb die Prophetissa stehen, um ihre Augen *wie ein Adler* auf die von Wolken befreite, unechte Wintersonne zu richten, bis ihr tränenblinder Blick der Kraft des Tagesgestirns nicht mehr standhalten konnte.

Die veränderte Situation in ihren beiden Klöstern erforderte Schritte, welche die Praeposita eher von ihrer lähmenden Traurigkeit befreiten, als sie es geglaubt hätte. Hildegard und die Töchter brauchten dringend einen neuen Propst, und da ja seit jenem Streit vor sechzehn Jahren urkundlich festgelegt war, daß sich die Nonnen ihren Seelsorger unter den Mönchen des Disibodenbergs selbst aussuchen durften, wählten sie in der Woche nach Volmars Beisetzung einstimmig Bruder Gottfried als seinen Nachfolger, denn er war nicht nur ein großer Bewunderer der Prophetissa, sondern überhaupt der einzige Mönch in Abt

Helengers Haus, den sie sich auf dem Rupertsberg vorstellen konnten.

»Das Heil unseres Ortes beruhte auf euch«, hatte der vorausschauende Prior Albert Hildegard seinerzeit geschrieben und sollte recht behalten.

Seit dem Auszug der Nonnen schien auf der Gemeinschaft des heiligen Disibod kein Segen mehr zu ruhen. Die Brüder hatten sich mit dem Neubau ihrer gewaltigen Klosteranlage nicht nur finanziell übernommen, sondern entbehrten zudem einer überzeugenden geistigen Führung, was dem Ruf des Klosters sehr schadete. Immer mehr Mönche kehrten ihm den Rücken, neue fühlten sich gar nicht erst angezogen.

Der Abt würde versuchen, sich seinen Verpflichtungen zu entziehen – damit hatte Hildegard gerechnet. Daß er ihre wiederholten Bittbriefe aber beharrlich ignorierte und unbeantwortet zur Seite legte, erzürnte sie über die Maßen, zumal sie ihm vor kurzem noch trotz ihrer Krankheit seinen Herzenswunsch erfüllt hatte, das *Leben des heiligen Disibod* niederzuschreiben, so wie sie es in der Schau sah.

»Und? Wirst du dich nun wieder auf dein Pferd schwingen, bei den Brüdern in den Kapitelsaal stürmen und um dein Recht kämpfen wie damals?« fragten die Töchter.

Hildegard aber winkte ab. »Nein, nein, meine Kinder, die Zeiten sind vorbei.«

Wozu gab es Freunde?

Als erstes verfaßte sie ein Schreiben an Ludwig, den Abt von St. Eucharius in Trier, der Hildegard seit ihrer Pfingstpredigt vor vierzehn Jahren zutiefst verehrte und sie häufig um Rat fragte. Ihrer langen Krankheit wegen war sie ihm noch einen Antwortbrief schuldig. Die Mönche der Echternacher Abtei hatten Ludwig nämlich vor Monaten ebenfalls zu ihrem Abt gewählt, doch er mochte nicht ohne Gottes und der Prophetissa Segen die Verantwortung für zwei Klöster übernehmen. So kam Hildegard nun seinem Wunsch nach, beschrieb ihm alles, was sie in der Schau über seine Aufgaben erfahren konnte, und ermutigte ihn, auch dem Kloster Echternach ein guter Abt zu sein. Erst am Schluß ihres Briefes kam sie auf ihre eigenen Probleme nach dem Tod Volmars zu sprechen:

»Das Buch aber, das ich durch die Gnade des Heiligen Geistes in wahrhaftiger Schau mit seiner Hilfe geschrieben habe und das noch nicht abgeschlossen ist, werde ich dir zum Verbessern vorlegen, sobald ich es vollendet habe«, schloß sie und übergab den Brief sogleich dem schnellsten berittenen Boten, den sie auftreiben konnte.

Kaum eine Woche später schickte Abt Ludwig zwei Mönche zum Rupertsberg, welche der Prophetissa bei der Vollendung ihrer letzten Visionsschrift zur Hand gehen sollten. Mit großer Dankbarkeit nahm sie die zwei bei sich auf und legte ihnen gleich die ersten beiden Teile ihrer neuen Visionsschrift vor, damit sie sich ein Bild machen konnten.

Beinah gleichzeitig mit den beiden Mönchen von St. Eucharius erschien ein anderer, etwas merkwürdiger Besucher, den Hildegard erst abweisen wollte, weil er sich auf ziemlich rücksichtslose Weise Zutritt zu ihrer Arbeitsstube verschafft hatte. Ohne sein Habit hätte sie ihn kaum für einen Priester gehalten, denn nichts in seinem Betragen oder seinen Gesichtszügen deutete darauf hin. Sein Blick schien ebenso mutwillig wie sein Lächeln, und es dauerte eine Weile, bis Hildegard ihre Vorbehalte so weit überwunden hatte, daß sie sich auf seine Geschichte einlassen mochte.

Er war eigens aus Süddeutschland angereist, was er schon längst hätte tun sollen, wie er meinte, doch leider habe er von Hildegards Heiligkeit und Erleuchtung erst vor kurzem erfahren. Die Prophetissa unterbrach ihn mit einer etwas ungeduldigen Handbewegung, damit er sich seine Lobhudeleien schenkte und zur Sache kam.

Der Vorfall habe sich vor sechzehn Jahren zugetragen, schwätzte nun der Mann in breitestem Schwäbisch. Damals sei er eines Nachts mit seinem Schüler und Meßdiener in die Kirche gegangen, um das Licht im Allerheiligsten anzuzünden. Zu seinem Erstaunen aber hätten über dem Altar bereits zwei Kerzen gebrannt, obwohl ihm sein absolut zuverlässiger Meßdiener versicherte, daß er alle wie gewöhnlich gelöscht habe. Als der Priester die Kerzen nun noch einmal löschen wollte, fand er das Altartuch auseinandergefaltet, gerade so, wie es zur heiligen Wandlung gebraucht wurde. Sobald auch sein junger Gehilfe dies bemerkte, schrie er etwas von einem Schwert, das sie beide töten werde, und stürzte wie vom Blitz getroffen zu Boden. Erschreckt beugte der Priester sich über ihn. Zum Glück schien sein Schüler äußerlich unverletzt zu sein, machte allerdings einen höchst verwirrten Eindruck. Er verzog sein Gesicht zur Fratze und stammelte: »Wenn wir ... die Buchstaben auf dem Altartuch ... gesehen haben, werden wir ... nicht sterben.«

Obwohl er diese Bemerkung für vollkommen unsinnig hielt, trat der Priester noch einmal vor den Altar und fand auf dem Tuch, an der Stelle, wo das Opfer dargebracht wird, fünf wie von Geisterhand geschriebene Buchstaben, in Kreuzesform angeordnet:

K
A P H
D

Nachdem er sich dieses merkwürdige Bild genau eingeprägt hatte, faltete der Priester das Tuch zusammen, löschte die Kerzen und ging mit seinem Schüler, der wieder ganz wohlauf zu sein schien, wie betäubt nach Hause. Die Buchstaben waren noch sieben Tage lang auf dem Altartuch zu sehen, danach verschwanden sie.

Der Schwabe hatte inzwischen etliche Geistliche und weise Männer aufgesucht und ihnen von dem Vorfall erzählt, doch niemand konnte ihm bisher die Bedeutung erklären.

Hier machte er eine Pause und sah erwartungsvoll die Prophetissa an.

Es ist weniger Mutwillen in ihm, dachte sie, als die weit verbreitete Leichtfertigkeit. Dann deutete sie ihm das Orakel, nachdem sie es sich hatte aufzeichnen lassen, folgendermaßen:

»Die Buchstaben K, P und D müssen von oben nach unten gelesen werden, die Buchstaben A, P und H dagegen von links nach rechts. Sie stehen für: Kyrium Presbyter Derisit, Ascendat Paenitens Homo. Die Übersetzung lautet: Der Priester hat den Herrn verspottet, er erhebe sich als reuiger Mensch.«

Das Schweigen des Besuchers währte so lange, daß Hildegard schon befürchtete, der Herr habe ihn nun mit Stummheit geschlagen. Dann aber warf er sich vor ihr auf die Knie, küßte, Besserung gelobend, ihre Hand und beichtete Sünden, die sie gar nicht wissen wollte.

»Ich werde zur Buße dem strengsten Orden beitreten, den ich finden kann«, versprach er.

»Das brauchst du nicht, Priester. Es würde vollauf genügen, ein guter Seelsorger zu sein!« sprach die Prophetissa und berührte seine Ellenbogen, damit er sich wieder erhob. Mit den Worten: »Der Mensch weiß ja um das Gute, auch wenn er es nicht tut. Gehe also hin und tue es«, verabschiedete sie den seltsamen Gast aus dem Schwabenland.

Wenige Wochen nach jenem Priester steckte ein junger Mann seinen Kopf zur Tür der Arbeitsstube herein, über dessen Kommen Hildegard sich ganz besonders freute: Es war ihr Lieblingsneffe Wezelin, der vor ein paar Jahren das Amt seines Bruders Arnold als Propst von Sankt Andreas in Köln übernommen hatte. Während der viel ältere Arnold – nunmehr Nachfolger Hillins und würdiger Erzbischof zu Trier – stets ein wenig zur Eifersucht neigte und in keinem Brief seine verwandtschaftlichen Beziehungen zur *Prophetissa Teutonica* zu erwähnen vergaß – was Hildegard einigermaßen befremdlich fand –, hatte sie den unbekümmerten Wezelin immer sehr gemocht. Er besaß gesunden

Menschenverstand und ein großes Herz, und beides schätzte seine berühmte Tante mehr als verwandtschaftliche Beziehungen. Zudem kam er ihr an dem Tag gerade so gelegen, daß ihn nur der Himmel geschickt haben konnte. Hildegard hatte nämlich wegen ihrer Schwierigkeiten mit den Mönchen einen Brief an Papst Alexander verfaßt und legte Wert auf des Neffen Meinung dazu. Gleich nach dem gemeinsamen Mittagsmahl las sie ihm den entscheidenden Abschnitt vor:

»Denn wir sind jetzt in großer Trauer«, ließ sie den Papst wissen, »weil der Abt vom Disibodenberg und seine Brüder unsere Privilegien mißachten, indem sie sich gegen unsere Wahl wenden, die uns immer zustand. Was dieses Recht angeht, müssen wir stets sorgsam auf der Hut sein, damit es uns nicht wieder genommen wird. Denn wenn man uns die fähigen und frommen Männer, die wir fordern, nicht zugesteht, wird das klösterliche Leben unter uns gänzlich zerrüttet ... Kann ich das so stehenlassen, Wezelin? Was meinst du?«

»Zeig mal!« Der Neffe streckte die Hand nach dem Schreiben aus, studierte die beiden Seiten gründlich und versprach dann, es selbst nach Rom weiterzuleiten, denn in Köln habe er gute Verbindungen.

Sein Bruder Arnold hält ihn für einen Schmeichler, entsann sich Hildegard und betrachtete Wezelins klare, knabenhafte Stirn. Ausgeschlossen, daß sich dort Hintergedanken verbargen, entschied sie ein für allemal. Am Abend ließ sie dem Neffen besonders wohlschmeckende Speisen auftragen, denn die Geistlichen in Köln wußten so etwas zu schätzen. Und während sie ihm belustigt zusah, wie er einen ganzen Kürbisstrudel verschlang, fragte sie ihn plötzlich ohne jede Vorwarnung, ob er sich Gott nahe fühlte.

»Wie bitte?«

Hildegard wurde deutlicher: »Ob du Gott *liebst*, möchte ich wissen.«

Wezelin starrte in das Kaminfeuer, dann kippte er einen

halben Becher Rotwein auf einmal hinunter, worauf er sich so verschluckte, daß seine Tante aufstehen und ihm den Rücken klopfen mußte. Nachdem seine Überraschung sich etwas gelegt hatte, sagte er kaum hörbar:

»Ich würde ihn wohl lieben, wenn ich ihn nur fände. – Jede Nacht suche ich ihn, jeden Tag sucht er mich, und einmal im Morgengrauen, so hoffe ich, werden wir zueinander kommen.«

Hildegard legte ihr Kinn auf seinen lockigen Schopf. Sein Haar roch immer noch wie das eines Knaben nach frischer Luft und Marzipan und erinnerte sie an das des jungen Barbarossa vor vielen Jahren, seinem Duft nach Äpfeln.

»Dummkopf«, sagte sie zärtlich, »man muß Gott nicht suchen. Er ist überall und in jedem. Alles ist Gott. Auch du.«

»Ich weiß zwar nicht, worauf du hinauswillst, Tante, aber wir sollten es lieber auf sich beruhen lassen«, sagte Wezelin kühl, füllte seinen Becher zum drittenmal und hatte nichts verstanden.

Am nächsten Morgen in aller Frühe war er schon fort, kehrte aber bald darauf mit dem Auftrag des Papstes zurück, zwischen Hildegard und den Mönchen des Disibodenbergs zu vermitteln.

»Sollten dann die genannten Schwestern keinen Propst aus jenem Kloster bekommen können, so veranlasse, daß sie wenigstens aus einem anderen einen geeigneten Seelsorger erhalten«, hieß es im Schreiben des Papstes Alexander an Propst Wezelin.

Hildegard fragte niemals, mit welchen Argumenten ihr Neffe Abt Helenger überzeugt hatte. Es genügte ihr, daß im Spätsommer mit Pater Gottfried wieder ein Schreiber auf den Rupertsberg kam, mit dem sie arbeiten konnte.

25
Gefangene des Lichts

Jeden Mittag konnte man die Prophetissa fortan auf ihren Stock gestützt, der zuweilen anders wollte als ihre Beine, zum kleinen Friedhof oberhalb der Kirche wandern sehen. Statt sich nach Tisch eine kurze Ruhepause in ihrem Schlafraum zu gönnen wie bisher, zog sie nun die sonnenwarme Holzbank vor Volmars Grab ihrem Bärenfell vor, denn dort konnte sie Zwiesprache mit dem Symmista halten. Täglich berichtete sie ihm überwiegend Erfreuliches vom Rupertsberg, lobte vor allem die Töchter, von denen sie sich in der letzten Zeit sehr verwöhnt fühlte.

»Denk dir nur, Lieber, jeden Morgen bringen sie mir taufrische Rosenblätter, damit ich sie mir eine Viertelstunde lang auf die Augen lege, die mir dank der Nebelschwaden und Winde dieses Frühjahrs nicht zu tränen aufhören wollen. Nein, über mangelnde Achtsamkeit kann ich wirklich nicht mehr klagen, und auch mittags ist es eine Lust, gemeinsam mit den Schwestern im Refektorium zu speisen, zu sehen, wie liebevoll die Novizinnen bedient und die jeweiligen Lesungen gesprochen werden. Am schönsten aber ist es abends in der Kirche, wenn sie zum Vespergottesdienst meine Lieder und Sequenzen vortragen. Sie singen dieses Jahr wie die Engel, Volmar, schöner denn je. Dazu spielen sie Psalter und Harfe, die Instrumente der Glückseligkeit. – Wahrhaftig, solch wunderbare Töchter hatte ich noch nie! Am Abend meines Lebens werden sie nicht müde, mich an Leib und Seele zu erfreuen und alles Ungemach von mir fernzuhalten. Und Gottfried ...«

Hier unterbrach sich die Mater, um den süßen Duft der Traubenblüte und Holunderhecken, der ihr von allen Seiten zugeweht wurde, tief in sich aufzunehmen. Kein noch so kuscheliges Bärenfell hätte damit wetteifern können. Es kam ihr vor, als wäre die Nase, welche sie in ihren Schriften den

Luftzonen, dem vierten Monat und der Weisheit zugeordnet hatte, bei ihr mit den Jahren immer feiner geworden; jedenfalls konnte sie sich an Düften geradezu berauschen. Und sie nahm sich vor, dem Symmista im Herbst eine *Rosa centifolia*, die sie beide so liebten, auf sein Grab zu pflanzen.

»Gottfried kam mir sehr gelegen«, nahm sie nach einer Weile den Faden wieder auf. »Er schreibt fleißig alles mit, ist aber gewiß kein *Mann mit der Feile*. So bat ich ihn gestern, einmal versuchsweise einen Abschnitt aus der neunten Vision über die *Vollendung des Kosmos* ins Deutsche zu übertragen, nachdem wir uns eine Woche lang mit der lateinischen Fassung abgemüht hatten. Die Eingebung durch das Lebendige Licht begann mit den Worten: *Gott hat bei der Bildung des Menschen Seine Geheimnisse in ihm verschlüsselt, da Er ihn im Denken, Wissen und Wirken zu Seinem Ebenbild machte.* Im weiteren Verlauf wurde der Mensch dann als *clausura mirabilium Dei* bezeichnet – o wie hüpfte mir das Herz bei diesem Vergleich! Bruder Gottfried aber machte daraus. *So ist der Mensch die Eingeborgenheit der Wunder Gottes ...* Eingeborgenheit – niemals hättest du ein so sperriges Wort benutzt, Volmar! Sollten wir nicht lieber sagen: *Der Mensch ist der Hort aller Wunder Gottes?* schlug ich meinem Schreiber vor. Er strahlte über das ganze Gesicht und stimmte zu. Doch von selbst fallen ihm solche Worte einfach nicht ein. Seiner Sprache fehlt leider jede Leichtigkeit ... Wie auch immer, ich bin nicht gekommen, mich bei dir über deinen Nachfolger zu beklagen, mein Symmista, zumal er ein sehr anhänglicher Mensch ist. Uns verbindet die Liebe zur Musik – vor allem meine Komposition *O clarissima Mater* hat es ihm angetan – und die Marienverehrung. Bruder Gottfried liebt Aussagen wie: *Der Sinn des Weiblichen ist es, Gott in der Welt zu manifestieren*, und schreibt sie sogleich auf. Überdies hat er mich gebeten, eine Biographie über mich verfassen zu dürfen. Ich denke, ich sollte es ihm erlauben, Volmar. Er wird ehrfurchtsvoll und distanziert bleiben, denn zu einer intimeren *Vita Hildegardis*, wie du sie geschrieben hast, fehlen ihm ja wohl die Voraussetzungen.«

Bevor sie sich verabschiedete, erfüllte sie Volmars letzten Wunsch, der ihr immer noch in den Ohren klang, und ließ auch ihn an den Bildern jener neunten Vision im *Buch der Gotteswerke* teilhaben: Die Gestalt der *Weisheit* war der Prophetissa darin gezeigt worden und hatte sie, wie schon so viele andere Erscheinungen, mit dem Glanz ihres Gesichtes geblendet.

Dem Symmista zuliebe beschrieb Hildegard das Aussehen der Weisheit, ihren Halsschmuck und ihren grünen, edelsteinbesetzten Mantel über einem weißen Seidenkleid so genau wie möglich, ebenso eine weitere Gestalt zu ihrer Rechten, welche die *Allmacht Gottes* symbolisierte. Mitten auf ihrem Bauch prangte das Haupt eines Menschen mit Bart und grauen Haaren, die Füße aber glichen den Pranken eines Löwen. Der Körper der Gestalt war ganz und gar mit Schuppen bedeckt, denn der Fischleib, so wurde der Seherin gesagt, *weist auf die verborgene Natur der Fische hin, von denen niemand weiß, woher sie stammen und welchen Weg sie durch die Gewässer nehmen*, und sollte als Gleichnis für den Sohn Gottes verstanden werden, der ebenfalls *auf verborgenem Wege* auf die Welt gekommen ist.

Die Gestalt der Allmacht hatte sechs Flügel – Symbole der sechs Schöpfungstage und ihrer Werke –, und zwei dieser Flügel erhoben sich in unregelmäßigen Abständen, als wollte die Gestalt sich in die Luft schwingen. Auf demjenigen Flügelpaar, das von den Schultern der Allmacht ausging, erschienen fünf Spiegel als Synonym für die fünf großen Lichter der Heilsgeschichte: Abel, Noe, Abraham, Moses und den Gottessohn. Auf den Spiegeln wiederum leuchteten verschiedene Inschriften auf, wovon eine *Weg und Wahrheit* lautete ... Hier machte Hildegard eine Pause und schaute hinunter auf den Fluß, damit sie und der Symmista Zeit fanden, sich an die gleichlautenden letzten Worte auf der Wachstafel zu erinnern, bevor sie hinzufügte:

»Ich sollte wohl noch erwähnen, daß die Gestalt der Allmacht vom Entschluß Gottes zur Menschwerdung kündete. Er wird ja, so heißt es in den Psalmen, *niederkommen, wie Regen auf die Erde niederträufelt*. Vom Geheimnis der Inkarnation sprach mir die Stimme des Lebendigen Lichtes länger, als unsere Zeit es mir jetzt erlaubt, Volmar. Ich würde mich bis an das Ende meiner Tage nur damit beschäftigen müssen, um wenigstens einen Teil davon zu verstehen. Denn die Bilder allein können uns nicht von der Unwissenheit befreien, weißt du. So bin und bleibe ich eine Gefangene des Lichts.«

Hildegards Blick ruhte immer noch auf dem Fluß, und kaum hatte sie die letzten Worte ausgesprochen, sah sie einen langen, funkelnden Sonnenstreifen auftauchen, der sich wie ein Finger über das Wasser legte.

Wie gut, daß das Leben kein stehendes Gewässer ist, sondern ein fließender Strom. Fließen ist die innerste Natur des Flusses, so wie Veränderung die Natur des Lebens ist, dachte sie, als sie sich vom Friedhof aus gleich zu Odas Augenpatienten begab. Hildegard hatte es versprochen, denn man schien sie auf der Krankenstation immer noch für unentbehrlich zu halten, obwohl Oda und ihre Helferinnen sich mit den fünf verschiedenen Universalmitteln längst ebensogut auskannten wie die Mater selbst. Sie konnten auch ohne ihre Hilfe feurige Augen, *die einer schwarzen Wolke neben der Sonne ähnlich waren*, von braunen oder gemischtfarbigen unterscheiden und sie, wenn nötig, mit einer Tinktur aus Veilchen-Rosen-Fenchel-Wein befeuchten, während sie Patienten mit grünen Augen raten würden, sich eine Stunde vor dem Schlafengehen eine Kompresse aus Fenchelkraut und Eierschnee aufzulegen. Beinah jede Sehschwäche oder Entzündung war heilbar, wenn man nur die Zusammensetzung der Rezepturen auf die Irisfarbe des Kranken abstimmte und damit seinem Typ und Temperament gerecht wurde. Vor Hildegard hatte dies im Abendland noch kein Medicus herausgefunden. Dabei war es nur ein kleiner Teil ihrer Augenheilkunde, die sich einfachster Mittel bediente. So empfahl sie älteren Menschen zur Stärkung ihres Sehvermögens den Blick auf eine grüne Wiese, *bis die Tränen kommen*, und selbst den am grauen oder grünen Star Erkrankten konnte sie durch eine vierwöchige Heilkur mit einem Topas helfen, der tagelang in Wein eingelegt wurde, bevor man die Augenlider damit benetzte. Für Hildegard stand jede Funktion des Auges in Wechselbeziehungen zu anderen Phänomenen, wie etwa dem Firmament oder gar dem Sittenleben. Einmal in der Woche war Augensprechstunde auf dem Rupertsberg, und allein die hoffnungslosen Fälle blieben der Mater zur Behandlung vorbehalten. Viele hatten von der Heilung des blinden Knaben in Eibingen gehört und hofften nun auf ein ähnliches Wunder. Meist waren es sehr gläubige Menschen, die zu Hildegard kamen, und oft genügten tatsächlich ein Handauflegen oder ein paar Spritzer Weihwasser, um ihnen das Augenlicht wiederzugeben. Der Ruf ihrer Heiligkeit verbreitete sich auf diese Weise immer weiter im Land.

Als Hildegard so lange krank gewesen war, hatten die Schwestern in ihrer Verzweiflung sogar Haarsträhnen oder Stoffreste aus dem Gewand der Mater aufbewahrt und den Schwerkranken zukommen lassen, damit sie es am Leibe trügen; selbst das hatte einigen angeblich geholfen, ebenso die Ratschläge, die Hildegard den Notleidenden im Traum erteilte.

Auch für die Gemütskranken und Besessenen war der Rupertsberg seit der Heilung Sigewizas zur Pilgerstätte geworden. Im ersten Halbjahr hatte man Hildegard bereits fünf dieser Kranken gebracht. Eine Frau, welche der böse Geist zu Wutausbrüchen zwang, wurde ihr in Fesseln vorgeführt, eine andere, von einem stummen Dämon geschlagene, trugen die Mönche aus Maria Laach mitsamt ihrem Krankenbett zum Exorzimus nach Bingen, nachdem ihre eigenen Rituale nichts gefruchtet hatten. Beide Frauen konnten durch die Prophetissa von den Dämonen befreit werden, desgleichen eine Nonne aus Aschaffenburg, die vom *großen Durcheinanderwerfer*, wie Hildegard ihn gern nannte, zur Beichte von Sünden gedrängt wurde, die sie nie begangen hatte, und die zudem beim Anblick bestimmter Menschen und Tiere in stundenlanges Geheul ausbrach. Die letzte der fünf Exorzierten aber, die obendrein bettelarm und blind war, hatte nach ihrer Heilung nur noch den einen Wunsch, bis zu ihrem Lebensende als Nonne auf dem Rupertsberg zu bleiben. Die Praeposita zögerte nicht, sie in ihre Gemeinschaft aufzunehmen.

Den ganzen Sommer und Herbst arbeiteten sie so intensiv an der Vollendung des *Buches von den Gotteswerken*, daß Hildegard nur flüchtig zur Kenntnis nahm, was sich derzeit draußen in der Welt abspielte: Die alten Streitigkeiten zwischen Staufern und Welfen schienen wieder aufgebrochen zu sein, nachdem Heinrich der Löwe sich geweigert hatte, den fünften Italienzug des Kaisers zu unterstützen.

»Diesmal wird er scheitern, der Rotbart«, sagte die Prophetissa und enthielt sich jedes weiteren Kommentars.

Zum Jahresende, endlich, war auch die zehnte und letzte Vision vom *Ende der Zeiten* in groben Zügen niedergeschrieben: Im Osten neben einem Berg hatte Hildegard in einer blendend weißen Wolke ein großes Rad erblickt – das Symbol für den ewigen Gott ohne Anfang und Ende –, und sie hatte Propst Gottfried zum besseren Verständnis aufgemalt, wie dieses Rad durch dunkle und rot schimmernde Linien in verschiedenfarbige Segmente eingeteilt war, in deren Schnittpunkt wiederum die strahlende Gestalt der *Liebe* erschien. Sie war in glänzendes Purpur gekleidet und mit kostbaren Edelsteinen geschmückt und hielt in der Hand eine leuchtende Kristalltafel, darauf geschrieben stand: *Ich werde mich in schöner Form zeigen, wie Silber glänzend, denn die Gottheit, die ohne Anbeginn ist, strahlt in großer Herrlichkeit ...*

Die Bildsprache der zehnten Vision mit Hilfe ihrer Mitarbeiter in Sprachbilder zu bringen hatte die Prophetissa so sehr ermüdet, daß sie die endgültige Korrektur der umfangreichen Deutungen durch die Stimme des Lebendigen Lichtes lieber auf später verschob. Sie hatte tiefen Einblick in das Wirken Gottes nehmen dürfen, hatte die Gesetzmäßigkeiten des Kosmos von innen gesehen wie ihr Schöpfer – statt als Beobachterin von außen – und brauchte nun Monate der Stille und Zurückgezogenheit, um das Offenbarte auf sich wirken zu lassen. Nie zuvor war ihr so deutlich geworden, daß es ein Verständnis gab, welches über die Transkription der Visionstexte weit hinausging. Kein Sterblicher würde die letzten Erkenntnisse jemals in Worte kleiden können, denn sie waren mit Hilfe des Verstandes weder zu erfassen noch zu vermitteln.

»Verständnis ergibt sich nicht aus Denkvorgängen, sondern nur aus der direkten Wahrnehmung«, erklärte sie Gottfried, als er wieder einmal mit seiner Dokumentenmappe unter dem Arm bei ihr eingetreten war. »Wer wirklich versteht, wird frei sein von allem Leid, das allein aus der Bindung an vergängliche Objekte oder gar Menschen erwächst«, fügte sie hinzu und wunderte sich gleichzeitig, daß ihr mit jedem Jahr mehr Schriftstücke zum Unterzeichnen vorgelegt wurden.

»Aber wir Klosterleute sind doch vollkommen frei von solchen Bindungen«, hörte sie Gottfrieds zaghaften Einwand beim Rascheln der Pergamente; dann sammelte er die Schenkungsurkunden wieder ein und überließ Hildegard ihren Betrachtungen.

Ihren größten Verehrer kannte die Prophetissa zu dieser Zeit noch gar nicht, und wahrscheinlich hätte sie nicht einmal genau sagen können, wo die Benediktinerabtei zu Gembloux eigentlich lag, in deren Bibliothek der bekannte wallonische Chronist und Gelehrte Wibert gerade mit Hildegards Kölner Freund Philipp von Heinsberg zusammen saß. Der frühere Domdekan und Nachfolger des Erzbischofs Rainald von Dassel hielt sich wegen einer Streitigkeit mit

Friedrich Barbarossa schon eine ganze Weile in Lüttich auf und folgte den Einladungen des lebhaften Mönches Wibert von Gembloux stets mit großer Freude, beherbergte die Abtei in der Nähe von Namur doch eine der reichhaltigsten Bibliotheken des Abendlandes, eine Fundgrube an französischen und hispanischen Werken neben den interessantesten Texten der Klassiker von Horaz über Ovid bis Vergil und ausgesprochenen Raritäten wie dem *Buch der Rhetorik und Poetik* von Aristoteles oder dem hebräischen *Pentagon Salomonis*.

Außer ihrer Neigung zur Literatur und Philosophie verband die beiden Männer ihre Liebe zur *Prophetissa Teutonica*. Nach der Veröffentlichung ihrer Lieder, des *Scivias* und der medizinischen Schriften war in Flandern und Brabant eine regelrechte Hildegard-Bewegung entstanden, und die Kunde von ihren Predigtreisen und Wunderheilungen tat ein übriges, das Interesse an dieser Frau dort lebendig zu halten. Philipp von Heinsberg hatte die Prophetissa nach ihrer brisanten Kölner Predigt zu Anfang der sechziger Jahre mehrmals auf dem Rupertsberg besucht und machte aus seiner Verehrung ebensowenig einen Hehl wie Wibert von Gembloux, der ihr noch niemals begegnet war, sie ihrer Werke wegen aber emphatisch »die größte Frau dieses Jahrtausends« nannte.

»Ihr seid zu beneiden«, gestand er seinem Besucher, »ich würde Gott weiß was dafür geben, wenn ich sie nur einmal von Angesicht zu Angesicht sehen und ihr mindestens zwei Dutzend Fragen über ihre Eingebungen stellen dürfte.«

»Was wollt Ihr denn wissen?« erkundigte sich Erzbischof Philipp.

»Oh, zum Beispiel, ob sie ihre Visionen in deutscher Sprache vorbringt und ein anderer sie ins Lateinische überträgt oder ob sie direkt in der lateinischen Sprache diktiert und ob das Gerücht stimmt, daß die Visionen nach dem Diktat und der Aufzeichnung durch ihre Schreiber wieder ganz ihrem Gedächtnis entfallen. Zu gerne würden wir – viele meiner Brüder und ich – auch erfahren, ob die Prophetissa ihre Bibelkenntnisse dem eifrigen Studium oder ebenfalls der göttlichen Unterweisung verdankt.«

Philipp lächelte nachsichtig. Er kannte seinen Freund Wibert, diesen feurigen Wallonen, als rechten Hitzkopf und fand es amüsant, dessen schnell und leidenschaftlich vorgetragenen französischen Sätzen zu lauschen, auch wenn er nicht jedes Wort verstand.

»Das sind kühne Fragen«, sagte er. »Ich weiß nicht, ob Hildegard sie einem Wildfremden beantworten würde. Ihr sollt sie aber auf jeden Fall besuchen, wenn Ihr einmal durch das Rheinland kommt. Sie ist der liebenswürdigste Mensch, den ich kenne. Nur ein paar Augenblicke in ihrer Gegenwart würden Eure Seele schon erheben.«

»Ich weiß. Und aus irgendeinem Grund muß ich ständig an sie denken. Doch leider bin ich ein klausurierter Mönch. So leicht werde ich weder Erlaubnis noch Gelegenheit bekommen, zur Meisterin nach Bingen zu reisen.« Wibert seufzte tief, gleich einem schmachtenden Liebhaber, und richtete seine schönen braunen Augen mit einem Ausdruck der Ratlosigkeit auf den Gast.

»Dann schreibt ihr doch«, ermunterte ihn Philipp von Heinsberg. »Vielleicht antwortet sie Euch ja, so wie sie mir stets geantwortet hat. Hildegard ist allerdings oft sehr krank, was angesichts der gewaltigen Aufgaben, die ihr vom Herrn auferlegt werden, wahrlich kein Wunder ist. Sie hat ja die fünfundsiebzig bereits überschritten, doch merkt man es ihr nicht mehr an, sobald sie zu reden beginnt. Dann vibriert sie förmlich vor göttlicher Energie, und die Luft scheint noch zwei Handbreit über ihrem Haupt zu leuchten.«

Wibert von Gembloux nickte so heftig, daß ihm seine lange, wippende Stirnlocke über die Augen rutschte. »Ich muß sie sehen, solange sie noch unter den Lebenden weilt«, wiederholte er und setzte noch am selben Tag ein Schreiben an die Prophetissa auf, das er aber erst Monate später einer Nonne mit auf den Weg nach Bingen geben konnte.

Als Schwester Ida jedoch ohne einen Brief der verehrten Meisterin nach Gembloux zurückkehrte, war Wiberts Enttäuschung groß. Im brennenden Verlangen nach einer Antwort wandte er sich umgehend ein zweites Mal an Hildegard und fand in einem befreundeten Ritter aus der näheren Umgegend auch gleich einen würdigen Fürsprecher. Am Tage Mariä Himmelfahrt des Jahres 1175 reiste Siger von Wavra, der die Prophetissa hin und wieder aufsuchte, zum Rupertsberg. Bereits eine Woche später schickte er frühmorgens einen berittenen Boten zu Wibert und bat ihn um sein Kommen. Wahrscheinlich hatte er die leidenschaftliche Natur seines Freundes unterschätzt, der in der Hoffnung auf eine Botschaft der Seherin alles stehen und liegen ließ, um zum Gut der Wavras zu eilen. Der Mönch aus Gembloux traf dort allerdings nur Sigers Frau an und wollte dies schon für ein schlechtes Omen halten, doch Elisabeth kam all seinen Fragen zuvor, indem sie ihm gleich bei der Begrüßung das ersehnte Schreiben vom Rupertsberg in die Hand drückte.

Wibert schloß die Augen, atmete tief ein und aus: Endlich! Von seinen Gefühlen überwältigt, drückte er Hildegards Brief wortlos an sein Herz und seine Lippen und trug ihn dann in die Hauskapelle der Wavras. Dort legte er seinen Schatz auf den Altar, bis sich sein Gemüt dank inbrünstiger Gebete zum Heiligen Geist wieder beruhigt hatte. Dann erst las er die lateinischen Worte der Prophetissa *de modo visionis suae*, las sie zwei-, dreimal und geriet dabei, wie er später bekannte, beinahe in Ekstase. Als er nach Stunden, immer noch aufgewühlt, mit dem Schreiben in der Hand zu den Wavras zurückkehrte, wurde er bereits vom Hausherrn erwartet. Siger richtete ihm nun auch die mündlichen Grüße der Prophetissa aus und bat dann den Freund, dessen Verwirrung ihm nicht entgangen war, ihm den Inhalt dieses offenbar bedeutenden Briefes doch kurz auf französisch mitzuteilen, denn er wolle nicht »wie der Esel sein, der den Wein zwar trägt, ihn aber nicht zu schmecken bekommt«.

»Der Brief ist sehr lang, höchst aufregend und keineswegs leicht zu übersetzen«, wich Wibert aus. »Laß mir ein wenig Zeit, mich damit zu befassen. Auch wäre es mir lieb, noch einige Geistliche und gebildete Laien zu einer Lesung einzuladen.«

Siger stimmte zu. »Wie du meinst, mein Lieber, warten wir bis morgen. Aber keinen Tag länger.«

Nach schlafloser Nacht, in der Wibert seinen Gedanken nachhing und sich um die bestmögliche Übersetzung des Briefes bemühte, trug er anderntags einem Kreis ausgewählter Zuhörer Hildegards freimütige Erklärung zur »Art und Weise ihrer Visionen« vor. In aller Ausführlichkeit beschrieb sie darin die ihr angeborene seherische Begabung und vergaß auch nicht, die damit verbundenen Ängste und Zweifel zu erwähnen, die ständigen Schmerzen und Krankheiten. Was sie schon so oft gesagt hatte, bekräftigte sie auch hier, daß sie sich lediglich als ein Instrument Gottes betrachte. Dann erst kam sie auf das Eigentliche zu sprechen:

»Das Licht, das ich schaue, ist nicht an den Raum gebunden. Es ist viel, viel lichter als eine Wolke, die die Sonne in sich trägt«, verlas Wibert mit vor Bewunderung bebender Stimme. »Weder Höhe noch Länge noch Breite vermag ich an ihm zu unterscheiden. Es wird mir als der *Schatten des Lebendigen Lichtes* bezeichnet. Und wie sich Sonne, Mond und Sterne in den Wassern spiegeln, so strahlen mir aus ihm die Schriften, Reden und Werke der Menschen entgegen.«

Es folgten weitere Beschreibungen, und schließlich zitierte Wibert die Stelle, die ihn jedesmal zu Tränen rührte, wenn er sie las:

»In diesem gedämpfteren Licht sehe ich zuweilen, aber nicht oft, ein anderes, das mir das *Lebendige Licht* genannt wird. Wann und wie ich es schaue, vermag ich nicht zu sagen, aber solange ich es sehe, ist alle Traurigkeit und alle Angst von mir genommen, so daß ich mich wieder wie ein junges Mädchen fühle und nicht wie eine alte Frau ...«

Sogar auf die neugierigen Fragen der Mönche ging die Prophetissa in ihrem Schreiben ein. Alles, was sie in den Visionen höre oder sehe, erklärte sie, gehe sofort in ihr Bewußtsein ein, und sie behalte es auch lange im Gedächtnis. »Was ich in der Schau höre, klingt aber nicht wie aus eines Menschen Mund, sondern erscheint als blitzende Flamme und eine sich im Äther bewegende Wolke. Die Form des Lichtes vermag ich nicht zu erkennen, wie ich ja auch die Sonnenscheibe nicht einfach so betrachten kann.« Später betonte sie noch einmal, sich an Leib und Seele selbst nicht zu kennen und sich als Nichts zu betrachten. »Ich strecke mich aus nach dem lebendigen Gott und überlasse alles Ihm, damit Er, der weder Anfang noch Ende hat, mich in all dem Geschehen vor dem Bösen bewahre.« Nach liebevollen Ermahnungen an Wibert schloß sie mit ihrem Segen: »Alle, die Du mir in deinem Brief nanntest, möge der Heilige Geist so leiten, daß sie im Buch des Lebens eingeschrieben werden.«

Schweigend ließen Wiberts Gäste das Gehörte auf sich wirken. Keiner schien geneigt, das Schreiben zu kommentieren, in welchem die berühmte *Prophetissa Teutonica* einem ihr völlig unbekannten Mönch in Brabant die Geheimnisse ihrer Sehergabe enthüllt hatte, bis der ehemalige Abt der Prämonstratenserabtei von Vallis Regia oder Königstal sich räusperte und das Wort ergriff. Während der ganzen Lesung hatte Abt Rupert mit tiefgeneigtem Haupt dagesessen, so daß niemand wußte, was in ihm vorging, nun aber erhob er sich und rief voller Begeisterung: »Diese Worte können nur vom Heiligen Geist selbst stammen! Die gelehrtesten Magister Frankreichs hätten sich ohne himmlische Offenbarung nicht zu einer solchen Höhe aufschwingen können. Mit ihren trockenen Herzen verlieren sie sich in Wortklaubereien und blasen sich wegen Nichtigkeiten auf. Diese gottbegnadete Frau aber, deren Stimme wir in der Übersetzung unseres Freundes hören durften, beschränkt sich auf das Wesentliche, nämlich die Ehre Gottes. Sie schöpft aus ihrer inneren Fülle und gießt sie aus, um den Durst der nach Wahrheit Dürstenden zu löschen!«

Alle stimmten dem laut zu und baten um eine Abschrift der Epistel.

In Wibert aber wuchs der Wunsch, die verehrte Meisterin nun so bald wie möglich persönlich kennenzulernen. Sie zog ihn in ihren Bann wie noch kein Mensch zuvor, so daß ihm der Gedanke kam, sie könnten einander, ohne es zu wissen, schicksalhaft verbunden sein. Und als ihn kurze Zeit später ein angesehener Kanonikus aus Lüttich einlud, ihn auf seiner Reise nach Bingen zu begleiten, und auch Abt Johannes seine Zustimmung nicht verweigerte, glaubte Wibert von Gembloux um so mehr an eine göttliche Fügung.

26

Er ordnete in mir die Liebe

Eines Tages stand er vor ihr, der Briefeschreiber aus Brabant, der Magier der Worte.

»Wahrhaftig, die Früchte Deiner Arbeit sind besser als Wein und duften süßer als die kostbarsten Salben«, hatte er ihr in seinem Brief geschmeichelt und sie »bei der Milde des allmächtigen Gottes« gebeten, »Du wollest mich zu Deinen Vertrauten zählen und mir nicht verübeln, daß ich allzeit Deiner eingedenk bin.«

Wie hochgewachsen er war, dieser Mönch aus Gembloux! Hildegard streckte ihm beide Hände entgegen und erhob sich auf die Zehenspitzen, um ihm ins Gesicht zu sehen. Aus irgendeinem Grund fühlte sie sich angenehm überrascht, daß er nicht so jung war, wie seine Wortgewalt sie hatte vermuten lassen. Auf Ende Vierzig bis Anfang Fünfzig schätzte sie ihn.

»Willkommen, Wibert von Gembloux«, sagte sie. »Sei herzlich willkommen!«

Ein großflächiges Gesicht besaß dieser Mann und wirre schwarze Locken, nur an den Schläfen leicht ergraut, einen sinnlichen Mund und hyazinthfarbene Augen. Er beugte sich über die Hand der Magistra und murmelte Französisches, dann Lateinisches, das sich bei ihm viel weicher anhörte als in der Sprechweise der Rheinländer. Als er endlich die Augen hob, lag ein Ausdruck grenzenloser Bewunderung darin. Ein wenig seltsam berührt von diesem Verehrer, flüchtete Hildegard sich in die Begrüßung des Priesters aus Lüttich, den sie schon länger kannte.

Vier Tage blieben die beiden Geistlichen auf dem Rupertsberg, und die Praeposita widmete ihnen so viel Zeit und Aufmerksamkeit wie selten einem Gast. In Brabant schienen die Menschen von anderer Art zu sein, und genau das tat ihr gerade gut. Beim gemeinsamen Mahl mit Rheingauer Spezialitäten erfreute sie sich an ihren feinen Zungen und angenehmen Tischmanieren ebenso wie an den theologischen Gesprächen oder an Wiberts samtener Stimme beim Gesang der Liturgie. Es traf sich gut, daß die Töchter zu Hildegards siebenundsiebzigstem Geburtstag das *Spiel der Kräfte* neu eingeübt hatten, um es noch einmal in der Kirche aufzuführen; die beiden Brabanter waren verständige Zuhörer und wußten ihr Glück durchaus zu schätzen. Vollkommen selig aber war der Mönch aus Gembloux, wenn sein Kollege in Bingen zu tun hatte; dann nämlich spazierte die Prophetissa jedesmal an Wiberts kräftigem Arm, der ihr den Stock entbehrlich machte, rund um den Rupertsberg.

»Baumlang bist du, einer Tanne gleich«, scherzte sie. »Sind alle Brabanter so? Die Tanne ist mehr warm als kalt, weißt du, und birgt viele Kräfte. Die Luftgeister meiden ihr Holz, so daß Zauber und Magie in der Umgebung dieser Bäume keinen Schaden anrichten können.«

»Tanne?« wiederholte der Gelehrte aus Gembloux mit einem wunderlichen Akzent.

»*Abies alba*. Wir nennen sie *Abiete*«, erklärte Hildegard, die beim Zusammensein mit Wibert gerne vergaß, daß einer die Muttersprache des anderen nicht beherrschte. »Die *Abiete* steht für *fortitudo*, die Tapferkeit.«

An der höchsten Stelle des Rupertsberges waren sie stehengeblieben und schauten nun hinunter auf die Flußlandschaft, die zu ihren Füßen lag, in mildes Spätsommerlicht getaucht.

»Eine *Abies alba* ist aber weiß, nicht grün«, bemerkte Wibert, denn »grün« war eines der wenigen Wörter, die er auf deutsch kannte. »Und wo bleibt die *viriditas*?«

»Du weißt nicht, was ich unter Viriditas verstehe?«

»Nicht so genau.« Das war geschwindelt. Wibert wollte die Bedeutung nur noch einmal aus ihrem Munde hören. Die Mater hatte so eine bezaubernde Art, die Begriffe zu erläutern, ohne belehrend zu wirken. Und ihr Sinn für Zusammenhänge war schlichtweg unglaublich.

»Viriditas ist sehr umfassend«, sagte Hildegard. Ihre Hände beschrieben einen großen Kreis durch die Luft, bevor sie sich wieder im Arm ihres Begleiters einhängte, um langsam weiterzugehen, während sie fortfuhr: »Es ist so etwas wie die schaffende Kraft, der lebendige Geist. Viriditas ist gezeugtes Licht und die Energie in den Elementen; sie lebt in der Flamme, pulsiert in den Gewässern, feuchtet im Stein, leuchtet in der Luft. Ebenso ist sie im Gewissen des Menschen, im Wissen und in der Vernunft.«

»Der Geist geht aus, grünt und bringt Frucht. Das ist das Leben«, zitierte Wibert.

»Also weißt du es doch! Du willst mich alte Frau nur zum Narren halten!«

Sie hatten unterdessen Volmars Grab erreicht und schenkten ihm den Sonnenblumenstrauß, den Wibert für die Mater gepflückt hatte. »Auch diese großen gelben Blütenköpfe wurden, wie alles in der Natur, von der Viriditas zur goldenen Reife gekocht«, sagte Hildegard, als sie die Blumen niederlegte. Dann setzten sie sich auf die Bank und beobachteten schweigend, wie die Sonne hinter den Weinbergen versank.

Wie gut es tut, einen lebendigen Menschen zur Seite zu haben, dachte sie, einen Mann der Sprache, der zu reden versteht und doch weiß, wann es Zeit ist, zu schweigen.

»Du solltest bald wiederkommen, Wibert von Gembloux«, sagte sie, als zwei Tage später die Stunde des Abschiednehmens gekommen war. »Glaube mir, es geschah nicht aus eigenem Antrieb, daß ich dir deine Fragen zu meinen Visionen in jenem Brief so ausführlich beantwortet habe, denn zuvor sah ich in der Schau, was du mir einmal sein wirst. Gott will mir auf meine alten Tage wohl noch einmal einen Menschen schicken, der meine unausgesprochenen Gedanken mit mir teilt und Balsam ist für mein Gemüt.«

Wibert nickte erfreut. »Mir erging es ähnlich, Mater. Der Gedanke an dich ließ mich nicht mehr los. Ich fühlte mich von dir gerufen. Noch bevor ich dich kannte, spürte ich mich über Zeit und Raum hinweg von dir angezogen.«

Und sie schieden als innige Freunde.

Statt gleich nach Gembloux zurückzukehren, schaute Wibert zuvor im Nachbarort Villers bei den Mönchen vorbei, die seine Hildegard-Begeisterung teilten und ihn schon vor seiner Reise um baldigen Bericht gebeten hatten. Im Kapitelsaal des Klosters erzählte er ihnen nun in überschwenglichen Worten von der »unvergleichlichen Atmosphäre der Freude, des Friedens und der Wonne« auf dem Rupertsberg.

»Es ist wunderbar, den Wettstreit der Tugenden dort mit anzusehen«, schwärmte Wibert. »Die Mutter umgibt ihre Töchter mit einer solchen Liebe, und die Töchter fügen sich der Mutter mit so viel Ehrfurcht, daß man nicht zu sagen vermag, ob Mutter oder Töchter dabei den Sieg davontragen. An Festtagen enthalten sie sich der Arbeit und verbringen sie schweigend in der Klausur, nur von Lesungen oder Gesängen unterbrochen. An Werktagen dagegen sind sie in ihren jeweiligen Arbeitsräumen unentwegt mit dem

Kopieren und Illustrieren von Büchern, dem Weben von Kirchengewändern und anderen Handarbeiten beschäftigt. Wie groß die gegenseitige Rücksichtnahme ist, läßt sich unter vielem anderen daran erkennen, daß man des Nachts auf dem Rupertsberg die Anfangspsalmen zu den Vigilien sehr gedehnt singen läßt, damit auch die Unpünktlichen noch Zeit haben, ihre Plätze einzunehmen. Ich weiß, diese Gepflogenheit wird in der Benediktusregel empfohlen, doch im Hildegard-Konvent wirkt sie nicht aufgesetzt, sondern entspricht dem liebevollen Umgang miteinander. Das Kloster selbst ist dank der Heiligkeit seiner Äbtissin hoch entwickelt, sowohl spirituell als auch, was die äußere Erscheinung betrifft. Es hat stattliche und geräumige Gebäude, die höchst zweckmäßig eingerichtet sind. So wurden beispielsweise in sämtliche Arbeitsräume Wasserleitungen gelegt. Wir in Gembloux sollten uns das zum Vorbild nehmen. Auch an Geld, Nahrung und Kleidung fehlt es nirgends, weder den rund fünfzig Schwestern noch den vielen Hausangestellten und erst recht nicht den Gästen, die niemals ausbleiben. Mater Hildegard aber verschwendet ihre Liebe an alle. Trotz der Last des Alters und der Krankheiten schreibt sie ihre Bücher, unterweist die Schwestern, gibt jedem Hilfesuchenden den erbetenen Rat und tröstet jeden, der des Trostes bedarf. Kurz, sie leistet Großes und ist *allen alles geworden, um alle zu gewinnen*, wie es im Apostelwort so schön heißt.«

Nachdem die Villerenser Mönche so viel Wunderbares über die Güte der verehrten Meisterin vernommen hatten, packte sie der Ehrgeiz, es ihrem beherzten Bruder aus Gembloux nicht nur gleichzutun, sondern ihn womöglich noch zu übertreffen. Bis zum Abend brüteten sie achtunddreißig spitzfindige theologische Fragen aus wie:

»In welcher Sprache spricht der Herr? In welcher Gestalt erschien Er vor dem Sündenfall und nachher, als Er im Paradiese wandelte? Welche Form hatten die Engel, denen Abraham Weißbrot, ein Kalb, Butter und Milch vorsetzte?«

Wibert sollte der Prophetissa diesen Fragebogen bei der nächsten Gelegenheit unterbreiten. Der aber fand das Ansinnen so unverfroren, daß er das Papier absichtlich in Villers liegen ließ. Die Heilige auf Rupertsberg war schließlich kein Orakel für dreiste Klosterbrüder.

Erst ein halbes Jahr später, zum Fest Mariä Lichtmeß, kam Wibert wieder zu den Mönchen nach Villers. Inzwischen war auch sein Freund Siger von Wavra dem Orden beigetreten, er und alle bedrängten ihn nun, Mater Hildegard jenen Fragenkatalog endlich vorzulegen. Er werde sie ja gewiß bald besuchen, nachdem ihr Propst Gottfried gerade gestorben sei.

Wibert überraschte diese Nachricht sehr, und während er sich noch den Kopf zerbrach, wie er seinem Abt die Erlaubnis abringen solle, zum Rupertsberg zu reisen und Hildegard seine Hilfe bei den Schreibarbeiten anzubieten, kam Johannes von Gembloux mit einem rettenden Vorschlag, den ihm nur der Heilige Geist eingegeben haben konnte: Er wollte in der Fastenzeit eine Wallfahrt nach Sankt Quirin in Neuss unternehmen und wünschte, daß Wibert ihn begleitete. Für den Rückweg, so sagte er, sei auch ein Besuch bei der Prophetissa geplant. Ein deutlicheres Zeichen göttlicher Führung hätte Wibert sich kaum wünschen können. Mit geflügelten Füßen machte er sich auf den Weg nach Neuss und reiste anschließend mit nach Köln. Dort hielten sie sich dann aber länger auf als vorgesehen, und mit einemmal wollte Abt Johannes nichts mehr von seinem früheren Plan wissen. Viel zu beschwerlich erschien ihm nun der Umweg über Bingen; es sei doch besser, gleich nach Gembloux zurückzukehren, wo jede Menge Arbeit auf die Wallfahrer wartete. Wibert, der schon die Tage und Stunden bis zum Wiedersehen mit Hildegard gezählt hatte, fühlte sich bitter enttäuscht, mußte aber seinem Abt gehorchen, mochte der Schmerz auch noch so groß sein. Er schrieb Hildegard einen leidenschaftlichen Brief, der mit den Worten begann:

Sei gegrüßt, gleich Maria voll der Gnade, der Herr ist mit Dir, Du bist gebenedeit unter den Weibern, und gebenedeit ist das Wort Deines Mundes, das die Geheimnisse des Unsichtbaren zu den Menschen trägt, das Himmlisches mit Irdischem verbindet, Göttliches mit Menschlichem vereint. Du bist die Quelle der Gärten, der Brunnen mit lebendigen Wassern, die gewaltig vom Libanon herabfließen, so wie es im Hohen Lied beschrieben steht ...

Diese Hymne gab er mitsamt den achtunddreißig Fragen der Brüder aus Villers, die nun vielleicht endlich Ruhe geben würden, seinem Kölner Freund Balduin mit nach Bingen.

Wieder wartete Wibert lange Zeit auf ein Wort der Prophetissa, und wieder schickte er einen zweiten inbrünstigen Brief dem ersten hinterher, desgleichen die Brüder von Villers. Aufdringlich, wie sie waren, bestanden sie auf der Beantwortung ihrer Fragen. Es dauerte noch Monate, bis Wibert einen Brief der Prophetissa erhielt, welcher zu seinem Verdruß gleichzeitig an die Mönche gerichtet war. Sie schrieb darin, daß sie die »Fragen« nicht vergesse und für vierzehn davon auch schon eine Lösung gefunden habe. Derzeit aber sei sie krank und überdies durch den Tod Gottfrieds wieder einmal ihrer Stütze beraubt; dem Kloster fehle der Propst und ihr der Schreiber. Ein wenig später sandte sie den Mönchen ihr zweites Visionswerk, das *Liber vitae meritorum*, das in Villers von nun an täglich bei Tisch verlesen wurde.

Auch Wibert, der große Briefeschreiber, verfaßte gleich wieder eine seiner Episteln und gab sie Freund Siger mit auf den Weg, doch während er noch voll brennender Ungeduld auf Antwort wartete, erreichte das Gerücht von Hildegards Tod die Klöster in Brabant und Umgebung. Ebenso heftig wie seine Begeisterung war nun Wiberts Trauer. Alles, was er erhofft hatte, glaubte er verloren. Er war wohl doch nicht vom Herrn dazu berufen, einer Heiligen beizustehen, nicht als Schreiber und nicht als Freund. Sie beide hatten sich getäuscht. Die Zeit, in der sie einander noch etwas hätten bedeuten können, war bereits verstrichen. Und es hatte nicht einmal ein Wiedersehen gegeben. Doch wenigstens Hildegards Grab wollte ihr Freund aus Brabant besuchen. Zu Allerheiligen 1176 reiste eine Nonne namens Mathilde von Gembloux nach Bingen; in ihrem Gepäck hatte sie einen Brief Wiberts. Er wünschte, daß die hinterbliebenen Töchter ihm nähere Einzelheiten über den Tod und die Beisetzung der Prophetissa mitteilten, und erkundigte sich im Namen der Mönche auch nach dem Verbleib des Fragebogens. Schwester Mathilde aber blieb zwei Monate auf dem Rupertsberg, bevor sie mit einer Nachricht zurückkehrte.

»Schreib, Hugo, ich bitte dich:
Wibert, mein guter Freund, ich bin nicht gestorben, ich lebe. Vertrocknet die Glieder, die Augen getrübt, erkaltet das Blut, schickte der Herr mich zurück in die Welt. *Es führte mich der König in den Weinkeller, und Er ordnete in mir die Liebe. Erquicket mich mit Blumen, labt mich mit Früchten. Denn ich bin krank vor Liebe.* Die Liebe, mein Freund, ist ein nie verlöschendes Feuer, durch das der Glaube in den Menschen entzündet wird, ein Glaube, den sie niemals haben könnten, wenn sie Gott nicht zuvor im Herzen liebten …

Das muß genügen, Hugo, dir und mir und ihm, obwohl es über die Ordnung der Liebe noch manches zu sagen gäbe … Wie müde wir beide geworden sind, Hugo, schlafdurchsetzt sind unsere Tage.«

Sie schaute ihren greisen neuen Schreiber an. Auch er war schwer krank gewesen, und Hildegard glaubte nicht, daß er noch einen weiteren Winter überlebte. Den baldigen Tod vor Augen, trug er immer noch Ringe mit viel zu großen Steinen und breite purpurne Knopfgürtel aus Seide. Hugo, ihr Bruder, und die Unverwüstlichkeit der Bermersheimer! Gegen seine Schwächezustände hatte Hildegard ihm einen grünen sechseckigen Rohsmaragd gegeben, den der Bruder sich täglich für einige Stunden in den Bauchnabel stecken sollte. Wenn es Gott gefiel, würde der Stein helfen.

»Ach, Hugo!« Wehmütig strich sie über seine Hände, die ebenso runzelig waren wie ihre eigenen. »Allmählich fühle ich mich wirklich als *Schrumpelgardis*. Volmar ist von uns gegangen und nun Gottfried. Obendrein bangen wir um Juttas Nichte, die treue Hiltrudis – du weißt, von wem ich spreche? Seit Wochen liegt sie schon zu Bett und kommt nicht wieder zu Kräften. Wahrhaftig, ein Sterbehaus sind wir geworden. Wenn du und dein Freund, der Kanonikus, nicht aus Mainz zu uns heraufgekommen wäret, hätten wir jetzt weder Seelsorger noch Verwalter oder gar Schreiber ... Ich denke aber, wir sollten auch noch Wibert von Gembloux zu uns bitten, was meinst du? Seine Begeisterungsfähigkeit und sein wallonisches Temperament waren mir bei seinem letzten Besuch ein wahrer Jungbrunnen. – *Du ziehst uns dir nach*, schrieb er mir einst. Ist das nicht rührend?«

Hugo murmelte etwas Unverständliches und fügte dem Schreiben an Wibert eine Einladung seiner Schwester hinzu.

Als der Abt von Gembloux seinen Gelehrten endlich freigestellt hatte, war es schon wieder Sommer und das Klima im Rheintal so feuchtwarm und schwül, daß die Menschen nicht einmal in den Nächten frei durchatmen konnten, selbst auf dem luftigeren Rupertsberg nicht. Hinzu kam eine äußerst ansteckende Magen-Darm-Infektion, an der mehr als die Hälfte der Nonnen litt. In der Küche sah man die noch verschont Gebliebenen unermüdlich Hildegards bewährte Durchfall-Eier zubereiten. Täglich schlugen sie über hundert Eier auf, rührten die Dotter schaumig, gaben Mutterkümmel und Pfeffer dazu und füllten damit die übriggebliebenen Eierschalen, bevor sie die Hälften samt Inhalt über dem Feuer brieten.

Auch Wibert bekam gleich bei seiner Ankunft vorbeugend eine Scheibe Weißbrot mit Durchfall-Ei zu essen, bevor man ihn zur Mater führte. Er hatte ihr einen ganzen Ballen feinster Brabanter Spitze für ihre Altartücher und Festgewänder mitgebracht und strahlte vor Wiedersehensfreude mit der bereits Totgeglaubten über das ganze Gesicht. Hildegard hieß den Gast herzlich willkommen, warf auch einen wohlwollenden Blick auf die Spitze, um dann aber sogleich wieder in das Krankenzimmer ihres Bruders zu eilen, der im Sterben lag. Sie war, stellte Wibert bekümmert fest, nur noch ein Schatten ihrer selbst, wog vielleicht gerade soviel wie die Feder, als die sie sich immer so gerne beschrieb, schwerelos dahintreibend, nur gehalten von Gottes Hand. Ihre tiefblauen Augen, die das ganze Gesicht beherrschten, hatten indessen noch an Glanz gewonnen.

Wibert war erst wenige Tage auf dem Rupertsberg, als Hildegards Bruder starb und kurz darauf ihre Schreiberin Hiltrudis sowie schließlich Hugos Begleiter, der Kanonikus von St. Stephan in Mainz.

»Was nun?« fragten die Vertrauten der Praeposita. »Werden die Brüder vom Disibodenberg uns freiwillig einen neuen Propst schicken?«

Hildegard schüttelte entschieden den Kopf. »Das würde ich gar nicht wollen. Ich mochte sie ja schon nach Gottfrieds Tod nicht mehr um einen Propst bitten, denn ich sehe auf dem Disibodenberg keinen einzigen Mönch, der dieses Amtes würdig wäre.«

»So nehmt ganz einfach mich«, beeilte sich Wibert, vorzuschlagen. Sosehr sein Glaube an die göttliche Vorsehung in der letzten Zeit auf die Probe gestellt worden war, ließ sich doch die Gunst der Stunde diesmal nicht leugnen.

Hildegard war auf der Stelle einverstanden. Der Mönch aus Gembloux gefiel ihr besser als jeder andere, und sie war es müde, sich an ständig neue Schreiber zu gewöhnen. Auch die Schwestern erhoben keinerlei Einwände, sie hatten Wibert längst liebgewonnen, war er doch trotz seiner großen Gelehrsamkeit ein stets zu Scherzen aufgelegter, unterhaltsamer Plauderer.

Seinen ganzen Ehrgeiz setzte er nun daran, Hildegard der beste Mitarbeiter zu werden, den sie je gehabt hatte, und den Texten der Prophetissa jene Eleganz zu verleihen, die ihnen noch fehlte, damit die Welt das Staunen lernte. Er, Wibert, würde der wirkliche *Mann mit der Feile* sein, nicht jener viel zu bescheidene Volmar, von dem Hildegard selbst sagte, er habe ihre Worte immer nur nach den Regeln der Grammatik verbessert, was sie jedoch anerkennend meinte. Ihren neuen Schreiber verwunderte dies kaum, da Hildegard ja wohl noch nie jemand gezeigt hatte, wie sich gewöhnliche lateinische Sätze durch die Kunst der Sprache verfeinern ließen. Denn Wibert war ein Worterotiker; er spielte mit den Begriffen, verdrehte Silben, achtete auf Rhythmus und Klang der Sätze. Erst durch seine Formulierungskunst würde man in Hildegards Texten die überragende Philosophin erkennen, die sie wirklich war. Deshalb bedauerte er zutiefst, daß sie ihre großen Werke bereits abgeschlossen hatte. Zur Zeit arbeitete sie nur an einer kurzen *Vita des heiligen Martinus*; diese jedoch würde außer ihrer eigenen auch Wiberts Handschrift tragen. Zuvor aber wollte er im Skriptorium alle vorhandenen Briefabschriften sichten, sie neu ordnen und, wenn nötig, überarbeiten. Volmar hatte bereits vor fünfundzwanzig Jahren mit dieser Arbeit begonnen, war dabei nach Wiberts Geschmack aber nicht entschlossen genug vorgegangen. Der Gelehrte aus Gembloux hielt es für einen Fehler, der Öffentlichkeit Hildegard-Briefe an so unbedeutende Persönlichkeiten wie etwa eine einfache Nonne namens Gertrud zu präsentieren, selbst wenn diese einst eine Pfalzgräfin von Stahleck gewesen war. Auch die harte Kritik aus der Feder einer kleinen Äbtissin Tengswich würde er mildern oder ganz streichen. Letzten Endes mußten sämtliche Briefe, in denen der Heiligen nicht die gebührende Anerkennung bezeugt wurde, ergänzt oder vernichtet werden. Wibert träumte von der Herausgabe eines aufsehenerregenden Briefwechsels der *Prophetissa Teutonica*, und allein diese Träume sprengten alle Vorstellungen. Die Diskussionen darüber, ob bestimmte Personen und deren Anliegen nun einer Veröffentlichung wert waren oder nicht und wie man den Antworten mehr Eleganz verleihen könne, nahmen sie bald so in Anspruch, daß Hildegard ihrem neuen Schreiber schließlich ermüdet freie Hand ließ. Sollte er tun, was er wollte, um ihren vermeintlichen Ruhm zu mehren, es kümmerte sie nicht. Schließlich übergab sie ihm sogar ihr Martinus-Manuskript mit dem schriftlichen Vermerk:

»Ich gestatte Dir gerne, daß Du nicht nur diese Vision über den heiligen Martinus, sondern auch alles andere, was ich Dir bisher gegeben habe und noch schreiben werde, in eine elegantere Form bringst, damit es den Lesern schmackhafter werde. Denn nach Deinen Darlegungen wurden ja selbst die Schriften der Propheten und Apostel, die ursprünglich in kunstloser griechischer und hebräischer Sprache vorlagen, später durch ihre Übersetzer und Interpreten in ein glänzendes lateinisches Gewand gehüllt. Deshalb will ich auch Dir die Erlaubnis dazu erteilen; allerdings darfst Du mir nirgends den Sinn entstellen. Du solltest Dich vielmehr, wenn Du schon meinen Worten nicht Schritt für Schritt folgst, wenigstens nicht von meinen Fußspuren entfernen. Mein geliebter Sohn Volmar verlangte eine solche Freiheit übrigens nicht; er begnügte sich damit, meine Grammatik zu verbessern.«

Mit leisem Bedauern erkannte sie, daß der eloquente Bruder aus Brabant sie auch nicht besser verstehen würde als andere und ihr schon gar nicht den Symmista ersetzen konnte. Die Gleichgestimmtheit zweier Seelen war und blieb Illusion. *Er ordnete in mir die Liebe*, hatte sie Wibert in ihrem Visions-Brief geschrieben, und diese göttliche Ordnung verwandelte solch kleine menschliche Gefühle wie Freundschaft oder Zuneigung in eine universale Liebe, die alles umfaßte.

Auf den schwülen Juni, den Brachmonat, wie sie ihn nannten, folgte ein so verregneter Hewimonat, daß Hildegard auf ihre geliebten Spaziergänge verzichten mußte und die Besucher wieder im Haus empfing. Zwar war die Magen-Darm-Krankheit im Kloster abgeklungen, doch alle, einschließlich der Prophetissa, fühlten sich noch sehr geschwächt und litten unter dem sonnenlosen Sommer. Durch die Launen der Natur hätte der Klosteralltag in diesem Jahr recht eintönig werden können, wären da nicht die vielen Besucher mit ihren Nachrichten von draußen gewesen. Vor allem ein Ereignis sorgte für Gesprächsstoff und erfreute das Herz der Prophetissa: Es war der Friedenskongreß in Venedig, der mit der Versöhnung zwischen Friedrich Barbarossa und Papst Alexander endete. Nachdem der Kaiser bei seinem fünften Italienzug die von Hildegard prophezeite Niederlage erlitten hatte, schloß er endlich einen Waffenstillstand mit den Lombarden. Er gab nicht nur den italienischen Städten ihre alten Rechte zurück, sondern erkannte auch die Ausnahmestellung des Papstes an, ja beugte sogar sein Knie vor ihm. Besonders aufmerksam lauschte Hildegard den Berichten über den Mainzer Erzbischof, Christian von Buch, der als Kanzler des Kaisers stets dessen Gegenpapst Paschalis unterstützt hatte, vor kurzem aber seine Meinung änderte und damit entscheidend zum Versöhnungsprozeß beitrug. Er leistete Alexander III. sogar den Gehorsamseid und wurde daraufhin von ihm offiziell als Erzbischof von Mainz anerkannt. Das Bonmot, das Wibert stets über Christian von Buch im Munde geführt hatte – *non Christianus, sed Antichristus* –, galt nicht mehr. Mit großer Erleichterung sah die Prophetissa auch hier die Ordnung wiederhergestellt. Das beinah zwei Jahrzehnte während Schisma zwischen Kaiser und Papst war endlich beendet. Je älter Hildegard wurde, desto deutlicher erkannte sie, daß Frieden letztlich nur durch die Vereinigung der Gegensätze zustande kommen konnte.

»Wir sind unentwegt damit beschäftigt zu trennen, zu spalten, auszugrenzen, statt das Eine zu sehen, das allem zugrunde liegt«, hielt sie Wibert in einer Arbeitsbesprechung vor, weil sie den Eindruck hatte, daß er sich mit den Korrekturen der nahezu fünfhundert Briefe verzettelte und damit niemals zu einem Ende kommen würde. »Eines Tages werde ich dir offenbaren, was ich in meinen Visionen als letzte Wahrheit erfahren habe. Danach aber werde ich nur noch schweigen, und das Ende des Redens wird gekommen sein.«

Im September, als Hildegard ihre Spaziergänge wiederaufgenommen hatte, wenn auch zu ihrem Bedauern ganz allein, da Wibert in seinem Schaffensrausch zum Stubenhocker geworden war, stand plötzlich Abt Johannes von Gembloux vor ihm, um Wibert in sein Heimatkloster zurückzuholen. Er müsse dort seine Arbeit als Chronist und Gelehrter fortsetzen, lautete die Begründung.

Dem wortgewaltigen Wibert verschlug es die Sprache, und auch Hildegard war mehr als erschrocken. Sie hatte sich an ihren neuen Schreiber und dessen Eigenarten gewöhnt; wenn er sie jetzt verlassen müßte, wäre sie wieder jeder Stütze beraubt. Ein unerträglicher Gedanke! Zum Glück weilten gerade die Bischöfe Radulf von Lüttich und Philipp von Köln auf dem Rupertsberg und baten Abt Johannes inständig, der Mater nach all den Todesfällen der letzten Zeit nicht ihren einzigen Mitarbeiter zu nehmen. Das Flehen und die Tränen der Töchter, die nicht ohne ihren Seelsorger sein wollten, taten ein übriges, Johannes von Gembloux umzustimmen.

Ein letztes Mal sprachen sie auch über die leidigen achtunddreißig Fragen. Hildegard versicherte, sie habe inzwischen alle in knapper Form beantwortet und ihrem Neffen Wezelin nach Köln mitgegeben.

»Das Lebendige Licht«, fügte sie hinzu, »schätzt vordergründige Neugier allerdings nicht.«

Vielleicht ahnte sie bereits, daß die Mönche in Villers ihr Schreiben niemals erhalten würden. Wezelin konnte sich nicht davon trennen und behielt es so lange bei sich in Köln, bis es Jahre später einer Feuersbrunst zum Opfer fiel.

27
Wenn ihr aus zweien eins macht

Heiter und unbeschwert begann das Jahr 1178, und um die Osterzeit erschien sogar eine Gruppe von Gauklern auf dem Rupertsberg. Das Gerücht, Friedrich Barbarossa habe zum Hoffest und Turnier vor den Toren der Stadt Mainz geladen, hatte sie hergelockt. Zu Pfingsten, so verbreitete sich das Gerücht, sollten aus allen Teilen des Reiches weltliche und geistliche Fürsten mit Zigtausenden von Rittern und Vasallen anrücken. In der Hoffnung, zur Unterhaltung der Gäste gedungen zu werden, waren die dreiundzwanzig Spielleute aus dem dunklen Norden ins Rheinland gekommen. Leider hatte man sie unterwegs in irgendeiner Kaschemme mit verdorbenem Essen – »und Zaubersprüchen«, behaupteten sie – vergiftet, so daß sie sich gezwungen sahen, im nächstbesten Kloster, nämlich dem Hildegards, um Hilfe zu bitten. Die Truppe, zu der außer Possenreißern, Seiltänzern und Jongleuren auch Musiker, Minnesänger und Puppenspieler gehörten, befand sich in beklagenswerter Verfassung. Sie litten unter schweren Koliken und Lähmungen; einige konnten weder sprechen noch gehen und wirkten mehr tot als lebendig.

Statt im Pilgerspital quartierte die Praeposita sie allesamt im behaglicheren Konventskrankenhaus ein, der Infirmaria, die zum Glück gerade kaum belegt war, und kümmerte sich selbst um die komplizierte Zubereitung des Heilmittels. Die Nonnen wurden angewiesen, die Spielleute Tag und Nacht zu betreuen, die, Zugvögeln gleich, bei ihnen eingefallen waren.

»Sie haben neunundzwanzig verschiedene Instrumente dabei, darunter ein Glockenspiel, Hörner, Harfen und eine Zither«, wußte Hildegard zu berichten. »Und wenn sie wieder gesund sind, möchte ich sie spielen hören!«

Besonders schwer hatte es Basilius getroffen, den Anführer der Truppe, der nach Aussage seiner Gefährten dichten, trommeln, fiedeln, messerwerfen, durch Reifen springen und Tiere dressieren konnte. Sein sehniger Körper war von Narben übersät, den Stigmata seines Gewerbes, während die langen braunen Locken und der Vollbart seine Pflegerinnen an einen biblischen Propheten erinnerten, zumal ein Ausdruck engelhafter Sanftmut auf dem Gesicht des Bewußtlosen lag.

Um Basilius bemühte sich die Prophetissa selbst, und als er schließlich aus der Bewußtlosigkeit erwachte, verriet sie ihm als einzigem das Rezept für das Mittel, durch das seine ganze Truppe die schwere Vergiftung in wenigen Tagen überstand.

»Ihr kamt gerade zur rechten Zeit, das war euer Glück«, sagte sie, »denn die Heilpflanzen, die wir euch gaben, können nur jetzt geerntet werden, im vierten Monat des Jahres.« Hildegard hatte lange auf den Moment gewartet, in dem Basilius zum erstenmal die Augen aufschlug; überraschenderweise waren sie nicht nußbraun, wie sie geglaubt hatte, sondern ein wenig heller, eher honig- oder bernsteinfarben, und um so interessanter. *Als Gott dem Menschen ins Angesicht schaute, gefiel er Ihm sehr gut ...* Hildegard lächelte versonnen. Vor wie vielen Jahren und für wen hatte sie noch diesen Satz formuliert?

»Ich zog zur Mittagsstunde der Monatsmitte ein Ruprechtskraut, zwei Malven und sieben Wegerich nebst ihren Wurzeln aus«, sagte sie langsam, weil Basilius als Sizilianer nicht so gut Deutsch verstand, »legte die Pflanzen mitsamt ihren Blättern auf die feuchte Erde und besprengte sie ein wenig mit Wasser, damit sie frisch und grün blieben. Gegen Abend müssen die Kräuter dann der Sonne ausgesetzt werden und in der Nacht wieder auf feuchter Erde ruhen. Am anderen Tag brauchen sie den Schein der Morgenröte und anschließend feuchte Erde bis zum Mittag. Vom Mittag bis zur neunten Stunde des Tages werden sie, nach Süden ausgerichtet, in die Sonne gelegt und danach bis Mitternacht auf ein Tuch, das auf einen Holzrahmen gespannt ist. Wenn sich das Rad des Nordens wie das einer Mühle dreht und wieder in die Finsternis zurückkehrt, also um Mitternacht, lege ich die Kräuter auf die Türschwelle, damit sie mit der lauwarmen Luft in Berührung kommen. Kurz nach Mitternacht hebe ich sie wieder auf, reibe sie mit den Fingern, fülle sie in eine frische Dose und gebe ein wenig Bisam dazu, jedoch nur so viel, daß der Duft meiner Kräuter vom Duft des Bisams nicht verdrängt wird. Der Bisam nämlich bewahrt sie vor dem Verfaulen. Es ist ganz wichtig, den Kräuterduft täglich mit allen Sinnen in sich aufzunehmen; auch der Wein, den wir euch jeden Morgen zu trinken gaben, war mit dem Duft der Kräuter getränkt, ohne jedoch mit ihnen in Berührung gekommen zu sein. Wer versehentlich Gift zu sich genommen hat oder von einem Zauber heimgesucht wurde, sollte diesen duftgetränkten Wein trinken, und es wird ihm besser gehen. Da die Kräuter zu jeder Tages- und Nachtzeit und bei jeder Temperatur zubereitet wurden, wird überdies ein jeder, der sie bei sich trägt, seine Gesundheit und Lebensenergie behalten.«

Hildegard hatte die umfangreiche Prozedur mit gesenktem Kopf hergesagt, denn das erleichterte ihr die Konzentration, die in letzter Zeit zu wünschen übrigließ. Als sie nun die Augen öffnete, um zu schauen, welche Wirkung ihre Worte auf Basilius hatten, sah sie, daß er mit einem zufriedenen Lächeln auf den Lippen eingeschlafen war.

Während die Gaukler allmählich wieder zu Kräften kamen und zum Vergnügen der Schwestern Kunststücke vorführten, wo sie gingen und standen, erhielt die Prophetissa Besuch von einem jungen, ihr unbekannten Edelmann, dem sie auf den ersten Blick ansah, daß er vom Tod gezeichnet war. Er wurde von einem Freund begleitet; dieser aber ließ den Kranken gleich nach der Begrüßung mit Hildegard allein. Sie bot ihm ihren einzigen Sessel und ein Glas Wasser an und wartete geduldig, bis er den Mut fand, ihr zu sagen, was er auf dem Herzen hatte. Es schien ihm nicht leichtzufallen, doch nach den ersten Versuchen sprudelten die Worte nur so aus ihm hervor. Er erzählte der Prophetissa, die er zu verehren behauptete, sein ganzes Leben und gestand ihr schließlich ein scheußliches Verbrechen. Es war die übliche Geschichte menschlicher Verstrickungen. Vermeintliche Liebe und Eifersucht spielten eine Rolle, Hörigkeit, Fanatismus und Leidenschaft, kurz ein Labyrinth unerhörter Gefühle, welche schließlich in einem besonders heimtückischen Mord gipfelten. Beide Edelleute – denn auch der Begleiter war in die Sache verwickelt – wurden daraufhin von der Kirche gebannt. Den Tod vor Augen, fürchtete der junge Mann, der in seiner Not schon einen Großteil seines Vermögens einem Kloster gestiftet hatte, die ewige Verdammnis. Hildegard brauchte den ganzen Nachmittag, um ihn davon zu überzeugen, daß Gottes Güte größer war als sein Strafeifer.

»Voraussetzung ist allerdings die aufrichtige Reue«, gab sie dem Edelmann zu bedenken. »Ich durfte einmal in einer Vision das Herz des Schöpfers sehen und entdeckte in seiner Mitte einen kleinen, schmutzigen Lehmklumpen von der Größe eines Menschenherzens. In der weiteren Schau wurde dieser unansehnliche Klumpen nun mit Perlen und kostbaren Edelsteinen geschmückt, darin die Gestalten der Märtyrer, Bekenner und Jungfrauen erstrahlten, welche die Gnade Gottes gewonnen hatten. Die Perlen aber wurden mir als Symbole der Unschuldigen, der Büßer und der Reuigen bezeichnet. Gott freut sich nämlich über den Menschen, der zuvor schwarz war wie die Nacht und tot durch seine Sünde, denn durch die Reue macht Er ihn zum hellen Tag.«

Und da der Edelmann Hildegard mit seinem flackernden Blick ungläubig ansah, versicherte sie ihm: »Wer auch nur seinen kleinen Finger zur Reue hebt, dem wird vergeben.« Dann schloß sie ihn in die Arme, damit er zu zittern aufhörte, tupfte ihm die Schweißperlen von der wächsernen Stirn und ließ ihm einen Becher lauwarmen Wein aus der *Lavandula spica* gegen die Schmerzen in seiner Leber oder Lunge reichen, obwohl sie nicht glaubte, daß dem Todgeweihten noch viel zu helfen war.

Im Unterschied zu Hildegard kannten die meisten Heilkundigen die Zusammenhänge zwischen der Leber und der Lunge nicht. Sie wußten nicht, daß das Blut der Leber zum Herzen zurück und von dort aus in die Lunge strömte und daß folglich krankes Leberblut Schäden in der Lunge anrichtete. Das Wissen um die inneren Organe und ihr Zusammenwirken war überhaupt ein Stiefkind der zeitgenössischen Heilkunst, während Hildegard ihre ganze Aufmerksamkeit darauf richtete.

Nachdem der junge Edelmann seinen Lavendelwein getrunken hatte, rötete sich sein zuvor so bleiches Gesicht. Er lächelte sogar und schien sich erleichtert zu fühlen.

»Ich werde«, versprach er beim Abschied, »gleich morgen früh in Bingen einen Priester aufsuchen und bei ihm die Beichte ablegen. Exkommuniziert oder nicht, ich möchte endlich meinen Frieden mit der Kirche schließen.«

Drei Wochen später kam der zweite Edelmann allein zur Praeposita und bat darum, seinen inzwischen verstorbenen Freund auf dem Rupertsberger Friedhof beisetzen zu dürfen. Denn dies sei dessen letzter Wunsch gewesen, nachdem er in Bingen gebeichtet, die Absolution und die Sterbesakramente empfangen habe. Der Priester aus Bingen, sein Beichtvater, habe sich auch schon bereit erklärt, die Überführung vorzunehmen und an der Beerdigung teilzunehmen. Hildegard stimmte gerne zu; bei ihnen auf dem Klosterfriedhof durften von jeher Freunde und Gönner des Konvents beigesetzt werden, warum also nicht auch jener junge, bußfertige Edelmann. Seine Lebensgeschichte hatte Hildegard sehr bewegt, und es rührte sie, daß er so viel Wert darauf legte, seine letzte Ruhestätte in ihrer Nähe zu finden. Nicht oft kamen die Taten der Menschen zu einem so guten Ende.

Um so größer war ihr Entsetzen, als sie zwei Tage nach der Beerdigung im Angesicht der dreiundzwanzig Gaukler, die sich gerade auf dem Hof zum großen Abschiedsfinale versammelt hatten, einen kaum nachvollziehbaren schriftlichen Befehl aus Mainz erhielt: Die Kanzlei der Domherren verlangte in beinah unhöflichen Worten von ihr, den Leichnam des Edelmannes wieder auszugraben und ihn auf den Schindanger werfen zu lassen. Nach Aussage einiger erregter Binger Bürgerinnen habe der Mann ein schweres Verbrechen begangen, weshalb er letzten Endes ja auch exkommuniziert worden sei. Bekanntlich könne der Kirchenbann nur durch ein offizielles Verfahren aufgehoben werden; ein solches habe aber niemals stattgefunden. Falls die Praeposita sich der Exhumierung widersetzen sollte, verfalle ihr Kloster, so drohte das Domkapitel, ebenfalls auf der Stelle dem Interdikt, dem Kirchenbann ...

Während der kunterbunt gekleidete Basilius seinen Seiltanz und die akrobatischen Übungen mit einem Kniefall vor der verehrten Meisterin beendete, die ihm und den Seinen das Leben gerettet hatte, ließ Hildegard wie betäubt den Brief sinken. Eine schlimmere Strafe als das Interdikt war kaum vorstellbar. Es bedeutete, daß auf dem Rupertsberg kein Meßopfer mehr gefeiert, kein Gotteslob mehr gesungen werden durfte. Die Glocken würden schweigen, die Kirchentüren geschlossen bleiben. Nur noch in ihren eigenen vier Wänden könnten die Töchter ihre Psalmen murmeln, und keine würde mehr die heilige Kommunion empfangen. Die vornehmste Aufgabe, welche die Benediktusregel vorschrieb, das *Opus Dei*, wurde ihnen untersagt. Ein Interdikt war der Tod des geistlichen Lebens und würde allen im Kloster unendlichen Kummer bereiten.

Nur mit Mühe konnte Hildegard das Zittern ihrer Hände und Lippen verbergen und jedem einzelnen der Spielleute den erbetenen Segen mit auf den Weg geben. Danach zog sie sich in ihre Privaträume zurück, so rasch es ihr möglich war, um zum Lebendigen Licht aufzuschauen, ohne dessen Unterweisung sie nichts entscheiden wollte. Und es wurde ihr offenbart, daß dem Rupertsberg große Gefahr drohte – »gleich einer schwarzen Wolke, die Sturm und Gewitter anzeigt« –, wenn sie den Leib des Verstorbenen, dessen Seele bereits in Gottes Gnade ruhte, nun wieder aus der Erde holte.

»Es wäre«, erklärte sie später dem ebenfalls erschütterten Wibert, »ein Sakrileg, der Anordnung der Mainzer Prälaten nachzukommen. Ich werde ihre Bestrafung auf mich nehmen, damit dem Kirchenrecht Genüge getan wird. Gehorchen aber will ich Gott allein.«

»Wenn du es nicht tust, werden andere ihn exhumieren«, warnte Wibert.

»Das, mein Lieber, werde ich zu verhindern wissen!«

Ohne weitere Erklärung griff Hildegard zu ihrem Äbtissinnenstab und stapfte hinauf zum Klosterfriedhof, vor Erregung schwer nach Luft ringend. Wibert, der ihr aus Sorge um ihr Wohlergehen in respektvollem Abstand gefolgt war, sah sie am Grab des Edelmannes stehenbleiben und ein Kreuzzeichen in die Luft schlagen. Sodann ebneten ihre Füße den frischen Erdhügel, bevor sie mit dem Äbtissinnenstab die Konturen verwischte. Bald würde nichts mehr darauf hindeuten, daß es hier einmal ein Grab gegeben hatte.

Nach einer kurzen Zwiesprache mit dem Symmista kehrte sie an Wiberts Arm zum Kloster zurück, um den Töchtern eine traurige Mitteilung zu machen. Obwohl die wenigsten von ihnen verstanden, warum sie sich dem Interdikt nicht widersetzten, das alle als himmelschreiendes Unrecht empfanden, trugen sie die Folgen gemeinsam mit der Mater und klagten nicht. Sie sahen Hildegards Körper mit jedem Monat gebrechlicher werden. Wenn sie ihren achtzigsten Geburtstag im Sommer noch erleben sollte, mußten sie ihr jede weitere Belastung ersparen.

Der einzige, der sich in seiner Wut kaum bezähmen konnte, war Wibert von Gembloux. Seiner Meinung nach trug allein der Beichtvater aus Bingen Schuld an dem Dilemma – wenn man schon einen Sündenbock finden mußte. Es wäre Aufgabe dieses Priesters gewesen, dem Exkommunizierten unter Berufung auf das Kirchenrecht die Bestattung in heiliger Erde zu verweigern, und nicht die der Prophetissa, deren Heiligkeit jetzt durch die borniertenn Prälaten beschmutzt wurde. Und den Binger Bürgerinnen, diesem geschwätzigen Weibervolk, hätte Wibert eigenhändig den Hals umdrehen mögen, denn durch sie war der Stein erst ins Rollen gekommen. Während im Kloster alles Leben erstarrte und das unfreiwillige Schweigen schwer auf den Gemütern lastete, suchte er in Hildegards eben vollendeter zehnter Vision vom *Ende der Zeiten* nach einer Bestätigung seines Verdachtes, daß bei diesem Skandal nur der Antichrist am Werk gewesen sein konnte. Wahllos schlug er eine Seite auf und legte seinen Finger auf irgendeine Stelle, ohne vorher hinzuschauen. Auf dieselbe Weise benutzten die Mönche in Gembloux die Bibel als Orakel, wenn sie einmal Hilfe brauchten.

»Unter diabolischem Einfluß ging das Zeitalter der Fülle über in eine Zeit der Schwäche«, las Wibert und fühlte sich bereits bestätigt. »In jener Zeit welkte die Lebenskraft der Tugenden dahin, und alle Gerechtigkeit neigte sich dem Untergang zu. Gleichzeitig entwickelte sich auch die Grünkraft der Erde zurück, denn die oberen Regionen der Luft waren in einer Weise verändert worden, die ihrer Bestimmung widersprach. Unnatürlich kalt wurde der Sommer, seltsam warm der Winter. Auf der Erde kam es zu Dürren und Überschwemmungen und anderen vorausgesagten Zeichen des Untergangs, so daß viele behaupteten, der Jüngste Tag stünde bevor.« Er blätterte weiter und las vom Kampf der Endzeit und dem Verfall des alten Abendlandes. Im *Zeitalter des Schweines* sollten die Schrecknisse dann durch das Auftauchen des Antichristen ihrem Höhepunkt zusteuern.

»Es werden zahlreiche Zeichen an Sonne, Mond und Sternen, in den Wassern und den übrigen Elementen, ja in der ganzen Schöpfung erscheinen, welche wie auf einem Gemälde die Zeichen des drohenden Unheils ankündigen. Zu dieser Zeit wird die Menschen eine solche Traurigkeit befallen, daß sie das Sterben für nichts erachten.«

Wibert seufzte tief und dachte an die Töchter, die er noch nie dermaßen niedergeschlagen gesehen hatte. Sie zu trösten, notierte er sich einen Abschnitt von der nächsten Seite:

»Laßt euch nicht gleich aus der Fassung bringen und in Furcht versetzen, weder durch einen Geist noch durch Gerede, noch durch einen Brief. Laßt euch von niemandem und auf keine Weise irremachen. Bevor die Dinge sich zum Guten wenden, muß der Mensch der Sünde offenbar werden, der Mensch des Verderbens, der Widersacher, der sich über alles erhebt ...« *Satan, der als Engel Gott sein wollte*, glaubte Wibert hier dem Text der Mater hinzufügen zu müssen, bevor er weiterblätterte und las: »Vom Teufel erhält der Antichrist die Eingebung, aus seinem gräßlichen Mund falsche Lehren zu verkünden und alles zu zerstören, was Gott im alten wie im neuen Gesetz festgelegt hat.«

Die magischen Wunder, Zauberkünste und Irrlehren des Antichristen wurden sodann erörtert und die vielen falschen Zeichen und Schriften. Doch vom Entsetzen um die verwirrte Menschheit geschüttelt, werden irgendwann die Propheten Henoch und Elias wiederkehren und das *Zeitalter des Wolfes* einleiten, in welchem der Sohn Gottes den Vater bittet, die Menschen um seiner Wunden willen von allem Übel zu befreien. Am Ende der Zeiten wird der Sohn der Bosheit schließlich entlarvt und durch die Ankunft Christi vernichtet werden.

»Darum freuet euch, ihr, die im Himmel wie auf Erden eure Wohnung habt«, hieß es zum Schluß. ›Wenn der Teufel besiegt und sein Sohn, der Antichrist, zu Boden geschmettert ist, wird sich die Herrlichkeit des Gottessohnes in ihrer ganzen Fülle zeigen.«

Schon an anderer Stelle hatte die Prophetissa ihren Lesern das Szenarium der *kommenden Friedenszeit* mit den Worten ausgemalt:

»In diesen Tagen werden liebliche Wolken mit lauer Luft die Erde berühren und sie vor Grünkraft und Fruchtbarkeit überquellen lassen. Dann werden die Menschen wieder in Rechtschaffenheit leben, einer Tugend, welche der

Erde im Zeitalter weibischer Schwachheit gänzlich fehlte, so daß auch die Elemente, geschwächt von den Sünden der Menschheit, ihnen nicht mehr dienen konnten.«

Mit einem Seufzer schloß Wibert das *Buch der Gotteswerke*. Leider herrschte immer noch die weibische Zeit, und die Mainzer Prälaten waren ihre würdigen Vertreter. So wie sie bisher in ihrer Verblendung die Gegenpäpste unterstützt hatten, trachteten sie nun danach, die Prophetissa mundtot zu machen.

Sosehr Hildegard auch unter den Folgen des Interdikts litt und vor allem Musik und Gesang schmerzlich vermißte, hatte sie zu ihrem Erstaunen zugleich das Gefühl, eher unbeteiligte Zeugin eines Spektakels als Opfer einer Intrige zu sein. Und während sie noch darüber nachsann, ob die Lehre aus all diesen Schrecknissen womöglich darin bestand, von einer persönlichen Betroffenheit zu einer Sicht zu gelangen, nach der sie und die Ihren lediglich Darsteller in einem Spiel waren, das, einem kosmischen Plan gehorchend, so und nicht anders ablaufen mußte, erkrankte sie wieder. Klaglos ertrug sie alle Schmerzen und Fieberanfälle, denn sie ahnte schon, was nun wieder kommen würde. In einer Vision sprach dann auch das Lebendige Licht zu ihr: »Es ist nicht gut für euch, wegen menschlicher Bedenken das Mysterium Meines Wortes zu unterlassen, das zu eurem Heil auf die Welt gekommen ist. Du bist schuldig geworden, weil du dich nicht in aller Demut zu deinen geistlichen Oberen begeben hast, um von ihnen persönlich die Erlaubnis zur Kommunion zu erbitten. Schuldig vor allem deshalb, weil du wußtest, daß durch die Aufnahme des Toten *kein* Unrecht geschah, wurde er doch von seinem Priester unter dem Geleit von ganz Bingen widerspruchslos bei dir bestattet.«

Hildegard verstand: Sie hätte kämpfen sollen, statt zu dulden. Wie schon ungezählte Male zuvor spiegelte ihr körperlicher Zustand nur den ihres Geistes wider. Weil sie untätig geblieben war und nicht gehandelt hatte, wurde sie erneut durch eine Krankheit ans Bett gefesselt und damit erst recht zur Handlungsunfähigkeit verdammt. Wie alt mußte sie noch werden, um endlich zu begreifen? Sie hatte wahrhaftig genug Zeit verloren. Monatelang litten sie nun schon unter dem Interdikt. Doch damit war jetzt Schluß: Noch in dieser Woche würde sie sich mit einem Schiff nach Mainz bringen lassen, um selbst mit den Domherren zu reden. Was hatte sie schon zu verlieren! Sie würde sich allerdings gut vorbereiten müssen, und sie durfte weder allein auf ihr Redetalent noch auf den Chalzedonstein in ihrer Hand vertrauen, denn mindestens zwei dieser Prälaten waren ihr als äußerst unnachgiebige Sturköpfe bekannt.

»Nimm mich mit, dann hast du wenigstens einen Zeugen und Beschützer«, bat ihr Schreiber, doch Hildegard lehnte ab. Den wirklich heiklen Situationen in ihrem Leben hatte sie sich immer allein gestellt.

»Wenn du glaubst, die Brut dort durch deinen Anblick rühren zu können, so irrst du dich«, warnte Wibert. »Dein Alter und deine Gebrechlichkeit werden sie erst recht zur Demütigung reizen, und deine Heiligkeit ist ihnen sowieso ein Dorn im Auge.«

»Und ich mag es nicht, wenn du von meiner *Heiligkeit* sprichst! Du übertreibst immer so, Schwärmer von Gembloux!« schimpfte Hildegard und machte sich allein auf die Reise.

Leider sollte Wibert recht behalten: Der Empfang in Mainz hätte eisiger kaum sein können. Jedes Wort, das die Prophetissa in die versteinerten Gesichter sprach, kostete sie Überwindung. Sie erkannte sofort, daß nichts von dem, was sie sich zurechtgelegt hatte, die Herren erreichen würde, fühlte sich aber nicht stark genug, ihr Konzept jetzt noch zu ändern. Also begann sie ihre Verteidigungsrede mit den Sätzen, die ihr das Lebendige Licht über den Exkommunizierten und seine Bestimmung mitgeteilt hatte. Der Spott in den Mundwinkeln ihrer Zuhörer entging ihr dabei ebensowenig wie das Getuschel, doch unbeirrt fuhr sie fort: Um nicht ungehorsam zu erscheinen, habe sie trotz dieser Vision und ungeachtet des Kummers, den sie ihren Töchtern dadurch bescherte, den Lobgesang in der Kirche durch leise Rezitationen hinter verschlossenen Türen ersetzt. Daraufhin habe sie vom Lebendigen Licht einen denkwürdigen Vortrag über den Ursprung des Psalmengesanges und der Musik zu hören bekommen. Hildegard schaute aus dem Fenster, damit sie den feindlichen Blicken der Prälaten entging, während ihr die Worte nun ohne Stokken über die Lippen strömten. Über den Chorgesang der Nonnen mußte sie sprechen, dem Gesang der Engel so ähnlich, und vom menschlichen Bedürfnis nach Musik, das tief in der Seele verwurzelt war und der Sehnsucht nach himmlischer Harmonie Ausdruck verlieh.

»Wer Gottes Lob verbietet, dient dem Teufel, denn Singen und Musizieren bringen den Menschen in Einklang mit dem Singen und Musizieren der Himmelssphären!« hielt sie dem Domkapitel entgegen, und es ärgerte sie, daß sie in Tränen ausbrach, bevor sie zum Ende gekommen war:

»Ehe ihr den Mund derer, die das Lob Gottes singen, durch euren Urteilsspruch schließt, müßt ihr die Gründe für diese Strafe sorgfältig prüfen. Und ihr dürft euch dabei nicht von Entrüstung oder Rachsucht leiten lassen«, belehrte sie die Prälaten. »Auch müßt ihr euch bei eurem Urteil in acht nehmen, daß es nicht von Satan beeinflußt wird, welcher den Menschen der himmlischen Harmonie und den Wonnen des Paradieses entriß und immer noch entreißen will. Denn wenn ihr uns zu Unrecht Schweigen auferlegt und Gott die Ehre des ihm zustehenden Lobes raubt, so versündigt ihr euch. Diejenigen, die den Schlüssel des Himmels besitzen, sollten sich hüten, zu öffnen, was zu schließen, und zu schließen, was zu öffnen ist.«

Hörten die Herren ihr überhaupt zu? Einer hatte den Kopf auf die Brust gesenkt und schien zu schlafen, ein anderer reinigte sich die Nägel mit einem hölzernen Zahnstocher, ein dritter ließ mit gefalteten Händen die Daumen umeinander kreisen.

»Ich hörte eine Stimme, die also sprach: Wer hat den Himmel erschaffen? Gott! Wer schließt Seinen Getreuen den Himmel auf? ER!« rief Hildegard mit erhobener Stimme. »Und wer ist Ihm gleich? Ihr etwa? Dies ist eine *weibische* Zeit, die Gerechtigkeit schwindet dahin. Das härteste Gericht aber wird über die Prälaten ergehen, welche nicht mit Sorgfalt ihres Amtes walten.«

Und sie überreichte ihnen ein Schreiben, in dem alles, was sie gesagt, und auch das, was sie vor Aufregung vergessen hatte, niedergelegt war, damit die Herren die Argumente der Prophetissa schwarz auf weiß besaßen. Allein, die Prälaten machten keine Anstalten, ihr mit einer Geste oder einem Wort entgegenzukommen, und so blieb es Hildegard nicht erspart, sie von sich aus um Befreiung von dem Kirchenbann anzuflehen, »wenigstens so lange, bis ein ordentliches Gericht den Fall geklärt hat«, bat sie unter Tränen. »Wir, meine Töchter in den beiden Klöstern und ich, wir sind doch dem erzbischöflichen Stuhl unser Leben lang in Liebe verbunden und stets ergeben gewesen. Warum nur diese Härte uns gegenüber? Warum?«

Doch die Prälaten schienen sich gegen sie verschworen zu haben. So erstarrt wie ihre Gesichtszüge waren auch ihre vorgefaßten Meinungen. Bis zum Beweis einer Aussöhnung des Edelmanns mit der Kirche würden sie sich den Buchstaben des Gesetzes verpflichtet fühlen. Die Visionen einer alten Seherin, die sich auf die Eingebungen durch ein Licht berief, die nicht zu überprüfen waren, änderten nichts daran. Wer ein so schweres Verbrechen begangen hatte, daß er öffentlich mit dem Kirchenbann bestraft wurde, so erklärten die Domherren noch einmal voller Ungeduld, konnte sich nicht einfach durch eine Beichte seiner Strafe entziehen, vielmehr mußte der Bann von einer öffentlichen kirchlichen Institution aufgehoben werden; ansonsten blieb der Betreffende exkommuniziert und durfte eben nicht kirchlich begraben werden. Die Prälaten erhoben sich. Sie hatten ihr letztes Wort gesprochen.

»Ihre Augen waren so verfinstert«, berichtete Hildegard später zu Hause, »daß sie nicht *einen* Blick des Erbarmens für mich hatten.«

Auf zwei junge Schwestern gestützt, wankte sie aus dem Versammlungssaal. Durch den Schleier ihrer Tränen konnte sie kaum wahrnehmen, daß draußen vor dem Gebäude eine Menschenmenge auf sie wartete, die bei ihrem Erscheinen jubelte und applaudierte. Viele hatten von dem Konflikt zwischen Gewissen und Gesetz gehört und bewunderten die Haltung der Prophetissa. Die einflußreicheren Bürger boten ihre Hilfe an, doch Hildegard schüttelte den Kopf; sie mochte heute nicht mehr reden. Erst auf der Rückfahrt rheinabwärts, als sie *wie ein Adler* in die untergehende Sonne blickte, ließ sie sich einige der Vorschläge durch den Kopf gehen.

Kaum wieder zu Hause, diktierte sie Wibert einen Brief an den Mainzer Erzbischof Christian von Buch, der den Winter 1178/79 beim Kaiser in Rom verbracht hatte und vor dem dritten Lateranskonzil des Papstes Alexander im kommenden Frühjahr wohl nicht in seine Heimat zurückkehren würde. Auch Friedrich Barbarossa war lange nicht mehr auf deutschem Boden gewesen; Hildegard dachte voller Mitgefühl an ihren Freund Basilius und die übrigen Gaukler, die sich damals ganz umsonst auf den Weg gemacht hatten, denn zu der großen Fürstenversammlung war es ja nicht gekommen.

Bei jenem Christian von Buch legte sie nun Berufung gegen das Interdikt seines Domkapitels ein, indem sie ihm den ganzen Vorgang aus ihrer Sicht schilderte.

»Hätte mich nicht die Furcht vor dem Allmächtigen daran gehindert, so hätte ich den Oberen demütig gehorcht«, versicherte sie auch hier.

Wider Erwarten schickte der Erzbischof umgehend Botschaften an das Domkapitel in Mainz und einen Kölner

Dekan, der Hildegard auch ein paar tröstende Worte zukommen lassen sollte. Obwohl Christian von Buch sich als kaiserlicher Erzkanzler und gefeierter Feldherr nur selten in seiner Diözese aufhielt und daher die Machenschaften seiner Prälaten kaum durchschaute, bestand er darauf, daß Nachforschungen über das Schicksal des gebannten Edelmannes angestellt wurden. Durch den Dekan von St. Aposteln erfuhr nun auch Hildegards Freund, der Kölner Erzbischof Philipp, von dem Dilemma. Außer sich vor Zorn auf die engstirnigen Mainzer, ruhte der Bischof nicht eher, bis er den längst heimgekehrten Kameraden des Exkommunizierten ausfindig gemacht hatte. Diesen Ritter und den Priester aus Bingen, welcher beiden Übeltätern seinerzeit die Absolution erteilt hatte, führte er nun als Zeugen den Prälaten vor. Zähneknirschend stimmten die Domherren daraufhin zu, das Interdikt bis zur Rückkehr des Erzbischofs aus Rom außer Kraft zu setzen. Als Beweis einer öffentlichen Lossprechung wollten sie die Aussagen der beiden Zeugen allerdings nicht gelten lassen.

Nach einem endlos langen Jahr der Todesstille läuteten auf dem Rupertsberg wieder die Glocken; die Psalmen wurden so innig gesungen wie nie zuvor, und endlich wurden auch wieder die Mysterien gefeiert. Die Nonnen waren außer sich vor Freude und wunderten sich nur, daß die Mater sich so verhalten zeigte, die von ihnen derzeit im Sessel herumgetragen wurde, weil sie sich vor Schwäche kaum noch auf den Beinen halten konnte. Hildegard spürte, daß der Vorhang im letzten Akt des Intrigenspiels noch nicht gefallen war, sagte aber nichts. Statt dessen ließ sie beinah jeden Tag im Refektorium eine Stelle aus dem Thomas-Evangelium verlesen, das Wibert ihnen mitgebracht hatte und das ihr Trost und Erleuchtung spendete:

> *»Sie fragten ihn:*
> *Werden wir, wenn wir werden wie die Kinder,*
> *in das Himmelreich eingehen?*

Jesus antwortete:
Wenn ihr aus zweien eins macht,
und wenn ihr das Innere zum Äußeren macht
und das Äußere zum Inneren,
das Obere zum Unten
und das Männliche und das Weibliche
zu einem Einzigen,
dann werdet ihr in das Königreich eingehen.«

Auch die Töchter liebten diese Worte, und die Prophetissa war dankbar, daß Wibert ihnen das Thomas-Evangelium, das, wie er sagte, nur bei den koptischen Christen in Ägypten – oder in Gembloux – zu finden sei, auf den Rupertsberg gebracht hatte.

»Wie schön, daß gerade dieses Zitat von Thomas stammt«, sagte sie. »Er wurde mir in meiner zehnten Vision vom *Ende der Zeiten* als ein geradliniger Mann voll der guten Absichten gezeigt, der das Unsichtbare nur durch das Erscheinen äußerer Zeichen begriff und gerade durch diese allgemein menschliche Eigenschaft viele Zweifler zu Gott bekehrte. In der Schau sah ich ihn der schönen Gestalt der *Gerechtigkeit* ein langes Kleid aus grüner Seide reichen. Und dieses strahlte wie der Sonne Glut ... Thomas ist für mich ein Weisheitslehrer, von dem wir hier kaum etwas wissen.«

In den seltenen Stunden ihres körperlichen Wohlbefindens hielt sie Diskurse über diese Textstelle, und die Schwestern zogen großen Gewinn daraus.

Unterdessen war eingetreten, was Hildegard hatte kommen sehen: Einige Mainzer Prälaten, die zum dritten Lateranskonzil gereist waren, brachten Christian von Buch dazu, das Kloster auf dem Rupertsberg erneut zu bannen. Sie hatten ihm klargemacht, daß die Nachforschungen des Kölner Erzbischofs eine Einmischung in die Rechte seines Amtsbruders in Mainz bedeuteten, und Christian von Buch, dem als Erzkanzler und Diplomat viel an seiner Autonomie lag, sah es nun auch so. Man hatte in Mainz dem Druck Philipps von Köln nachgegeben und das Einverständnis des eigenen Oberhirten in dessen Abwesenheit stillschweigend vorausgesetzt – so etwas konnte er nicht hinnehmen. Derselbe Prälat, der Hildegard die Aussetzung des Interdikts ins Haus geschickt hatte, verhängte es nun im Namen des Erzbischofs zum zweitenmal.

Fassungslos sahen die Nonnen, daß die Mater nachsichtig lächelte, als sie diese Mitteilung erhielt.

»Seht ihr denn nicht, daß dieses ganze Hin und Her ein göttliches Spiel ist, das der Herr uns schickt, damit wir es als ein solches erkennen?« fragte sie, aber niemand mochte sich dieser Interpretation anschließen. »Ab heute wieder kein Gesang, kein Glockenläuten, keine Kommunion«, verkündete die Mater beinah heiter.

»Und wenn sie nun stirbt, wird sie dann auch auf die Sakramente verzichten?« wisperte eine vorwitzige Novizin.

Ein zweiter Brief an den Erzbischof in Rom mußte geschrieben werden, erkannte Hildegard. Auch das gehörte zum Spiel, denn die Nonnen sollten nicht länger leiden als nötig. Hätte er den wahren Sachverhalt gekannt, hätte er das Interdikt nicht bekräftigt, ließ Hildegard den Erzbischof wissen. »Denn nun, mildester Vater, befinden wir uns durch deinen höchsteigenen Befehl in noch größerem Schmerz als bei dem vorhergehenden Verbot.« Und sie berichtete ihm von ihren göttlichen Weisungen, die Erzbischof Christian ja nie in Frage gestellt habe. »Jüngst erhielt ich in der Schau meiner Seele den Auftrag, aus Herz und Mund zu sagen: *Besser ist es für mich, in die Hände der Menschen zu fallen, als das Gesetz Gottes zu verlassen.* Und so gebe der Heilige Geist dir ein, daß du Erbarmen mit uns zeigen mögest, auf daß dir nach Ablauf deines Lebens die Gerechtigkeit Gottes zuteil wird.«

Nun endlich lenkte der Erzbischof von Mainz und Schutzherr des Rupertsberger Klosters ein. In einem liebevollen Brief versicherte er Hildegard seiner tiefen Verehrung und beklagte den Kummer, der ihr und den Töchtern durch die Suspension des Gottesdienstes bereitet wurde. Das Verhalten der Prälaten entschuldigte er mit ihrer Gebundenheit an die Satzungen der Väter. »Es stand für die Kirche nun einmal fest, daß bei Eurem Gotteshaus ein Mann begraben wurde, der zu Lebzeiten der Exkommunikation verfallen war; insofern bestand für Euch ein Wagnis darin, den Einspruch der Geistlichen zu mißachten und das Ärgernis vor der Kirche zu verheimlichen.« Diesen leisen Vorwurf mochte er der Praeposita nun doch nicht ersparen, fügte aber sogleich hinzu, er habe das Mainzer Domkapitel bereits schriftlich angewiesen, daß der Gottesdienst auf dem Rupertsberg wieder gefeiert werden solle, sobald die Absolution des Verstorbenen durch Zeugen bestätigt sei. »Zugleich bitten wir Eure Heiligkeit inständig und flehentlich: Sollten wir Euch durch unsere Schuld oder Unwissenheit zur Last gefallen sein, so entzieht Euer Erbarmen nicht dem, der um Verzeihung bittet«, bat er zum Schluß seines Schreibens.

Im Winnemonat 1179 wurde das Interdikt endgültig aufgehoben, und zu Pfingsten sah man die geschmückten Christusbräute wieder mit ihrem Goldreif um die Stirn und weißen Seidenschleiern über herabwallendem Haar im Chor der Rupertsberger Basilika stehen, wo sie noch einmal mit einem ganz neuen Verständnis Hildegards *Spiel der Kräfte* aufführten.

Und wieder ein Eibingen-Tag, wie Hildegard ihn liebte: Während unten im Rheintal die Schwüle lastete und die Rebenhänge jenseits des Flusses im weißen Dunst verschwammen, umfächelten angenehm laue Lüfte den Rupertsberg. An solchen Tagen hatte sie sich früher immer besonders gerne übersetzen lassen, um die Töchter am jenseitigen Ufer mit einem Besuch zu erfreuen. Und wären ihre Augen nicht gewesen, die kaum noch sahen, und die Füße nicht, die nicht mehr trugen, und auch nicht Lunge und Magen, die immer schwächer wurden, so hätte die Mater die Flußfahrt gewiß auch heute nicht gescheut. Doch wie die Dinge lagen, ließ sie die Priorin aus Eibingen lieber zu ihnen auf Rupertsberg holen; Hazzecha, die Schweigsame, durfte nicht fehlen, wenn die Mater im Kapitelsaal noch einmal zu den Töchtern sprach. Sie schenkte einer jeden einen langen, liebevollen Blick und sagte dann: »Mein gegenwärtiges Leben bereitet mir nur noch Überdruß, und ich wünsche mir nichts mehr, als aufgelöst und bei Christus zu sein. Gerade so, wie wir es oft gemeinsam lasen: *Mit großer Sehnsucht verlangt es mich, mit dir in himmlischer Ehe zu ruhen, zu dir zu eilen auf neuen Pfaden, wie die Wolken in reinster Luft Saphiren gleich ziehen ...* Nun endlich hat der Herr mein Gebet erhört. Am 17. September darf ich ihm mein Leben zurückgeben, und ich bitte euch, nicht zu trauern, sondern die Freude darüber mit mir zu teilen.«

Sie schwieg recht lange, damit die Töchter Zeit hatten, sich zu fassen, und dachte an einen ungewöhnlichen Traum, der sich in den letzten drei Nächten wiederholt hatte.

Die Gefährtinnen der Engel waren ihr darin erschienen: Jutta, Richardis, Jacoba ... Und auch der Symmista stand da, mit einem aufgeschlagenen Buch in den Händen. Zum Schluß aber durfte sie die geliebte Gestalt des Saphirblauen anschauen, und sie wünschte sich, daß sein Bild sie in das Erwachen ihrer letzten Tage begleitete. Doch jedesmal löste er sich vor ihren Traumaugen in orangerotes Licht auf, um sich dann zur roten Kugel mit dem saphirfarbenen Kreis zu verdichten, die in ihrer Vision über die *Stätten der Läuterung* am östlichen Horizont zu sehen gewesen war. Während sie noch darüber nachdachte, welcher Sinn sich hinter dieser Synthese von Farbe und Form verbergen mochte, nahm die Kugel Menschengestalt an, bekam eine schwarze Haarkrone und ein leuchtend rotes Gewand – ähnlich der rotgekleideten *Caritas* in der ersten Schau der letzten Schrift. Und zu Hildegards Erstaunen erfüllte sie dieser Anblick mit der gleichen tiefen Liebe wie der des Saphirblauen. Die orangerote Gestalt hob nun ihre rechte Hand und ließ sie langsam kreisen, bis aus ihren Fingern ein Strom hellgrauer Asche floß. Ja, wirklich, es war Asche, das Symbol der Reinheit und Vergänglichkeit, was die Prophetissa da sah. Asche zu Asche, Staub zu Staub ... so wie es ihr schon im *Scivias* gesagt wurde. Und noch lange nach dem Aufwachen war sie sich der wohltuenden Gegenwart des Orangeroten bewußt.

»Mater? Gibst du uns deinen Segen?« Das klang nach der Stimme der neuen Magistra Roswitha, einer außerordentlich fähigen jungen Nonne.

Hildegard nickte. Saphirblau und Orangerot mußten warten, bis sie wieder allein war.

Die Töchter traten nun einzeln vor sie hin und knieten nieder, damit die Mater ihnen die Hände auf den Scheitel legte, wie damals, als man sie zur Äbtissin gewählt hatte. Der einen oder anderen flüsterte sie auch ein paar Worte ins Ohr, die sie von nun an durch ihr weiteres Leben begleiten würden. Später im kleinen Kreis – nur Oda, Hazzecha, Roswitha und Wibert gehörten dazu – offenbarte Hildegard die Essenz ihrer Erkenntnisse, so wie sie es ihrem Schreiber unlängst versprochen hatte.

»Wenn ich an meine frühen Jahre auf dem Disibodenberg zurückdenke, so habe ich mich damals ausschließlich als Dienerin Gottes betrachtet«, erklärte sie. »Zur Zeit der Visionen und Predigten war ich Seine Botschafterin, und jetzt, am Ende meines Lebens, erkenne ich, daß ich eins mit Ihm bin ... Ihr wißt, was ich meine?« Lächelnd schaute sie in alle Gesichter ihrer Vertrauten. »Der einzelne ist eine Illusion«, fuhr sie fort. »Alles, was es gibt, ist Gott. Mit Ihm, dem Höchsten und Vollkommenen, müssen wir eins sein, denn Er ist unteilbar. Alles Elend der Welt entspringt aus dem Aberglauben, daß wir von unserer Quelle getrennt sind. In Wirklichkeit verhalten Gott und Mensch sich zueinander wie Wasser und Welle.« Sie schloß erschöpft die

Augen. »Und das, meine Kinder, ist die letzte Wahrheit. Eine andere habe ich nicht gefunden.«

Damit war das Ende des Sprechens gekommen, so wie Hildegard es vorausgesagt hatte. Und nun, da sie alles Irdische hinter sich ließ, richtete sie ihre ganze Aufmerksamkeit auf das Lebendige Licht, das um sie war und näher kam, bis sie mit ihm verschmelzen würde. Nur wenn es unumgänglich war, verständigte sie sich in der Zeichensprache mit ihren Pflegerinnen. Sonst lag sie still auf ihrem Bärenfell, schaute mit halbblinden Augen in die Ferne und schwieg. Ab und zu ging ein Leuchten über ihr Gesicht, und jeder, der es sah, fühlte sich wie von einem tiefen Geheimnis berührt.

An ihrem einundachtzigsten Geburtstag trugen die Töchter Hildegard noch einmal in die Kirche, um sie mit Liedern und Sphärenmusik zu erfreuen; danach verließ die Mater ihr Zimmer nicht mehr. Am Vorabend des vorausgesagten Todestages führten Wibert und die Nonnen schweren Herzens die Sterberituale durch.

»Wenn meine Seele sich vom Körper zu lösen beginnt, legt mich auf den nackten Boden, nur mit dem Totenhemd bekleidet, so wie es die Regel verlangt.« Darauf hatte Hildegard bestanden, und obwohl es die Töchter in der Seele schmerzte, den armen, abgezehrten Körper so hart zu betten, den sie am liebsten in seidene Decken gehüllt hätten, gehorchten sie der Mater.

Als erster verlor Wibert die Fassung. Er konnte es kaum ertragen, die geliebte Gestalt, die nur noch Hülle war, mit ausgebreiteten Armen dort liegen zu sehen. Er biß in den Ärmel seiner Kutte, damit die anderen sein Schluchzen nicht bemerkten. Da es ihm nicht gelang, flüchtete er zum Fenster, doch der Blick nach draußen in die Vollmondnacht machte seine Beklommenheit nur noch schlimmer.

»Der Mond sah aus, wie in Blut getaucht«, berichtete Wibert später. »Die ganze Nacht über ging ein roter und schrecklicher Glanz von ihm aus.«

Bis zum Morgengrauen lag Hildegard regungslos auf dem kalten Fußboden, die Augen sehnsüchtig zum Himmel gerichtet. Dann hob sie die Hände und stieß einen tiefen Seufzer aus, dem kein Einatmen mehr folgte. Und nicht nur die weinenden Nonnen, sondern auch die Frühaufsteher in Bingen und Eibingen sahen, was in dem Augenblick am Himmel über dem Rupertsberg geschah:

»In der ersten Dämmerung«, schrieb Wibert, »als die Heilige Gott ihre glückliche Seele zurückgab, erschienen über ihrem Haus zwei gleißend helle, farbige Lichtbögen, die immer breiter wurden und sich in alle vier Himmelsrichtungen erstreckten. Am Scheitelpunkt der beiden Bögen brach ein helles Leuchten wie ein Mond hervor, der weithin erstrahlte und die Finsternis vom Sterbehaus zurückdrängte. In diesem Licht bildete sich nun ein rot schimmerndes Kreuz, klein zuerst, dann größer und größer. Das Kreuz war von zahlreichen Scheiben umgeben, in denen sich wiederum kleine rötliche Kreuze mit eigenen Kreisen bildeten. Sie breiteten sich am Firmament aus, wuchsen vor allem in östliche Richtung, neigten sich zur Erde und umhüllten erst das Sterbehaus, dann den ganzen Berg mit strahlendem Glanz.«

»Auf diese Weise wollte Gott zeigen, mit welchem Licht er Hildegard empfangen hat«, flüsterte Hazzecha ergriffen, die neben Wibert vor dem Haus der Mater stand. »Überwältigend sind seine Wunderzeichen für eine große Heilige.«

»Ihr ganzes Leben war ein Wunder«, erwiderte der Mönch.

Postskriptum aus den Notizen des Wibert von Gembloux, November 1179:

Als wäre das Lichtwunder nicht deutlich genug gewesen, stieg vom Tag der Beisetzung an ein solch herrlicher Duft aus dem Grab der Prophetissa, daß die Menschen ganz betört davon waren. Jeder, der von diesem Wunder hörte, wollte es selbst erleben. Und nachdem auch noch zwei

Schwerkranke, welche den aufgebahrten Leichnam berührt hatten, von ihren Leiden geheilt wurden, ward das geheiligte Grab der Mater unter dem Chor unserer Basilika zur Pilgerstatt. So groß war der Strom der Menschen, daß unser Klosterleben darunter zu leiden begann. Auf Bitten der Schwestern besuchte vor ein paar Tagen der Erzbischof zu Mainz, Christian von Buch, das Grab der Hildegard und beschwor sie, von weiteren Wundertaten abzusehen. Was von Stund an geschah. – Auf diese Weise gehorchte die Gottverwirklichte ihrer Kirche noch über den Tod hinaus.

Dinkellady oder Athletin Gottes
Vom Wagnis,
einen Hildegard-Roman zu schreiben

Wie nähert man sich einer Frau, die so berühmt ist, so erstaunlich populär, so häufig genannt und nicht selten verkannt wie Hildegard von Bingen, deren Werke nach jahrhundertelangem Dornröschenschlaf seit der zweiten Hälfte dieses Jahrhunderts eine unerhörte Renaissance erleben?

Als bedeutendste Frau des Mittelalters wird sie gefeiert, als erste Dichterin, erste Komponistin, erste Ärztin, als große Visionärin, Klostergründerin, Kirchenkritikerin, als *Prophetissa Teutonica* ... Kurz, eine Frau der Superlative. Und kaum eine Gruppierung, die sie nicht für ihre Zwecke vereinnahmte:

Die Musiker entdeckten sie als die Traditionen ihrer Zeit sprengende Komponistin und nutzen jede Gelegenheit, *das Spiel der Kräfte* als erstes Bühnenstück einer Frau wiederaufzuführen; die Philologen beleuchten die kraftvollen Sprachbilder der Meisterin, die ergreifenden Liedtexte, ihren eigenwilligen Briefstil; die New-Age-Apostel schätzen ihr vernetztes Denken, die Alternativmediziner ihr ganzheitliches Menschenbild; die Feministinnen feiern sie als Protagonistin einer Weisheits- und Befreiungstheologie und berufen sich dabei auf Hildegards Symbole der Weiblichkeit Gottes: *Sapientia*, *Sophia* und *Scientia Dei*, während die Ernährungswissenschaftler der interessierten Öffentlichkeit unermüdlich neue Küchengeheimnisse enthüllen. So bedient sich ein jeder aus dem reichhaltigen Angebot des Gesamtwerkes, wie es ihm für die eigene Zielsetzung passend erscheint.

»Hände weg von Hildegard!« warnen inzwischen sogar einige Experten ihre Kollegen aus den anderen Fakultäten, damit diese nicht auch noch auf die Idee kommen, zur besseren Vermarktung einzelne Themen aus dem Zusammenhang zu reißen.

Doch eine Volksheilige, eine *Prophetissa Teutonica*, wird das aushalten und sich ihr weites Herz nicht nehmen lassen; tatsächlich konnte keine noch so grobe Verfälschung ihre Botschaft bisher aus der Welt schaffen.

Die *heilige* Hildegard von Bingen ... Schon ihr Name ist ein Mißverständnis. Offiziell wurde sie weder heiliggesprochen noch jemals als Kirchenlehrerin anerkannt wie etwa Theresia von Avila oder Katharina von Siena. Sie lebte auch nicht in Bingen, sondern seit der Gründung ihres ersten eigenen Klosters meistens gegenüber auf dem Rupertsberg.

Was aber macht diese Seherin vom Rhein so einzigartig? In welcher Vorstellungswelt lebte sie? Wer war sie wirklich? Schon zu Lebzeiten zog sie die Menschen in ihren Bann, und daran hat sich bis heute nichts geändert. Hildegard von Bingen, so scheint es, war ein Jahrtausendgenie, Vorläufer werden sich ebensowenig finden lassen wie Nachfolgerinnen. Alles, was sie einmal in Angriff nahm, gelang ihr, dennoch zögerte sie oft, lebte in ständiger Anspannung, wenn es darum ging, die unerhörten Forderungen ihrer inneren Stimme umzusetzen oder sich zu verweigern. Dieser immer wiederkehrende Konflikt führte noch in ihrem letzten Lebensjahr zu schweren Krankheiten, die sich auflösten, sobald die Seherin sich den göttlichen Weisungen fügte und handelte. Dann aber geschah jedesmal Erstaunliches; bei allem, was sie aus diesem Leidensprozeß heraus schuf, blieb es ihr nicht erspart, den Boden des bereits Vorhandenen, Gesicherten zu verlassen und Neuland zu betreten.

Vermessen genug erschien es mir, einer solcher Frau, eingebunden in ihre Zeit, die gerne das *tiefste Mittelalter* genannt wird, aus heutiger Sicht gerecht werden zu wollen, noch dazu in einer Romanbiographie mit bewußt fiktiven Elementen. Je mehr ich von und über Hildegard las, darunter so viel Merkwürdiges, Spektakuläres, Abstruses, desto rätselhafter wurde sie mir. Nicht einmal die knappe Lebensbeschreibung ihrer Zeitgenossen aus dem 12. Jahrhundert, der Mönche Gottfried und später Theoderich, mitsamt den eingeschobenen autobiographischen Passagen aus der Feder Hildegards konnten da weiterhelfen. Und bei ihren zahlreichen Naturschriften scheiden sich erst recht die Geister, vor allem bei den Heilbüchern mit den fünfhundert Einzelbeschreibungen für den täglichen Hausgebrauch. Immer wieder entzündet sich ein akademisch-monastischer Streit an der Frage, ob es sich dabei nun um *Offenbarungs-* oder *nur* um Erfahrungsmedizin handelt, die dem Wissensstand der damaligen Zeit entspricht. Eine Frage, die um so schwerer zu beantworten ist, als Hildegards Originalschriften verschollen und die Abschriften erst 150–300 Jahre später entstanden sind. Hätte sie aber ihre Informationen allein ihren Offenbarungen entnommen, so müßte man ihr den Titel »medica« absprechen, argumentieren die Skeptiker und vergessen dabei, daß Hildegard über Kenntnisse verfügte, die zum Teil erst heutzutage wissenschaftlich bewiesen werden. Immerhin geht aus der Lebensbeschreibung der Mönche eindeutig hervor, daß die Praeposita selbst Kranke gepflegt hat und daß Geistheilungen und Wunder stattfanden, sogar über ihren Tod hinaus.

Aber muß es denn immer ein *entweder – oder* geben? Und spricht nicht allein Hildegards wunderbare Wortschöpfung von der *Viriditas* als ganzheitlichem Symbol für die Lebenskraft und das Sein schlechthin für beides: Beobachtung und Offenbarung?

Bei meiner Annäherung an Hildegard warf jede vermeintliche Antwort zunächst neue Fragen auf. In ihrem Briefwechsel mit den kleinen und großen Geistern ihrer Epoche fand ich schließlich deutlichere Hinweise auf die Entwicklung ihrer Persönlichkeit und die reichen Facetten ihres Charakters: Hier und da schimmerte zwischen den Zeilen etwas von ihrem bezaubernden Wesen durch, ihr kindliches Staunen, ihre Lebensfreude und ihre Ehrfurcht vor der Natur;

ihre körperliche und seelische Leidensgeschichte und die Fähigkeit, über alle Belastungen hinauszuwachsen; ihre Energie und Eigenwilligkeit – ihre Energielosigkeit und Bereitschaft, den individuellen Willen aufzugeben; ihre Klarheit, Kühnheit, Unerschrockenheit, wenn es darum ging, den Auftrag Gottes zu erfüllen; und nicht zuletzt ihr schwer errungenes Selbst-Bewußtsein in der Gewißheit ihrer prophetischen Sendung.

Sehr menschlich erschien mir Hildegard in ihren Botschaften an Päpste und Könige, an Geistliche und Kinder der Welt. Und doch wäre es ein falscher Schluß, sie darin auf das rein Persönliche zu reduzieren, denn auch ihr Briefwechsel, der so oft mit den Worten beginnt: »Der da IST, spricht«, gehört zu den Visionsschriften. Diese aber scheute ich noch, sind sie doch durch ihren mittelalterlichen Symbolismus keine leichte Kost und entschließen sich dem flüchtigen Lesen nicht, das hatte ich gleich beim ersten Durchblättern des dickleibigen *Scivias* festgestellt – und verschob die intensive Lektüre sämtlicher Visionswerke auf später, um zuvor an den drei Wirkungsstätten der Prophetissa auf Spurensuche zu gehen. Aber auch das sollte sich als nicht so einfach erweisen.

Vom vielgepriesenen Kloster Rupertsberg, das nach Hildegards Tod einen nahezu fünfhundert Jahre währenden Frieden erlebte und erst im Dreißigjährigen Krieg zerstört wurde, fand ich nur noch fünf Kirchenarkaden im Kellergewölbe eines Möbelhauses in Bingerbrück.

Die wuchtige Benediktinerinnenabtei zu Eibingen dagegen, weithin sichtbar und als »Hildegard-Kloster« bekannt, wurde erst zu Anfang dieses Jahrhunderts oberhalb ihres ehemaligen Klosters gebaut, dessen Ostflügel ebenfalls wiederhergestellt wurde, nachdem er lange Zeit weltlichen Zwecken, u. a. als Zeughaus, gedient hat. In der angrenzenden Klosterkirche befindet sich seit vielen Jahren der Schrein mit den Reliquien der Heiligen. Jedes Jahr am 17. September, dem Todestag Hildegards, sollen Scharen von Wallfahrern zur Reliquienprozession nach Eibingen kommen.

Durch den eher musealen Charakter war es mir allerdings weder im alten noch neuen Klosterkomplex möglich, etwas vom Wesen der Seherin einzufangen und den Bildern der Vergangenheit Leben einzuhauchen.

Ganz anders auf dem Disibodener Bergplateau. Hier bilden Klosterruinen und Natur eine Einheit voller Zauber und Atmosphäre, die der Phantasie weiten Raum läßt, sobald sich die lärmenden Besuchergruppen verlaufen haben. Grasteppiche, umsäumt von Steinquadern, fügen sich zu leicht lesbaren Gebäudegrundrissen, einzelne, dem Verfall trotzende Giebelwände machen es dem Betrachter leicht, sie mit Mauern zu versehen und zum Hospiz oder Refektorium zu ergänzen. Und auch jenes vielleicht einmal gepflasterte Höfchen zwischen Marienkapelle und Kapitelsaal bietet sich mir sogleich als verborgene Bühne an, auf der die junge Richardis von Stade bei ihrer Ankunft eine imaginäre Linde umarmte. Im Kreuzgang klappern die Sandalen der Mönche über die Steinplatten, rascheln die Gewänder der zur Andacht eilenden Töchter. Die Gefährtinnen der Engel ... Hoch über der Apsis der Abteikirche schwebt noch das Echo ihrer Gesänge. Wege tun sich auf, die Hildegard mit dem Symmista ging, mit Siward von Uppsala und anderen Besuchern, Wiesenpfade, die Jacoba hinunterlief, um sich mit ihrem heimlichen Geliebten am Grab des Klostergründers zu treffen – heute steht dort der Disibodenberger Hof ...

Vielleicht hätten auch andere talentierte Frauen zu der Zeit spirituelle Gemeinschaften gründen, Volkspredigten halten und in apostolischer Mission rheinauf, rheinab reisen können – wenn man sie denn gelassen hätte, geht es mir in den malerischen Klosterruinen meiner Romanheldin durch den Kopf. Blieben als Schlüssel zum Verständnis ihre Visionen, von denen sie selbst sagte:

Ich sehe diese Dinge nicht mit den äußeren Augen und höre sie nicht mit den äußeren Ohren, auch nehme ich sie nicht mit den Gedanken meines Herzens wahr noch durch irgendwelche Vermittlung meiner fünf Sinne. Ich sehe sie vielmehr einzig in meiner Seele, mit offenen leiblichen Augen, so daß ich niemals die Bewußtlosigkeit einer Ekstase erleide, sondern wachend schaue ich dies, bei Tag und bei Nacht.

Ständig konfrontiert und beschenkt mit einer Flut von Bildern, die über das menschliche Vorstellungsvermögen hinausgehen, gelang es Hildegard, gleichzeitig die Geschicke ihrer Klöster zu lenken, Bücher und Kompositionen zu schreiben und für jedermann ansprechbar zu bleiben. Mit offenen Augen studierte sie Mensch und Welt, wißbegierig, detailbesessen wie keine zweite, während die *Augen ihrer Seele* mit der Schau beschäftigt waren, und zwar *bei Tag und bei Nacht*. Was sollen wir nun davon halten? Kann so etwas überhaupt möglich sein? Was ist glaubhaft, wo fängt die Legende an?

Natürlich bin ich nicht die erste, die diese Fragen stellt, die jeder nur nach seiner eigenen Überzeugung beantworten kann. Mir fielen dabei immer wieder die Parallelen zur östlichen Advaita-Philosophie des Non-Dualismus auf, die mich seit Jahren fasziniert und beschäftigt. Die Beschreibung transformierender innerer Erfahrungen und Kundalini-Prozesse sind mir daher vertraut genug, um die Meinung einiger Skeptiker gar nicht erst in Erwägung zu ziehen, die Hildegards Visionen für psychische Krankheiten oder Migränehalluzinationen halten, während andere kritische Köpfe ihr gar unterstellen, sie habe damit nur den männlichen Klerus provozieren und zur leichteren Durchsetzung ihrer Ziele manipulieren wollen. Eine solche Sichtweise ist natürlich ebenso lächerlich wie unangemessen. Bei Hildegard geht es um viel mehr, als sich rein intellektuell erfassen läßt, es geht um göttliche Offenbarungen, die sich nie *beweisen* lassen werden, da sie jenseits aller menschlichen Konzepte sind. Indem Hildegards Visionen immer wieder die der Vielfalt zugrunde liegende Einheit erkennen lassen, beschreiben sie, wenn sie richtig verstanden werden, ein non-dualistisches Weltbild. Wie bei einem Mandala fügen sich die einzelnen Elemente der Schau zu konzentrischen Kreisen, die sich um ihre Mitte herum bewegen, sich darin auflösen und neu entstehen. Der Tanz der Energien, ihre Schöpfung, Erhaltung und Zerstörung, aber ist ein universales kosmisches Symbol. Allerdings hätte Hildegard selbst das, was sie sah, niemals analysiert; rein intuitiv erfaßt sie die Bedeutung des ihr Offenbarten: *Und plötzlich wußte ich …*

Sogar als Mystikerin unterscheidet sie sich von allen anderen, zwar glüht auch in ihr das Feuer der Liebe, doch geht sie über das persönliche Einswerden mit Gott weit hinaus. Ihre ganzheitliche Schau grenzt nichts aus, sondern bezieht alles mit ein: Gott, die gesamte Menschheit, den ganzen gewaltigen Kosmos und das Verhältnis des einen zum anderen. Hildegard versteht sich nicht als Verschmelzungsmystikerin, sondern als eine Gesandte Gottes, Verkünderin seines Wortes. Ein Medium ist sie, ein Kanal, damit das Überpersönliche sich ausdrücken kann. Nur indem sie in ihrem eigenen Menschsein mit seinen selbst auferlegten Begrenzungen ganz zurücktritt, vermag sie alle weltlichen Bereiche zu transzendieren. Weil sie es dem Absoluten bewußt erlaubt, sich ihrer zu bedienen, ist der Durchbruch ihres Genies möglich. Darin liegt die Einzigartigkeit einer Hildegard von Bingen, die wir heute noch spüren, ohne sie sogleich in Worte fassen zu können.

Diese Visionstexte, die oft einem Liebesbrief an Hildegards *Lichtherrlichen* gleichen, in einen Roman zu integrieren, so daß weder ihre Authentizität verlorengeht, noch ihre wuchtige Sprache und die Originalität ihrer Formulierungen als Fremdkörper im Erzählfluß wirken, wurde mir während des Schreibprozesses allerdings zur Gratwanderung. Wieder und wieder kam es darauf an, ihre Texte nicht nur zu lesen, sondern ihnen in Ruhe nachzuspüren. Wie in der Archäologie mußte Schicht für Schicht aufgedeckt werden, um in die Tiefe zu gelangen. So wie Hildegard sich mit der Übertragung ihrer Visionsbilder in menschliche Sprache abmühte, mühte ich mich mit der Übersetzung ihrer Metaphern in nachvollziehbare Worte, denn die verschlüsselte Bilderwelt des Mittelalters erschließt sich nicht auf den ersten Blick.

Nur widerwillig und unter großen Konflikten fügte die Seherin sich ihrer Schau, nur widerstrebend und manchmal um Nachsicht bittend, »bearbeitete« ich ihre Texte als Konzession an den Geist unserer Zeit und den Geschmack heutiger Leser. Hildegard muß so etwas geahnt haben, fügte sie doch ihrem letzten Visionswerk, dem *Buch der Gotteswerke*, im Nachwort eine Warnung hinzu:

Deshalb möge kein Mensch so verwegen sein, den Worten dieser Schrift etwas hinzuzufügen, indem er sie vermehrt, oder etwas wegzunehmen, indem er sie einschränkt, damit er nicht aus dem Buch des Lebens und aus allem Glück, das es unter der Sonne gibt, ausgetilgt werde ... Wer sich so etwas herausnimmt, sündigt wider den Heiligen Geist. Deshalb kann es ihm nicht in dieser und auch nicht in der künftigen Welt vergeben werden.

Starke Worte! Doch an einen Roman, so hoffe ich, wird Hildegard dabei zuletzt gedacht haben.

Um von ihrem Leben zu erzählen, so wie es hätte sein *können*, mußte ich tief eintauchen in die Psyche einer Frau, die das Menschliche überschritt. Ich mußte sie lieben lernen, auch und vor allem in ihren Schwächen, mußte mich ganz mit ihr identifizieren, auch mit dem Unbegreiflichen, dem Mysterium ihrer Schau. Hildegard von Bingen ist mir sehr nah gewesen, während ich schrieb, so nah, daß ich ihr Dreitagefieber bekam, sobald das letzte Wort auf dem Papier stand. Doch ohne diese Verbundenheit wäre der Roman nicht möglich gewesen.